KHALIL GIBRAN • UN PROPHÈTE ET SON TEMPS

ROBIN WATERFIELD

KHALIL GIBRAN

Un prophète et son temps

Traduit de l'anglais par

Paule Noyart

FIDES

En couverture : Portrait de Khalil Gibran par Rose Cecil O'Neill, 1914 (détail).

Données de catalogage avant publication (Canada)

Waterfield, Robin, 1952-
Khalil Gibran : un prophète et son temps
Traduction de : Prophet

Comprend des réf. bibliogr. et un index

ISBN 2-7621-2183-3

1. Gibran, Khalil, 1883-1931.
2. Écrivains arabes – États-Unis – Biographies.
3. Écrivains arabes – 20e siècle – Biographies.
4. Écrivains arabes – Liban – Biographies.
I. Titre.

PJ7826.I2.Z9214 2000 811'.52 C00-941326-X

Dépôt légal : 3e trimestre 2000
Bibliothèque nationale du Québec

Titre original : *Prophet. The Life and Times of Kahlil Gibran*
Publié en accord avec Allen Lane The Penguin Press (Royaume-Uni)

Les Éditions Fides remercient le ministère du Patrimoine canadien du soutien qui leur est accordé dans le cadre du Programme d'aide au développement de l'industrie de l'édition. Les Éditions Fides remercient également le Conseil des Arts du Canada et la Société de développement des entreprises culturelles du Québec (SODEC).

IMPRIMÉ AU CANADA

PRÉFACE ET REMERCIEMENTS

Le Prophète (dont le soixante-quinzième anniversaire de la parution a eu lieu lors de la première publication de cette biographie) est l'œuvre la plus connue de Khalil Gibran. Grâce à cet ouvrage, le poète est devenu l'un des écrivains les plus célèbres et les plus populaires du monde moderne. Ses livres ont été publiés, en langue anglaise seulement, à des millions d'exemplaires. Après Shakespeare et Lao-Tseu, Gibran est le poète le plus lu et le plus vendu de tous les temps. Mais la littérature ne constitue qu'une facette de ses talents : Gibran était aussi un artiste doué qui, avant de se tourner vers la littérature, s'est consacré au dessin et à la peinture.

Il convient à présent de parler de l'homme. Qui souhaite n'être reconnu que pour ses œuvres ? Khalil Gibran a aimé des femmes et des femmes l'ont aimé. Une grande partie de l'histoire de sa vie est aussi la leur, car il ne reste souvent de lui, à l'exception de ses écrits et de son œuvre picturale, que le portrait que nous ont laissé ses amies les plus chères. Khalil Gibran fréquentait les gens riches et célèbres de Boston et de New York, mais il n'a cessé d'affirmer ses affinités avec les pauvres et les démunis. Enfin, cet homme, qui a connu des tragédies personnelles dévastatrices, s'est toujours efforcé d'imprégner ses œuvres — du moins les plus connues — de sérénité et d'optimisme. Ainsi, il semble qu'il se soit créé différentes personnalités, qu'il ait été, si l'on veut, une sorte de caméléon. Et pourtant, comme en témoigne le succès jamais démenti de son œuvre, la séduction qu'il exerce sur les lecteurs n'est pas celle d'un penseur superficiel.

Une nouvelle biographie de Khalil Gibran se justifie pour différentes raisons. Il me semble que nous sommes très bien placés, en ce début de siècle, pour comprendre l'homme mieux qu'il l'a jamais été. Ce que nous savons du poète, nous le devons certes à la qualité des premières investigations faites sur sa vie — je pense en particulier au livre de Jean et Khalil Gibran —, mais aussi et surtout à d'autres éléments qui appartiennent à l'esprit du temps, de *notre* temps. La société dans laquelle nous vivons nous permet de nous faire, d'instinct, une idée plus juste d'un personnage tel que Gibran. Nous avons aujourd'hui une connaissance beaucoup plus approfondie des besoins et aspirations qui entraînent l'apparition de gourous ; nous comprenons les raisons de la fascination qu'ils exercent sur leurs adeptes, ainsi que les pièges qui les guettent et la difficulté qu'ils ont à conserver leur ascendant. Nous en savons beaucoup plus sur le narcissisme et la créativité, et sur le culte de la personnalité. Nous devinons le terrible sentiment d'insécurité que ressent l'immigrant et nous savons ce dernier prêt à tout pour acquérir une stabilité souvent précaire et illusoire. Enfin, nous admettons la sexualité ambivalente d'esthètes tels que Gibran. À plusieurs reprises au cours de la rédaction de cet ouvrage, il m'est apparu, lorsque je m'interrogeais sur les correspondances entre l'époque de Gibran et la nôtre, que le profil de certaines idoles de cette fin de siècle présentait une ressemblance avec celui du poète libanais. Mais il n'existe pas, à ma connaissance, un individu semblable à Gibran. En conséquence, il serait mal venu d'établir des comparaisons directes, qui ne pourraient être que superficielles. Il n'en reste pas moins qu'il y a des similitudes. Si Gibran était né de nos jours, il serait devenu, je crois, un gourou ou un grand ponte des médias.

En dépit de l'admirable précision du livre de Jean et Khalil Gibran, un gros travail de recherche restait à faire. Leur ouvrage constitue néanmoins le point de départ de toute nouvelle investigation, dans la mesure où il a rendu pour la première fois accessibles des informations jusque-là inconnues. Mais se faire une idée précise de l'homme qu'était Gibran dans le fatras des données factuelles existantes est une entreprise malaisée. À peu près à l'époque où la biographie des Gibran a été publiée, soit au début des années 1970, on a vu également paraître deux éditions (l'une autorisée, l'autre pas) des principales sources d'informations sur le poète : sa correspondance avec Mary Haskell et les journaux et carnets intimes de cette dernière. Aucun de ces ouvrages n'est entièrement fiable. Ils sont soumis à la subjectivité de l'épistolier ou de l'auteur des écrits intimes, et le matériel fourni par les journaux de Mary Haskell est si abondant que seule une infime proportion de l'ensemble a pu être publié. Une nouvelle lecture des journaux et des carnets était donc indispensable. Cette tâche m'a permis de découvrir qu'un nombre impressionnant d'informations-clés sur le caractère de Gibran ont été omises dans les premières publications. C'est l'une des raisons pour lesquelles je fais si souvent référence aux journaux intimes de Mary Haskell.

La vie de Khalil Gibran présente des problèmes particuliers d'interprétation qui peuvent parfois amener le biographe à se transformer en détective. D'une part, et dans la mesure où Gibran a généralement été considéré de son vivant comme un écrivain mineur, sa vie et son œuvre n'ont pas éveillé l'intérêt des universitaires et des érudits — ce qui aurait amenés ces derniers à réaliser plus d'interviews originales et à sauvegarder une plus grande partie de sa correspondance. Ainsi, en dépit du fait que Gibran est mort il y a soixante-dix ans, certaines périodes de sa vie nous restent inconnues, ou presque. Nous ne disposons que d'un nombre limité d'informations sur ces périodes, et nous devons parfois nous fier au témoignage d'une seule personne, sans pouvoir évaluer de manière objective la validité de ses propos. Il est, hélas ! trop tard pour recueillir de nouveaux témoignages : la plupart des gens qui ont connu Gibran sont morts. D'autre part, sa personnalité charismatique a suscité des récits abracadabrants, exagérément flatteurs, dénués d'esprit critique et peu soucieux d'exactitude. Pour ces raisons, le biographe sérieux doit souvent soupeser des témoignages contradictoires, évaluer constamment la fiabilité de ses sources et, en général, se conduire autant en chercheur qu'en écrivain.

Mis à part les livres et la correspondance, il existe deux sources d'informations orales au Liban. Paradoxalement, la première, qui semblait la plus riche, s'est révélée plus ou moins fantaisiste, et la seconde, qui paraissait hasardeuse, s'est avérée digne de foi. Les histoires que l'on raconte sur Gibran dans sa terre natale, et en particulier dans son village, Bcharré, sont loin d'être fiables (quelques-unes de ces histoires ont malheureusement été enchâssées dans les études et écrits sur le poète). Lorsque Gibran a quitté Bcharré, en 1895, il n'avait que douze ans. Personne ne savait alors qu'il deviendrait célèbre. Son départ n'était qu'un départ parmi tant d'autres, et chacun l'a oublié. Ce n'est que plus tard, à partir des années 1930, lorsqu'il est devenu évident, même pour les villageois en majorité illettrés, que l'un des leurs était devenu une gloire mondiale, que chaque vieil homme s'est découvert une anecdote à propos du jeune Khalil !

La seconde source orale repose sur un simple individu — mon ami Nadim Nouaymé, neveu de ce Mikhaël Nouaymé qui a été l'ami le plus proche et le confident de Gibran à New York. Peu après la mort de Khalil, Mikhaël est rentré au Liban. Nadim, qui était élevé dans la maison de son oncle, s'est alors imbibé des histoires que l'on y racontait sur son célèbre parent. Il ne s'agit pas seulement ici de souvenirs d'enfance — Mikhaël est mort en 1988, à l'âge vénérable de quatre-vingt-dix-neuf ans et, au décès de son oncle, Nadim, alors dans la cinquantaine, était un universitaire respecté. La valeur du témoignage de Nadim ne repose pas tant sur le matériel original qu'il m'a fourni que sur la confirmation qu'il m'a donnée de l'honnêteté et de la fidélité absolues des témoignages présents dans le livre de son oncle. Il est important de le souligner car le livre de Mikhaël Nouaymé — beaucoup plus un portrait qu'une biographie — a été diffamé avec une certaine malveillance. Cette mauvaise foi étonne dans la mesure où, chaque fois que des recoupements ont été possibles, les propos de Mikhaël ont été confirmés. Il faut préciser que l'ouvrage de Nouaymé est aujourd'hui considéré comme un compte-rendu fidèle de la période qui suit l'année 1916 (l'époque de sa rencontre avec Gibran et de leur amitié), mais qu'il est tenu par certaines personnes comme inexact en ce qui concerne les années qui précèdent. Il semble qu'une partie au moins du matériel ayant trait à la première moitié du livre ait été fourni à Mikhaël par Mary Haskell. Tout de suite après la mort de Gibran, Mikhaël et Mary se sont rencontrés à plusieurs reprises à New York, où ils ont eu de longues conversations — ces conversations au cours desquelles des vérités sont dévoilées et les âmes mises à nu. Une partie de ces entretiens ont nourri le livre de Mikhaël, tandis que quelques autres se sont logés dans les souvenirs de Nadim. Une chose est cependant ignorée des biographes et des critiques, c'est que Mary (qui a vécu jusqu'en 1964) a fait la critique de l'édition anglaise du livre de Mikhaël dans le *Morning News* de Savannah du 19 novembre 1950. Si elle avait trouvé des inexactitudes, elle n'aurait pas manqué de les souligner.

Si je m'attarde autant sur mes sources et sur l'approche que j'ai adoptée dans ce portrait de Gibran, c'est parce qu'elles diffèrent de celles des autres biographes. Il y a peu de chances que l'homme que je présente corresponde à l'idée que la plupart des lecteurs du *Prophète* se font de son auteur. Il ne s'agit pas tant d'une différence substantielle par rapport aux premiers portraits que de variations dans les détails qui, rassemblées, donnent une idée radicalement différente de la personnalité de Gibran. Je me suis efforcé de ne jamais édulcorer mes impressions et je n'ai jamais dissimulé mes sources. C'est ce qui explique l'ampleur des notes qui figurent à la fin de l'ouvrage.

Pour mieux comprendre l'homme qu'était Gibran, j'ai replacé les aspects essentiels de sa vie dans leur contexte. Nous sommes tous conditionnés par notre environnement — c'est un truisme, mais on a tendance à l'oublier. De nombreux biographes utilisent les canons de leur époque pour présenter leur sujet : les historiens de la philosophie lisent Platon et Parménide comme si ces Grecs de l'Antiquité connaissaient les œuvres de Wittgenstein et de Frege ; les archéologues interprètent certains fragments en fonction du *Zeitgeist* de leur temps. J'ai fait de mon mieux pour ne pas tomber dans ce piège. Ainsi, en replaçant la vie et l'œuvre de Gibran dans leur contexte, je pense avoir fait de ce livre non seulement une biographie littéraire, mais une esquisse de l'histoire sociale de l'époque. Cette approche globale m'a permis, je crois, de donner une vision équilibrée du poète en tant que personne et en tant qu'écrivain. Gibran n'est pas un personnage bizarre et marginal, pas plus qu'un prophète divinement inspiré, c'est un homme de son temps qui a su s'élever au-dessus de ce temps. S'il était, dans sa vie privée, un caméléon, il a été, dans sa vie publique, une sorte de « ventriloque culturel » (pour reprendre l'expression de David Reynolds sur Walt Whitman) qui a vulgarisé et rendu éternelles certaines tendances et aspirations de son époque.

Que l'on ne s'attende pas à trouver ici des détails croustillants sur la vie de Gibran. C'est là une facette déplorable de beaucoup de biographies contemporaines : on s'y amuse des faiblesses et des travers du sujet. Sans doute y a-t-il des squelettes dans le placard de Gibran. Qui a un placard vide ? Les êtres humains sont des créatures complexes. Je suis convaincu de ceci : la valeur de l'œuvre de Gibran éclipse les défauts de l'homme. Puissions-nous, comme lui, faire de nos complexes et de nos défauts une source d'énergie et de puissance créatrice ! Ce livre n'est ni une analyse philosophique, ni une critique littéraire. Je souhaite cependant que ceux qui étudient l'œuvre du poète puissent tirer profit de mon étude. Une dernière précision : lorsque je résume le contenu de la plupart des écrits de Gibran et les situe dans leur contexte biographique, je tiens pour acquis que le lecteur connaît son œuvre. Il faudrait un autre livre, d'un genre différent, pour analyser le gibranisme — si ce mouvement existe. Pour des raisons qui deviendront très vite évidentes dans cet ouvrage, je crois qu'une telle entreprise serait mal venue : Gibran était plus poète que philosophe ; jamais il ne s'est fixé comme objectif de bâtir un système de pensée cohérent.

Au cours de la préparation de l'ouvrage, j'ai contracté d'innombrables dettes. Avant de citer tous ceux qui m'ont aidé, je voudrais remercier tout spécialement Peter Carson, mon éditeur au Royaume-Uni. Nous nous connaissons depuis longtemps, et Peter m'a toujours généreusement offert son temps, son soutien et ses encouragements. J'ai bénéficié ensuite, pendant mes recherches, de la générosité et de la gentillesse d'un nombre incroyable de personnes. Beaucoup de nouvelles amitiés se sont forgées ; des gens ont sacrifié leur espace vital et leur temps pour m'aider, m'ont fourni des livres et donné des conseils. Dans ce contexte, le nom de Nadim Nouaymé vient en tête de liste, mais il me faut aussi remercier Michael F. Brown et Sylvia Kennick Brown, Eric Dugdale, Consuelo Dutschke, Akram et Jodi Khater, Robert et Roberta Matthews, Anita Mukand, Raja et Zorine Roy-Singh, David et Therese Stanford, et bien sûr ma très patiente famille — Briji, Julian et Kathy. Beaucoup d'autres savent quel rôle important ils ont joué dans la publication de ce livre. Mes remerciements à Tim Bates, Martin Buckley, Souheil Boushroui, John Bussanich, Jonathan Clark, Lindsay Clarke, Juan Cole, le père Denis Como, Richard Copeland, Charles F. Cummings, Sarah Deco, Carl et Judy Ernst, Doucet Devin Fisher, Brian Gallagher, Marc Gascoigne, Pamela Goldstein, Alessandra Guiffrida, Patrick

Harpur, Brad Inwood, Wahib Kayrouz, Émile et Marlene Khater, Bill Koshland, James Kraft, Christina Kraus, Penny Lawrence, Richard Leigh, Toinette Lippe, Paul Maiteny, William Merryman, Charles et Promilla Powell, Howard Powell, Mohamed Ragab, Connie Reuveni, Jeff Rice, Lily Richards, Erika Rockett, Mohammed Rouda, Pradeep et Jane Roy-Singh, Tania Sammons, Niko Scharer, John Schlapobersky, Sarah Shields, Graham Simon, Henryk et Juanita Skolimowski, Sarah Smith, Richard Smoley, Anna South, Philip Stadter, Janet Tyrrell, John Walbridge, Nick Waterfield, Bob Weil et Simon Winder.

De nombreuses librairies m'ont apporté leur aide, volontairement ou involontairement, en me procurant le matériel nécessaire. Le travail de recherche aurait été beaucoup plus long et beaucoup plus fastidieux sans la patience et de la gentillesse des bibliothécaires. Ma gratitude à l'équipe des bibliothèques, musées et services d'archives suivants : la British Library ; la Northwestern University Library ; les Archives nationales (région du Nord-Est) de New York ; la New York Public Library ; les bibliothèques de l'université Columbia ; la bibliothèque de l'Institut Tamiment de l'université de New York, située dans la bibliothèque Elmer Holmes Bobst ; la bibliothèque de Williams College ; la bibliothèque de l'université Yale ; les bibliothèques Hilles, Houghton, Lamont, Pusey et Widener de l'université Harvard ; la bibliothèque du Radcliffe College Schlesinger ; la bibliothèque publique de Boston ; les bibliothèques Davis et Wilson de l'université de la Caroline du Nord à Chapel Hill ; le Harry Ransom Humanities Research Center de l'université du Texas à Austin ; la bibliothèque du Congrès à Washington, la bibliothèque Perkins, de l'université Duke ; le Telfair Museum of Art ; le Smithsonian National Museum of American Art ; et le Centre historique des Archives nationales, à Paris.

Certaines de ces bibliothèques possèdent des lettres de Gibran. Les journaux et carnets intimes de Mary Haskell ont été recueillis, avec des documents provenant de la famille Minis, par la Southern Historical Collection de la bibliothèque Wilson de l'université de la Caroline du Nord, à Chapel Hill. Les journaux intimes et les articles de Josephine Peabody se trouvent à la bibliothèque Houghton de l'université Harvard. Par égard pour les historiens de l'art, j'ajouterai que les lieux publics les plus importants où l'on peut trouver des peintures et des dessins de Gibran sont les suivants : le musée Gibran à Bcharré, au Liban ; le Telfair Museum of Art, à Savannah, en Georgie ; le Metropolitan Museum of Art, à New York ; le Fogg Art Museum, à Cambridge, au Massachusetts ; le Brooklyn Museum, à New York ; et le Newark Museum, à Newark, au New Jersey.

La photo de Fred Holland Day, de Reginald Craigie, est reproduite avec la permission de la Norwood Historical Society, collection Fred Holland Day, à Norwood, au Massachusets. Les photos de Mary Haskell, de Charlotte Teller et d'Emilie Mitchell, ainsi que le portrait de Gibran par Albert Pinkham Ryder, proviennent des documents de la famille Minis, que l'on peut consulter au département des manuscrits de la bibliothèque Wilson de l'université de la Caroline du Nord, à Chapel Hill. La photo des membres du Pen Club a pu être publiée grâce à l'aimable autorisation de Nadim Nouaymé, et le portrait de Rose O'Neill avec la permission du National Museum of American Art de la Smithsonian Institution (don du Comité des Femmes en mémoire d'Adelyn Dohme Breeskin). La peinture « L'amour des âmes » de Jean Delville est publiée avec la permission du Musée d'Ixelles, à Bruxelles. L'autoportrait de Gibran, la photo de son atelier de New York, « The Head of Orpheus Floating Down the River Hebrus to the Sea » (la tête d'Orphée descendant le fleuve Hebrus vers la mer), le portrait sans titre d'une femme avec une tête de mort, « The Great Longing » (le grand désir) et « The Heavenly Mother » (la mère céleste) sont tous reproduits avec la permission du Telfair Museum of Art de Savannah, en Georgie (don de Mary Haskell Minis).

Dans la mesure du possible, les éditeurs ont tenté de prendre contact avec les détenteurs de droits d'auteur concernant les citations et les illustrations présentes dans ce livre.

Quelle importance que je sois Syrien ?
Le monde dans lequel nous vivons, mon ami, n'est qu'une seule contrée,
Et nous sommes tous les enfants d'une seule Abysse.

MÉLÉAGRE DE GADARA

Nous pouvons sauver ceux qui ne cessent de lutter pour atteindre les sommets.

GOETHE

AVANT-PROPOS

Été 1921. Khalil Gibran et Mikhaël Nouaymé, son meilleur ami, se promènent dans les Catskills, non loin de Cahoonzie, à quelque cent milles de leurs demeures de New York. Soudain Khalil, rompant le silence de ce moment paisible, prononce à voix haute le diminutif de son ami : « Micha ! » Nouaymé s'arrête, inquiet de découvrir une soudaine détresse sur le visage de son compagnon. « Micha ! répète Gibran, je ne suis qu'une fausse alerte. »

Moment crucial dans la vie du poète. Gibran est un homme réservé, secret, au point de glorifier sa solitude et de condamner toute curiosité à l'égard des autres. Il est difficile de deviner les pensées les plus intimes d'un être, mais il est encore plus hasardeux de deviner celles des personnes qui, délibérément, se cachent. Bien qu'il soit possible, en plusieurs occasions, d'entrapercevoir ce qui se dissimule sous la carapace de Gibran, on n'a pas souvent accès au genre de révélation que l'anecdote de Nouaymé nous apporte.

« Je ne suis qu'une fausse alerte. » Cette déclaration nous montre que Gibran sait qu'il ne met pas en pratique ce qu'il prêche. L'incident a lieu à l'époque où il écrit *Le Prophète* et, du fait qu'il lit des extraits de l'œuvre en public, on commence à l'identifier à son personnage. Pour ses amis américains, il est depuis longtemps ce « maître » et ce « prophète ». Mais voici qu'une plus vaste audience commence à l'encenser. Il dit à Mary Haskell, sa confidente, qu'il est essentiel pour lui de vivre selon sa philosophie, qu'il ne lui suffit pas de l'exposer dans ses écrits, et qu'il veut être un guide, un éveilleur de conscience. Faire réagir, un peu comme le fait une sirène d'alarme. Mais Gibran sait qu'il n'est qu'une fausse alerte. Il sait qu'il n'a pas le droit de jouer le rôle d'éveilleur.

D'où lui viennent ces pensées ? Il est possible de spéculer sur quelques-unes des réflexions qui ont traversé l'esprit de Gibran avant que la confession que nous venons de relater n'éclate. Nouaymé a essayé à plusieurs reprises de convaincre son ami de rentrer avec lui au Liban afin qu'ils puissent tous deux mettre leurs préceptes en pratique. Ils écrivent l'un et l'autre de la poésie et des textes romantiques prônant une vie simple dans un environnement rural, loin des distractions et des intrigues de la ville. Seule la campagne peut permettre à un être d'élever son âme et d'apprendre à connaître Dieu. C'est en ces termes que, dans sa correspondance de l'époque, Gibran exprime son désir de retourner au Liban. On peut supposer que la présence de Nouaymé amène l'écrivain à ces réflexions. Khalil pourrait aisément rentrer au pays, mais certaines circonstances l'en empêchent. Il parle dans ses lettres des « chaînes dorées » qui le retiennent à New York. L'image est juste, car Gibran y reste en grande partie pour des raisons matérielles et financières. Il est piégé par ce désir de notoriété et de gloire — presque inévitable chez un immigrant — qu'il ne peut satisfaire ailleurs qu'à New York. Il ne sera jamais un Occidental à part entière, et pourtant il ne parvient pas à s'engager envers l'Orient ; il lui est impossible de retourner dans sa terre natale. Il s'efforce de convaincre ses lecteurs et son entourage de la nécessité d'une vie simple, mais il n'arrive pas à se détacher des biens matériels.

Parmi les questions que peut se poser le lecteur à propos du mode de vie de Gibran, il en est deux qui sont aussi intéressantes qu'essentielles. Elles consistent à se demander jusqu'à quel point un écrivain se doit de vivre selon ses idées, et si ses expériences personnelles doivent nécessairement valider son enseignement spirituel. Dans sa jeunesse, Khalil Gibran se forge un personnage ou accepte d'en incarner un. Ce personnage n'est qu'un déguisement et l'homme que Gibran prétend être demeure, à un certain degré, éloigné de l'homme qu'il est en réalité. Pourtant, tandis que défilent les années, Gibran devient de plus en plus désireux de se conformer aux paramètres du personnage qu'il a créé. Mais le fossé entre l'homme et le mythe ne cesse de s'élargir. Gibran n'est pas sûr de lui. Il est attaché aux biens de ce monde, à la sexualité, alors que le mythe qu'il projette est celui d'un prophète éclairé, d'un ascète. Il faut cependant reconnaître qu'il est conscient de l'existence de ce fossé — alors que les êtres qui vivent avec un masque semblent généralement croire que ce masque est le reflet de leur véritable personnalité. En raison de sa lucidité, de son extrême sensibilité, Gibran ressent parfois avec une terrible acuité la tension créée par ce divorce. C'est cette tension qui le pousse à dire, dans un moment très intime, qu'il n'est qu'une fausse alerte.

Vu sous ce jour, l'incident isolé que nous venons d'évoquer prend une grande importance, car il nous montre que Gibran, au bout du compte, était humain. Le biographe cherche souvent en vain, dans les documents et témoignages sur l'auteur du *Prophète*, de tels signes d'humanité. La vie de Gibran lui apparaît comme tracée avec soin. Elle se développe en fonction du personnage qu'il a choisi d'adopter — celui d'un romantique blessé, doublé d'un poète prophète — mais le développement d'un être, fût-il naturel, comporte deux dimensions. Et pourtant, que Gibran s'adresse à ses amis ou à son public, l'impression qu'il projette est la même. Il ne se départit jamais de son rôle. Le jeune immigrant inquiet a très vite appris qu'il pouvait ainsi obtenir une reconnaissance rapide, et même une sorte d'adulation. Une admiration aussi vive ne pouvait que renforcer, enraciner son désir de jouer ce rôle — jusqu'à ce que le personnage devienne une seconde nature. Mais de temps à autre, la vraie nature refait surface et l'homme prend conscience de ce qu'il est.

Tout être qui renie sa vraie nature est condamné à rester, à un certain degré, une fausse alerte.

1 DE L'EST À L'OUEST

Il y a des bagages partout : sacs ficelés, valises de cuir pleines à craquer, aux serrures disloquées ; ballots informes, caisses, paniers d'osier. Empilés sur des chariots, ces témoignages vacillants de la pauvreté, de l'espérance et du désespoir s'élèvent bien au-dessus du petit garçon de douze ans qui attend sur le quai. L'enfant dévore des yeux tout ce qui l'entoure, prenant bien soin de ne pas perdre de vue sa famille. Difficile de se souvenir, dans cet environnement moderne et surpeuplé, que le voyage a débuté à dos de mulets. Loués pour la circonstance, les quadrupèdes les ont transportés, lui et sa famille, de son village de Bcharré à Beyrouth, où devait commencer un périple de sept mille cinq cents kilomètres vers l'ouest.

Le brouhaha augmente de minute en minute. Une foule de plus en plus dense se déverse sur le quai. Le bateau n'a rien de commun avec le *Spaarndam*, l'impressionnant paquebot hollandais sur lequel ils ont traversé l'Atlantique, de Boulogne à New York, où le vaisseau a jeté l'ancre afin de permettre aux passagers de première classe de débarquer, suivis des voyageurs de seconde, bien moins riches. Mais Khalil Gibran ne fait pas partie de ces privilégiés. Il a voyagé dans l'entrepont et, à l'instar de ses compagnons d'infortune, il entrera aux États-Unis d'Amérique par Ellis Island. Les pauvres ont à peine touché le sol américain que, sans même avoir le temps de regarder la côte boisée, les fabriques, les grues, les misérables pontons et, plus loin, les habitations, ils sont poussés comme un troupeau sur un autre bateau, plus petit, qui va les mener, à un kilomètre de là, à Ellis Island.

Le gamin s'est habitué à traîner les pieds dans les files, serrant d'une main un objet précieux et de l'autre celle de sa petite sœur. Il s'est accoutumé à la cacophonie des voix. Le *Spaarndam* avait surtout à son bord des Russes, des Autrichiens et des Hongrois, embarqués à Rotterdam. Khalil, avec d'autres compatriotes syriens (à l'époque l'État libanais n'existe pas encore) et quelques Grecs, est monté à Boulogne, dernière étape avant la traversée de l'Atlantique. Grecs et Syriens constituaient une faible minorité sur le bateau — et il en serait de même en Amérique du Nord. Lorsqu'ils sont arrivés dans l'entrepont, les meilleures places étaient déjà prises par des Européens renfrognés aux vêtements sombres, enveloppés de châles, la tête surmontée de curieux couvre-chefs[1]. Bien que le paquebot fût loin d'être bondé, comme le sont la plupart des bateaux traversant l'Atlantique au cours des années marquées par l'émigration frénétique, Khalil a dû s'habituer à la promiscuité de gens sales, souvent en proie au mal de mer. L'entassement dans l'entrepont est une expérience qu'il préfère oublier. Du reste, il en fera rarement mention, plus tard, devant ses amis.

Au pays, Khalil a entendu tant d'histoires sur « el-Nayork » (New York) et sur « Amrica » que l'idée qu'on lui en refuse l'entrée ne lui a jamais effleuré l'esprit. Son demi-frère aîné, Boutros, lui a souvent parlé avec beaucoup d'espoir de leur vie future en Amérique, comme si cet avenir ne posait aucun problème. Mais lorsqu'ils sont arrivés en Europe — grâce au réseau syrien s'étendant autour de la Méditerranée qui leur a permis de naviguer de Beyrouth à Marseille, via l'Égypte et vraisemblablement l'Italie, puis autour de la péninsule ibérique jusqu'à Boulogne —, ils ont appris que les officiers du paquebot de la compagnie hollandaise les soumettraient à un examen médical avant de leur donner l'autorisation d'embarquer. Un autre examen aurait lieu à Ellis Island. Bien que le premier, très superficiel, n'ait duré que quelques minutes (les médecins sont à l'affût de maladies évidentes, en particulier du trachome, grave affection des yeux), un certain pourcentage des émigrants potentiels ont été refusés à la toute dernière minute. À l'arrivée, deux pour cent des passagers ne verraient du Nouveau Monde que la statue de la Liberté. La moitié de ces deux pour cent seraient refusés pour des motifs judiciaires, l'autre moitié pour des raisons de santé. On juge indésirables les gens inaptes à contribuer au développement physique et moral du grand pays à faire. Ce chiffre de deux pour cent peut paraître minime, mais si l'on considère les quelque vingt-sept millions de personnes qui sont passées par Ellis Island entre 1892 et 1954 pour se plier aux formalités entourant le plus fabuleux mouvement d'émigration que le monde ait jamais connu, ce taux représente un nombre assez tragique de rêves brisés. C'est pourquoi la compagnie de navigation exige des passagers logés dans l'entrepont qu'ils se soumettent à une fumigation et à un examen médical, car toute personne refusée par les inspecteurs d'Ellis Island sera rapatriée aux frais de la compagnie.

Pour des générations d'immigrants, Ellis Island est « l'île des espoirs, l'île des rêves ». Mais les rêves peuvent se briser ; ils peuvent se transformer en cauchemars. Passer par Ellis Island est, au mieux, une expérience inconfortable ; au pire, elle est terrifiante. C'est un redoutable plongeon dans l'inconnu. La statue de la Liberté promet certes d'accueillir « les épuisés et les laissés-pour-compte », mais certains ont déjà atteint la limite de leurs forces à l'arrivée. L'île est et sera le théâtre de plusieurs milliers de suicides. Les touristes d'aujourd'hui n'y découvrent qu'un musée étincelant de propreté, incarnation actuelle des vieilles bâtisses de l'immigration (celles que Gibran a connues, le nouveau bâtiment n'ayant été terminé qu'en 1900). À côté de l'immeuble, on peut encore voir des rangées de baraquements lugubres, dortoirs délabrés et vieilles bâtisses réservées à l'administration. Ces bicoques décrépites donnent une impression beaucoup plus précise de ce qu'a été Ellis Island que ne le fait l'impeccable musée, malgré les objets authentiques qui y sont exposés. Pour les immigrants, le rituel d'entrée au Nouveau Monde se déroule comme dans un rêve, tandis qu'ils se traînent dans des files interminables, morts de fatigue après l'inconfortable voyage en mer, les sens bombardés par des données inconnues et par le feu roulant de questions posées dans une langue incompréhensible. Ils reçoivent un formulaire à remplir, puis « ils sont rassemblés, emmenés comme un troupeau, divisés, subdivisés, classés, triés, fouillés, soumis à la fumigation[2] ».

Il fait très chaud, le 17 juin 1895, lorsque Khalil arrive à New York. (Tant qu'il vivra dans cette ville, il essaiera en vain de s'accommoder de la chaleur suffocante de ses étés.)

Dans son excellent ouvrage sur Gibran, Souheil Hanna écrit : « On [les biographes] ne s'entend pas sur la date de sa première entrée aux États-Unis[3]. » Il existe en effet un doute quant à l'année au cours de laquelle la famille a émigré. Certains la situent en 1894, d'autres en 1895. La seule date précise qui ait été donnée est le 25 juin 1895, et cette affirmation n'a jamais été démentie[4]. Mais elle est fausse ; la date exacte de l'arrivée des Gibran est le 17 juin 1895. Les employés d'Ellis Island, comme tous bons bureaucrates, étaient tenus de garder méticuleusement à jour leurs registres. Bien que la lisibilité de l'écriture varie à chaque inscription, on trouve, en date du 17 juin 1895, clairement répertoriés dans un livre aujourd'hui entreposé aux Archives nationales de la ville de New York (section Nord-Est)[5], les noms des passagers suivants — chacun portant deux bagages et ayant pris place à bord du *Spaarndam* à Boulogne pour y trouver logement sur le pont principal :

Poutros Rhamé, 20 ans, commerçant
Camil Rhamé, 40 ans
Jubran Rahmé, 11 ans
Marianna Rahmé, 9 ans
Sultané Rahmé, 7 ans

Quelques anomalies dans cette liste expliquent pourquoi les biographes précédents n'ont pas trouvé l'inscription — s'ils ont pris la peine de la chercher. La première concerne le nom de Rhamé, sous lequel la famille a émigré. Kamila — c'est ainsi que l'on épelle le plus souvent le prénom de la mère de Gibran (« Camil » sur la liste) — a été l'épouse de l'un de ses cousins, Hanna Abd-el-Salam Rhamé, mort au Brésil alors qu'il y séjournait pour évaluer les possibilités d'une éventuelle émigration. À sa mort, Hanna a laissé son fils Boutros (« Poutros ») à sa veuve. Le second mari de Kamila, père du jeune Khalil, de Mariana (« Marianna ») et de Sultana (« Sultané »), étant resté au Liban, Boutros a dès lors été considéré comme le chef de famille. C'est la raison pour laquelle son nom a été choisi. La deuxième anomalie a trait à la ville indiquée comme lieu de destination, New York, alors qu'en réalité les Rahmé vont à Boston, comme ils en ont toujours eu l'intention. Il semble qu'il s'agisse là de l'erreur d'un commis, due sans doute à plusieurs facteurs : chaleur, paresse, questions posées de façon machinale, barrière de la langue.

Reste l'âge de Khalil, que l'on estime à onze ans. La date de naissance de Gibran est bien connue. « Aujourd'hui, c'est mon anniversaire », écrit-il le 6 janvier 1906 à Josephine Peabody. « J'ai vingt-trois ans[6]. » Au cours des années, d'autres remarques similaires faites par Gibran à des amis et à des correspondants vont corroborer cette évidence : Khalil Gibran est né le 6 janvier 1883, et l'on ne peut que spéculer sur la raison pour laquelle le registre fait état de « onze ans ».

Le nom complet de celui qui sera un jour connu du monde entier, est Gibran Khalil Gibran — Gibran (fils de) Khalil, suivi du patronyme. L'adolescent est entré aux États-Unis sous le nom de Gibran (ou Jubran, ou Jibran) Khalil Rahmé. Les premières inscriptions trouvées à Boston ne font état que de Kahlil* Gibran. La famille n'a récupéré le nom de Gibran qu'une fois terminées les formalités d'immigration, et le poète a dû accepter l'occidentalisation d'un nom auquel a été soustrait le prénom initial.

Ainsi, les Rhamé entrent sans problème dans le Nouveau Monde. Ils s'avancent tous ensemble, docilement, pour se soumettre à l'examen médical et à l'interrogatoire, serrant dans leurs mains leurs papiers d'identité et l'argent exigé par les autorités américaines pour prouver qu'ils ne sont pas des parasites. Enfin, sous l'impressionnante bannière aux quarante-quatre étoiles, leurs noms inscrits sur des étiquettes attachées à leur revers, ils sont autorisés à faire leur entrée dans la ville légendaire d'el-Nayork. Ils ont sans doute changé leur argent à Ellis Island pour s'offrir un repas et acheter le ticket qui leur permettra de prendre le bateau jusqu'à Boston. Des années plus tard, Mariana se souviendra qu'ils ont passé leur première nuit à Ellis Island[7] — ce qui était courant chez les immigrants qui devaient partir pour une autre ville. En période de grande activité, les services d'immigration peuvent laisser entrer jusqu'à cinq mille personnes par jour, et les délais d'attente sont fréquents.

L'émigration des Gibran en Amérique fait suite à quatre événements qui se déroulent au Liban en 1834 — soixante ans avant leur départ. En premier lieu, le collège pour garçons d'Antoura, qui a été fermé en 1775 lorsque les Jésuites ont dû quitter le pays, est rouvert par les pères

* En anglais, Khalil s'orthographie Kahlil. N.D.T.

Lazaristes. En deuxième lieu, les missions américaines décident de transporter leurs presses de Malte à Beyrouth. En troisième lieu, Eli Smith, missionnaire presbytérien américain, ouvre une école de filles à Beyrouth. Et enfin, Ibrahim Pacha, le gouverneur syrien, lance un vaste programme d'éducation primaire pour les garçons, calqué sur le système inauguré en Égypte par son père, le grand Mohammed Ali. Mais pour comprendre l'importance de ces quatre événements, il faut remonter quelque peu dans le temps.

De nos jours, les images qu'évoque le Liban sont celles d'une cité, Beyrouth, dévastée par la guerre. Mais les gens plus âgés se souviennent de la séduction qu'exerçait le « Paris du Proche-Orient » sur les étrangers avant que les combats ne commencent, en 1975. Il y a souvent un lien étroit entre la beauté et les conflits. D'une façon ou d'une autre, le Liban, une des plus belles contrées au monde, a toujours souffert. À une quinzaine de kilomètres de Beyrouth, là où le Nahr el-Kelb (le Fleuve du Chien, le Lycus des anciens) se jette dans la Méditerranée, dix-neuf inscriptions sont gravées, dans presque autant de langues, sur la face visible du rocher de pierre calcaire — éperon rocheux s'élançant jadis droit vers la mer. Ces inscriptions ont été faites par les chefs militaires des différentes nations qui ont mené leurs armées sur cette voie de passage, pour entrer ou sortir du pays, soit après l'avoir soumis, soit pour se rendre ailleurs. La première inscription, que l'on doit à Ramsès II d'Égypte, commémore la victoire qu'il a remportée sur les Hittites en 1300 av. J.-C. La dernière signale le départ, en 1946, des forces françaises d'occupation[8]. Entre les deux, il y en a eu bien d'autres. Les Cananéens et les Amorites venaient du Sud ; les Hittites et les Kurdes, d'Anatolie ; les Perses, de l'Est ; les Égyptiens, de la vallée du Nil ; les Grecs, les Romains et les croisés, d'Europe ; les Mongols et les Turcs, d'Asie centrale. Plus récemment, les Français et les Britanniques, poussés par la cupidité, ont essayé de déjouer les visées des nationalistes arabes et tenté de démembrer la région à leur profit. Aujourd'hui, à la fin des années 1990, le Liban est partiellement occupé par les troupes syriennes, tandis que la trop fameuse « zone tampon » israélienne s'étend au Sud-Liban*.

* Au moment où nous procédons à la fabrication de cet ouvrage, l'armée israélienne se retire du Sud-Liban. N.D.E.

Jusqu'en 1946, le Liban n'est même pas un pays à part entière. Il a fait partie de plusieurs empires. En 1920, l'État du Grand Liban est fièrement constitué, incorporant les villes côtières aussi bien que les chaînes de montagnes et la vallée de la Bekaa. En 1926, la République libanaise est proclamée et dotée d'un parlement et d'une nouvelle constitution. Mais la région est encore occupée par les troupes françaises. L'indépendance de la Syrie n'est entérinée que le 17 avril 1946 et celle du Liban, le 31 décembre de la même année. Dans le cadre de l'histoire récente, le Liban fait donc partie d'un territoire que l'on appelle Syrie et qui comprend des contrées connues aujourd'hui sous les noms de Liban, Jordanie, Israël et Syrie. Ce territoire a lui-même fait partie de plusieurs empires musulmans, notamment de l'Empire ottoman. Mais l'étroite bande de terre qui s'étire entre la côte méditerranéenne et les frontières de l'actuelle Syrie s'accroche toujours à ses propres traditions, en particulier dans les bastions que constituent les montagnes, que les conquérants se sont généralement efforcés de contourner.

La superficie du Liban moderne est d'un peu plus de 10 000 km^2, ce qui correspond environ à la moitié du pays de Galles ou du New Jersey. Une plaine littorale étroite et fertile qui, à certains endroits, n'a que quelques centaines de mètres de largeur, s'élève vers de magnifiques chaînes de montagnes dont les cimes surplombent des falaises de plus de trois cents mètres. Des rivières se précipitent dans des gorges creusées entre les longs éperons rocheux qui se dressent vers les crêtes de la chaîne du mont Liban. Par endroits, la côte fait soudainement place à la montagne, dont les contreforts cultivés en terrasses sont couverts de vergers d'agrumes et d'oliveraies. Les terrasses semblent onduler sur les flancs de montagne, même les plus abrupts — mais elles sont, hélas ! aujourd'hui abandonnées à la nature. Dans l'enfance de Gibran, elles étaient soumises à une agriculture intensive. C'est sur la bande côtière, qui se prête parfaitement au commerce, que se sont développées les grandes villes — Tripoli, Byblos, Beyrouth, Tyr et Sidon —, foyers des marchands phéniciens qui ont inventé l'alphabet et peut-être exploré l'Atlantique jusqu'aux côtes américaines, traçant ainsi la route qu'allaient emprunter, deux mille ans plus tard, Khalil Gibran et sa famille.

Les cèdres bibliques, inséparables de l'histoire du Liban, sont devenus légendaires. Ils ont presque disparu des montagnes ; seuls demeurent quelques groupes d'arbres. On a bien tenté de reboiser, mais les petites forêts sont bien maigres. Les régions montagneuses n'en restent pas moins belles à couper le souffle, à condition de s'éloigner des stations de ski et autres monstruosités de fer et de béton. La vie dans la capitale devenant de plus en plus stressante, la pollution de plus en plus forte, un nombre croissant de Libanais se sont fait construire des résidences secondaires à la montagne.

Ce sont les cimes encapuchonnées de neige qui ont donné leur nom au pays. Le mot arabe signifiant « blanc » est *loubnan*, Liban en français. Bcharré, le village natal des Gibran, est perché haut dans les montagnes et surplombe la vallée de la Qadicha, ou Vallée Sainte. La petite agglomération se niche à l'ombre de l'énorme masse du mont Liban, dans un paysage d'une surprenante beauté : ruisseaux qui dévalent les collines, cèdres majestueux, pics escarpés s'élançant vers le ciel. Le plateau cultivé de la Koura offre sa riche splendeur. Au printemps, les montagnes sont couvertes de fleurs. Le gibier y abonde. On y trouve des ruines, vestiges d'un autre temps. L'été, le brun et le vert dominent au premier plan, tandis que le pourpre, le bleu pâle et le rose s'étendent au loin, dans la brume. On peut contempler ces merveilles lorsqu'on regarde, des hauteurs du mont Liban — en survolant la vallée de la Bekaa —, les montagnes de l'Anti-Liban, un peu moins impressionnantes que la chaîne splendide qui leur fait face. Plus près, les falaises qui s'élèvent vers les montagnes les plus hautes changent de couleur le soir, passant du gris au miel, puis au rose. L'hiver, une neige épaisse couvre flancs et sommets pendant près de six mois, coupant les villages les uns des autres, les laissant ainsi réduits à leurs propres ressources.

Pendant des siècles, les habitants de Mont-Liban ont vécu dans des villages souvent isolés. Ce sont de solides paysans, indépendants et robustes, qui exploitent de petites fermes où ils élèvent des moutons. Ils pratiquent la culture en terrasses sur le flanc des montagnes, cultivent la vigne, l'olivier, les céréales et les fruits. Le Mont-Liban n'a jamais pu vivre en totale autarcie, et certaines importations de denrées augmentent au XIXe siècle, lorsque les contacts avec le monde extérieur amènent les montagnards à replanter des mûriers pour reprendre l'élevage des vers à soie, activité qu'ils ont déjà pratiquée dans le passé. Les Européens sont particulièrement amoureux de la soie. Dès lors, le prix de la terre augmente et les exploitants les plus riches finissent par la morceler pour se la partager.

Le Mont-Liban est une forteresse naturelle si parfaite que l'on y trouve encore des survivances d'un autre âge. Les plus remarquables — et les plus importantes pour l'histoire libanaise ultérieure — sont ses sectes religieuses uniques, en particulier deux d'entre elles, sur lesquelles nous reviendrons bientôt. Mais, jusqu'à tout récemment, la structure sociale libanaise est restée basée sur des coutumes transmises de génération en génération. Comme c'est le cas dans la plupart des cultures traditionnelles, l'importance de la famille est prépondérante, le père étant considéré comme le *pater familias*, figure nourricière autocratique dominant la cellule familiale. Cette dépendance à l'égard d'un patriarche autoritaire s'étend même à l'extérieur de la famille. Jusqu'à la moitié du siècle dernier, le Liban possédait l'un des derniers systèmes féodaux du monde, que la topographie de la région encourageait. L'existence de nombreux ravins rendant très ardue la construction de routes modernes, même vers les villages les plus proches, ces derniers doivent se gouverner eux-mêmes. Aujourd'hui, malgré la relative disparition du féodalisme, des traces de ce système persistent. Les « seigneurs de la guerre » et leurs sbires, dont parle la presse occidentale, expriment tout simplement une réalité. (Lorsque nous examinerons plus loin le chaos créé par le testament de Gibran, nous évoquerons de nouveau ces luttes de clans.)

Deux personnages représentant l'autorité sont particulièrement importants dans l'histoire libanaise, car ils vont étendre la souveraineté du Liban au-delà des montagnes et vers la côte, apportant ainsi une indépendance — assez éphémère — à des circonscriptions dont les frontières coïncident plus ou moins avec celles du Liban moderne. Les deux hommes restent, bien entendu, des héros nationaux dans un Liban luttant aujourd'hui pour sa totale indépendance. Le premier est l'émir druze Fakhr el-Din II (1572-1635), personnage haut en couleur qui a résisté aux Turcs et tenté de faire sécession. Après un exil en Italie, où il est trahi par les Médicis de Florence, Fakhr el-Din rentre dans son émirat pour y poursuivre son œuvre unificatrice, mais les Turcs le font prisonnier et l'emmènent à Constantinople pour le mettre à mort par strangulation. Le second est Béchir II (1790-1840), membre du puissant clan des Chéhab, devenu prédominant au Liban depuis l'extinction de la lignée mâle des Fakhr el-Din Maan en 1697. Les gestes de défi de Béchir sont autant de draps rouges agités devant les Turcs, dont l'empire commence à se désintégrer sous l'œil intéressé des grandes puissances européennes, qui espèrent se partager le gâteau. Les Turcs cherchent une excuse pour exercer une autorité plus forte et plus directe sur le Liban. L'occasion leur en sera bientôt donnée.

Au cours des premiers siècles de la chrétienté, diverses sectes prospèrent autour des enjeux cruciaux du dogme. L'une d'elles est la secte des monothélistes, qui tente de résoudre le problème de la nature du Christ incarné en prétendant que ce dernier possède deux natures, l'une divine, l'autre humaine, mais qu'il n'a qu'une seule volonté — et qu'il est, par cette volonté même, entièrement uni à Dieu. C'est saint Maron (350-433) qui introduit le monothélisme dans la région aujourd'hui connue comme le Liban, où il va s'épanouir. Même si la doctrine est condamnée au Concile de Chalcédoine, en 451, la secte restera en vie, plus ou moins oubliée dans les montagnes où ses membres se sont réfugiés. Lorsque l'hérésie sera finalement condamnée par le Troisième Concile de Constantinople, en 680, des étapes plus positives vers l'indépendance seront parcourues, surtout quand Jean Maron (Yuhanna Maroun) deviendra patriarche d'Antioche. Cinq cents ans plus tard, cependant, après des contacts avec les croisés, la secte rejoint le reste du monde chrétien. Renonçant officiellement à son hérésie, l'Église maronite demande à être unie à l'Église catholique de Rome. Ce souhait est exaucé : elle entre dans les faveurs de la papauté. En 1510, le pape Léon X décide de faire fi du statut initial de l'Église maronite, soit celui de secte hérétique et, dans une phrase restée célèbre, la qualifie de « rose parmi les épines » — un rejeton de la véritable Église menacée par les infidèles et les hérétiques. De nos jours, il y a peu de différence entre l'Église maronite et le catholicisme romain en général. L'Église maronite a été, et continue d'être celle qui, parmi la dizaine de sectes chrétiennes présentes au Liban, compte le plus de fidèles.

Au début du XIe siècle, Hakim, le calife fatimide régnant en Égypte — dont certains historiens mettent l'intégrité mentale en doute —, proclame son caractère divin. Un de ses disciples préférés et son grand vizir, Hamza ibn' Ali ibn Ahmed el-Zuzani, est un théologien perse ismaïlien arrivé au Caire en 1016. Il existe un fort courant de ferveur messianique dans la secte ismaïlienne, et Hamza considère Hakim comme une authentique incarnation de Dieu. Il proclame la naissance d'une nouvelle religion, et envoie Mohammed el-Daruzi, dit « le Tailleur », au Mont-Liban pour y annoncer la bonne nouvelle. Daruzi y connaît un immense succès et, sans l'accord de Hamza, s'attribue le titre de guide spirituel. Hamza le fait alors assassiner et le remplace par el-Mouktana Baha ed-Din. Persécutée par les musulmans orthodoxes, la jeune secte druze (le mot « druze » vient de Daruzi), qui s'est donné le nom de el-Muwahhidoum (les unitariens), devient extrêmement secrète. Le prosélytisme cesse. Il faut désormais être né de parents druzes pour faire partie de la secte. On commence d'abord par être *jahhel* (ignorant) et, si Dieu le veut, on devient plus tard *akel* (initié), gagnant ainsi accès aux livres sacrés*. Au cours des siècles, quelques aspects des croyances et des pratiques druzes ont été dévoilés, mais celles-ci restent néanmoins enveloppées de mystère, d'une sorte de mythe caché sur lequel on ne peut que spéculer. Quant à Hakim, il disparaît dans des circonstances mystérieuses en 1021. Bien que l'on dise que sa sœur l'a fait assassiner, les druzes croient plutôt qu'il est monté au ciel. Depuis, les croyants attendent le retour du *Mahdi* (le Messie).

À cette époque, les deux sectes, l'une chrétienne et l'autre dérivée de l'islam — sans toutefois s'identifier comme telle car les druzes n'adhèrent pas, du moins pas strictement, aux cinq piliers de l'islam —, constituent la majorité de la population libanaise. Les chrétiens dépassent fortement les druzes en nombre[9], mais les deux groupes ne se distinguent, en gros, que par l'observance religieuse et les vêtements. Pendant des siècles, les chrétiens maronites, les druzes et les autres musulmans vivent dans une paix relative dans leurs montagnes. Il arrive souvent que des villages soient presque exclusivement habités

* La religion des druzes diffère des autres religions monothéistes par l'idée d'une « certitude intérieure » qui rend inutile l'existence d'un rituel et de lieux de culte. Le druze peut prier partout. N.D.T.

par des maronites ou des druzes, mais les deux groupes coexistent dans d'autres, où ils commercent et pratiquent le troc. Il faut noter que la conscience des différences entre religions ou sectes a toujours existé. Par exemple, il est commun de se présenter de la façon suivante : Aziz Chéhab, maronite[10]. Les druzes sont majoritaires au Sud-Liban, tandis que les maronites le sont au Nord. Gibran est élevé dans la religion maronite. Son village natal, Bcharré, est resté longtemps un des centres importants de la secte. Son grand-père maternel était prêtre.

En 1756, la bonne entente régnant entre druzes et maronites est fortement ébranlée lorsque les émirs druzes de la famille Chéhab se convertissent à la religion maronite. La circonscription libanaise a deux chefs : l'émir et le patriarche maronite. Le décor est dès lors planté pour qu'une hostilité permanente oppose les deux groupes. La fin des relations amicales entre druzes et maronites sera accélérée par l'attitude hautaine des émirs maronites envers les seigneurs druzes, que l'on dépossède d'une grande partie de leurs terres et de leurs privilèges ancestraux. La même arrogance se reflète à tous les niveaux de la société. « Les seigneurs [maronites] amassent les richesses. Ils possèdent des haras ; leurs épouses et leurs filles sont couvertes de soie et de satin ; elles ruissellent de bijoux. Les quelques druzes qui habitent encore les petites villes sont humiliés ; ils en sont réduits à se faire équarrisseurs de bois ou porteurs d'eau[11]. » Les druzes se tournent alors vers les Turcs, mais l'aide leur viendra d'une source tout à fait inattendue : lorsqu'Ibrahim Pacha deviendra gouverneur de Syrie, il soutiendra les druzes contre les chrétiens.

En 1811, après de nombreux assassinats et diverses intrigues politiques, Mohammed Ali, le père d'Ibrahim, devient souverain absolu de l'Égypte, du Soudan et de l'Arabie. Il règne sur un petit empire à l'intérieur de celui de la Sublime Porte. Ses relations avec l'empereur ottoman Mahmoud II, à Constantinople, sont difficiles. Mohammed Ali s'est pourtant fait une règle, dès le début de son règne, de ne pas offenser le sultan, s'efforçant d'apparaître à ses yeux comme un fidèle vassal. Mais il convoite la Syrie et, en 1831, il y envoie son fils avec une armée afin de détrôner le pacha et de prendre sa place. Béchir II, le maître chrétien du Liban, aide Ibrahim dans son entreprise. Ce dernier l'en remercie très mal : il se tourne vers les opprimés druzes de la société syrienne. Pendant ce temps, les puissances européennes font front avec les Turcs afin d'empêcher Ibrahim d'étendre son royaume trop loin vers le nord. Le gouvernement du fils de Mohammed Ali devient très vite impopulaire et les sujets chrétiens attendent impatiemment que le vent tourne.

Il finit par tourner. L'Angleterre s'inquiète pour ses routes commerciales vers les Indes, la France veut étendre son influence de l'Algérie à l'Égypte. Les deux nations ont des prétentions sur la Palestine et la Syrie. Le 5 juillet 1840, la Quadruple-Alliance est formée par la Grande-Bretagne, la Russie, l'Allemagne et l'Autriche, avec l'intention expresse de défendre l'intégrité de la Turquie — en d'autres mots, de veiller à ce que Mohammed Ali ne devienne pas trop puissant. Une flotte européenne est assemblée sur la côte syrienne pour attaquer Ibrahim. Les maronites saisissent l'occasion et se soulèvent. Ibrahim se réfugie en Égypte et, dans le chaos général, Béchir II est destitué et exécuté pour avoir collaboré avec l'ennemi.

Béchir III, soutenu par les chrétiens, est nommé émir. Mais c'est un homme faible, qui se montre incapable de leur apporter la protection à laquelle ils sont accoutumés. Le gouvernement ottoman le destitue et divise la montagne en deux caïmacanats (circonscriptions administratives), l'un druze et musulman, l'autre maronite — geste qui confirme le statu quo, exacerbe les querelles internes, et ne sert en fin de compte qu'à encourager les allégeances communes et locales. Au début des années 1840, poussés par les Turcs, les druzes se révoltent contre les chrétiens ; ils veulent se venger de plusieurs décennies d'arrogante suzeraineté. La violence se déchaîne, causant la mort de plusieurs centaines de villageois. La division du Liban en caïmacanats est une médiocre solution : beaucoup de chrétiens se sont installés dans le Sud, et un grand nombre de musulmans (en particulier chiites) et de druzes vivent dans le Nord. La vie quotidienne est ponctuée d'escarmouches occasionnelles et, dans les années 1850, c'est l'impasse. Nouvelle intervention des superpuissances — la France et l'Angleterre. La France catholique soutient énergiquement les maronites, attisant ainsi leurs rêves d'hégémonie, tandis que l'Angleterre prend le parti des druzes, ce qui est plutôt paradoxal de la part d'une nation chrétienne. L'aboutissement de tous ces troubles est une période de sanglante guerre civile en 1859 et en 1860. Les druzes s'emparent de petites villes et de villages et y massacrent systématiquement tous les habitants chrétiens. L'écho de ces atrocités secoue le monde occidental. On estime que le nombre de morts se situe entre 5 000 et 11 000, et que celui des réfugiés atteint plusieurs milliers.

La paix n'est rétablie que lorsque les superpuissances envoient en Méditerranée une flotte prête à intervenir. Les chrétiens exigent qu'on leur fasse justice, mais les meneurs druzes qui comparaissent devant les tribunaux turcs font face à un simulacre de procès, et aucune exécution capitale n'est ordonnée, malgré le nombre élevé des condamnations pour crimes de guerre[12]. La mère de Khalil Gibran devait avoir cinq ans au moment du massacre de 1860. La date de naissance du père est inconnue. En fait, ils sont relativement peu touchés par ces terribles événements : les incursions druzes ne se rendent pas assez loin vers le nord pour atteindre Bcharré.

Le stratagème utilisé par les Turcs pour rétablir leur contrôle sur la région s'avère donc singulièrement infructueux. Décadent, pourri de l'intérieur, l'Empire s'effondre. La Sublime Porte a mendié plus d'une fois une intervention européenne. Les puissances occidentales contribuent à l'établissement d'un gouvernement turc moins autoritaire, qui porte le nom de Règlement organique. Une ère de réformes commence à travers tout l'Empire ottoman. La Syrie est divisée en trois vilayets, ou provinces, et trois circonscriptions administratives plus modestes appelées sanjaks, dont l'une est le Liban. Pour la première fois, « Liban » devient la désignation officielle d'un État, ou plutôt d'un État naissant. Dans le passé, ce terme ne s'appliquait qu'au djebel Loubnan, le mont Liban lui-même, au nord, jusqu'à ce que des maronites émigrent vers le sud à la fin du XVIIIe siècle, emportant le nom avec eux et l'offrant à la contrée choisie. Mais voici que le nom « Liban » reçoit une reconnaissance internationale. Après une horrible période de chaos et d'anarchie, la paix et la prospérité s'installent au Liban (les chrétiens en profitent beaucoup plus que les autres sectes et religions). Des routes sont construites, l'agriculture s'engage dans la voie du progrès. Le vieux dicton se vérifie enfin : « Fortuné est celui qui, dans la montagne, possède ne fût-ce qu'un poil de chèvre. » Et tous ces progrès permettent finalement de penser à l'éducation de la population.

Les Turcs se sont toujours méfiés de l'influence occidentale agissant dans plusieurs parties de leur empire. Des missionnaires venus d'Occident se sont faufilés en Syrie, mais ils en ont été chassés chaque fois suite aux sévères mesures de répression fondamentalistes prises par les sultans et les pachas[13]. Il ne faut pas non plus oublier que l'Égyptien Mohammed Ali a utilisé les méthodes d'éducation européennes comme autant de moyens de sortir son peuple du Moyen Âge, et peut-être aussi les a-t-il considérées comme un subtil geste de défi contre le sultan de Constantinople. Son fils Ibrahim a instauré ces mêmes réformes en Syrie et au Liban et, en 1834, a permis à des missions protestantes de revenir dans ces régions, auparavant dominées par les catholiques. Mais en instaurant, à l'issue des terribles massacres de 1860, un régime plus tolérant, Ibrahim s'est, hélas ! engagé sur un terrain glissant. « À la fin du XIXe siècle, écrit l'historien Kamal Salibi, le Liban était incontestablement, dans le domaine de l'éducation, la région la plus progressiste de l'Empire ottoman[14]. » Et cela, en dépit du fait que le sultan Abd el-Hamid II (1876-1909), qui sera ultérieurement détrôné par les Jeunes-Turcs, avait disséminé des informateurs et sa police secrète dans plusieurs régions de son empire afin de traquer les intellectuels.

Les Turcs ont raison de se méfier de l'influence qu'exerce l'éducation occidentale au sein de leur empire. L'importance des intellectuels dans le développement du mouvement nationaliste arabe ne peut être sous-estimée. Raconter la spectaculaire histoire du nationalisme arabe nous mènerait trop loin de notre propos initial, même si Gibran y a joué un rôle mineur. En outre, cette histoire a été exposée avec clarté par George Antonius, qui connaît admirablement son sujet. « L'histoire du mouvement national arabe, dit-il au début de son ouvrage, débute en Syrie en 1847 avec la fondation à Beyrouth d'une modeste société littéraire sous patronage américain[15]. » En ce qui me concerne, je situerais le commencement de cette épopée un peu plus tôt, en 1834. Mais Antonius a tout à fait raison de reconnaître l'importance des intellectuels arabes. À la suite des réformes de 1834, le niveau général de l'éducation dans la région s'élève considérablement. Les livres, auparavant peu connus, se répandent ; l'éducation des femmes constitue une rupture sans précédent avec la tradition et est imitée ailleurs dans le monde arabe. Malgré sa petite taille, le Liban possède un nombre très important d'intellectuels accomplis qui favorisent le nationalisme à travers le monde arabe.

Le gouvernement tolérant d'Ibrahim ouvre donc de nouveau la porte aux missionnaires occidentaux. Les Français et les Américains ne laissent pas passer l'occasion. Pour ne pas être en reste devant les missionnaires étrangers et les ecclésiastiques locaux, le gouvernement patronne la création d'écoles. Des journaux voient le jour, des livres sont publiés. Le collège protestant syrien, précurseur de la fameuse université américaine, est fondé en 1866. L'instruction devient une condition préalable à la liberté politique et spirituelle. Le magazine libéral *The Independent* publie, dans son numéro du 30 avril 1907, l'interview d'un expatrié syrien « très connu, qui a été condamné à mort pour ses attaques contre la médiocre administration turque » (l'homme s'exprime sous le couvert de l'anonymat). L'entrevue est fascinante en raison des aperçus qu'elle offre de la vie rurale au Mont-Liban. Le jeune Syrien déclare :

> De grands changements sont survenus dans la mentalité de notre peuple par rapport à ce que j'ai connu dans mon enfance. À cette époque, les gens se laissaient mener comme un troupeau et acceptaient sans protester les coups de leurs gouvernants, ignorant que la liberté existe aussi pour le commun des mortels. Mais à l'époque où je fréquentais l'école de la mission, une prise de conscience a commencé à apparaître et des murmures de mécontentement se sont élevés, de plus en plus sonores[16].

Cette situation forme l'arrière-plan, la vaste toile de fond de la vague d'émigration libanaise de la fin du XIXe siècle — dont le départ d'une partie de la famille Gibran pour l'Amérique n'est qu'un fragment minuscule. Cette émigration massive aura d'énormes conséquences pour le monde littéraire arabe et pour l'existence de millions de lecteurs contemporains. Ainsi que nous le verrons, Gibran ne serait jamais devenu l'écrivain qu'il a été s'il n'avait subi l'influence de certaines personnalités rencontrées à Boston.

La plus large concentration d'immigrants syriens se fixe à New York. En 1900, la moitié d'entre eux y vivent. Ils s'installent (ils y sont encore aujourd'hui) à Brooklyn, autour d'Atlantic Avenue, mais on en trouve également à Manhattan, près de Washington Street. Le quartier est aujourd'hui aménagé, avec des rues à l'occidentale, mais à l'époque c'était une vraie petite Syrie, pleine des bruits, des sons et des images du pays. On trouve aussi des groupes d'immigrants syriens dans les grandes villes américaines, en particulier sur la côte est. Quelques familles syriennes, et certains individus isolés, vivent un peu partout aux États-Unis. Les Syriens s'éparpillent et s'assimilent plus rapidement que la plupart des autres ethnies. Une des raisons de cet éparpillement sur toute la superficie des États-Unis est l'activité choisie par les Libanais (des hommes mais aussi quelques femmes) : le métier de colporteur. Ces personnages colorés, avec leur fez, leur gilet ouvert et leur ample séroual, sont souvent les premiers à faire du porte-à-porte dans la périphérie des grandes villes, transportant dans leurs grands paniers du poisson et des fruits frais, ou encore de la soie, de la dentelle, du tissu et de la mercerie.

> Nés commerçants, les Syriens qui arrivent en Amérique se tournent tout naturellement vers des activités englobant l'achat et la vente. C'est pour eux le moyen le plus rapide et le plus accessible de gagner leur vie. Le panier du colporteur représente, dans d'innombrables cas, la première entreprise commerciale. Vient ensuite la petite boutique au sous-sol, puis le magasin au rez-de-chaussée, puis un second magasin, puis la fabrique ou le bureau de l'importateur. La boutique au sous-sol, avant de s'effacer au profit du magasin, devient souvent un centre où les colporteurs achètent leurs marchandises. D'autres personnes travaillent pour le propriétaire et touchent une commission sur les ventes. La vente peut également constituer un raccourci menant à la fabrique ou à l'usine. Les immigrants s'introduisent dans chaque type d'activité commerciale et dans plusieurs secteurs de l'industrie manufacturière.
>
> Mais tous les Syriens ne sont pas commerçants ou fabricants. Un grand nombre d'entre eux sont ouvriers, mineurs, polisseurs de cuivre, marchands, menuisiers, maçons, et même fermiers. Il y a aussi des prêtres, des hommes de loi, des médecins, des pasteurs, des écrivains, des éditeurs, des professeurs et des musiciens[17].

En règle générale, les Syriens réussissent très bien. En 1910, alors que le revenu annuel de l'Américain moyen est de 382 $, la moyenne syrienne est d'environ 1000 $. Il y a plus de 100 000 Syriens aux États-

Unis à cette époque. Nombre d'entre eux ne tardent pas à exploiter, à New York, la vaste réserve de main-d'œuvre à bon marché qu'ils y trouvent pour la fabrication d'objets peu coûteux. S'associant ensuite à des immigrants syriens vivant dans d'autres pays, ils se lancent dans l'exportation. Ils envoient plus d'argent à leur famille restée en Syrie ou au Liban que ne le fait n'importe quel autre groupe ethnique installé aux États-Unis.

Contrairement à ce que laisse entendre la croyance populaire[18], la quête de liberté politique constitue rarement le motif qui pousse les Syriens à quitter le Proche-Orient, et le désir de bénéficier de la liberté de pensée n'est le propre que de quelques intellectuels. La majorité des immigrants — ceux en tout cas de la première vague, un filet dans les années 1870, un torrent dans les années 1880 et 1890 — aspire tout simplement à une vie meilleure. Ils désirent être plus riches et vivre plus confortablement. En Syrie, le prix des terres ne cesse d'augmenter et, sous l'influence de la médecine occidentale, la population syrienne double entre 1830 et 1890. Enfin, il ne faut pas oublier l'ouverture du canal de Suez, en 1869, qui détourne une partie du commerce des ports de la côte[19]. Il faut noter que la majorité des immigrants libanais sont maronites plutôt que musulmans ou druzes. Le souvenir du massacre de 1860 est sans doute encore présent dans les mémoires. D'autre part, les chrétiens sont, dans l'ensemble, mieux éduqués, ce qui développe chez eux des attentes qu'ils sont incapables de satisfaire dans leur pays natal. En outre, l'Amérique est principalement chrétienne, donc susceptible d'être sympathique aux immigrants de cette confession.

Jusqu'à preuve du contraire, on peut attribuer le départ des Gibran à des motifs purement économiques. Nous savons en outre que Kamila a beaucoup d'ambition pour ses enfants et pense sans doute que leur épanouissement sera retardé ou compromis à Bcharré. Une question se pose cependant : pourquoi le père de Khalil reste-t-il au pays ? La famille veut-elle en quelque sorte lui échapper ? Plusieurs données contradictoires rendent l'énigme encore plus difficile à résoudre. Et c'est ici qu'il convient de souligner pour la première fois la tendance de Gibran à la mythomanie — son besoin de cacher la réalité derrière un écran de fumée — ou, pour dire les choses plus brutalement, son habitude de recourir au mensonge ou à la dissimulation de la vérité.

Étant donné le rôle important du père dans la famille libanaise, il est éminemment curieux que Khalil Saad Gibran autorise sa femme et ses enfants à partir sans lui. Même si la mère détient invariablement le pouvoir véritable dans la maison, une décision aussi cruciale qu'une émigration ne peut être envisagée sans l'accord du père, ou au moins sans qu'il soit consulté. Mais il se passe des choses curieuses, à cette époque, au sein des familles immigrantes. Les parents précèdent parfois leurs enfants, laissant souvent passer une quinzaine d'années avant de décider qu'ils ont forgé une existence assez aisée dans le nouveau pays pour y faire venir leur progéniture. Gregory Orfalea cite le cas d'un père, un « propre à rien » comme l'est celui de Khalil, qui est le seul à rester au pays[20]. En fait, il est assez courant que le chef de famille demeure au Liban tout en conservant, autant que possible, son titre et sa position de patriarche. Ainsi, il est consulté par lettre pour toutes les décisions majeures reliées à sa famille[21]. Il nous est malheureusement impossible de connaître les dispositions d'esprit des Gibran à cet égard.

Selon les renseignements les plus fiables dont nous disposons, le père du poète est non seulement un fanfaron et une brute irascible, mais un buveur et un joueur invétérés. Il possède un verger de noyers à 50 km de Bcharré, mais a tendance à le laisser à l'abandon. La famille vit dans une maison de pierres délabrée, au toit de boue séchée, qui finit par s'écrouler à moitié. Ils emménagent alors, à la grande honte de Kamila, dans une maison de quatre étages appartenant à la commune (ils n'en occupent qu'un étage) — sorte de logement social qu'ils ne paient pas en argent mais sous forme d'allégeance politique envers le chef du village. Leur vie est inconfortable, gâchée par les conflits entre le bon à rien qu'est Khalil et son épouse, une femme très déterminée. Le coup fatal survient en 1891 lorsque, à la suite de son implication dans une manœuvre financière malhonnête (lors de l'encaissement de taxes pour le chef du village), Khalil est arrêté, condamné et dépouillé de tous ses biens. Bien qu'elle tente désespérément, pour sauver l'honneur de la famille, de prouver l'innocence de son mari, Kamila s'éloigne irrémédiablement de lui. C'est alors qu'elle emmène ses enfants en Amérique pour y construire une nouvelle existence.

Les sources de ces événements n'ont pu être vérifiées, mais comme elles proviennent d'un livre écrit par des membres (assez éloignés[22]) de la famille de Gibran, nous supposons qu'il s'agit là de souvenirs émanant de la mémoire familiale qui, bien qu'ils soient sans doute exagérés, ne peuvent être tout à fait faux. Le portrait qu'a tracé Gibran de sa vie d'enfant, par bribes, au cours des années (surtout à l'intention de Mary Haskell), est tout à fait différent. Il admet que son père a eu maille à partir avec la justice, mais il affirme son innocence et met en cause la corruption du système judiciaire. Son père a été ruiné, dit-il, parce qu'il a refusé de payer pour se blanchir de fausses accusations lancées contre lui. Il nie même que sa mère ait quitté son père et prétend que ce dernier devait les rejoindre en Amérique (c'est peut-être ce que Kamila a dit à ses jeunes enfants pour les consoler). Selon Khalil, le père n'était pas irascible, mais « impérieux », car il provenait d'une longue lignée de guerriers et de cavaliers. Jamais il n'a puni son fils, jamais il ne lui a donné un ordre. Dans un autre récit notoire, le père, irrité par l'intolérance religieuse qui règne au village, achète de l'huile à un muletier appartenant à une autre confession chrétienne, puis l'invite à souper.

Non seulement le père est ainsi réhabilité, mais la pauvreté de la famille, conséquence de la faiblesse paternelle, disparaît comme par enchantement. « Sa naissance [celle de Khalil fils] est ce que l'on appelle au Proche-Orient une naissance "fortunée". » C'est ce que nous dit l'ami de Gibran, l'artiste et écrivain Claude Bragdon (qui tient sûrement l'information du poète lui-même). Et il ajoute : « Il été élevé dans une atmosphère d'amour, de beauté et d'abondance. Ses parents étaient non seulement riches et instruits, mais la famille de sa mère était, depuis des lustres, la plus douée de la région pour la musique[23]. » À Bcharré (toujours selon Gibran), la famille vivait dans une grande maison bourrée d'antiquités et d'objets précieux. Une pièce y était consacrée à une collection d'armes. La famille du père avait possédé un palais à Bcharré, et le père de Kamila était « l'homme le plus riche du Liban ». Gibran compare leur vie pauvre à Boston à l'opulence dans laquelle vit son père, entouré de chevaux et de serviteurs. Il se rappelle avoir été habillé, à deux ans et demi, comme un officier français pour honorer la visite d'un amiral français. Ce rituel aurait été fréquemment répété par la suite, jusqu'à trois ou quatre fois par semaine, pour saluer le passage d'invités prestigieux. Avec plus de fierté encore, il prétend avoir rencontré le kaiser parce son père « était l'un de ceux qui était chargé de lui rendre les honneurs ». Son oncle connaissait Henry Irving et « tout ce que l'Europe comptait de personnalités dignes d'être fréquentées à l'époque ». Chaque fois que son fils partait à cheval, Khalil père — qui possédait un costume de chasse taillé à Vienne — s'assurait que son héritier était bien accompagné de deux domestiques. Khalil fils avait toujours suffisamment d'argent pour mener à bien ses projets artistiques et ses inventions.

Ce tableau ne correspond pas du tout à l'image de pauvreté associée à un père rustre et paresseux. « Avez-vous jamais vécu assez près de gens humbles pour manger à leur table et travailler avec eux ? » demande un jour à Khalil Mary Haskell, sa correctrice, son amie, sa confidente et presque sa maîtresse. « Non, répond Gibran, mais j'aurais aimé cela[24]. »

Ces comptes rendus contradictoires sont peut-être vrais, chacun à leur manière, le premier de façon objective, le second aux yeux d'un gamin ayant été privé d'un père à un âge tendre, lorsqu'il lui était impossible de comprendre les tensions et les désaccords qui séparaient ses parents. Les souvenirs personnels de Gibran constituent sans doute une sorte de compensation, comme si, vaguement conscient des défauts de son père, il voulait, en grandissant, redorer son image. Cette dualité est corroborée par son grand ami Mikhaël Nouaymé dans le premier chapitre de sa biographie. Ce chapitre contient des descriptions de l'ivrognerie, de la grossièreté et de la cruauté du père de Gibran. Nouaymé ne citant jamais l'une ou l'autre source, nous sommes tentés de croire que Gibran lui-même est à l'origine de ces précisions. Si c'est le cas, nous pouvons en conclure qu'il donne une série d'impressions à Mary Haskell, et une autre à Nouaymé. Ce paradoxe est aisément explicable : on sait que Gibran aime plaire et veut qu'on l'aime. Dans ce but, il parle et agit en fonction de ce que, croit-il, son entourage attend de lui. « Personne ne doit me démasquer », dit-il un jour à Mary Haskell[25]. Il semble porter avec succès ses différents déguisements. Il lui arrive même de prétendre qu'il ne connaît pas la date de sa naissance. Pas étonnant que le biographe se demande alors quelle véritable figure se cache derrière ces masques.

Les souvenirs d'enfance que Gibran raconte à ses amis sont souvent incroyablement fantasques ou romantiques. Il parle à Mary Haskell de « Fakry » (c'est ainsi qu'elle épelle le nom dans son journal), l'homme sage du village qui peut, après avoir jeté un simple coup d'œil aux traits d'un visage, décrire le caractère et prédire l'avenir de la personne. Il raconte qu'un jour, au lever du soleil, son père l'a emmené à cheval dans une tribu « où les hommes, depuis des générations et des générations, n'épousent que de belles femmes ». Khalil demande aussi au docteur du coin, Selim Dahir, si les médecins peuvent greffer un être humain sur un cheval pour créer un centaure. De même, il dit avoir été très impressionné par le courage et la noblesse d'une bande de soixante-huit cavaliers — un vieux cheikh et sa progéniture — chevauchant pour aller saluer le soleil levant. Il évoque une mystérieuse rencontre avec une femme dans la montagne libanaise. Cette dernière lui demande d'allumer son feu parce qu'il est « le premier-né de son père ». Pour l'en remercier, elle lui fait cadeau d'un anneau d'argent[26]. Il évoque, devant Barbara Young, confidente des dernières années, un incident survenu dans son enfance. C'est arrivé, raconte-t-elle, « un jour de grande pluie, et cette pluie l'a appelé par son nom, et il a ôté ses petits habits d'enfant pour courir nu afin de répondre à l'appel de l'eau, couru jusqu'à ce que sa mère et sa nounou le rattrapent et le ramènent à la maison, à bout de souffle, criant et se débattant ». Un jour, il plante des bouts de papier en terre afin qu'ils poussent et deviennent les feuillets sur lesquels il pourra écrire et dessiner[27].

Il va sans dire que les propres récits de jeunesse de Khalil exaltent souvent sa nature artistique précoce et délicate. À six ans, raconte-t-il, sa mère lui donne un album de reproductions de Léonard de Vinci. Après l'avoir feuilleté pendant quelques instants, il est si ému que les larmes jaillissent. Il quitte la pièce en courant et se réfugie dans un endroit solitaire. Khalil aime souligner le fait qu'il était différent des autres : seul, triste, pensif, sérieux. Il parle de ses premières tentatives artistiques — qu'elles soient du domaine de l'écriture, de la peinture, de l'invention d'objets et de jouets ou de la sculpture — comme d'œuvres étonnamment mûres pour l'enfant très jeune qu'il était encore à l'époque. Il rêve du Christ, vit dans une communion mystique avec la nature, si belle dans la région. Mais à l'école, ses camarades le battent et le traitent de poule mouillée[28]. Ses premières années d'école, en fait, sont fort probablement irrégulières. Il faut prendre avec un grain de sel d'autres déclarations, par exemple le fait qu'il a eu des précepteurs différents pour l'apprentissage de l'allemand, du français et de l'anglais[29]. On sait que les maronites du nord du Liban étaient peu instruits, car les écoles protestantes n'avaient pas été introduites dans tous les villages catholiques. Mis à part un enseignement rudimentaire dispensé par des prêtres, l'influence intellectuelle qui a marqué Gibran de façon indélébile est celle de Selim Dahir, le médecin du village, dont nous savons très peu de choses. On peut imaginer qu'il est l'homme le plus instruit de Bcharré. Il prend le petit Khalil sous son aile, lui fait connaître le monde des livres, l'encourage dans ses aspirations artistiques — si l'on peut qualifier ainsi les balbutiements d'un enfant âgé de dix ans à peine. Il est certain que Khalil aime se réfugier dans la solitude, et qu'il ne cesse de dessiner[30]. On peut cependant le suspecter de mythomanie lorsqu'il raconte à Mary que des ballades romantiques qu'il a écrites avant d'émigrer sont devenues populaires en Syrie et en Égypte[31].

Kamila est sans doute une source importante d'apprentissage intellectuel pour son fils. Khalil affirme à Mary que sa mère était une femme éduquée, parlant couramment le français, l'italien, l'espagnol et l'anglais, sans oublier l'arabe. Il ajoute qu'elle a beaucoup lu, beaucoup voyagé et que son cosmopolitisme lui a permis de se faire des amis et des connaissances dans le monde entier[32]. Il faut, bien sûr, prendre en considération l'imagination débridée de Gibran, mais il n'en reste pas moins que Kamila est une femme brillante, talentueuse et pleine de charme. Elle est la fille du prêtre maronite* du village[33]. Lors d'interviews menées avec certains membres de la famille, ces derniers déclarent cependant qu'elle n'était pas instruite. Le fait est qu'elle se sent, à Bcharré, brimée dans ses aspirations. Comme la plupart des parents, elle reporte ses ambitions contrariées sur ses enfants, surtout sur le talentueux Khalil. Elle affirme même un jour à ce dernier qu'il deviendra un grand homme, et son attitude démontre qu'elle le considère comme son professeur plutôt que comme son élève[34]. C'est donc elle qui exerce l'influence la plus décisive, au plan de l'éducation et des

* Les prêtres maronites sont autorisés à se marier et à fonder une famille, mais *avant* de prononcer leurs vœux. Les prêtres mariés ne peuvent monter les échelons de la hiérarchie. N.D.T.

émotions, sur le jeune Khalil. Elle le protège d'un père par trop prosaïque, répond à ses caprices et à ses fantasmes[35], et glorifie la délicatesse de son esprit[36]. Elle encourage son attirance pour les arts et la littérature[37], non seulement en paroles, mais en lui donnant des livres, celui de Léonard de Vinci, par exemple. Elle a une belle voix et chante pour lui pendant des heures. Ainsi, elle lui fait connaître des contes populaires libanais et lui instille le sens du rythme et de la poésie. Les photos montrent une femme menue au visage énergique et ridé. Ses traits un peu tirés, ses paupières lourdes font oublier un instant l'humour qui illumine sa physionomie. « C'est aux femmes que je dois tout ce que j'appelle "je" », écrit Gibran, à la fin de sa vie[38]. La première de ces femmes est indubitablement sa mère. Mais Kamila reste une figure plutôt effacée. Elle meurt en 1903 et, si Gibran fait preuve d'une tendresse sentimentale envers sa mémoire, cela n'ira jamais plus loin.

La vie des sœurs et du demi-frère de Gibran ne joue dans l'existence du poète qu'un rôle secondaire, bien que leur décès occupe brièvement le milieu de la scène.

En arrivant en Amérique, les cinq membres de la famille prennent donc un bateau pour Boston, où des cousins et quelques parents éloignés les attendent dans le quartier syrien du South End. C'est une grande communauté, la deuxième en importance aux États-Unis. Il faudra peu de temps à Khalil pour s'échapper de son ghetto et commencer à accomplir les grands rêves d'avenir que Kamila caresse pour lui. Ce caméléon s'assimilera plus aisément que bien d'autres immigrants à la société américaine — même si Boston n'est pas particulièrement accueillante — et il sera adopté par elle, ou, plus précisément, par les personnalités qui vont s'intéresser au jeune immigrant prometteur. Mais de quelle manière ?

Le hasard va jouer un rôle crucial dans cette aventure.

2 UN MERVEILLEUX RÊVEUR

Le Boston dans lequel s'installent les Gibran est une cité grouillante de vie. Un demi-million d'âmes l'habitent, et leur nombre ne cesse d'augmenter[1]. Le développement de la ville est dû à un gigantesque plan d'exploitation des terres, entrepris quelques décennies plus tôt. Le South End — le quartier des Gibran — s'appelle South Bay jusqu'en 1850. Beach Street, qui longe la plage, devient l'une des voies principales de cette partie de la ville, et des habitations sont construites dans tout le quartier de South Bay. L'ampleur des travaux reflète le sens civique et les ambitions de la cité. Ce penchant pour une énergique modernité est à peine entravé par le grand incendie de 1872[2] qui, si on laisse de côté ses aspects tragiques, permet en fin de compte de préparer le terrain pour une reconstruction massive et préside à la création du « collier d'émeraude » des parcs bostoniens. L'architecture d'un grand nombre d'immeubles construits dans le dernier quart du XIXe siècle témoigne aussi de la fierté des citadins. Il faut citer, d'abord et avant tout, l'incomparable bibliothèque publique de style renaissance qui a ouvert ses portes en 1895. L'intérieur de la bâtisse, orné de peintures murales et de statues, possède une vaste collection de livres. Des fontaines murmurent dans le sanctuaire du cloître. Henry James trouve la demeure très *pomp and circumstances*[3], mais Henry James est, à l'époque, un grincheux conservateur. C'est durant cette décennie que s'élèvent les bâtiments qui vont abriter de nombreuses institutions (la plupart ont survécu) faisant la fierté de la ville : la Société d'histoire naturelle de Boston, l'École de médecine de Harvard, plusieurs universités situées dans la ville ou à Cambridge, l'Orchestre symphonique de Boston, et d'autres encore. Cette prestigieuse cité, appelée l'« Athènes d'Amérique », est créée par une riche élite : les brahmanes bostoniens.

À l'origine, on croit que le South End donnera asile à la classe moyenne et aux parvenus bostoniens, tandis que l'aristocratie continuera à se tenir autour de Charles Street, de Beacon Hill et de Back Bay. L'habitation typique du South End, spacieuse, en briques rouges et à façade bombée, donne généralement sur un square ou, plus souvent, sur une étroite rue pavée. Mais les promoteurs immobiliers qui s'empressent d'acheter les terrains et les maisons du quartier ne tardent pas à être dépassés par les événements — ou, pour être plus précis, par la vague d'immigration. En 1900, la population de cette partie de la ville est étrangère à 74 % — proportion assez impressionnante. Le South End est l'un des quartiers de prédilection des nouveaux venus. Ses belles maisons à façade bombée se transforment rapidement en immeubles résidentiels ou en pensions. En 1874, deux des coquettes demeures d'Union Park, joli square entouré de résidences, se transforment en pensions. En 1902, il ne reste, sur cinquante-trois habitations, que sept maisons privées[4].

Lorsqu'on se promène aujourd'hui dans le South End, on peut aisément imaginer à quoi ressemblait le quartier dans les années 1890. Non seulement y retrouve-t-on de vieilles demeures, mais l'ensemble a aussi gardé son allure de ghetto — tout en étant, bien sûr, moins multilingue. Presque tous les Chinois de Boston y vivent, dans quelques pâtés de maisons formant un quartier chinois moderne, typiquement américain. Il y a, dans les années 1890, quelque cinq cents Chinois dans le quartier, mais certaines bâtisses, autour de Tyler Street et d'Oliver Place (aujourd'hui démolie), abritent des Syriens ; ils sont quelques centaines. Des Libanais vivent encore dans ce quartier de nos jours, alors que d'autres familles libanaises assimilées à la société américaine ont emménagé ailleurs, observant ainsi les coutumes nomades des immigrants syriens. Lorsque ces derniers conservent des liens avec leur ancien quartier, c'est en tant que propriétaires de logis loués aux Chinois.

Dans les années 1880, un grand nombre d'immeubles sont rapidement édifiés afin d'héberger la population croissante d'immigrants (ces pensions sont occupées aujourd'hui par des Chinois). Aussitôt construites, les bâtisses ne tardent pas à se transformer en taudis. Leur dégradation est vivement déplorée par les membres libéraux et éclairés de la société bostonienne, mais le pouvoir existant fait la sourde oreille à leurs protestations. Quant aux immigrants, ils ne savent plus à quel saint se vouer. Ils préfèrent cependant vivre à l'étroit avec leur famille dans une ou parfois deux pièces, plutôt que dans la rue. Mais leurs conditions de vie sont sordides. En 1912, une rue du South End est décrite en ces termes :

> Ses commerces variés débordent des portes étroites des boutiques, envahissant les sous-sols, les trottoirs, la rue elle-même — quand ils ne s'étalent pas sur des charrettes ou des échoppes en plein air. Sa population innombrable déborde des appartements graisseux, envahissant les couloirs, les entrées, les caniveaux, les ruelles. Les immigrants se frayent tant bien que mal un passage entre les charrettes, à longueur de journée et jusque tard dans la nuit. La rue Harrison est surprise aussi rarement en état de sommeil qu'en état de propreté. Seul un incendie ou une inondation pourrait la nettoyer[5].

Cette description des bas quartiers est édulcorée. Dans ces lieux de misère, la mortalité infantile atteint un taux effrayant. Les rats et les indigents fouillent les tas d'ordures, et chaque épidémie fait une terrible moisson de morts. Les logements ont rarement l'eau courante, ils n'ont pas d'installations sanitaires. Dans la chaleur torride de l'été bostonien, l'odeur fétide des ordures ménagères est épouvantable.

Boston est une cité marquée par les contrastes et enracinée dans les traditions. Dans le cadre de notre sujet, il faut noter non seulement l'opposition entre riches et pauvres, aussi typique de l'Amérique d'aujourd'hui que de celle d'hier, mais aussi le contraste qui existe entre le conservatisme rigide hérité des ancêtres puritains et l'éclectisme caractérisant le domaine des arts. Le paradoxe de cette ville est que, conventionnelle par nature, elle favorise pourtant un grand nombre de mouvements radicaux. La tradition bostonienne, qui va jouer un rôle non négligeable dans la vie du jeune Gibran, est le prolongement de celle qui s'est manifestée de façon notoire dans une ville ayant occupé les premières lignes dans la lutte antiesclavagiste. Boston regorge d'institutions charitables ayant à leur tête des dames du monde. La société, à cette époque, vit souvent sous leur influence.

Là aussi, les contradictions apparaissent. Alors que le Bostonien de la haute société se sent menacé par les immigrants et répugne souvent à leur tendre une main secourable, des œuvres de bienfaisance sont néanmoins fondées, ravitaillées et dirigées par des dames riches et très déterminées, comme Annie Adams Fields, qui met sur pied les Friendly Visitors. Ces bénévoles se rendent dans les taudis, fraternisent autant que possible avec les familles d'immigrants et les aident à trouver du travail, à scolariser leurs enfants et à améliorer leurs conditions sanitaires. De nombreux témoins décrivent ces deux aspects de la société bostonienne. Tandis que certains font l'éloge des œuvres charitables, d'autres les critiquent. William Dean Howells, écrivain devenu célèbre grâce à *The Rise of Silas Lapham*, écrit en 1894 *A Traveller From Alturia*, dans lequel le protagoniste, qui porte le nom évocateur de M. Homos, est choqué, lors d'un passage à Boston, de constater le gouffre qui existe entre les riches et les pauvres, l'exploitation des miséreux par les riches et la fatuité qui émane des bien nantis. La même année, Edward Everett Hale exploite le même sujet dans *If Jesus Came to Boston*. Ces auteurs, et d'autres encore, dénoncent la légèreté avec laquelle sont énoncés d'arrogants syllogismes tels que : « C'est parce que notre société favorise l'initiative individuelle que nous réussissons. Partant de ce principe, si nous tombons dans le sentimentalisme et aidons les pauvres, nous ruinons leurs chances de suivre nos traces[6]. »

Mais il s'agit sans doute là de la position d'une minorité, celle du groupe hautement privilégié des brahmanes bostoniens et de ceux qui les singent. L'arrogance de ces brahmanes est traduite avec esprit dans les vers que leur a consacré, en 1910, le Dr John Collins Bossidy :

> C'est le bon vieux Boston
> Foyer de la fève et de la morue,
> Où les Lowell parlent aux Cabot,
> Où les Cabot ne parlent qu'à Dieu.

Quoi qu'il en soit, les Bostoniens sont fiers de ce qu'ils ont accompli en matière d'assistance aux pauvres. En 1903, un commentateur écrit :

> Les initiatives prises à Boston pour affronter cette situation nouvelle [l'afflux d'immigrants] sont comparables à celles mises en œuvre ailleurs en Amérique. La volonté d'amalgamer les divers éléments dans une citoyenneté commune s'accomplit par le biais de centaines d'agences — écoles

> publiques, logements sociaux, œuvres de bienfaisance, laïques ou religieuses, mises sur pied pour répondre à tous les besoins des démunis, mais de manière à en faire des citoyens plutôt que des indigents[7].

Lorsqu'on examine les œuvres de bienfaisance en Amérique du Nord et en Europe à l'époque victorienne, il est important de se rappeler que les droits publics garantis par la loi y sont beaucoup moins nombreux que de nos jours. En conséquence, un vide existe véritablement, et ce dernier ne peut être comblé, faute de législation en matière d'assistance publique, que par la charité privée. Les organisations caritatives font certes du bon travail lorsqu'elles s'efforcent de répondre aux besoins des pauvres, mais à plusieurs niveaux on peut leur reprocher d'avoir des œillères. Ce qui préside à leurs activités, c'est l'éthique protestante du travail et les vertus, tout aussi protestantes, de sobriété et d'économie. Les responsables insistent sur l'éducation et sur « l'amélioration » des pauvres. Il y a un gouffre entre les idées des dames charitables et celles des penseurs radicaux socialistes et communistes, qui commencent alors à préconiser une juste répartition des richesses. Au bout du compte, les œuvres de bienfaisance du XIXe siècle protègent surtout les intérêts de la propriété et des classes supérieures. À Boston, les dames de charité se livrent à une forme de discrimination : elles font la distinction entre les pauvres qui sont méritants et les autres. Le mode de vie syrien leur est la plupart du temps incompréhensible, et souvent il les choque. Elles n'arrivent pas à comprendre pourquoi les hommes fainéantent pendant que les femmes travaillent. Dans la mesure où elles assimilent heures de travail régulières à courage et assiduité, il leur est difficile d'approuver les habitudes orientales, qui sont plus relâchées. Il faut dire aussi que les Syriens se sont fait la réputation d'être menteurs et fourbes.

Pour Khalil Gibran, jeune immigrant syrien, l'œuvre de bienfaisance est le meilleur moyen de sortir des bas quartiers. Ce contact avec un autre milieu aura des conséquences incommensurables sur sa vie. À son arrivée à Boston, la famille Gibran s'installe au cœur du quartier syrien, près de Beach Street, au numéro 9, Oliver Place, petit square entouré d'immeubles résidentiels. Il y a non loin de là, au numéro 78, Tyler Street, une église maronite. Plus tard, Gibran évoquera les « logements pauvres hantés par les spectres du désespoir et par les derniers souffles des mourants ». Bien qu'il y ait dans cette envolée poétique une certaine exagération, il ne fait aucun doute que ces taudis sont pour lui des lieux horribles. Le jeune garçon n'aime pas traîner entre les charrettes et les ordures. Il donne plutôt l'impression d'être un enfant sérieux, peu enclin à vagabonder. Il préfère se consacrer à la lecture et au dessin.

Kamila se met immédiatement au boulot, à la façon syrienne : elle vend de la lingerie et de la dentelle dans les quartiers riches de Boston. Un an plus tard, elle a réuni la somme nécessaire pour ouvrir une petite épicerie au numéro 61, Beach Street, dont Boutros prend la gérance. On y trouve aujourd'hui un vendeur de volailles chinois. Plaçant tous leurs espoirs de sécurité financière en leur demi-frère, Mariana et Sultana l'aident à la boutique, tandis que Khalil, le petit mâle privilégié, va à l'école. Les registres de la Quincy School, située à l'époque au numéro 88, Tyler Street, révèlent que « Khalil Gibran junior, alias Assad[8] », est entré à l'école le 30 septembre 1895 et l'a quittée le 22 septembre 1898. La tradition familiale veut que Khalil y ait fait merveille et y ait montré les premiers signes de son génie. Curieusement, dans sa vie d'adulte, Gibran se montrera peu loquace sur ses années d'études, se contentant de dire qu'il était un élève brillant, ce qui lui a permis de sauter d'une classe à l'autre. Il était l'un des favoris des professeurs[9]. On peut néanmoins présumer qu'il s'est bien adapté à l'école, mais il était probablement trop timide pour s'y affirmer d'une façon ou d'une autre. Il a certainement tiré profit de ses premiers contacts avec la littérature anglaise, tout en assimilant les trois fondements de l'apprentissage scolaire : lecture, écriture, arithmétique ; mais on sait peu de chose sur les autres matières qu'il a apprises, et rien du tout sur ses camarades. Il semble qu'il n'ait forgé aucune amitié à l'école. Tout permet donc de croire qu'il s'est montré plutôt distant à l'égard de ses petits compagnons.

L'institution charitable qui va jouer un rôle capital dans la vie de Gibran est située de l'autre côté de Tyler Street, au numéro 93. Denison House, qui a été démolie depuis, est l'une des nombreuses « maisons à logements » des bas quartiers de Boston. L'objectif de cette œuvre est de procurer une base afin d'aider la communauté locale. À cet effet, on y trouve quelques travailleurs sociaux permanents, auxquels s'ajoute le personnel nécessaire à certaines activités particulières. La personne la plus importante et la plus active de Denison House, pendant plusieurs années, est Helena Stuart Dudley. Sous son égide, l'institution offre un quintuple service : un lieu de rencontre ouvert à tous, des clubs, des cours et la possibilité d'étudier, une formation pour certains métiers et une assistance en cas d'urgence. Helena Stuart y fait également aménager des bains et une clinique. Ultérieurement, elle fera installer un gymnase dans une chapelle désaffectée située dans les parages.

Si Helena occupe une position cruciale parmi le personnel de Denison House, Florence Pierce, qui enseigne les arts, va jouer un rôle déterminant dans la vie de Gibran[10]. Cette enseignante détecte le talent du jeune garçon et le signale à Jessie Fremont Beale, travailleuse sociale bien connue de Boston. Jessie trouve le cas si intéressant qu'elle écrit à l'une de ses connaissances, le 25 novembre 1896 :

> *Cher monsieur Day,*
>
> *Auriez-vous parmi vos amis un artiste qui pourrait s'intéresser à un petit garçon assyrien* [sic]*, Khalil G. ? Il ne fait partie d'aucune association. En conséquence, la personne qui lui viendra en aide sera tout à fait libre de faire de lui ce que son jugement lui dictera. Il est entré l'hiver dernier dans une classe de dessin du College Settlement de Tyler Street, et il fait preuve d'un talent qui a amené M*lle *Pierce à se dire qu'il serait un jour capable de gagner sa vie de manière plus satisfaisante qu'en vendant des allumettes ou des journaux, à condition, bien sûr, que quelqu'un veuille bien l'aider à faire son apprentissage dans le domaine des arts.*
>
> *Il risque de devenir un mendiant si personne ne s'occupe de lui. La famille est affreusement pauvre. Elle habite Oliver Place, et nul doute qu'elle sollicitera l'assistance financière de l'enfant aussitôt que ce dernier aura atteint l'âge légal pour travailler. À moins que l'occasion ne lui soit donnée de se diriger vers des activités plus valables* [...]*. J'espère que vous ne considérerez pas cette requête en faveur de Khalil comme inopportune, mais mon intérêt pour l'enfant est si fort, et je me trouve si impuissante que j'en suis arrivée à la conclusion qu'il me fallait trouver quelqu'un qui puisse lui être d'une véritable utilité.*

Né en 1864 d'un père millionnaire, Fred Holland Day est l'un des phares de l'avant-garde bostonienne et le personnage le plus marquant d'un groupe de jeunes poètes et artistes « décadents », qui se sont donné le nom de « visionnistes ». Ces jeunes gens, qui comprennent notamment Ralph Adams Cram, Louise Guiney et Herbert Copeland, se réunissent au numéro 3, Province Court, belle demeure dont les murs intérieurs sont ornés de symboles orientaux et ésotériques. Le riche et excentrique Holland Day, bibliophile et fervent de Keats et de Balzac, est très attiré par les jeunes éphèbes, dans une société où l'homosexualité n'est pas tolérée. On pourrait dire que ses amis et lui forment une sorte de compromis entre les décadents anglais et la fraternité préraphaélite. Day s'est rendu plusieurs fois en Angleterre. En 1889-1890, lors de son premier séjour outre-mer, il découvre « l'homosexualité chic, publiquement affichée, d'un grand nombre d'esthètes anglais[11] ». Très impressionné, Day se réinvente une nouvelle allure et rentre à Boston en dandy, affichant le style Whistler. Il porte « une cape d'opéra, un chapeau noir à larges bords, et fume des cigarettes russes plates dans un long porte-cigarette, arborant une allure d'esthète tout à fait convaincante[12] ». Même dans son atelier, il évolue affublé d'un « pyjama, d'un turban et d'une robe de chambre jaune [...], chaussé de pantoufles rouges aux pointes retroussées. Il n'écrit qu'à la lumière de quarante et une chandelles et fait brûler de l'encens devant une idole chinoise dodue et joufflue[13]. » Day est un familier d'Audrey Beardsley, que la tuberculose finira par emporter. D'autres sommités anglaises font partie de ses amis, comme Edmund Gosse. En 1894, Day contribue de ses deniers à l'édification du premier monument à la gloire de Keats — un buste d'Anne Whitney, qui sera placé dans l'église paroissiale de Hampstead, à Londres.

Bien que Day et ses intimes aient adopté le mot d'ordre des décadents, « l'art pour l'art », ils vouent aussi un culte à William Morris, à Oscar Wilde, à Rossetti, à Ruskin, à Ernest Dowson et à Beardsley, associant ainsi la décadence ultramoderne au médiévisme préraphaélite. Leur fascination pour l'occultisme, auquel Day a commencé à s'intéresser après sa rencontre avec Keats, leur flirt avec la drogue et leur esthétisme languissant ne les empêchent pas d'être à l'origine de quelques publications importantes. Deux magazines d'art à l'existence brève — *The Mahogany Tree* et *The Knight Errant*[14] — sont les premiers du genre à paraître au pays. On peut dire que, en dépit de leur échec commercial (accéléré par le noble refus des éditeurs d'insérer des annonces publicitaires dans les revues), ces publications sont les ancêtres des « petits magazines » d'Amérique du Nord. Il faut également citer la maison d'édition Copeland and Day, fondée afin de rivaliser avec la Morris's Kelmscott Press, dont les livres « ressemblent à des missels[15] ». Pendant quelques années, cette petite maison publie des ouvrages dont le style et le papier artisanal sont (et restent) uniques en Amérique du Nord. Non contents de faire connaître l'avant-garde britannique aux lecteurs américains, les éditeurs publient les œuvres de la nouvelle génération de poètes et d'auteurs américains, dont Louise Guiney, Bliss Carman et Stephen Crane.

Il semble cependant y avoir un élément de second ordre dans la personnalité des visionnistes américains. Ils n'ont certes pas l'allure de leurs homologues anglais. Ils ne brûlent pas assez « de cette flamme dure comme une pierre précieuse », que préconise avec énergie Walter Pater, le prophète des décadents. « Ils ont l'esprit de chapelle et font preuve d'une certaine suffisance. Séduits par l'exotique et le bizarre, ils méprisent le banal, l'ordinaire, que ce soit dans l'habillement, le comportement ou l'art. Ils essaient, bien sûr, de jouer les bohèmes, mais ils sont trop souvent imbus de leur importance et ne s'acquittent de leur rôle qu'avec un succès mitigé[16]. » Les visionnistes veulent à tout prix « épater le bourgeois* » ; ils s'emploient à être « vaches » avec style, mais ils n'atteindront jamais la notoriété d'Oscar Wilde et de ses émules de Londres. Cette faille s'explique, sans doute, par la mentalité artistique qui différencie Boston de Londres : la cité américaine a ses préjugés et ses scrupules, mais c'est un environnement accommodant pour l'esthétisme. Dans ce sens, on peut dire que les visionnistes s'y battent parfois contre des moulins à vent.

Il faut cependant reconnaître que ces jeunes gens ne sont pas que des imitateurs. Ils ont leurs particularités et possèdent indéniablement des talents originaux. Un de leurs faits d'armes est la fondation de mouvements monarchistes quasi ésotériques, comme l'Ordre de la Rose blanche, dont les membres se réunissent dans l'atelier de Holland Day. Quant à leurs talents, le plus notoire est probablement celui dont fait preuve Ralph Adams Cram[17], un architecte. C'est Cram qui est à la base d'une renaissance du gothique à Boston, dont le but est de contrebalancer le classicisme établi. Day, lui, est photographe. Jusqu'à l'arrivée

* En français dans le texte. N.D.T.

d'Alfred Stieglitz, il est considéré comme le meilleur portraitiste des États-Unis. Day se brouillera un jour avec Stieglitz et Edward Steichen. Sans cette rupture, il aurait pu se trouver à la tête du groupe Photo-Secession qui va révolutionner la photographie en Amérique au début du siècle et démontrer que cette discipline est un art accompli, qui révèle la face cachée des choses. Il est fort probable que c'est l'attitude méprisante et snob des photosécessionnistes qui va provoquer la réclusion de Day. L'artiste passera les seize dernières années de sa vie dans son lit[18]. Il mourra en 1933.

C'est dans ce monde fin de siècle, qui vit délibérément en marge de la société, que la missive de Jessie Fremont catapulte Khalil Gibran, alors âgé de treize ans. Quel but vise la travailleuse sociale en écrivant cette lettre ? Espère-t-elle que l'on va procurer au gamin des cours supplémentaires dans le domaine des arts ou, comme quelqu'un l'a suggéré, qu'il va servir de modèle aux artistes ? Jessie l'ignore sans doute elle-même. Quoi qu'il en soit, Day mord à l'hameçon et demande à voir les travaux de Gibran. Ils se rencontrent le 9 décembre 1896. Il n'est pas étonnant que, « grisé » comme il l'est par « la beauté mâle[19] », Day prenne le joli garçon sous son aile. Le photographe a sans doute déjà ratissé les bas quartiers du South End afin d'en ramener des modèles — mettant à profit son activité de bibliothécaire bénévole pour pénétrer dans des logis qui, autrement, lui seraient restés étrangers. Day s'est spécialisé dans le portrait. En 1898, il scandalise Boston en exposant un nu d'homme vu de face — qu'il considère comme une « étude pour la crucifixion » ! En général, son modèle de prédilection est un jeune homme, parfois nu, qu'il photographie dans un décor pastoral ou exotique et dans la tenue adéquate. Il demande souvent à son jeune serviteur noir, Alfred Tanneyhill, de poser en roi nubien, assis sur un trône, nonchalamment drapé dans une peau de léopard. À la fin des années 1890, Gibran lui sert de modèle pour certains portraits d'art. En échange, Day devient le mentor du garçon. Il encourage ses dons artistiques et lui fait connaître la littérature romantique.

Il fait aussi des portraits de Khalil, dont on peut dire qu'ils sont chargés d'une énergie sexuelle assez provocante. Alors que l'adolescent apparaît, dans les premiers clichés, comme un être plein d'innocence, son attitude est différente dans quelques-unes des dernières photos. On l'y voit toiser le photographe avec un œil plein de ruse et un sourire sarcastique, comme s'il devinait les pensées de ce dernier et le mettait au défi de pousser les choses un peu plus loin. Mais il n'y a aucune raison de croire que la relation existant entre l'artiste et le modèle a un caractère ouvertement sexuel. On ne sait même pas si Holland Day a jamais laissé sa passion pour les jeunes éphèbes déborder au-delà du désir torturé. En dépit de son allure flamboyante et de son accoutrement, c'est un homme gauche et assez timide. En fait, peu de temps apès avoir fait la connaissance de Gibran, il le perd de vue. Ils se sont rencontrés plusieurs fois au printemps 1897, mais pendant l'été les Gibran déménagent. Day et Jessie Fremont se lancent à leur recherche, car Jessie veut inviter les trois enfants de la famille à un camp d'été. Quant à Day, il veut continuer à travailler avec son jeune modèle plein de promesses. Le contact ne sera rétabli qu'à l'automne. Pendant un certain nombre d'années, Gibran considérera Fred Holland Day comme son ami et son protecteur.

L'influence cruciale et définitive exercée par le photographe sur Khalil est double : Holland Day l'aide d'abord à trouver sa voix, puis sa vocation. S'il est relativement aisé de parler de l'individualité de Gibran, on ne peut que spéculer sur sa vocation. Il se rend souvent à l'atelier pour poser, mais la plupart du temps il y flâne, s'imprégnant de l'atmosphère du Boston artistique. Plus tard, Day lui confie de petits travaux. Lorsqu'on examine la relation que Khalil entretient avec Josephine Peabody, on y découvre très clairement la tendance immature de l'adolescent à la vénération : il met Josephine sur un piédestal. Il agit vraisemblablement de même avec Day, du moins au début. À treize ans, lors de leur première rencontre, Khalil découvre un personnage exotique et coloré, tout disposé à lui faire connaître le monde merveilleux de l'art et de la littérature, dont il a déjà eu un léger aperçu grâce à ses lectures et à ses dessins. Et le voici maintenant qui fréquente un artiste reconnu, qui se montre tout disposé à faire la critique de ses esquisses et à lui montrer comment les améliorer. Si Day adore Gibran à sa façon (pour lui, l'adolescent n'est pas seulement un être séduisant mais un génie intact, le noble sauvage qui obsède l'Amérique romantique),

Gibran lui rend bien ce sentiment — mais l'artiste accompli ne veut pas gâter son protégé en lui procurant un enseignement académique. Pour Gibran, Day est avant tout un modèle.

Fred Holland Day aide Khalil à trouver sa voix en lui faisant connaître les grands classiques, comme Shakespeare et Tolstoï, mais surtout en lui faisant lire les romantiques. Dans les premiers temps, il lui fait la lecture, puis, lorsque l'anglais de l'adolescent s'améliore, il lui prête des livres, que ce dernier emporte chez lui. Il l'encourage également à fréquenter la bibliothèque de Copley Square. Malgré leur impact révolutionnaire sur la conscience occidentale, les romantiques sont difficiles à classer et à définir. Le mouvement est un fourre-tout d'artistes et d'écrivains. Il y a des différences précises entre, disons, les romantiques anglais et ceux du continent. Dans un texte sur l'art, Baudelaire déclare que le romantisme ne se situe pas précisément dans le choix d'un sujet, ni même dans une vérité précise, mais dans une façon de ressentir. Ce qui revient à dire que le romantisme est indéfinissable, puisque tout sentiment est subjectif. Néanmoins, il existe des points communs chez les artistes et les écrivains romantiques, que l'on pourrait résumer comme suit : conviction que la sensibilité individuelle est le seul critère de jugement esthétique (d'où l'accent sur le relativisme, la subjectivité, l'autobiographie et l'autoportrait) ; recherche d'une liberté d'expression et rejet des règles établies dans les différents domaines artistiques (et, souvent, libéralisme quasi politique) ; accent fortement imprimé sur l'imagination, allant parfois jusqu'à la déification ; révolte contre le rationalisme du XVIIIe siècle et prédilection pour le mysticisme et la philosophie platonicienne ; attrait pour la nature, susceptible de transmettre le mystère des choses et de donner accès à un univers parfait, par l'intermédiaire de l'imagination plutôt que des sens. C'est ce que l'on trouvera plus tard dans l'œuvre de Khalil Gibran. Le poète est un romantique pur et dur, ainsi que le veut Fred Holland Day. Lorsqu'il rencontre Gibran, ce dernier n'est qu'un adolescent, et son esprit une surface vierge sur laquelle Day imprime ses propres préférences.

Le photographe fait connaître à son protégé le préraphaélisme, que l'on pourrait peut-être définir comme un romantisme empreint de nostalgie rêveuse. Les préraphaélites retiennent certains traits des romantiques, auxquels ils ajoutent une préoccupation plus forte pour le détail et la précision picturale, un amour profond pour le fantasme et une tendance, peut-être héritée de Goethe, à idéaliser la femme. Il suffit de penser à Swinburne, qui sera pendant longtemps le poète préféré de Gibran. Ce dernier aime ses poèmes arthuriens, ainsi que des joyaux plus courts, tels *Atalante en Calydon*, *Laus Veneris* et *Le Lépreux*, œuvres pleines de nostalgie, évoquant non seulement le passé, mais aussi l'amour perdu ou un idéal inaccessible. Dans *Le Dernier Puritain*, Georges Santayana décrit le mouvement entier comme pénétré d'un « esthétisme souffreteux[20] ». C'est néanmoins une vision de l'existence qui aura un effet durable sur Gibran.

Non content d'être son guide, Day fait de Gibran une sorte de révolutionnaire. Richard Le Gallienne, décadent notoire, résume ainsi le romantisme qui marque la fin de l'ère victorienne :

> Bien qu'il ait sans aucun doute eu ses côtés insensés, voire dangereux, il a été à la base d'un changement réel et inévitable. Beaucoup de courants de pensée différents ont convergé pour le susciter, en particulier l'enseignement de vulgarisateurs de la science évolutionniste comme Huxley et Tyndall. Les conceptions théologiques de nos pères ont subi une sérieuse désintégration, et les sanctions et restrictions sociales qui se fondaient sur elles ont rapidement perdu de leur pouvoir. Une spiritualité plus large, plus profonde, une moralité plus humaine, dans laquelle l'influence de Walt Whitman a été déterminante, a brisé les vieux moules et fait place à un usage plus libre des émotions et des fonctions vitales — plus libre que ce que l'on croyait adéquat jusque-là, ou tout simplement possible [...]. Les années quatre-vingt-dix ont eu une portée significative, en ce sens qu'elles ont commencé à mettre en pratique les idées nouvelles qui s'étaient accumulées depuis un certain temps à la suite de l'action corrosive exercée par la pensée scientifique et philosophique sur les conventions spirituelles, morales, sociales et artistiques, et sur toutes les formes d'autorité exigeant une obéissance inconditionnelle[21].

Tous ces courants romantiques sont dans l'air — favorisant un nouvel ordre social, un accès plus aisé au divin. Sous l'influence de Day, Gibran s'imprègne de cette atmosphère avec un éclectisme candide.

Faisons une pause, à ce stade formatif de la vie de Gibran, pour nous livrer à quelques généralités. Si l'adolescent s'imbibe de la pensée romantique, quelle philosophie absorbe-t-il, consciemment ou inconsciemment? « Le romantisme est une révolte de l'individu », dit l'historien de l'art Edmund Wilson. Les humeurs et les sentiments particuliers de l'individu en sont les éléments essentiels — contrairement à la tendance à l'objectivité que prône le réalisme. Oscar Wilde, qui se livre volontiers à l'exagération et aime formuler des remarques piquantes, résume bien les tendances de l'époque lorsqu'il dit : « Qu'est-ce que la vérité? En matière d'art, c'est la dernière saute d'humeur de quelqu'un. » Ce subjectivisme radical qui s'exprime face au développement scientifique de l'époque n'est pas porté aux nues uniquement par les peintres et les poètes symbolistes, mais aussi par des philosophes plus académiques. F. H. Bradley écrit ceci : « En fin de compte, il n'y a de vrai que ce qui est ressenti et, pour moi, il n'y a de vrai que ce que je ressens. » Comme l'explique Wilson, ce relativisme, en termes artistiques et poétiques, a les conséquences suivantes :

> Chacune de nos sensations, chacun de nos sentiments, chaque moment de conscience est unique : en conséquence, il est impossible de traduire nos sensations telles que nous les éprouvons par le biais du langage conventionnel et universel de la littérature. Chaque poète possède sa personnalité propre : chacun des moments qu'il vit a sa propre tonalité, est fait de sa propre combinaison d'éléments. Et c'est la tâche du poète de trouver, d'inventer le langage particulier qui sera seul capable d'exprimer sa personnalité et ses sentiments. Un tel langage devra utiliser les symboles. Ces choses si singulières, si fugaces et si vagues ne peuvent être transmises par une déclaration ou par une description directe. Elles le seront grâce à une succession de mots et d'images qui permettront de les suggérer au lecteur.

Les enfants et les adolescents sont, à certains égards, des romantiques par nature : ils ne sont préoccupés que par leur propre univers et par les tentatives qu'ils font pour l'exprimer. Ce n'est que plus tard, à la fin de l'adolescence et au début de la vingtaine, qu'ils abordent des problèmes plus larges et plus abstraits. Gibran est doté d'une intelligence vive, et il est tout à fait disposé à absorber l'enseignement de Day. En outre, il est flatté qu'un artiste aussi éminent s'intéresse à lui. Comment s'étonner dès lors qu'il devienne un romantique à part entière, et qu'il le demeure tout le reste de sa vie? Inspiré par le rythme des versets de la Bible et par les vers libres de Walt Whitman, il forge son propre « langage personnel » afin de transmettre son message aux générations futures.

Recréons le décor. Au cours de l'hiver 1897, Gibran a quatorze ans et il se débat dans les affres de la puberté[22]. Dehors, il fait froid comme il ne fait froid qu'à Boston. Le sol est gelé en profondeur, le vent glacé de l'Atlantique souffle sur les terres. Khalil vient de parcourir des rues « longues et lugubres, avec six pieds de neige en leur milieu ». « Il gèle tellement que la neige chante sous les semelles des messagers et sous les roues des voitures[23]. » Le studio de Day est chaud et accueillant, un feu de bois craque dans l'âtre. L'artiste vient peut-être de montrer à Khalil ses dernières photos, et l'adolescent est rempli d'admiration ; ou bien Day lui a parlé de ses projets, l'invitant à y participer. En bref, Khalil ne baigne pas seulement dans la chaleur du foyer, mais dans celle d'un grand homme. Il se sent étrangement chez lui dans l'atelier. Un silence agréable s'installe dans la pièce. L'aîné se penche langoureusement pour ramasser, sur le sol, un recueil de poèmes d'amour semblant venir d'un autre âge ; il en lit quelques vers à voix haute. Ensuite il prend un autre ouvrage et, avec une expression plus ambiguë dans le regard, lit un poème de Walt Whitman. Khalil est trop jeune et trop innocent pour relever les références homosexuelles érotiques présentes dans le texte, mais il est transporté par leur audacieuse liberté et par la passion qui se dégage de la voix du poète. Mais le soir tombe, et il faut partir. Avec regret, l'adolescent prend congé de son hôte. Holland Day lui donne un autre rendez-vous, assez rapproché, puis le pousse vers la porte après lui avoir mis dans les mains un volume de Keats, ou d'Emerson, ou de Maeterlinck, dans lequel, une fois rentré chez lui, Khalil va se plonger jusque tard dans la nuit. L'œuvre n'est pas facile, mais il se dit que l'effort en vaut la peine puisque le livre lui a été prêté par Fred Holland Day.

Le présent ouvrage n'est pas le véhicule approprié pour entreprendre une étude académique des influences qui se sont exercées sur l'esprit de Gibran. Cette recherche a déjà été faite, bien que le résultat ne soit pas tout à fait satisfaisant[24]. Quelques points néanmoins méritent d'être soulignés. On peut dire que l'influence que Nietzsche a eue sur le jeune homme n'a pas été aussi forte qu'on l'a dit. On ignore si le poète connaissait l'une ou l'autre œuvre du philosophe avant 1908, mais il est possible que certaines de ses idées lui soient parvenues, soit paraphrasées par Holland Day, soit retransmises par d'autres intermédiaires, comme le romancier Gabriele D'Annunzio, que Gibran plaçait très haut dans son estime, l'essayiste Maurice Maeterlinck, qu'il vénérait, le *Brand* d'Ibsen, ou encore par des dictons populaires relevés dans la presse arabe. Mais voilà que le jeune garçon trouve en Nietzsche un homme qui a le courage d'affirmer avec une franchise incisive et un humour mordant que l'art est l'une des plus hautes manifestations de la volonté de puissance de l'homme. L'être noble possède une parfaite maîtrise de lui-même et ne craint ni l'opinion des autres ni la perspective de la mort. Il n'y a aucun élément négatif dans son existence ou dans sa manière d'exprimer sa volonté : tout ce qu'il fait — dont son œuvre, s'il est un artiste — est un témoignage de vie. Sous l'influence de Nietzsche, Gibran en arrive à remettre en question la valeur de la religion de son enfance, en particulier le pouvoir oppressant des prêtres. Une religion d'amour a été pervertie par la haine et les préjugés de son clergé ; les prêtres ont transformé une religion destinée au peuple en un outil d'oppression. Gibran ne deviendra cependant pas un nietzschéen jusqu'au-boutiste, il ne perdra jamais sa foi en une forme de divinité. En Amérique, à l'époque, il est de bon ton de considérer Nietzsche comme un emersonien robuste qui se répand en insultes contre l'inhumanité. Sous la houlette de Day, Khalil bénéficie donc d'une éducation extrascolaire éclectique. Il est amusant de voir que, parallèlement à son intérêt pour Nietzsche, opposant farouche aux théories des « Deux Mondes », Gibran en vient à glorifier les romantiques platoniciens et Maurice Maeterlinck.

Le destin de Maeterlinck est bien connu. Considéré à son époque comme un grand génie, l'écrivain belge est presque tombé dans l'oubli. Né en 1862 en Belgique, Maeterlinck commence sa carrière littéraire comme auteur dramatique. En 1890, une de ses pièces, *La Princesse Maleine*, est saluée par Octave Mirbeau, l'un des critiques les plus influents de l'époque, comme un chef-d'œuvre « aussi bon que du Shakespeare ». Son premier texte en prose, constitué d'une série d'essais et intitulé *Le Trésor des humbles*, est publié en 1896 et aussitôt traduit en anglais. L'ouvrage fait une profonde impression sur le monde esthétique de chaque côté de l'Atlantique. Même Louise Guiney, qui n'aime pas particulièrement les pièces symbolistes de l'écrivain belge, déclare que ce livre l'a amenée à respecter son auteur[25]. Lorsque Day en lit des passages à Gibran, l'effet de cette lecture sur l'adolescent est foudroyant :

> Un jour, M. Day s'est mis à lui lire des passages de la traduction récemment parue du *Trésor des humbles*, de Maurice Maeterlinck, et le jeune homme ne l'a laissé en paix qu'il ne lui ait lu l'œuvre entière. Il a ensuite emprunté l'ouvrage. Puis il en a acquis un exemplaire[26].

Maeterlinck a le don, dans ses nombreux essais, de rendre accessibles et raisonnables un tas d'idées aussi profondes qu'abstruses. Les romantiques, ou ceux dont l'esprit est porté à la réflexion, sont frappés d'y retrouver, clairement énoncées, un grand nombre de leurs idées. Le ton est toujours franc, lucide et honnête. Maeterlinck s'interroge sans dogmatisme. Une abondance d'idées neuves et originales habitent ses textes. Le commentaire de Gibran sur Maeterlinck est astucieux. Il le décrit comme un écrivain « de premier ordre », mais ajoute ensuite qu'il y a des « degrés dans cet ordre. C'est un grand essayiste, non un grand créateur[27]. » S'il existe un thème commun aux textes du *Trésor des humbles*, il repose sur l'utilisation par Maeterlinck de sa connaissance des penseurs du passé, qui lui permet de déclarer que, si l'on veut comprendre les secrets de l'univers, il faut d'abord se familiariser avec le monde métaphysique. Or, on ne peut y parvenir uniquement par le biais de l'intellect. Il faut aussi faire appel à l'intuition et à la sensibilité.

Dans « Silence », par exemple, le premier texte du *Trésor des humbles*, l'écrivain conseille aux lecteurs de ne pas redouter le silence. Il faut, au contraire, le rechercher, le cultiver. Dans « Le réveil de l'âme », il déclare qu'une révolution esthétique a commencé, et que ce mouvement neuf en art et en poésie annonce une période spirituelle dans laquelle le matérialisme et la science n'occuperont plus le devant de la scène. L'idée n'est pas nouvelle — beaucoup de poètes du XIXe siècle l'ont déjà formulée —, mais Maeterlinck lui donne une impulsion personnelle en affirmant qu'un penseur ou un écrivain, quelle que soit sa grandeur, ne travaille pas dans l'isolement : son âme est « la fleur des multitudes ». Autrement dit, aucune révolution ne peut se faire tant que le genre humain tout entier, ou une partie importante du genre humain, n'a pas préparé le terrain de façon subliminale, « grâce à la *présence extraordinaire* de [son] âme ».

D'autres textes évoquent le pouvoir de la tristesse qui ennoblit. Ils disent que l'amour naît souvent de la tristesse, que les femmes sont plus près de Dieu que les hommes, que l'être humain n'accède aux courants les plus profonds de la vie qu'à certains moments particuliers, et qu'il connaît alors une forme de renaissance. Dans ce texte comme dans les suivants, Maeterlinck affirme que les êtres humains ont accès au divin, et il se demande s'il est possible que l'homme ne soit qu'un dieu effrayé. L'amour, dit-il, est ce pouvoir qui nous donne la capacité de nous « élever » au-dessus de nous-mêmes et de nous élancer vers cet autre monde. Puisque l'amour naît souvent de la tristesse, la souffrance née de l'adversité peut également nous venir en aide. Les poètes eux aussi peuvent ouvrir cette porte ; la beauté est la nourriture de l'âme, et les poètes et les artistes nous poussent souvent dans la bonne voie.

Ces idées indéniablement séduisantes sont énoncées avec force. L'esprit de Khalil, ainsi que je l'ai dit, est une surface vierge. L'adolescent a un penchant inné pour le romantisme. Chacun des thèmes développés par Maeterlinck sera prolongé avec une fidélité absolue dans l'œuvre écrite de Gibran.

Ce chapitre concerne essentiellement les années de formation du poète, ainsi que son éducation. Sous la tutelle de Holland Day, l'adolescent lit énormément et, pendant les douze années qui vont suivre, ne cessera jamais de lire ni d'aller au théâtre. Plus tard, il offrira même à Mary Haskell et à d'autres amis des listes de ses auteurs préférés, précisant cependant que l'influence que certains d'entre eux ont eue sur lui a fini par s'estomper. Ces listes sont sans doute incomplètes. On y trouve, chez les poètes, Blake, Swinburne, Dowson, Whitman et Rossetti ; chez les romanciers, Tolstoï, Anatole France et Gabriele D'Annunzio ; chez les auteurs de théâtre, Eugene O'Neill, Ibsen et Strindberg ; et chez les philosophes et penseurs, Nietzsche, Ernest Renan, Edward Carpenter et H. G. Wells[28]. En art, ses goûts sont orthodoxes, allant de l'art grec aux artistes contemporains tels que Redon, Rodin et Ryder, en passant par Michel-Ange, Léonard de Vinci et Le Titien. Il apprécie généralement la plupart des artistes et des écoles, mis à part le cubisme. En musique, il aime d'abord et avant tout Beethoven et Wagner, tout en émettant des réserves au sujet du second[29]. Enfin, dans toutes les formes de création, il ménage un place de choix aux artistes orientaux.

Comme Maurice Maeterlinck, un des écrivains de cette liste est injustement tombé dans l'oubli. Edward Carpenter, qui a joui d'une immense considération de son vivant, est aujourd'hui délaissé. Son influence sur Gibran est évidente : le poète le décrira un jour comme « le plus grand », mais il ajoutera ultérieurement (en 1913) : « bien que je ne puisse plus le lire aujourd'hui[30] ». C'est sans doute Day ou un membre de son cercle qui fait connaître Carpenter à Khalil, mais on ignore ce que Gibran a lu de lui dans les années 1890. Une bonne partie des textes n'ont été publiés qu'au tournant du siècle, ou même plus tard ; je ne mentionnerai donc ici que les œuvres de jeunesse de Carpenter. L'écrivain est né en 1844 et mort en 1929. Prêtre anglican pendant une partie de sa vie, il quitte l'Église en 1874 et passe presque tout le reste de son existence dans le Yorkshire à fabriquer des sandales et à cultiver la terre.

Il est vraisemblable que Gibran considère d'abord Carpenter comme un poète whitmanien. L'écrivain anglais a fait deux pèlerinages en Amérique pour y rencontrer Whitman. Il s'inspire non seulement de son style, mais aussi de l'utilisation que fait ce dernier de la poésie pour aborder des thèmes sociaux. Dans *Towards Democracy* (dont Gibran offrira un exemplaire à Josephine Peabody) et *Who Shall Command the Heart ?*, par exemple, Carpenter en appelle à la liberté sexuelle ; il célèbre la nature et le monde physique dans un style purement whitmanien, évoquant un « Être mystérieux » plus noble et dépeignant un avenir exempt de maladie — ici, l'influence de William Morris est évidente —, où les gens ne font que le travail qu'ils aiment, où il n'y a ni cupidité ni propriété privée. Il déclare que seuls les amants connaissent vraiment ce qu'est la mort.

Ses essais sont plus marquants que son œuvre poétique. Comme Maeterlinck, Carpenter est un essayiste prolifique. En outre, il est étonnamment moderne. Ses thèmes sont le végétarisme, la pollution, la révolution sexuelle, le panthéisme, les réformes économiques et pénales, le socialisme, l'anarchisme, le marxisme, les théories biologiques, le pacifisme, la musique, la poésie, la libération et l'émancipation des femmes. Il lutte contre la vivisection, traite de nombreuses questions pratiques, comme l'environnement et l'appropriation insouciante de la nature par le capitalisme, les effets dévastateurs de l'industrie, l'aliénation sociale, le philistinisme de la vie culturelle bourgeoise et les codes sexuels de la société. Il se situe carrément dans la tradition idéaliste, mais il est moins véhément que Whitman, moins torturé que les décadents et moins élitiste que la plupart des écrivains. Il professe une véritable sympathie pour le sens commun et l'intégrité des classes laborieuses, espérant qu'ils mèneront à la transformation de la société.

Contrairement à la plupart des homosexuels de l'époque, Carpenter ne cache pas son orientation sexuelle. Celle-ci ne lui pose aucun problème et il est un fervent défenseur de l'homosexualité comme manifestation naturelle de la sexualité humaine. Comme Whitman, il célèbre la « camaraderie » masculine et puise une justification de l'homosexualité dans la civilisation grecque et les sociétés primitives. Il popularise les travaux des premiers sexologues, comme Richard Krafft-Ebing, qui prétend que l'homosexualité (Carpenter préfère l'expression « amour homogène ») est parfaitement naturelle. Les hommes dotés d'un tempérament « uranien » — sensible et émotif — forment un groupe important de la société et accomplissent des tâches essentielles. Ce sont des artistes, des éducateurs, des philanthropes. L'amour sous toutes ses formes et manifestations est acceptable, et l'amour homosexuel n'est ni morbide ni dégénéré. L'hostilité qui s'exprime envers les homosexuels est tout simplement causée par l'ignorance et l'incompréhension. Les analyses de Carpenter sont souvent basées sur celles d'autres auteurs, mais elles ont l'avantage d'être claires et accessibles au grand public. Sans les mesures de répression instaurées à l'issue du procès spectaculaire d'Oscar Wilde, en 1895, les travaux de Carpenter sur l'homosexualité auraient probablement eu une audience plus vaste[31].

Carpenter fait aussi preuve d'un modernisme vigoureux dans ses idées sur les femmes et le mariage. Partant d'une position idéaliste, il prétend que seule l'union de deux âmes sœurs peut garantir la réussite d'un mariage. Toute autre disposition n'est qu'une « sordide perversion », car alors l'homme n'est souvent qu'à moitié adulte et fait de la femme son esclave. Le mariage, plutôt que d'être une condamnation à perpétuité, peut devenir « le lieu habité par l'Amour » grâce à l'émancipation des femmes, à l'éducation des deux sexes et à une union qui ne doit pas nécessairement durer toute une vie. Pour libérer les femmes, il faut changer non seulement les lois, mais aussi les attitudes. Citant Havelock Ellis, Carpenter dit que la femme est souvent considérée comme le produit d'un « croisement entre un ange et une idiote », et que ce jugement parodie la féminité. Les propositions du penseur en matière d'émancipation de la femme sont radicales et d'une portée considérable. Il affirme que les femmes ne seront jamais vraiment libres tant que le système capitaliste qui a engendré l'idée de la propriété n'aura pas été éliminé. Les femmes doivent pouvoir faire de la politique, leur instruction doit être poussée davantage afin que, en tant que mères, elles soient en mesure d'éduquer les futures générations de femmes et d'hommes[32].

Je n'ai fait ici que résumer quelques-unes des positions d'un écrivain que Gibran tenait comme l'un des plus grands. Ce qui peut dérouter, cependant, c'est que Khalil était opposé à la libération des femmes, peu ouvert aux idées politiques à caractère socialiste, et apparemment hostile à l'homosexualité[33]. Pourquoi déclare-t-il alors à Mary Haskell que, selon lui, Carpenter est « le plus grand » ? Est-ce pour plaire à cette femme moderne, qui approuve sans doute les vues du pamphlétaire ? Cela paraît invraisemblable, car c'est également elle qui recueille les remarques de Gibran à propos de l'émancipation des femmes et du socialisme. Il semble plutôt que Gibran oublie commodément les facettes de la pensée de Carpenter qu'il n'approuve pas et ne se souvienne que de ce qui lui est sympathique : la passion de Carpenter pour Whitman, son amour de la nature, sa critique de la civilisation considérée comme une maladie qui dénature les peuples, son éloge du pouvoir de l'amour et ses propos sur la réincarnation et la nécessité d'accéder à un moi plus élevé.

Outre Nietzsche, Maeterlinck, Carpenter et les romantiques en général, d'autres influences majeures s'exercent sur Gibran et son œuvre. Nous n'approfondirons pas le sujet pour l'instant — les choses s'éclairciront plus tard dans ce livre — mais disons que Rousseau va jouer un rôle essentiel en raison de son idéalisation de la nature. Une mention d'honneur doit aller à Emerson, non seulement comme source d'idées mystiques et romantiques, mais à cause de l'attrait que Gibran, inspiré par Holland Day, éprouve pour le panthéisme païen. Le photographe fait sans doute valoir auprès de son protégé les potentialités d'une écriture sibylline et piquante, plutôt que basée sur un raisonnement cohérent. De Whitman, Gibran a hérité de deux choses : une certaine largeur de vues et d'idées en matière de liberté et, d'un point de vue stylistique, les cadences bibliques de ses vers libres et le ton autobiographique de son œuvre. Emerson et Whitman, chacun à leur manière, ont démontré que nous avons tous un moi plus noble vers lequel nous pouvons tendre, idée que le jeune Gibran, dépourvu de racines à Boston, accueille aisément puisque qu'elle semble lui procurer un moyen de sortir de l'exil et de se fixer sur la terre promise. Enfin, tout en exerçant une influence décisive sur la peinture de Gibran, surtout pendant ses années d'apprentissage, William Blake lui procure un réseau d'idées puissantes : une définition de la vertu et du vice en termes d'innocence et d'expérience ; l'idée que la force de vie présente dans toute créature vivante est sacrée ; la foi dans l'unité de toutes les religions ; le choix d'une religion personnelle ; la répudiation de la tyrannie des prêtres et, en corollaire, la volonté de glorifier les pauvres et les opprimés ; une confiance totale en l'imagination et une méfiance définitive envers la raison ; et enfin l'idée (peut-être glanée chez Emerson ou chez Whitman) voulant que le poète soit un prophète investi d'une mission sacrée sur cette terre[34].

Nous ignorons quels auteurs Gibran découvre par l'entremise de Fred Holland Day ; nous ne savons même pas s'il a lu leurs œuvres en profondeur. Il y a de bonnes raisons de penser que l'intérêt de Gibran pour Rousseau lui vient de certains écrivains arabes. Quoi qu'il en soit, le jeune homme manifeste relativement tôt une bonne connaissance de certains auteurs, et il y a tout lieu de penser que c'est Day qui l'a initié à la plupart d'entre eux, ou qui l'a incité à s'intéresser à eux. Même lorsque Gibran prendra sa vie littéraire en main, Day restera le mentor invisible dont l'approbation ou la désapprobation sera l'étalon qui lui permettra d'évaluer la qualité de ses lectures.

Ainsi, d'une manière ou d'une autre, Day modèle l'esprit de Gibran[35]. Si l'on veut comprendre et évaluer toute l'influence du photographe, il est nécessaire d'examiner la situation du jeune garçon. Nous avons là un être dont l'enfance au Liban a été soumise à diverses tensions et assombrie par des conditions sociales et familiales difficiles, un être jeune que l'on a déraciné pour l'envoyer vivre dans un pays étranger, dans un quartier misérable. Il sait qu'il possède un don pour le dessin et, comme beaucoup d'adolescents, il entretient de grands rêves d'avenir. Les histoires fictives qu'il raconte sur ses nobles origines découlent sans doute de ces fantasmes puérils.

Mais le voici qui s'échappe de temps à autre de son taudis pour se réfugier dans un tout autre monde. L'agent de ce changement est un individu excentrique qui porte des vêtements occidentaux, fume le narguilé et vit dans une opulence certaine. Ce personnage prodigue attention et sollicitude à son protégé. Comment s'étonner dès lors que Khalil lui devienne très attaché ? Cet homme, ce magicien, transforme le gamin débraillé des bas quartiers en prince d'Orient. Il lui met un burnous, des vêtements exotiques et le fait poser avec un air nonchalant et un sourire dédaigneux. En bref, il donne à Khalil un aperçu d'un autre univers, un monde artistique riche et peuplé de personnages passionnants, et il l'encourage à penser qu'il pourrait en faire partie. Et le gamin des rues se laisse prendre — si bien qu'il ne lui sera plus possible de revenir en arrière. Il décide alors de se conformer à la volonté de Day. Quel que soit le talent que l'artiste verra en lui, Gibran s'efforcera de le développer. N'y a-t-il pas en lui des éléments de grande valeur ? N'a-t-il pas du sang noble, tant physiquement que spirituellement ? Jamais il ne se rendra compte que cet aspect de sa personnalité n'est qu'une création de l'imagination de Fred Holland Day — imagination qui transforme Alfred Tanneyhill en roi nubien, l'un ou l'autre gamin de rues en berger arcadien, ou Day lui-même en fils de Dieu cloué sur la croix.

En bref, l'héritage laissé à Gibran par son protecteur n'est pas seulement constitué d'une éducation artistique et de la capacité de trouver son individualité, mais aussi de la conviction qu'il y a en lui bien plus que ne peut le voir un œil dépourvu de discernement. Gibran est tout à fait prêt à se réinventer lui-même afin de plaire à Day, cette figure paternelle ambiguë. Un jour, ce dernier lui prête un livre sur la mythologie grecque classique. Lorsque Khalil le lui rend, il déclare : « Je ne suis plus catholique, je suis désormais païen. » Mais que fait Day de cet acolyte malléable et de bonne volonté ? Il l'investit d'une importance exagérée et gonfle ainsi en lui le sentiment de sa supériorité. Ce qui n'est pas mauvais en soi, puisqu'une telle disposition fait généralement naître la motivation qui permet de réaliser des choses qui, la plupart du temps, sont valables. Après tout, n'est-il pas préférable pour un écrivain de croire, lorsqu'il prend la plume, que ce qu'il a à dire va enrichir ceux et celles qui le liront ? Étant donné qu'une perception juste de soi est rare, cette conviction va souvent résulter du sentiment exagéré que l'individu peut avoir de son importance. Dans une lettre à Day, Louise Guiney dit, à propos de Gibran : « L'Amérique a un effet subtil sur ses enfants venus d'ailleurs, en particulier sur les Orientaux : ils proviennent de vieilles civilisations évoluées et se trouvent plongés dans une contrée où les valeurs ne sont pas inébranlables. Ce changement leur monte à la tête[36]. » Rien de plus vrai. Day expose Gibran à un monde dans lequel l'adolescent se dit que tout est possible, et qu'il est celui qui peut tout accomplir. Mais au fond de son cœur, il saura toujours qu'il n'est pas ce personnage exotique qui regarde le monde de haut. Une tension se crée en lui, qui va perdurer d'une manière sous-jacente pendant une bonne partie de son existence. Dans des moments d'honnêteté ou de faiblesse, il avoue à ses intimes qu'il a l'impression d'être un imposteur, et que dorénavant, obéissant en cela à l'influence de Day, il va s'employer à faire de lui-même un mythe — ne se montrant jamais aux autres tel qu'il est, mais tel que ces derniers veulent le voir. Plusieurs aspects de ce mythe réapparaîtront constamment, ainsi que les tensions que cette situation créera dans la vie du poète.

Pendant ce temps, l'artiste fait son chemin. Des croquis de jeunesse existent encore, grâce auxquels on peut suivre les progrès de Gibran — ce sont d'abord des travaux qui s'inspirent d'autres artistes, puis des essais en vue d'acquérir un style personnel, malgré l'influence que les décadents et les préraphaélites exercent sur sa technique. Day lui demande de soumettre des illustrations pour un recueil de poésie qui sera publié chez Copeland and Day, mais celles-ci ne sont pas retenues. Cependant, aussi étrange que cela puisse paraître, l'adolescent va trouver un débouché pour au moins un de ses dessins. On a récemment trouvé, dans une boutique de livres usagés de Boston, un exemplaire datant de 1898 d'*Omar Khayyam*, de Nathan Haskell Dole, édité par

L. C. Page and Company. Le portrait du poète persan figurant sur la couverture est signé « K. Gibran »[37]. Dole est à cette époque un écrivain si populaire que ses commandes sont précieuses pour un artiste — surtout pour un gamin de quinze ans.

Gibran affirmera souvent que plusieurs de ses dessins ont été publiés en 1898, mais à ce jour rien n'a étayé cette déclaration. Peut-être enjolive-t-il la réalité — une hypothèse qui devient plus plausible lorsqu'on découvre ce qu'il raconte à Mary Haskell. Il dit à la jeune femme que, lorsqu'il avait treize ou quatorze ans, des critiques ont rédigé des « articles et même de courts essais » sur ses dessins et ses croquis[38]. Il y a peut-être quelque fondement dans cette affirmation, mais une fois de plus Gibran exagère. Il semble cependant que quelques projets de couverture de livres aient été acceptés, cependant. Gibran vend des dessins qui sont utilisés selon les nécessités éditoriales du moment[39]. C'est Day lui-même qui choisit l'un d'eux pour un volume de poésie de Lilla Cabot Perry publié par Copeland and Day, et un croquis orne la couverture d'un recueil d'essais de Maeterlinck, *Sagesse et Destinée*, publié par Macmillan[40]. En ce qui concerne les « articles et même les courts essais », il s'agit là, au mieux, d'une référence à un texte paru le 2 avril 1898 dans le périodique artistique new-yorkais *The Critic*. Le journal parle d'un « jeune Syrien » entré sans s'annoncer dans les bureaux de Scribner's avec un portfolio contenant des croquis « orientaux » destinés à des couvertures, dont les éditeurs se sont aussitôt emparé. Si ce « jeune Syrien » est Gibran — et la chose est fort possible, bien qu'il n'existe aucune trace d'un voyage qu'il aurait effectué à New York à cette époque — l'article constitue au moins une base qui va permettre aux fantasmes du jeune homme de se développer.

C'est très vraisemblablement Fred Holland Day qui fournit le mot d'introduction permettant à Gibran d'obtenir quelques-unes de ses premières commandes, tout comme il lui donne la possibilité de faire son entrée dans la société bostonienne. Nous savons qu'à au moins une occasion, Day recommande le jeune homme comme modèle à une artiste — en l'occurrence Lilla Cabot Perry. En dépit de ses aspirations artistiques et de l'amitié qui la lie au scandaleux M. Day, Lilla — tout comme son époux, Thomas Sergeant Perry —, entretient d'excellentes relations avec les brahmanes bostoniens. En faisant la connaissance du couple, Khalil respire pour la première fois l'air raréfié de la haute société, dans laquelle il évoluera plus tard avec une si grande aisance.

En 1898, une autre occasion lui est donnée de se mêler aux personnalités de marque de Boston — occasion qui aura un retentissement important sur sa vie. Le 8 mars, une exposition des photos de Fred Holland Day s'ouvre à Boston, au Camera Club. Les critiques rivalisent de louanges. Khalil ayant servi de modèle pour de nombreux clichés, il est invité à l'événement. L'un de ces portraits est acheté par Sarah Choate Sears, une riche hôtesse de la société bostonienne, qui va devenir en quelque sorte une des protectrices du jeune poète. Mais plus importante encore est la rencontre fortuite de Khalil avec une jeune poétesse et dramaturge, Josephine Preston Peabody. La jeune femme a vingt-trois ans, alors que Gibran n'en a que quinze. Josephine est petite mais séduisante ; elle a des yeux magnifiques. Gibran dira plus tard qu'il est tombé amoureux d'elle au premier regard — ou, du moins, qu'elle lui a fait une forte impression. Mais ils n'échangeront que quelques mots au cours de cette première rencontre.

Pendant ce temps, la mère de Khalil et son demi-frère, Boutros, conspirent pour l'éloigner de ce monde si passionnant, où il voit de jolies femmes, fréquente la haute société, vend des dessins à des maisons d'édition et baigne dans le monde esthétique de Day et de ses amis. Si l'on en croit la rumeur, la famille de Gibran veut l'éloigner de Day qui, selon elle, exerce une mauvaise influence sur lui — sans compter que l'homme a peut-être des desseins sexuels douteux. Mais il est plus vraisemblable, comme Nouaymé le suggère dans sa biographie, que Kamila et Boutros veulent le soustraire aux manœuvres d'une femme de mœurs légères. Gibran ne déclarera-t-il pas plus tard à Mary Haskell qu'il a été initié à la sexualité lorsqu'il avait quinze ans — donc à Boston, à cette époque — par une femme mariée qui avait deux fois son âge[41] ? Kamila et Boutros décident de renvoyer Khalil en Syrie afin qu'il y termine ses études, et il semble que l'adolescent ne proteste pas outre mesure. Il est d'ailleurs assez courant que les enfants de la première génération d'immigrants soient renvoyés à l'école dans leur pays. Selon la tradition familiale, Khalil a le mal du pays et son père lui manque. Mais ces affirmations s'accordent mal avec l'image d'un adolescent qui s'efforce de s'introduire dans la société occidentale, tente désespérément d'améliorer son anglais et se fait rapidement des amis influents. Plus tard, Gibran perdra cette fascination pour le monde occidental et cessera de le juger supérieur à la société syrienne[42], mais à ce moment de sa vie, l'Occident semble l'enchanter. Il y a sûrement des affrontements familiaux, mais Khalil n'a que quinze ans, c'est un écolier dont les aspirations artistiques se poursuivent uniquement en dehors de l'école. Bref, il s'incline devant l'autorité. Florence Peirce est fort contrariée par la décision de la famille : l'enseignante est convaincue que l'Amérique du Nord est le pays dans lequel son élève pourrait faire carrière dans les arts, et que rien de bon ne sortira d'un oubli, même passager, de cet objectif[43].

Il ne fait aucun doute que les Gibran peuvent assumer les frais du voyage, sinon ils n'auraient pas pris la décision de renvoyer l'adolescent au pays. Néanmoins, sous le patronage de Day, les nouveaux amis de Khalil se cotisent pour rassembler une somme d'argent afin de contribuer à ses dépenses. À la fin du mois d'août 1898, Gibran passe quelques jours dans la nouvelle demeure de Louise Guiney, à Five Islands, sur la côte du Maine. Le geste de la jeune femme est fort charitable puisque, en plus de Khalil, elle a invité d'autres enfants des bas quartiers. Après ces vacances, Gibran s'embarque pour le Liban. Quelques années plus tard, il écrit à Mary :

> Quand j'étais jeune garçon [...] et me préparais à partir en Syrie, comme je l'avais moi-même décidé, après avoir choisi mon bateau et acheté mon billet, j'ai, deux ou trois jours avant le départ, soudainement changé d'avis, apparemment sans raison. J'ai alors échangé mon billet et j'en ai acheté un autre pour le départ suivant. Le paquebot sur lequel je devais naviguer a fait naufrage quelques heures après avoir quitté New York, avec sept ou huit cents passagers à bord[44].

Gibran fait sans doute allusion au naufrage de *La Bourgogne*, évoqué dans le *New York Times* du 7 juillet 1898. Après avoir heurté le paquebot britannique *Cromartyshire*, le bateau coule, le 6 juillet, au large de Sable Island, entraînant avec lui 562 passagers, incluant soixante-sept des soixante-quinze passagers « assyriens ». L'histoire que Khalil raconte à Mary montre bien qu'il a été secoué par la vague d'anecdotes du même cru qui ont suivi le naufrage du *Titanic* en 1912. Il semble toutefois invraisemblable qu'un si jeune garçon ait été en mesure, à cette époque, de prendre seul la décision de changer la date d'une traversée. Peut-être a-t-il persuadé Boutros de retarder la date du départ, ce qui lui a permis de se rendre à Five Islands.

Il n'en reste pas moins que ce doit être une fameuse traversée pour un adolescent de quinze ans voyageant seul, et que le naufrage de *La Bourgogne* ne fait qu'ajouter à son excitation. Mais avant de partir, il lui reste une tâche agréable à accomplir : faire un portrait de Josephine Peabody. Une fois l'œuvre terminée, Khalil demande à Fred Holland Day de l'offrir de sa part à la jeune femme. Le 15 septembre 1898, Josephine écrit dans son journal :

> Réconfortée par le courrier qui m'apporte [...] un mot de F. H. Day accompagné d'un délicat petit dessin que, dit-il, Khalil Gibran, un jeune Syrien (un de ses protégés, que j'ai aperçu l'hiver dernier à l'exposition de photos) lui a demandé de me remettre. D'après F.H.D. : « il est maintenant en route pour [...] aller étudier la littérature et la philosophie arabes. Il a gardé un merveilleux souvenir de vous et espère que vous ne l'oublierez pas. » Quelle délicieuse petite surprise ! Je n'ai pas oublié le garçon, mais il y avait une telle foule que je n'ai pu échanger que quelques mots avec lui, d'autant plus qu'il m'a paru timide. Nous nous sommes néanmoins souri d'une salle à l'autre.

Cette inscription est la première d'une longue série de souvenirs et de réflexions sur la vie de Khalil Gibran.

3 UNE LARME ET UN SOURIRE

La Syrie que Gibran retrouve à son arrivée à Beyrouth n'est pas très différente de celle qu'il a quittée quelques années auparavant. Malgré de récents travaux d'aménagement urbain, Beyrouth ressemble encore à un village côtier envahi par la végétation — elle n'a rien de commun avec la ville tentaculaire que nous connaissons aujourd'hui. Quant aux villages établis dans la montagne et sur la côte, du nord au sud, ils ne constituent pas encore une succession indistincte d'agglomérations grouillantes, et restent séparés les uns des autres. Et que l'on n'imagine pas, au cœur du collège dans lequel s'inscrit Gibran, un vaste campus pareil à ceux des grands établissements d'éducation modernes. L'ensemble fait plutôt penser à une petite paroisse. C'est là que Khalil va renouer avec ce monde arabe où il a vu le jour.

Très peu de faits concrets ont été rapportés au sujet des années d'études de Gibran en Syrie. C'est une période de son existence qu'il a choisi de garder secrète (il n'en a pas parlé à ses amis occidentaux qui ont laissé des écrits à son sujet, pas plus qu'il ne leur a parlé de sa jeune adolescence à Boston). En général, il évoque uniquement les événements qui lui sont extérieurs, et non les expériences qui l'ont formé. On a l'impression qu'il veut minimiser l'importance de ses racines orientales aux yeux de ses amis d'Occident. Peut-être veut-il se présenter à eux comme une page blanche sur laquelle ils pourront imprimer leurs propres instructions. Mais il se peut aussi qu'ayant déjà été formé, en grande partie, par Fred Holland Day, il considère ce qui lui a été offert à Boston comme infiniment plus important et plus précieux que tout ce qu'il pourrait récolter dans son pays. Si c'est le cas, il est probable qu'il se conduit, à son arrivée dans la ville libanaise, comme un jeune homme cosmopolite et raffiné. On retrouvera, çà et là, dans sa vie, des exemples de cette arrogance juvénile.

Un bilan fidèle de ses années d'études est difficile à établir dans la mesure où, une fois de plus, Khalil embellit son adolescence et le rôle qu'y tient sa famille. Un jour (le 25 août 1915), alors qu'il s'est lancé dans un long discours fantasque ayant trait aux années passées au Liban, il dit à Mary Haskell : « Au collège, j'ai pour ainsi dire jeté l'argent par les fenêtres. Je faisais partie des étudiants les plus riches. Les garçons qui venaient de Syrie, d'Égypte, d'Afrique du Nord et d'Inde roulaient sur l'or. Je dépensais autant qu'eux, sinon plus. »

Gibran arrive à Beyrouth à la fin de l'année 1898 pour y commencer un cycle de cours de trois ans au Collège de la Sagesse (Madrasat-el-Hikmat[1]), établissement d'enseignement maronite. La légende veut que le jeune garçon soit d'abord invité à s'inscrire dans une classe du cycle primaire pour y étudier l'arabe, sa connaissance de la littérature et de la grammaire arabes ayant été jugée trop rudimentaire. Selon les responsables de l'établissement, il doit acquérir des bases solides avant de se lancer dans des études plus poussées. Cette blessure infligée à l'amour-propre de Khalil paraît si intolérable à ce dernier qu'il proteste auprès du père Youssef Haddad, un des professeurs du collège. Il fait étalage de sa connaissance de la littérature anglaise et menace de s'inscrire dans l'établissement rival, soit l'université américaine protestante. Le gamin de quinze ans finit par gagner le religieux à sa cause. Ce dernier convainc le principal que Gibran, élève plein de promesses, doit bénéficier de mesures plus souples. En raison sans doute de sa piètre connaissance de l'arabe, on lui accorde de longues périodes de loisir, qu'il met à profit pour étudier les textes de base, sans devoir pour autant passer d'examens. Le programme du collège fait une large place aux littératures française et arabe, bien que l'on y offre aussi des cours d'histoire et de droit international.

Gibran est manifestement heureux de s'immerger dans la langue et la littérature arabes. Il se sent tout à fait à l'aise dans ce domaine et se plonge avec ardeur dans les ouvrages que lui confie son professeur d'arabe, le père Haddad. Il absorbe la littérature de toutes les périodes, découvre les mythes et la poésie de son pays, étudie les textes arabes chrétiens les plus récents, en particulier la traduction de la Bible. Il est également vraisemblable, étant donné l'influence profonde qu'exerce la France sur son collège, que Khalil ne tarde pas à devenir assez compétent dans la langue de Voltaire pour pouvoir aborder la littérature française.

Bien que cette facette de sa vie d'étudiant soit loin de l'ennuyer, Khalil met à rude épreuve la patience de ses professeurs. Après avoir bénéficié d'un certain nombre de privilèges, l'adolescent n'en reste pas moins un élève insubordonné, qui s'insurge contre ce qu'il décrira plus tard comme la « poigne rigide » des autorités scolaires. Il sèche des cours, se soustrait à certains de ses devoirs religieux — comme se confesser avant de communier. Il couvre plus volontiers ses cahiers de dessins et de caricatures de ses maîtres que de notes de cours. Il prétendra même un jour avoir lancé un dictionnaire à la tête d'un professeur qui insultait la classe. Ce dernier s'en est alors pris à Khalil, mais les élèves l'ont maîtrisé et il a été congédié[2]. Gibran affirmera plus tard que les responsables du collège toléraient son attitude rebelle parce qu'ils savaient avec quel acharnement il étudiait et se consacrait à ses lectures[3].

La vérité est plus simple et plus prosaïque. Il semble que Gibran jouissait, à certains égards, d'un statut semblable à celui des étudiants étrangers dans nos universités. Il choisissait ses cours et payait pour y assister. Il ne fréquentait donc pas le collège à temps plein et n'étudiait pas dans le but d'obtenir un diplôme[4]. S'il était là, c'est parce qu'il l'avait décidé. Cette réalité éclaire d'un jour nouveau son comportement, et les concessions faites par les autorités en deviennent plus compréhensibles et beaucoup moins romantiques que ne le dit la légende. Il semble aussi que ce Khalil adopte une attitude distante et provocatrice : il porte les cheveux plus longs qu'il n'est de mise en Syrie et préfère la solitude. On le voit plus souvent avec un livre ou un bloc de dessin qu'avec des camarades.

Plus tard, Gibran évoquera avec plaisir deux épisodes de sa dernière année à El-Hikmat. Le premier est sa collaboration avec d'autres élèves à la production d'un magazine étudiant intitulé *El-Manarah* (*Le Phare*). Il a pour principal partenaire dans cette brève aventure Youssef Houayik, le neveu du patriarche maronite, qui va rester son ami tout au long de son existence[5]. Gibran est rédacteur en chef, maquettiste et principal collaborateur du magazine ; Houayik en est le directeur commercial, si l'on peut dire — en d'autres mots, il bat le rappel auprès des étudiants pour que ces derniers l'achètent. Le jeune homme jouit de protections non négligeables dans la société syrienne (contrairement à Gibran, dont les origines sont modestes). Khalil dira cependant à Mary Haskell qu'il a pris son ami sous son aile et lui a appris à dessiner[6]. Adulte, Houayik deviendra un sculpteur de talent.

Le second événement est une autre source de fierté pour Khalil. Lors de sa dernière année d'études, il reçoit le titre de « poète du collège »[7]. La simple existence de ce titre et du concours qui permet de l'obtenir montre à quel point la poésie est tenue en haute estime dans la société arabe. Cette disposition n'a, du reste, pas changé de nos jours. Un thème est imposé aux étudiants, qui s'en inspirent pour composer un poème. L'auteur du meilleur texte est sacré poète de l'année. Le compte rendu que Mary Haskell donne de cet épisode est quelque peu confus. Il semble que Jésus soit en quelque sorte apparu à Khalil pour l'encourager et peut-être même pour l'assurer de son succès dans la compétition[8]. Ce qui est beaucoup plus clair, c'est que le prix obtenu augmente dans une large mesure la haute opinion que Gibran a de ses talents. Il y a longtemps qu'il se considère comme un créateur susceptible de gagner sa vie et de devenir célèbre grâce à son art. Il n'est donc pas étonnant qu'il accorde une telle importance à cet honneur. Le père de Khalil, par contre, éprouve du désappointement, voire une certaine inquiétude devant les prétentions littéraires de son fils.

À vol d'oiseau, le village de Bcharré ne se trouve qu'à soixante-quatre kilomètres au nord-est de Beyrouth, mais la distance est beaucoup plus considérable par la route. Gibran n'a que de rares contacts avec l'auteur de ses jours. Il avait bien l'intention de passer ses vacances d'été à Bcharré, mais les années d'éloignement, son vécu à Boston et ses expériences esthétiques lui ont apporté une maturité qui lui permet de voir son père tel qu'il est : un homme rude et grossier. Un soir, lors d'une réunion familiale, l'attitude paternelle blesse profondément l'adolescent. Ce qui rend l'insulte plus cuisante encore, c'est qu'il est question de sa poésie. Un poème de Khalil vient d'être publié (il ne précise pas si c'est dans un magazine pour étudiants ou dans une revue plus prestigieuse) et il est fier de lui. Son tuteur, Selim Dahir, qu'il a toujours souhaité impressionner par ses talents, est assis à la table familiale. Une des femmes présentes fait l'éloge du poème. On demande à Khalil de lire un de ses textes. L'expression du père se fait méprisante. Il doute fort, dit-il, que ces sornettes puissent intéresser les invités. Mais les autres insistent, et Gibran lit son poème. C'est sa première lecture publique. Le texte plaît à tous les invités, à l'exception, bien sûr, du père, qui déclare : « J'espère qu'on n'entendra plus jamais de telles sottises. Il faut avoir l'esprit malade pour écrire ça[9]. » Ce genre de commentaires ne s'oublie pas facilement lorsqu'il vient d'un père. L'émotion provoquée par la présence de Selim Dahir exacerbe la sensibilité à fleur de peau de l'adolescent, et une détérioration inévitable de la relation père-fils s'amorce. Gibran dira un jour à Mary Haskell que, pendant ses années d'études, il lui arrivait souvent de courtiser la mort. Cette façon de parler, que l'on pourrait qualifier de keatsienne, traduit bien la tristesse que Gibran a sans doute éprouvée à la suite de sa rupture avec son père[10].

Cet incident, ou peut-être le profond désaccord qui a éclaté entre Khalil et son père, incitent l'étudiant à séjourner chez ses cousins lorsqu'il se rend à Bcharré. En fait, il habite alors dans la première maison de ses parents — celle qu'ils avaient été forcés de quitter en raison de son état de décrépitude. Les structures de l'habitation ont été consolidées, mais elle est toujours aussi délabrée : Nqoula Gibran, cousin de Khalil, gardera un souvenir impérissable des rats et des punaises qui infestaient l'endroit[11]. Mais il faut savoir que, en Orient, les gens ont une attitude plus stoïque qu'en Occident à l'égard de ces visiteurs indésirables.

Pendant ce temps, à Boston, le jeune Syrien commence à intriguer sérieusement Josephine Peabody. Lorsque la jeune femme a rendu visite à Fred Holland Day, en décembre 1898, ce dernier lui a montré des croquis de Gibran. Devant la « spiritualité » qui se dégage des dessins, Josephine et Day ont décidé que « le garçon [était] né pour devenir "prophète" ». Josephine écrit dans son journal : « Ce jeune homme a une personnalité riche, c'est indéniable. Face à cette personnalité, on se sent plein de gratitude et de radieuse délectation[12]. » Josephine est la première à témoigner de cette qualité que nous remarquerons souvent chez Gibran : le charisme. Elle lui écrit pour le remercier du portrait qu'il a fait d'elle avant de partir en Syrie. Elle a rendu visite à Day, dit-elle, et ce dernier lui a montré la plupart des esquisses que Khalil lui a confiées avant de partir. « Vous avez des yeux pour voir et des oreilles pour entendre, ajoute-t-elle. Lorsque vous aurez révélé au monde la merveilleuse intériorité des choses, d'autres, moins fortunés que vous, seront peut-être capables de la découvrir à leur tour et seront réconfortés par cette vision. » Cette déclaration, qui témoigne d'une conviction sincère, ne peut que nourrir l'ego de Khalil. La jeune femme continue sa lettre, datée du 12 décembre 1898, en demandant à Gibran s'il a trouvé, là où il est, assez de paix, de tranquillité et de solitude pour s'épanouir. « Vous savez ce que dit Maeterlinck du silence dans *Le Trésor des humbles*. Eh bien, je crois que vous écoutez les silences, et j'espère que vous nous reviendrez un jour pour nous dire ce que vous avez entendu. » Elle termine sa missive en l'invitant à lui répondre.

Tout au long de cette relation, Josephine restera incroyablement naïve. Elle ne se doute pas, semble-t-il, que l'adolescent auquel elle écrit s'est déjà entiché d'elle. S'il en est autrement, n'est-ce pas faire preuve d'une singulière cruauté que de lui déclarer qu'elle regarde souvent le portrait qu'il a fait d'elle et qu'elle attend de lui de grandes choses ? Les poèmes de Josephine ont été publiés, et cette personnalité reconnue traite l'adolescent comme un pair. On sait que la réserve affichée par Gibran au Collège de la Sagesse n'est en fait qu'une pose artistique, et qu'il aime glisser dans la conversation le nom des poètes et artistes bostoniens qu'il a fréquentés. On peut imaginer à quel point son amour-propre est flatté par la lettre de la jeune femme !

Il ne manque pas de lui répondre. En fait, il prétendra un jour qu'il lui a écrit trois lettres[13]. Une seule d'entre elles est parvenue à sa destinataire, écrite sur un feuillet arraché à un cahier et pleine de touchantes fautes d'orthographe et de grammaire*. Il lui dit à quel point sa lettre l'a enchanté : « Et alors que je me disais que mon espoir de recevoir un

* À cette époque, les lettres et notes en anglais de Gibran sont truffées de fautes d'orthographe et de syntaxe. Ne voulant pas tomber dans l'arbitraire ou dans la fantaisie, nous ne tenterons pas d'en faire une « traduction ». Nous nous bornerons à restituer les maladresses de style. N.D.T.

courrier de vous était presque mort, votre lettre est arrivée, et elle m'a dit beaucoup plus que ce que disaient les mots[14]. » Il ajoute : « Je garderai votre amitié au fond de mon cœur, et malgré ces kilomètres et ces kilomètres de mer et de terre qui nous séparent, je ressentirai toujours un amour vrai pour vous, je garderai votre souvenir dans mon cœur, et il n'y aura pas de séparation entre vous et mon esprit. » Il l'appelle « miss Beabody », lui raconte qu'elle lui a fait une grande impression la première fois qu'il l'a vue, à l'exposition de Fred Holland Day. Il reconnaît qu'il aime les lieux paisibles et silencieux, où il peut entendre une belle musique. Puis il signe : « De votre ami très, très lointain, Khalil Gibran ». Il joint à la lettre une esquisse du visage de la jeune femme, au dos de laquelle il a écrit : « N'oubliez pas le petit Syrien qui est très, très loin. »

C'est au tour de Josephine d'être ravie et elle confie sa joie à Fred Holland Day. Elle essaie d'éveiller l'intérêt de quelques artistes pour les dessins de Gibran. Dès lors, plusieurs personnes préparent le terrain pour le retour de l'enfant prodigue : Khalil sera cette fois accueilli par un cercle beaucoup plus large de la société bostonienne. Josephine esquisse le brouillon d'une lettre, mais elle ne l'envoie pas, semble-t-il. Le brouillon existe, mais rien n'indique que Gibran a reçu le courrier en question. Dans cette lettre datée du 3 juillet 1899, Josephine use d'un ton beaucoup plus retenu que dans sa première missive. Sans doute s'alarme-t-elle de la ferveur juvénile de Khalil. Elle lui parle comme une parente bienveillante, elle lui recommande de travailler avec acharnement et le remercie pour son esquisse. Dans un style qui rappelle les rubriques de conseils des journaux, elle ajoute : « Il est aussi anormal pour un Artiste d'être désœuvré et étourdi que pour un Prince de négliger son peuple. Ce sont les meneurs d'hommes qui sont nés pour travailler. »

Il semble que Day et Gibran restent en contact, mais on n'a retrouvé aucune trace de correspondance datant de cette période. Nous savons néanmoins que Day adresse un jour un chèque de cinquante dollars à son protégé, en guise de paiement pour des dessins que Gibran lui a envoyés. Cet événement rehausse considérablement la réputation de l'adolescent à Bcharré : au village, en ce temps-là, cinquante dollars représente une somme exceptionnelle. La famille partage la surprise émerveillée des villageois (nous n'en sommes pas encore à l'époque où l'afflux de droits d'auteur provenant de la succession du poète leur fera adopter une tout autre attitude). Les gens commencent à se dire qu'il y a du vrai dans les histoires que cet étrange adolescent leur raconte sur ses amis américains si riches et si influents.

Gibran fréquente le Collège de la Sagesse de 1898 à 1901 — soit de l'âge de quinze à dix-huit ans, période généralement cruciale dans la vie d'un adolescent qui commence à forger sa propre vision du monde. Nous avons peu d'informations concernant les activités scolaires de Khalil, mais quelques-uns de ses premiers textes, publiés après son retour aux États-Unis, ont pour théâtre le Liban. Ces écrits évoquent des expériences faites durant ses années d'études. Un tournant crucial dans l'apprentissage littéraire du jeune écrivain s'est amorcé.

Les Ailes brisées est d'abord édité en arabe par Mirat el-Gharb, à New York, en 1912 — bien que l'œuvre ait été écrite quelques années plus tôt. Le texte est substantiellement révisé avant la publication[15]. L'histoire se distingue des autres textes de Gibran par sa longueur. Tous les autres livres sont soit des recueils de courts poèmes, en vers ou en prose, soit des nouvelles et des pièces en un acte (comme *Le Prophète* et *Le Jardin du Prophète*, qui sont en fait des recueils de brèves homélies portant sur des sujets variés, prononcées par le prophète Almoustafa). L'œuvre la plus longue de Gibran, *Jésus fils de l'homme*, est un recueil de pièces courtes sur Jésus-Christ.

L'argument des *Ailes brisées* est très simple : au tournant du siècle, à Beyrouth, un jeune homme rencontre une jeune fille, Salma Karamé. Ils tombent amoureux l'un de l'autre, mais le père de Salma a promis cette dernière au neveu d'un homme d'Église influent. Après le mariage, les deux amoureux se voient de temps à autre en secret, mais ils restent chastes. L'archevêque découvre ces rencontres et confine Salma chez elle. Quelques années plus tard, la jeune femme meurt en mettant un enfant au monde. Les « ailes brisées » sont les ailes qui permettent aux jeunes gens d'explorer le domaine exaltant de l'amour, jusqu'à ce que les dures réalités de l'existence les ramènent brutalement sur terre[16].

Ce qui donne tout son intérêt au roman, c'est à la fois la perspicacité avec laquelle Gibran comprend les émotions des protagonistes et la subtilité de ses descriptions, tant des lieux que des sentiments. Le jeune poète se taille tout de suite une place à part en raison des thèmes qu'il choisit d'exploiter : sympathie pour le sort pitoyable des Orientales[17] ; défense des femmes ; conviction que la richesse est un obstacle au bonheur ; critique de la cupidité et du pouvoir terrestre des religieux de haut rang ; panégyrique de la mère ; et, par-dessus tout, le thème romantique du pouvoir de l'amour, qui permet d'accéder à un univers de transcendance. L'amour est vérité, beauté, divinité ; l'amour est totalité. Mais cet amour transcendant n'est pas seulement celui que Dieu manifeste à l'homme (et vice versa), il est pleinement présent dans l'affection qu'un être éprouve pour son âme sœur. Dans ses écrits, Gibran revient sans cesse sur le pouvoir de l'amour : l'amour transforme nos vies pour toujours. Mais il n'oublie jamais que l'amour authentique est peu commun. Selon lui, si l'amour véritable est rare, c'est essentiellement parce qu'il est dangereux, révolutionnaire, et qu'il abat le mur des conventions sociales. Dans certains milieux arabes, *Les Ailes brisées* sera critiqué parce qu'il décrit une femme mariée qui rencontre secrètement un homme. Pour Gibran, le roman n'est rien de plus qu'un aperçu de ce qu'est le pouvoir de l'amour. D'autres textes illustreront le fait que l'amour ignore les clivages sociaux, que les unions privées de sentiment ne sont qu'un lien illusoire, et que le temps importe peu dans la mesure où les amants réincarnés sont appelés à se retrouver des siècles plus tard[18].

Le protagoniste des *Ailes brisées* s'exprime à la première personne. Les détails secondaires concernant le temps et le lieu correspondent à l'expérience de l'auteur. Le lecteur ne peut qu'être impressionné par la clairvoyance dont le jeune Gibran fait preuve dans sa description de l'amour juvénile et de la souffrance. Il est difficile de résister à la tentation de se dire que le roman raconte un épisode de sa vie. Les critiques et les biographes sont plus ou moins unanimes : pour eux, le roman est autobiographique.

Mais ce que les biographes vont ignorer jusqu'au début des années 1970, c'est qu'il existe un témoignage de Gibran à ce sujet. Le 20 décembre 1911, il dévoile l'intrigue du roman à Mary Haskell, à qui le livre est dédié. Mary écrit dans son journal que le roman *n'est pas* autobiographique : « Aucune des expériences décrites dans ce livre n'appartient à ma vie, lui a dit Khalil. Aucun des personnages n'a été créé à partir d'un modèle, et aucun des événements n'a été puisé dans la vie réelle. »

Voilà qui met un point final aux spéculations. Mais cette certitude ne peut qu'augmenter notre admiration pour ce jeune écrivain qui a su pénétrer l'âme d'un amant malheureux sans avoir jamais fait l'expérience de la souffrance amoureuse. Il ne faut pas oublier, cependant, que Gibran est un caméléon. Il est bien possible qu'il n'ait pas révélé toute la vérité à Mary. Peut-être a-t-il voulu la ménager, ou lui a-t-il tout simplement dit ce qu'il pensait lui être agréable. À la fin de l'année 1911, leur relation s'est fragilisée : ils se jurent toujours un amour éternel, mais Gibran s'est installé à New York et Mary est restée à Boston, où se trouve l'école qu'elle dirige. Leurs rencontres se font rares. Chaque fois qu'ils se retrouvent, chacun s'efforce de ne pas heurter l'autre. Dans ces circonstances, il est tout à fait plausible que Khalil ait, pour ainsi dire, dissimulé la vérité à Mary à propos d'un premier attachement. Nul n'ignore le pouvoir persistant d'un amour adolescent.

Le lecteur est donc tenté de spéculer sur l'impression d'authenticité qu'il éprouve à la lecture du roman. Lorsque, en 1950, le professeur Hawi interroge des proches de la famille du poète, au Liban, il découvre que Gibran y est effectivement tombé amoureux d'une jeune fille. Il est vrai que cela ne s'est pas passé à Beyrouth, mais à Bcharré, et que le nom de la personne n'était pas Salma Karamé, mais Hala el-Dahir. La relation ne s'est pas brisée parce que Hala était promise à un autre homme, mais simplement parce que Khalil, aux yeux du frère de la jeune fille, n'était pas assez bien né. N'était-il pas le fils de ce ruffian de Khalil Gibran ? C'est peut-être ce qui explique aussi pourquoi Khalil s'est éloigné de son père. On sait qu'après leur séparation forcée, les deux amoureux se sont vus clandestinement, comme les amants du livre. En 1987, un descendant de Hala el-Dahir a confirmé les faits à Charles Glass, auteur de récits de voyage.

C'est ici que le biographe de Gibran risque de tomber de Charybde en Scylla, puisque aucune des sources d'informations existantes n'est fiable. Gibran, comme nous le verrons à maintes reprises, préfère que Mary le voie sous les traits du personnage mythique qu'il s'est forgé plutôt que tel qu'il est réellement. Il est donc hasardeux de croire ce qu'il lui raconte. Une source digne de confiance m'était indispensable pour faire pencher la balance d'un côté ou de l'autre, d'autant plus que Mikhaël Nouaymé omet de parler de l'événement dans sa biographie, alors qu'un tel épisode aurait parfaitement concordé avec sa reconstruction sentimentale de la vie de Gibran. La lumière s'est faite lorsque j'ai rencontré son neveu, Nadim Nouaymé, qui m'a affirmé que le poète avait fait savoir très clairement à son oncle qu'aucun fait réel ne sous-tendait l'action des *Ailes brisées*. Il semble donc que Khalil n'ait pas menti à Mary : le roman n'est pas autobiographique.

D'un point de vue chronologique, *Les Ailes brisées* paraît après deux recueils de nouvelles, tous deux publiés à New York par le journal *El-Mouhajir* (*L'Immigrant*). En 1906 sort de presse *Ara'is el-Muruj*, littéralement *Les Fiancées des prairies*, traduit en anglais par *Nymphs of the Valley* (titre auquel Gibran fait référence dans ses conversations en anglais), et deux ans plus tard, *El-Arwat el-Mutamarridah* (*Les Esprits rebelles*, *Spirits Rebellious*). Bien que certains poèmes isolés, en particulier ceux des premières périodes, aient le Liban pour toile de fond, la majorité des textes poétiques n'ont pas de cadre distinct. Plus Gibran assume avec assurance son rôle « prophétique », plus il s'éloigne du concret et du particulier. Alors que le Liban, sa terre natale, a été jusque-là la contrée dont il voulait redresser les torts, il étend son horizon à la terre entière, dont il dénonce les injustices. *Les Nymphes des vallées*, *Les Esprits rebelles* et *Les Ailes brisées* sont les seuls ouvrages dont l'action se déroule entièrement au Liban.

Les Nymphes des vallées rassemble trois nouvelles. Dans la première, « La cendre des siècles et la flamme immortelle », un jeune homme, Nathan, prie Astarté d'épargner la vie de sa bien-aimée malade. Mais la jeune femme meurt. Accablé de chagrin, Nathan erre, inconsolable, l'esprit égaré. Deux mille ans plus tard, dans la même région, au Liban, un certain Ali El-Husaini explore les ruines du temple d'Astarté. Une sensation étrange s'empare de lui. Envahi par l'amour, il perçoit vaguement la présence d'une femme. Le lendemain, il rencontre une jeune inconnue. Les deux amants se reconnaissent instantanément : ils sont les réincarnations de Nathan et de sa bien-aimée. Leur amour a survécu au temps. Il vient de renaître.

Dans « Marta El-Baniyah », une villageoise, pauvre et innocente orpheline, est séduite puis abandonnée par un riche Beyrouthin. Mais il lui a fait un enfant, un garçon, et la pauvre fille est condamnée à se prostituer pour subvenir à ses besoins et à ceux du petit. Le narrateur entend quelqu'un raconter cette histoire et veut à tout prix rencontrer Marta. Hélas, la malheureuse est sur son lit de mort. Il la réconforte. Ses paroles sont empreintes d'un humanisme chrétien. Marta meurt l'âme en paix.

« Yuhanna le fou » s'est toujours nourri de la beauté de son pays natal et de l'enseignement simple et pur de Jésus. Il trouve que les offices religieux, la vie des moines et des prêtres et leur comportement reflètent bien mal les paroles du Christ. La situation prend un tour dramatique lorsque des moines d'un riche monastère le malmènent parce que son bétail broute dans leurs pâtures. Yuhanna les traite d'hypocrites. Les moines l'emprisonnent sur-le-champ. La mère du jeune homme doit vendre tous ses biens pour le faire libérer. Yuhanna s'embarque alors dans une croisade dont le but est d'amener les paysans à se rebeller contre l'autorité des prêtres, au nom de la vraie chrétienté. Bien qu'ils comprennent sa colère et la partagent, les paysans n'osent le suivre. Yuhanna est arrêté. Au tribunal, il garde le silence, comme Jésus l'a fait avant lui. Il y a en cet homme un peu de la « magnifique douleur » dont Maeterlinck parle dans *Sagesse et Destinée*[19]. Le châtiment que les autorités font subir à Yuhanna amène les villageois à se méfier de lui. Ce dernier s'éloigne alors petit à petit de ses semblables. Il devient une voix solitaire qui crie dans le désert — une voix que le monde qualifie de démente.

Beaucoup de thèmes et d'idées se recoupent dans les quatre nouvelles rassemblées dans *Les Esprits rebelles*. « Rose El-Hani » est une illustration puissante de l'idée selon laquelle l'amour ne tient pas compte des conventions. Lorsque l'amour véritable se présente, rien ne peut l'empêcher d'exister. Une jeune fille — qui, en fait, est encore une enfant — a été mariée à un vieil homme riche. Ce dernier est bon, il veille bien sur elle, mais elle ne saurait l'aimer comme une véritable épouse car elle a trouvé l'âme sœur en la personne d'un autre homme. Pendant quelque temps, elle vit dans la dissimulation — elle est mariée à un homme, mais elle en aime un autre —, jusqu'au jour où elle a le courage de proclamer son amour. Sans se préoccuper des répercussions sociales de son geste, elle quitte son époux pour aller vivre avec son bien-aimé.

Elle se délecte des insultes qu'on lui fait, parce qu'elle considère que la société est corrompue et que ses lois sont des obstacles aux droits de l'être humain, notamment le droit au bonheur et à une vie spirituelle. Comme dans *Les Ailes brisées*, Gibran marque clairement sa position : il refuse les mariages arrangés. Il ne croit qu'à l'amour romantique, d'inspiration divine.

La deuxième nouvelle, « Le lit nuptial », évoque le même sujet. Le jour de ses noces, Layla aperçoit dans la foule Selim, le jeune homme qu'elle aime. Elle comprend alors l'erreur qu'elle a commise en acceptant un mariage arrangé. Elle a été dupée par les mensonges et les conventions de la société, et par les ambitions sociales de son père[20]. Selim et elle se retrouvent dans le jardin, mais celui-ci refuse de s'enfuir avec elle. Plutôt que de le perdre, elle le poignarde. Puis, elle appelle les invités, leur montre le corps de son bien-aimé et leur parle de la vie et de l'amour. Son discours terminé, elle s'enlève la vie sur le corps de Selim.

Dans « Le cri des tombes », le thème choisi par Gibran est l'oppression que les lois décrétées par les hommes font subir à l'individu. Choqué par le caractère inhumain de ce que l'on appelle « justice », Gibran dénonce l'obéissance aveugle aux lois, c'est-à-dire la tendance des individus à fermer les yeux devant les pires injustices perpétrées par ceux qui détiennent l'autorité. Selon lui, ces injustices institutionnalisées vont même jusqu'à justifier le comportement soi-disant « criminel » de ceux que l'on punit. Comment les opprimés pourraient-ils lutter contre l'injustice si ce n'est en brisant ces lois erronées ?

Finalement, dans « Khalil l'hérétique », deux femmes sauvent un jeune homme, Khalil, d'une tempête de neige. Elles apprennent qu'il a été chassé du monastère tout proche parce que, s'efforçant de vivre comme le Christ, il s'oppose au matérialisme et au pouvoir terrestre des moines, complices du cheikh local dans l'oppression des pauvres paysans. Lorsqu'il se remet de sa mésaventure, le protagoniste fait part de son dilemme à ses bienfaitrices. Ses paroles n'entraînent pas seulement la conversion des deux femmes, mais elles lui gagnent le cœur de la plus jeune, Myriam. Rachel, la mère, raconte que son époux a été tué par les autorités. Le cheikh fait arrêter Khalil, l'accusant d'être un fauteur de troubles. Le procès du jeune homme a lieu devant tous les villageois. Khalil prend la parole et, dans un long discours passionné, s'adresse essentiellement aux pauvres et dénonce les responsables de leurs souffrances. Lorsque le cheikh ordonne à ses sbires de s'emparer du jeune homme pour le mettre à mort, les villageois les en empêchent. Ils libèrent Khalil, qui sera désormais considéré comme un héros. Le jeune homme continue à prêcher, les libère petit à petit de leur sujétion, tout en élevant leur âme par un discours plein de sagesse et de ferveur religieuse.

Exposer ainsi à grands traits l'intrigue des *Esprits rebelles* et des *Nymphes des vallées* ne rend pas justice aux textes eux-mêmes. L'un des sentiments que Gibran a tiré de son enfance et de ses années d'études au Liban est un amour inconditionnel pour la montagne libanaise. L'importance du lieu physique imprègne les sept nouvelles, aussi bien que *Les Ailes brisées*. Gibran communique au lecteur l'amour qu'il ressent pour son pays. Cet amour ne le quittera jamais, et ce serait mal le comprendre que de voir en lui le type d'immigrant qui aspire à tout ce que peut lui apporter le monde occidental et méprise sa terre natale. Il est vrai qu'il a souvent critiqué ses compatriotes[21], mais l'amour qu'il voue à son pays est resté intact, et son désir ardent d'y retourner a fusionné avec la nostalgie métaphysique qu'il éprouve pour sa mère patrie transcendantale[22].

On trouve des idées puissantes dans ces écrits de jeunesse, et c'est avec force que l'auteur les exprime. D'une certaine manière, il est regrettable que le succès des dernières œuvres de Gibran (en particulier du *Prophète*, bien sûr) ait éclipsé ses premiers textes. C'est par ces écrits que Gibran s'est fait connaître dans le monde arabe ; ce sont eux qui ont donné le coup d'envoi à la révolution qui a secoué la littérature moyen-orientale. Les premières œuvres de Gibran ont un impact considérable sur le monde arabe. L'auteur suscite à la fois la censure et l'adulation. On dit qu'il est le créateur de sa propre école, le « gibranisme ». Ses premiers textes peuvent nous paraître immatures mais, si on les situe dans leur contexte et à leur époque, on constate qu'ils ont une très grande portée. Les vers suivants sont extraits de la supplication de Khalil l'hérétique. C'est un appel passionné en faveur de la liberté de l'individu.

Des profondeurs de ces profondeurs
Nous t'appelons, ô Liberté — entends-nous !
De tous les coins de ces ténèbres
Nous levons les mains pour supplier — tourne ton regard vers nous !
Sur les étendues de neige
Nous nous prosternons devant toi — prends-nous en compassion !

Nous nous tenons devant ton terrible trône
Revêtus des vêtements souillés du sang de nos pères ;
Couvrant notre tête de la poussière des tombes mêlées à leurs cendres ;
Retirant les épées plongées dans leurs entrailles ;
Ôtant les lances qui trouent leur poitrine ;
Défaisant les chaînes qui écorchent leurs pieds ;
Lançant ces mêmes cris qui ont déchiré leur gorge,
Ces mêmes plaintes qui ont retenti dans leurs sombres prisons ;
Ces prières qui ont jailli du chagrin de leur cœur —
Écoute, ô Liberté, entends-nous !
Dans les écoles, les bureaux,
De jeunes désespérés crient vers toi ;
Dans les églises, les mosquées,
Le livre abandonné t'invite ;
Dans les assemblées, les tribunaux,
La loi délaissée t'implore —
Prends pitié, ô Liberté, sauve-nous.

Ce texte n'est qu'un fragment du poème. Il semble que Gibran, durant ses années d'études à Beyrouth, fasse souvent preuve d'une grande curiosité au sujet de la vie et des êtres. On imagine aisément les conversations qu'il peut avoir, tard dans la nuit, avec Houayik et les étudiants qui partagent ses préoccupations. Si l'on en juge par le ton un peu moralisateur de la plupart de ses textes, il est clair qu'il aime diriger ces discussions et qu'il commence à se percevoir comme un être investi d'une mission importante, celle d'éduquer ses semblables. Il s'agit là d'un signe précoce de son caractère quelque peu arrogant et dominateur. Mais le changement est dans l'air au Liban, et Gibran s'imprègne de cette atmosphère chargée de promesses. Il a quitté la Syrie quand il était enfant. Jeune immigrant à Boston, il n'a pas formé de liens étroits avec la communauté syrienne, préférant la compagnie d'Américains de race blanche. Lorsqu'il est retourné au Liban, son arabité s'est toutefois réveillée. Il a pris conscience de l'oppression féodale dont sont victimes les pauvres de son pays. Mais il est évident qu'il regarde cette situation avec des lunettes qui sont d'ores et déjà teintées.

Nous savons que le jeune Gibran, sous l'influence de Fred Holland Day, s'est imprégné des idées des romantiques, et que la philosophie de Nietzsche l'a sans doute marqué. Depuis un certain temps déjà, beaucoup de romantiques réclament l'avènement d'un nouvel ordre social. Les idées de ces derniers et celles de Nietzsche, associées au tempérament arabe de Khalil, expliquent sans doute le pessimisme exacerbé qui parcourt ses premières œuvres. Le contraste entre les idéaux élevés des romantiques et les réalités cruelles de l'existence n'a pu que frapper le jeune Khalil. Dans *Ainsi parlait Zarathoustra*, le prophète de Nietzsche se lance dans une dénonciation radicale des destructions que l'homme fait subir à l'humanité. Dans les premières œuvres de Gibran, l'oppression subie par les paysans libanais est généralisée de telle sorte que *toutes* les lois écrites par les hommes finissent par devenir tyranniques. Peut-être est-ce Rousseau qui, indirectement, a influencé la jeune génération des écrivains arabes[23]. Comme ces derniers, Gibran croyait passionnément à la bonté innée de l'individu — une bonté qui éclate dans la nature, à la campagne ou en montagne, mais qui est brimée, déformée et paralysée par l'argent, la vie citadine et toutes les formes d'organisation, incluant, bien sûr, l'Église.

Si l'on décèle l'influence de Maeterlinck dans les œuvres de jeunesse de Gibran, on y trouve également celle d'Edward Carpenter. L'écrivain anglais a fulminé lui aussi contre la tyrannie — sur un ton beaucoup plus politique que Maeterlinck. Il a défendu les opprimés, célébré la nature sur un mode inspiré par Rousseau. Il a exhorté les hommes à faire de l'amour le pouvoir unificateur et universel et a rejeté, dans sa vie et dans ses écrits, les conventions établies. Il déclare : « Je suis un enfant devant toi. Toutes les conventions, le luxe, les raffinements de la civilisation, les biens, les règlements, les droits arbitraires, les prescriptions, tout ce qui constitue une barrière, je le rejette[24]. »

En insistant sur ces diverses influences, je ne veux pas suggérer que Gibran ne ressentait pas sincèrement l'oppression des femmes et des pauvres. Je suggère simplement ceci : si, à Boston, l'adolescent était tombé sous l'influence de James Russell Lowell plutôt que de celle de

Fred Holland Day, il aurait connu, d'une manière tout aussi authentique et sincère, un éventail d'émotions tout à fait différentes. Chez Gibran, le fusionnement de la littérature et de la vie a provoqué une dichotomie entre le mythe et l'homme — sur laquelle nous reviendrons à la fin de cet ouvrage. Si Gibran isole difficilement son moi véritable de l'image qu'il a créée à l'intention de Day et de quelques autres — et, plus tard, de celle qu'il va fabriquer pour son usage personnel —, il trouve tout aussi difficile de séparer la vie de la littérature. Il en est de même pour chacun de nous : nous subissons tous des influences diverses. Les problèmes surgissent lorsque ce ne sont plus seulement certaines dimensions de notre moi qui font l'objet d'un conditionnement, mais notre être tout entier, et que nous remplaçons le monde réel par une imitation de la réalité que nous puisons dans les livres et dans les idées.

Je ne prétends pas que Gibran emprunte à d'autres ses thèmes et ses sujets. Je crois plutôt que la sensibilité romantique que le bienveillant Holland Day a implantée en lui provoque de nombreux changements au niveau de sa personne. Khalil est, dès lors, voué à concentrer son attention sur les femmes innocentes et persécutées, plus que sur tout autre type de personnes ; il est plus sensible aux injustices sociales qu'à la justice des hommes ; et avant de voir le bien que peut faire l'Église, il dénonce d'abord sa tyrannie. Il est déterminé à calquer ses attitudes sur les photographies que Day a faites de lui et sur les idées de son mentor. Cette décision conditionnera le reste de son existence[25].

Une philosophie de la résignation plutôt que de l'action semble dominer dans la plupart des textes datant de cette époque. D'aucuns trouvent sans doute cette attitude regrettable. Mais il est possible que le poète se sente tenu, dans cette lointaine Amérique où il a émigré, de susciter un élan idéologique susceptible d'être suivi au Liban par ses compatriotes. Pour lui, les préceptes de l'amour constituent la seule réponse valable au chaos. Gibran a au moins un prédécesseur en la matière : Louis Lambert, héros du roman de Balzac. Lambert est un personnage sur lequel Gibran s'est peut-être modelé — bien que l'on ne sache pas s'il a lu le roman, publié en 1834. Balzac met ces mots dans la bouche de son héros, puis du narrateur :

« Les lois », disait-il, « n'y arrêtent les entreprises des grands ou des riches, et frappent les petits, qui ont au contraire besoin de protection. »

Sa bonté ne lui permettait donc pas de sympathiser avec des idées politiques ; mais son système conduisait à l'obéissance passive dont l'exemple fut donné par Jésus-Christ.

C'est donc véritablement aux enseignements de Jésus que Gibran fait adhérer Khalil l'hérétique pour qu'il accomplisse sa révolution. En revanche, on ne peut pas dire que Gibran retire, de ses années d'études à Beyrouth, des solutions pour résoudre de manière pratique et politique les problèmes que traverse son pays. L'étude de Robin Ostle sur les œuvres de jeunesse de Gibran est, à ce sujet, tout à fait judicieuse :

> L'on apprécie le côté souvent séduisant et l'originalité de sa prose, ainsi que quelques commentaires sociaux présents dans les premières œuvres. Pourtant, il faut bien admettre qu'une grande partie de l'œuvre de Gibran tombe dans un primitivisme sans subtilité, auquel s'ajoute le rôle vaguement défini de la primauté du cœur et des émotions. C'est la stratégie d'un individu dépourvu de racines et quelque peu déséquilibré qui veut s'évader du réel — stratégie qu'un très grand talent littéraire ne rend pas toujours plus savoureuse[26].

Dans la pensée du jeune Gibran, l'amour est plus souvent un moyen de réaliser ses propres aspirations qu'un catalyseur permettant d'accomplir des changements de grande envergure. Dans un poème publié une première fois en 1914, « La Tempête », Youssef El-Fakhri, le protagoniste, tourne carrément le dos aux manœuvres politiques et s'efforce de vivre, de façon autonome et loin de la ville, la vie la plus harmonieuse possible. Il faut reconnaître que Gibran est conscient de la dimension tragique de son message. Il ne dépeint pas les protagonistes de ses premiers écrits comme des héros, mais comme des hérétiques, des fous, des reclus[27]. C'est dans un ouvrage ultérieur, *Le Prophète*, qu'il donnera un tour plus positif à cette critique de la civilisation. Le protagoniste deviendra alors un héros. Comme ses contemporains Krishnamurti et Gurdjieff, Gibran semble croire qu'il n'existe pas d'autre voie que l'épanouissement individuel. L'être qui poursuit ce but montre peut-être l'exemple à ceux qui l'entourent, et « la vigilance de l'âme », comme le dit Youssef El-Fakhri, incite les autres à faire preuve de vigilance à leur tour. Quoi qu'il en soit, pour l'individu tel que le conçoit Gibran

— et cela dans le mode le plus purement romantique — l'amour ne prend pas la forme d'une petite voix tranquille, mais celle d'un feu qui dévore et consume. Ce n'est pas un épiphénomène surajouté aux processus nerveux, mais une force externe, éternelle et préexistante, à laquelle on ne peut avoir accès que si l'on rencontre celui ou celle qu'on aime : l'âme sœur. Même si ces idées sont aujourd'hui quelque peu rebattues en Occident, il est bon de réfléchir à l'influence qu'elles ont eues sur le monde arabe, auquel elles ont été exposées au tournant du siècle, un monde où les femmes n'étaient pas libres de choisir l'être avec lequel elles allaient passer leur vie. Durant toute son existence, Gibran a gardé la conviction que le Christ était venu sur terre pour soutenir les pauvres et les opprimés, et non pour instituer une vaste organisation matérialiste comme l'Église. « L'ecclésiastique érige son temple sur les tombes et les ossements de ses fidèles adorateurs. » En lisant ces paroles de Khalil l'hérétique, on comprend pourquoi les premiers textes de Gibran ont été condamnés du haut des chaires des églises maronites. Du reste, Gibran déclare un jour à Mary Haskell que *Les Nymphes des vallées* a provoqué son excommunication — mais il s'agit sans doute là d'une exagération. Selon la jeune femme, Khalil lui a dit à une autre occasion que l'Église maronite envisageait de l'excommunier, et non qu'elle avait mis ses menaces à exécution. Il est possible que quelques prêtres aient accusé Gibran d'être un hérétique, mais il paraît invraisemblable que l'Église dans son ensemble l'ait excommunié[28].

Cette analyse de trois des premières œuvres de Khalil Gibran nous a conduit à anticiper un peu sur la chronologie, puisque les textes ont été publiés après son retour aux États-Unis. Il était nécessaire cependant de présenter le contenu de ces écrits ayant pour théâtre le Liban afin de donner un peu de relief à l'évocation trop sommaire de ce qu'a été l'existence de l'auteur dans ce pays, de 1898 à 1902. En bref, on pourrait dire que l'arrogance juvénile qui caractérise les débuts de Khalil au Collège de la Sagesse — arrogance irritant parfois les autorités scolaires —, s'est transformée en une attitude beaucoup plus mûre, née d'une juste indignation sociale. Dans le monde arabe, Gibran est devenu l'un des jeunes hommes en colère de sa génération. Tout ce qu'il souhaite voir, dit-il en 1908, est l'avènement d'une bonté fondamentale. C'est l'absence de cette bonté qui suscite sa révolte[29].

Mais il est temps pour Khalil de quitter le Liban et de rentrer à Boston. Il ignore encore à cette époque qu'il ne reverra jamais son pays natal. Tout au long de sa vie, dans sa correspondance avec les siens, il exprimera souvent le désir, le besoin douloureux de rentrer au Liban, mais ce souhait ne sera jamais exaucé. Le déroulement exact des événements et l'itinéraire de son voyage de retour aux États-Unis est quelque peu confus. La date à laquelle il quitte le Collège de la Sagesse nous est inconnue. Le départ a tout aussi bien pu se faire à la fin de l'année 1901 qu'au début de 1902. Et l'on ne sait pas davantage à quoi le jeune homme occupe son temps durant les mois qui précèdent son départ. Dans une lettre à son père, datée du mois d'avril 1902, il parle de la santé de ses sœurs, car son père a reçu du courrier de Boston lui apprenant que ses deux filles sont malades. Khalil le rassure : il s'agit sans doute là d'une plaisanterie, car la lettre a été rédigée le 1er avril. Il écrit à son père que M. Day le tient au courant de ce qui se passe dans sa famille. Ses deux sœurs sont en bonne santé. Il poursuit sa lettre en disant :

> Je suis toujours à Beyrouth, mais je serai probablement à l'extérieur du pays pendant un mois entier, car je vais voyager en Syrie, en Palestine, en Égypte et au Soudan avec une famille américaine pour laquelle j'éprouve le plus grand respect. C'est pour cette raison que j'ignore combien de temps durera encore mon séjour à Beyrouth. Cependant, les avantages personnels que j'en retire me dictent de rester ici pendant quelque temps encore afin de plaire à ceux qui s'inquiètent de mon avenir. Ne doutez jamais de ma capacité de juger de ce qui est bon pour moi et pour la consolidation et l'amélioration de mon avenir[30].

Mis à part le ton de la dernière phrase, qui exprime vigoureusement l'indépendance du fils à l'égard du père, la lettre est plutôt vague. Qui est cette famille américaine ? Des gens que Khalil a rencontrés à Beyrouth une fois ses études terminées ? Quoi qu'il en soit, il semble que rien de particulier ne se soit dégagé de ce voyage. D'autre part, à qui Gibran fait-il allusion lorsqu'il parle de « gens qui s'inquiètent pour [son] avenir » ? Il est certain que le père est exclu de cette catégorie, mais cela ne nous dit pas à qui Gibran fait allusion. Est-ce à sa mère et aux membres de sa famille qui vivent à Boston? Est-ce à Day et à son cercle d'amis, qui l'ont sans doute vivement encouragé à rester aussi longtemps que possible à Beyrouth pour s'imprégner au maximum de sa culture arabe?

En mai 1908, lorsque l'amitié qui lie Mary Haskell et Gibran en est encore à ses débuts, ce dernier lui raconte une histoire singulière sur sa vie à Beyrouth. Il lui dit qu'il s'y est épris d'une belle et jeune veuve de vingt-deux ans, Sultana Tabit. Il lui écrivait. Elle lui répondait, mais sur un ton froid et compassé. Les deux jeunes gens se prêtaient des livres, parlaient de poésie et de littérature, mais leurs conversations ne s'engageaient jamais sur des voies plus intimes. Lorsque Sultana meurt, subitement, une amie de la jeune femme remet à Khalil des objets lui ayant appartenu, ainsi que dix-sept lettres d'amour qu'elle ne lui a jamais envoyées. Ce sont des lettres tendres et passionnées. Ainsi, Sultana a emporté dans la tombe le secret de son amour pour le jeune étudiant[31]. Il est absolument impossible de vérifier l'authenticité de cette histoire. Selon moi, elle ressemble à un fantasme d'adolescent. Khalil va même jusqu'à doter la séduisante jeune femme d'une habitude très romantique: elle porte une rose blanche derrière l'oreille. Mais la vérité, dit-on, dépasse souvent la fiction. Dans ce cas, cette fiction (si fiction il y a), est au moins basée sur un personnage réel: Sultana Tabit est la sœur d'un camarade de collège appelé Ayoud Tabit, qui va devenir un personnage important en Syrie, puis dans le nationalisme libanais. En 1915, il devra fuir et s'exilera à New York, où Gibran et lui renoueront[32].

Un autre mystère: qui subvient aux besoins pécuniaires de Gibran à Beyrouth? Il est probable que, de Boston, sa mère et son frère y pourvoient. Gibran est sans conteste l'enfant gâté et doué sur lequel la famille fait reposer ses espoirs d'une vie meilleure. Sa mère et son frère consacrent donc à son éducation tout l'argent qu'ils peuvent économiser. Mais il est possible que Gibran soit également subventionné par Fred Holland Day. Nous connaissons l'existence d'un chèque de cinquante dollars; il y en a peut-être eu d'autres. Chose curieuse, Day se rend en Algérie à cette époque, mais il n'existe aucune preuve que le mentor et son protégé se soient rencontrés au Moyen-Orient, bien qu'ils aient correspondu régulièrement durant tout le séjour de Khalil en Syrie. D'autre part, Day s'est fait un devoir de prendre soin de la famille de l'adolescent pendant le séjour de ce dernier au Liban : quelques photographies de Sultana et d'autres membres de la parenté en témoignent.

Que Gibran reçoive de l'argent de l'extérieur ne fait aucun doute : le voilà maintenant à Paris, après s'être arrêté à Athènes. Paris est son point de chute. C'est de là qu'il effectue des voyages à Londres (où il prétend avoir rencontré, parmi d'autres célébrités, Annie Besant) et à Munich[33]. S'agit-il d'une étape dans son voyage de retour à Boston, ou s'attarde-t-il tout simplement en chemin ? Il raconte à Mary qu'il a vendu quelques diamants à Paris — mais cette histoire fait sans doute partie des fables habituelles sur son enfance riche[34]. Il est possible qu'il y ait pris des cours d'art pictural. C'est, du moins, ce que semble penser Mikhaël Nouaymé. Peut-être a-t-il l'intention de s'inscrire dans une école. Si c'est le cas, son projet est tragiquement sabordé. D'après Mariana, c'est pendant le séjour de Gibran à Paris que ce dernier apprend la mort de Sultana, dans un « journal », alors qu'une lettre lui annonçant la triste nouvelle l'attend à Beyrouth[35].

Sultana est morte le 4 avril 1902. Elle avait quatorze ans. Depuis deux ans, l'adolescente avait des ganglions dans le cou, puis une néphrite et une diarrhée chronique se sont déclarées. Deux mois avant sa mort, ses pieds et ses jambes se sont mis à enfler. Cet état était probablement dû à une déficience en protéines consécutive à un dérangement intestinal, mais la maladie présentait tous les symptômes de la tuberculose. À l'annonce de cette mort, Gibran prend le premier bateau pour l'Amérique. Il arrive deux semaines après les funérailles. Sa famille est toujours sous le choc de la tragédie. Kamila et ses enfants vivent à présent au 7, Tyler Street, près du coin de la rue, non loin de l'appartement d'Oliver Place. Le nouvel endroit est tout aussi miteux que l'ancien. En revoyant Khalil, la famille et les amis ne savent pas s'il faut célébrer son retour ou se replonger dans le deuil de Sultana.

Que faire lorsqu'on retrouve sa famille traumatisée par la mort absurde d'une jeune enfant ? Faire porter la conversation sur d'autres thèmes peut sembler inélégant, mais cette attitude se justifie, car elle permet d'éviter un sujet traumatisant. Il arrive toutefois que la mort de Sultana soit évoquée et que les larmes coulent. Curieusement, se souvient Mariana, Gibran ne parle jamais de sa sœur. Ce comportement fait beaucoup de peine à sa mère. Peut-être Khalil a-t-il peur d'ouvrir les vannes de la douleur, autant chez lui que chez les autres ; peut-être est-il trop préoccupé par lui-même et par le souvenir de ses années passées en Syrie.

Le jeune homme de dix-neuf ans a appris à se cacher derrière le mur qu'il a érigé entre lui et les autres, ce mur qui le sépare aussi des êtres qui lui sont les plus chers.

4 ELLE

Gibran attend six mois avant de reprendre contact avec Josephine Peabody. Dans la mesure où ses activités, pendant la demi-année qui suit son retour en Amérique, nous sont totalement inconnues, il serait oiseux de spéculer sur les raisons de ce délai. On sait toutefois que, cette année-là, Josephine passe l'été en Angleterre. Khalil demande de ses nouvelles à Fred Holland Day, mais évite tout contact direct avec la jeune femme. Sans doute est-il fort occupé à renouer les fils de sa vie bostonienne. Il travaille aussi son anglais : les lettres écrites à partir de novembre 1902 témoignent d'une sérieuse amélioration dans ce domaine. En outre, il lit tous les livres qui ont été publiés par Josephine. C'est peut-être sa façon à lui de se préparer à leurs retrouvailles.

Jusqu'à la mort de son père, survenue en 1884 alors qu'elle n'avait que sept ans, Josephine Preston Peabody a été élevée par des parents artistes dans un milieu new-yorkais très privilégié. La disparition du père entraîne le déclin progressif de la famille vers une relative pauvreté. Josephine déménage alors avec sa mère à Boston, berceau de ses parents. Très jeune, elle manifeste un don pour l'écriture ; quelques-uns de ses poèmes sont publiés alors qu'elle fréquente encore l'école. Ses journaux intimes révèlent une jeune fille, puis une jeune femme sentimentale, profondément éprise de la vie, de la littérature et de l'amour, à qui les malheurs et les revers de fortune donnent peu d'espoir de s'épanouir dans ces domaines, malgré ses aspirations. Elle passe environ un an à l'université Radcliffe, mais elle aime trop la vie pour s'accommoder de l'atmosphère poussiéreuse qui règne dans les amphithéâtres de Cambridge. Elle continue à publier des poèmes qui, à sa grande satisfaction, sont appréciés des universitaires qu'elle admire. Josephine compte parmi ses amis les poètes Edward Arlington Robinson et Louise Guiney ; elle est publiée, entre autres, par Copeland and Day. Malgré ses soucis personnels, tout son être respire la grâce et le bonheur. Ce sont là, sans aucun doute, les qualités qui attirent vers elle le jeune Khalil.

Les liens qui unissent Gibran à Josephine ont toujours donné lieu à des interprétations fantaisistes. Dans la mesure où il s'agit d'une relation importante dans l'existence du jeune homme, faire la lumière sur cette question s'impose. Le 5 novembre 1902, Gibran écrit à Josephine afin de renouer avec elle. Elle lui répond. Il s'invite alors chez elle, le 16 du même mois. Lorsqu'il arrive, il constate qu'elle a convié d'autres amis. Khalil et Josephine évoquent poliment leur première rencontre et leur brève correspondance, puis en viennent à parler des écrits de la jeune femme. Quelques inscriptions dans le journal intime de cette dernière mentionnent les visites de Gibran, notamment celle du 21 novembre. Il a sonné à sa porte avec une série de dessins (Josephine les a trouvés si extraordinaires qu'elle en a conclu que le jeune homme était un génie). Le 6 janvier 1903, nous apprenons qu'ils se sont déjà vus six fois.

Leurs fréquentes rencontres ne manquent jamais d'être précédées, accompagnées et suivies de lettres de Khalil à la jeune femme. Ce sont parfois de simples petits mots. Dans les deux premiers, elle est sa « chère Mlle Peabody » ; dans les deux suivants, sa « chère amie » ; le 23 décembre, elle devient sa « douce amie » et, le 8 janvier 1903, deux jours après son vingtième anniversaire, sa « douce consolation ». Les lettres subséquentes sont rarement pourvues d'un en-tête : les jeunes gens sont en si bons termes que Khalil entre immédiatement dans le vif du sujet, nommant parfois Josephine, au fil de la plume, « doux amour » (17 février 1903) — ou employant une autre expression du même style pour s'adresser à elle. Par ailleurs, depuis le mois de janvier, il signe ses lettres de l'une ou l'autre version de ses initiales — par exemple, G. K. G. (les initiales de son nom arabe). Josephine adopte cette formule lorsqu'elle parle de lui dans son journal ou ses carnets intimes. C'est leur code secret.

Leurs rapports se caractérisent par une abondance de lettres et de rencontres jusqu'au mois d'août 1903. En mars, Gibran envoie treize lettres à Josephine, et ils se voient plusieurs fois. Leur relation, quelle que soit sa nature, est manifestement intense. À cette époque, la jeune femme habite Cambridge, au 36, Linnaean Street. On peut imaginer Khalil pataugeant dans la neige et affrontant un froid glacial — exceptionnellement vif cette année-là à Boston — puis traversant le fleuve Charles pour se rendre chez elle. La correspondance (du moins celle qui nous est connue) semble s'interrompre au profit de visites. Il en est ainsi d'août à octobre, où l'amitié des jeunes gens semble avoir perdu quelque peu de son ardeur, bien que Josephine reste encore « bien-aimée » dans la vingtaine de lettres qui suivent. En 1906, la « bien-aimée » se métamorphose en « marraine », ou en « marraine chérie », appellation que Khalil a déjà utilisée dans d'autres lettres, mais beaucoup moins fréquemment.

Le ton des missives change. Au début, timidement, Khalil envoie des présents à Josephine (une pièce de broderie syrienne, une flûte, et plus souvent un dessin ou un poème). Il arrive à la jeune femme de lui faire des cadeaux, elle aussi. En janvier 1903, Khalil lui écrit sur le ton exalté qu'il conservera jusqu'à la fin de leur relation. En réponse à un poème qu'elle lui a envoyé, il dit, par exemple : « Avoir la certitude de posséder vos aimables vers, savoir que je peux les lire et les relire chaque fois que je le désirerai, c'est prendre conscience que je vous dois tout. Et je ne sais quel présent vous faire moi-même, car tout ce que je pourrais créer vous appartient déjà. » Il est convaincu qu'elle le connaît bien, qu'elle n'a qu'à fermer les yeux et regarder au fond de son âme pour le comprendre. Il propose qu'ils partagent désormais leurs peines et leurs chagrins. Elle est si présente quand il dessine qu'il peut dire d'une esquisse qu'elle est « autant [l'] œuvre [de la jeune femme] que la [sienne][1] ».

L'événement qui déclenche l'intensification de leur amitié remonte sans doute à la soirée du 6 janvier 1903. Khalil fête son vingtième anniversaire. Le couple assiste à une représentation de *Parsifal*, de Wagner. La musique laisse une marque indélébile dans l'esprit du jeune homme ; il semble, dit-il, qu'elle veuille le ramener « à la maison ». Mais son foyer est si loin, c'est pourquoi il a tant besoin de Josephine. La jeune femme devient donc sa « consolation ». Dans ses lettres, Khalil se dépeint comme un poète et un artiste profondément blessé qui aspire à la consolation qu'elle incarne et qu'elle lui offre[2]. Son discours prend le ton de la supplication, on y sent un besoin de s'apitoyer sur soi-même. En fait, son insistance sur la mélancolie, la douleur, les larmes, la maladie, la faiblesse et le chagrin devient passablement monotone. Khalil s'inquiète, il se demande s'il n'est pas en train de devenir aveugle : « Si tôt ! Mais cette cécité ne peut m'empêcher de vous voir, et de garder en moi votre beauté[3]... » Il parle de son existence comme d'une prison et de lui-même comme d'un détenu condamné à l'exil ; sa terre natale fait désormais partie d'un autre monde, un monde de beauté et d'amour infinis qu'il ne retrouvera que dans la mort. Il place son seul espoir en cette femme, et dans l'amour authentique qu'il éprouve pour elle. Josephine est la « mère de son cœur » ou « de son âme », ou tout simplement sa « mère bien-aimée ». Elle est sa muse. Lorsqu'elle est loin de lui, il n'est plus entouré que de ténèbres. Et quand elle est souffrante, il souffre lui aussi.

Gibran a de bonnes raisons de souffrir. Et il est vrai que Josephine est sa bouée de sauvetage au cours de la période triste et difficile qu'il traverse. Lorsqu'il est rentré du Liban, il a non seulement trouvé sa famille amputée de l'un ses membres, Sultana, mais il a découvert que sa mère, Kamila, et son demi-frère aîné, Boutros, étaient très malades. Sa mère a un cancer et Boutros, comme Sultana, est atteint de tuberculose. À la fin du mois de février 1903, son frère étant trop malade pour s'occuper de son commerce, Khalil est forcé de prendre sa place, ce qui va à l'encontre de ses goûts et de sa volonté. Boutros s'est endetté vis-à-vis de plusieurs personnes, il faut absolument trouver l'argent[4] pour rembourser ses dettes. Les Gibran n'ont même pas de foyer fixe, ils ne cessent de déménager, passant d'un logement à l'autre dans le ghetto syrien, obéissant plus souvent au caprice des propriétaires qu'à un choix personnel. Chaque appartement est plus misérable que celui qu'ils viennent de quitter.

Boutros meurt le 12 mars. Khalil écrit à Josephine :

Ma blessure est si profonde, le frère bien-aimé s'en est allé ; ah ! quelle amertume, quelle amertume !

Pauvre maman a enterré son cœur deux fois au cours de la même année.

Je suis aveugle aujourd'hui, je ne vois que ce feuillet, mais j'ai besoin de toutes mes forces pour consoler la pauvre mère malade. Je ne puis en dire plus, écrivez-moi, et écrivez-lui, c'est tout ce que je demande, oui, la douleur est si profonde, si profonde, si profonde.

Kamila Gibran quitte ce monde le 28 juin de la même année. Gibran envoie à ses deux amis bostoniens, Fred Holland Day et Josephine Peabody, un petit carton bordé de noir. Il leur annonce le décès de sa mère et exprime son chagrin en des termes presque identiques à ceux utilisés lorsque son frère est mort. Gibran était absent quand Kamila a poussé le dernier soupir. Lorsque, à son retour, il l'a trouvée morte, il s'est évanoui, « et le sang a jailli de [ses] narines et de [sa] bouche[5] ». Alors qu'il vit ces deux tragédies familiales, Gibran écrit à Josephine, au début du mois de mars, pour lui parler d'une autre disparition, celle de l'enfant d'amis ou de parents. Cette mort, dit-il, l'a empli de tristesse et lui a rappelé la fragilité de la vie.

Josephine traverse elle aussi des moments difficiles. La gêne dans laquelle elle a vécu dignement jusqu'ici se transforme peu à peu en réelle pauvreté. La jeune femme s'échine à trouver de petits emplois pour gagner quelques sous et déménage dans des appartements de plus en plus exigus et inconfortables. Les deux amis se disent que la vie les traite avec cruauté. Les épreuves qui les accablent pendant toute l'année 1903, la sympathie qu'ils se témoignent, créent un lien de plus en plus fort. Nul doute cependant que Khalil ne reçoive plus qu'il ne donne. Josephine possède une extraordinaire propension au stoïcisme et à l'humour. Cet état d'esprit lui permet de faire face à l'adversité et de prendre plaisir aux petites choses de la vie, même lorsque celle-ci se fait très pénible. Gibran ne montre pas de telles dispositions. Lorsqu'il exprime sa sympathie à Josephine, il finit invariablement par tout ramener à lui et par mettre l'accent sur ce qu'il ressent, *lui*. L'altruisme n'est pas son fort, il lui est malaisé de se mettre à la place des autres et de s'oublier. Durant les derniers jours de sa mère, il a passé plusieurs soirées chez Josephine ou chez Fred Holland Day. Dans une lettre, il disserte poétiquement sur le devoir de veiller une femme mourante, la mère de son corps, et le plaisir d'aimer Josephine, la mère de son âme[6]. Il faut souligner que, dans la mentalité moyen-orientale, ce comportement est inhabituel et hautement condamnable. Quitter le chevet d'une mère mourante est impardonnable. Veiller sur elle n'est pas une simple obligation, c'est un devoir sacré. Mais Khalil reste toute la journée à l'épicerie de Boutros, et c'est sa jeune sœur Mariana qui prend soin de la mourante. Ce comportement témoigne encore une fois de la nette incapacité de Gibran à se préoccuper vraiment de la souffrance des autres. Est-ce là un symptôme de l'égocentrisme monomaniaque et profiteur qui caractérise parfois certains créateurs ?

Dans la lettre du 12 mars déjà citée, Gibran évoque un esprit féminin auquel il se réfère tout simplement comme à « Elle ». Cette entité, « Elle », apparaît d'abord dans une note du 26 février, et ne cesse dès lors de se manifester. « Elle » est la féminité, le *das Ewigweibliche* de Goethe, surtout dans son aspect maternel. Très souvent, tout au long des lettres que le poète écrit à Josephine, on a l'impression que la jeune femme est beaucoup moins, pour l'homme qui s'adresse à elle, un être de chair et de sang qu'un intermédiaire qui le met en contact avec cette entité, « Elle ». Il l'implore à plusieurs reprises de lui envoyer « Elle », et lui narre en détail des rêves dans lesquels « Elle » apparaît dans une robe d'un blanc immaculé. Mais il est tout aussi vrai que Gibran déclare souvent son amour à son amie. Ses petits mots aussi bien que ses lettres contiennent les litanies qu'emploient habituellement les amoureux : le temps s'écoule lentement entre leurs rendez-vous ; leurs esprits sont liés par des affinités électives ; il ne cesse de penser à elle, etc. Il est néanmoins très tentant, si l'on considère le vocabulaire utilisé par Khalil pour nommer Josephine — « bien-aimée », « marraine » et autres expressions semblables —, de se dire que ces appellations sont significatives. Gibran est profondément et sincèrement amoureux, mais il est clair qu'il idéalise son amie au point de ne pouvoir la considérer comme une femme de chair et de sang. Mystérieuse et pure, elle est la seule qui peut mettre un baume sur son âme blessée et qui le connaît parfaitement ; elle est son inspiratrice. Tout cela permet de comprendre pourquoi il est si difficile à Khalil de témoigner de l'empathie à la jeune femme dans les épreuves qu'elle traverse : les déesses (à plusieurs reprises, il la qualifie de « divine » ; elle devient même, parfois, une nymphe) ne connaissent pas de revers de fortune.

Si Gibran adore Josephine, quels sentiments éprouve-t-elle pour lui ? Une seule des lettres de la jeune femme nous est connue. Elle a été écrite plus tard, une fois leur relation bien entamée[7]. S'il est parfois possible de deviner, au ton des réponses de Khalil aux missives de la jeune femme, dans quelle disposition d'esprit se trouve cette dernière, les sources les plus fiables sont les pensées et les réflexions inscrites dans les carnets et les agendas de Josephine, et surtout dans son journal intime. Elle y parle beaucoup de Gibran. Ces documents donnent un point de vue très intéressant sur leur amitié. Il faut se souvenir que Josephine a huit ans de plus que Khalil. Elle le nomme, dans ses écrits intimes, le « garçon syrien », ou tout simplement le « garçon », et elle n'oublie jamais leur différence d'âge et de maturité. « L'un était un enfant, l'autre une jeune femme adulte, mais ils pouvaient tous deux se montrer "enfantins" lorsqu'ils étaient ensemble[8]. »

Dans une inscription du 9 mai 1903, alors qu'elle est malade et que Khalil est venu la voir et s'est montré « exagérément anxieux », elle écrit : « Nous avons échangé nos rôles habituels. Il s'est montré sage, plus vieux que son âge ; je me faisais l'effet d'être très jeune, docile, heureuse de me sentir revivre tandis qu'il me disait combien j'étais noble et éblouissante. Nous étions plus drôles que jamais. »

« Nous étions plus drôles que jamais. » Josephine est vivement consciente de ce qu'il peut y avoir d'inhabituel dans leur relation. Parfois, elle se montre presque cynique dans le compte rendu d'une rencontre :

> Aussi, comme il tendait ses mains vers moi avec un air plein de douceur, je lui ai donné les miennes, qu'il a caressées avec gentillesse et compassion. « Que voyez-vous ? » ai-je demandé. « Elles sont un peu pâles, a-t-il dit, oui, un peu pâles. » Puis il a eu envie de dessiner, et j'ai dit : « Maintenant, devrions-nous feuilleter le Livre d'images ? C'est ce que nous avons fait, avec des hochements de tête de satisfaction [...]. Puis après avoir beaucoup parlé encore, nous avons regardé — d'un œil critique — le vase de roses blanches que l'on m'avait envoyées. Je lui en ai donné une, et il s'en est allé.

C'est presque comme si elle se moquait de lui, ou d'eux — de leur solennité. Une chose est évidente : ce ton léger n'évoque nullement une histoire d'amour.

Pourtant, dès le 13 décembre 1902, Josephine s'aperçoit que Gibran lui voue une véritable adoration. Elle note dans son journal, de façon assez confuse : « Je n'étais ni surprise ni consternée de voir que ce garçon présumait que je savais tout, et se disait qu'il n'était même pas nécessaire de me dire des choses en anglais, ou même tout simplement de parler. Si je le vois trop souvent, il fera de moi un Bouddha. »

Josephine est flattée par l'attention que lui porte le jeune homme, mais elle ne la prend pas au sérieux.

Une petite investigation renforce l'impression que nous donnent les inscriptions du journal. Par exemple, dans une note du 23 octobre 1903, Josephine fait état d'une lettre qu'elle a expédiée à Gibran et, à la même date, écrit dans son journal : « Aujourd'hui, j'ai écrit huit lettres — trois pour répondre à des questions anodines ; deux parce qu'elles *devaient* être écrites ; puis une à Mlle Marbury [...], une à Applebro's [...], et une à mon élève. » Gibran n'étant pas son élève (Josephine donne des cours particuliers), pas plus qu'il n'est Mlle Marbury ou Applebro's, nous pouvons en conclure qu'elle lui a écrit ce 23 octobre, soit en réponse à une question *anodine*, soit parce qu'elle se sentait tenue de le faire — cette dernière supposition étant la plus plausible.

En d'autres mots, il est clair que la relation sentimentale est pratiquement unilatérale. Josephine ne décourage pas Khalil : elle ne refuse pas d'entendre ses déclarations, mais il est le seul à être amoureux. Du reste, l'amour est rarement le sujet des inscriptions du journal de Josephine au cours de cette période. Lorsqu'il est évoqué, il ne fait référence ni à Gibran ni à une autre personne. Il est pure abstraction. Les carnets intimes de Josephine nous éclairent plutôt sur le malaise qu'elle ressent à l'idée de n'avoir jamais donné son cœur à personne, de n'avoir jamais été attirée par un homme. Si l'on compare l'enthousiasme juvénile de l'adolescent amoureux à l'attitude de Josephine, on découvre aisément que la jeune femme n'est engagée ni envers lui, ni envers un autre homme. Ses journaux intimes parlent à satiété d'amis, de connaissances, d'endroits particuliers, d'activités, de travail, d'espoirs et de craintes : Khalil n'est qu'un individu parmi tant d'autres. Par contraste, les envolées lyriques qui commencent vers la fin de l'année 1905 offrent un tableau délicieux de la relation que la jeune femme entretient avec Lionel Marks, l'homme qu'elle épousera en 1906. Elles témoignent de l'épanouissement de la jeune femme devant les attentions aimantes dont son fiancé la comble — et elles sont de plus en plus nombreuses.

Que retire Josephine de sa relation avec Khalil ? Et pourquoi répond-elle à ses lettres passionnées, le réconforte-t-elle, l'invite-t-elle si souvent chez elle ? La réponse réside peut-être dans un message gribouillé au crayon dans un vieil agenda de 1902 qu'elle utilise d'abord pendant un mois en 1903 pour y noter ses rendez-vous, le courrier qu'elle a reçu et envoyé, ainsi que de menus détails du même genre, et dont elle se sert ensuite, de 1903 à 1905, comme pense-bête, ou pour y noter hâtivement des idées et, incidemment, des rêves. Le 24 mars, on y trouve une référence indubitable à son jeune soupirant syrien :

> Et à cet enfant de Dieu, mon entière gratitude car, pour lui, mon âme n'est pas une pauvre étrangère sans passeport. Les présents qu'elle lui offre [...] en souhaitant ne pas être remarquée, il les accepte avec joie. Pour lui, ils sont la substance, la richesse, les offrandes. De ses [illisible] mains, il tire bonheur, force et plénitude : et l'âme le contemple, écoutant ses remerciements — libérés une fois pour toutes [...]. Une vie glorieuse et libre. Dieu le bénisse d'accepter ainsi les cadeaux que je lui fais.

Josephine traverse des moments difficiles. Sa situation financière est loin d'être brillante. En outre, elle a l'impression qu'elle ne jouit pas de la notoriété qu'elle mérite en tant qu'écrivain (cette reconnaissance viendra plus tard). Mais elle a une foi totale dans le *don* qu'elle peut faire *d'elle-même* quand elle n'a rien d'autre à offrir[9]. Sa vie intérieure, que l'on découvre dans les pages de ses cahiers intimes, est intense : Josephine se penche sur des problèmes moraux, affirme son christianisme, parle de sa lutte contre la pauvreté et les épreuves. Elle décrit, un jour, l'extase qu'elle a ressentie lorsqu'elle s'est baignée nue dans l'eau fraîche d'un ruisseau. Elle se dit qu'elle a parfois tendance à donner trop, ce qui l'oblige ensuite à se replier pour préserver son intégrité mentale et physique. Il serait un peu simpliste de penser qu'elle se plaît en la compagnie de Gibran parce qu'il flatte son ego en idolâtrant aussi bien son œuvre que sa personne. Gibran n'en est pas moins celui avec qui elle peut partager le don poétique qu'elle a reçu à la naissance. C'est ainsi qu'il lui permet de connaître la liberté de l'âme dont elle parle. Il aime sa poésie et l'empêche de douter qu'« elle [la poésie] lui a été donnée pour que l'on s'en souvienne comme d'une expression de la beauté[10] ». La confiance que la jeune femme a en elle-même a été sapée. Khalil l'aide à la reconstituer.

Josephine veut aussi, de tout son cœur, veiller sur Khalil. Elle est persuadée qu'il est un « génie », un « ange » et un « prophète » en devenir, et qu'il possède une clairvoyance naturelle[11]. D'une manière plus révélatrice encore, elle écrit, en décembre 1902, un poème dans lequel elle imagine l'enfance de Gibran dans la montagne libanaise, qu'elle intitule d'abord « Son enfance », puis « Le Prophète ». Mise à part sa compassion chrétienne et naturelle pour les souffrances de Khalil, il y a en Josephine le désir de nourrir un jeune talent. Dans une lettre à son amie Mary Mason, datée du 25 janvier 1903, elle écrit : « J'ai une belle et merveilleuse histoire à raconter, celle d'une créature de génie dont j'essaie d'être la marraine. C'est un jeune Syrien. La nuit, il écrit des poèmes en arabe et le jour, il dessine (bien mieux que William Blake). » En plus d'encourager le jeune homme et de parler de lui à ses amis, Josephine lui prête une assistance concrète : en mai 1903, elle fait en sorte que ses dessins figurent dans une exposition à l'université Wellesley, où elle enseigne. Dans une autre lettre adressée à Mary Mason, le 6 septembre, elle décrit Khalil comme une personne dont elle a la charge, un tout jeune homme qu'elle protège et dont elle se sent responsable. Ce n'est pas de cette façon que l'on évoque un être aimé[12].

Il semble évident que leur relation n'est pas d'ordre sexuel, même si les biographes considérés comme les plus fiables ont pu le suggérer[13]. Cette supposition montre qu'ils ne comprennent absolument pas l'amitié qui lie ces deux êtres, un jeune homme à peine sorti de l'adolescence et une jeune femme plus mûre que lui — le premier étant subjugué par la seconde. En fait, dans un petit mot à Josephine, Gibran renonce expressément à donner une dimension physique à leur relation : « Et mon amour ne donne pas naissance au désir, ne suscite aucune pensée égoïste [...]. Ce sont les esprits faibles qui cèdent à la chair : ils ne peuvent aimer[14]. »

On peut néanmoins taxer Josephine de naïveté, même si l'on situe son attitude dans le contexte de l'époque relativement innocente dans laquelle elle vit. La voilà donc qui entretient une relation d'amitié amoureuse avec un jeune homme dépourvu de maturité, qui n'hésite pas à donner libre cours aux sentiments les plus exaltés. Sans doute devrait-elle, sans attendre que la situation ne devienne trop délicate, lui faire comprendre avec clarté et fermeté qu'elle ne peut être sa partenaire dans l'histoire d'amour à laquelle il aspire. Elle devrait se montrer plus distante lorsqu'elle l'invite chez elle ou accepte qu'il fasse des esquisses d'elle ou de ses amis ; elle ne devrait pas lui permettre de partager sa vie — comme elle le fait dans les premiers mois de l'année

1903. Mais Josephine ne semble pas comprendre le danger de la situation. Elle accepte au contraire la présence et les présents de Khalil ; à chacune de ses visites, le jeune homme lui montre d'autres dessins, il lui fait lire d'autres poèmes — certains d'entre eux écrits, pour la première fois, en anglais. Elle le complimente et l'encourage.

L'issue de cette histoire est, bien sûr, orageuse. Nous ignorons ce que Gibran a pu dire ou faire, mais on sait que son comportement provoque la colère de Josephine. La jeune femme est si furieuse qu'elle déchire toutes les lettres qu'il lui a envoyées de la fin du mois d'août à la fin du mois d'octobre 1903. Il lui a rendu visite durant tout l'été, en dépit du fait qu'elle vit maintenant en dehors de Boston, dans la banlieue d'Arlington (elle reviendra à Cambridge en septembre). Quoi qu'il en soit, la jeune femme reçoit, le 10 octobre, une missive qui contient ce qu'elle qualifie, sans aller plus avant dans les détails, de « suggestion exaspérante ». Lorsque Khalil lui rend visite deux jours plus tard, ils ne trouvent rien à se dire. « Tout le monde est déprimé », se contente-t-elle de déclarer. Le lendemain, elle écrit dans son carnet : « Relu de vieilles lettres. Tout déchiré. »

Il est évidemment impossible de savoir ce que Gibran a bien pu « suggérer » à Josephine. Les possibilités vont d'une simple proposition d'ordre sexuel à un moyen infaillible d'améliorer la situation financière de la jeune femme. Quelle que soit la nature de cette proposition, elle agace suffisamment Josephine pour la pousser à détruire toute trace de la lettre en question. Dans la mesure où elle ne déchire ensuite que la correspondance commençant à la fin du mois d'août, on peut supposer que la fameuse suggestion est l'aboutissement d'un état d'esprit qui a commencé à se développer depuis un certain temps. C'est pourquoi Josephine ne détruit que les lettres annonçant la « suggestion exaspérante ».

Dans tous les cas, le résultat de la querelle survenue entre les deux jeunes gens est un net refroidissement de l'ardeur de Khalil. Il n'exprimera plus jamais son amour pour la jeune femme dans son anglais boiteux ; il ne dira plus jamais, en termes directs, que Josephine est un intermédiaire vers « Elle ». Les allusions à « Elle » seront désormais empreintes de nostalgie, comme s'il lui parlait tout simplement d'un sujet qui pourrait éventuellement l'intéresser. Quelle que soit la cause réelle de la dispute, il semble que celle-ci oblige Josephine à se rendre compte que la relation est allée trop loin, et qu'il est temps de dire à Khalil de prendre ses distances. Il redevient « le garçon » dans le journal. Les initiales du nom arabe, code beaucoup plus intime, disparaissent. Gibran réagit bien à ce rejet : ses lettres à Josephine restent affectueuses, il continue de la voir de temps à autre. Il ressent cependant une certaine tristesse à l'idée que le lien qui existait entre eux s'est rompu.

Si le comportement de Khalil à l'égard de Josephine est empreint d'un certain maniérisme — son attitude envers elle ne sonne pas tout à fait juste — cela est dû, je crois, à son conditionnement romantique. Son comportement amoureux semble avoir été emprunté aux pages d'un roman ; la littérature et la vie s'y mélangent. Dans un texte remarquable, George Ridge définit les caractéristiques du héros romantique :

> Le héros romantique joue plusieurs rôles. Il est poète-prophète ; il est sensible, psychopathe, solitaire, vagabond, criminel, rebelle, en quête d'autre chose, et c'est le prototype du Messie. Il est l'homme fatal, le génie blême, le mage ostracisé, la victime du destin... Il est convaincu qu'il n'y a jamais eu quelqu'un d'autre comme lui et il se sent supérieur parce qu'il est en fait exceptionnel. Il est un titan parce que son bonheur et sa tristesse excèdent toujours la capacité émotionnelle de l'homme ordinaire[15].

Il faut cependant noter que Ridge définit ici les caractéristiques du héros romantique *dans un roman*. Mais Gibran, lui, se conforme à tous ces traits, ou à presque tous, *dans la vie réelle*. Il semble avoir modelé sa vie d'après les livres que Holland Day et Josephine lui ont donné à lire.

Gibran est un grand admirateur de Swinburne et de Gabriele D'Annunzio, deux des principaux « inventeurs » de l'image de la *femme fatale*. Il est donc « l'esclave » de Josephine comme on doit l'être, d'après Keats, d'une *belle dame sans merci*, et son attitude envers elle se conforme généralement, bien que d'une manière parfois insipide, à l'image qu'il se fait de l'attitude que le héros romantique adopte à l'égard d'une femme fatale : il est passif, il adore, l'amour le fait souffrir, et il se plaint beaucoup plus qu'il ne sympathise. Mais s'il est vrai que Gibran est en quête de la femme fatale, Josephine constitue une bien piètre candidate. Elle possède l'allure et les manières aristocratiques requises, mais pas le moindre soupçon d'exotisme. Josephine personnifie certes l'éternel féminin, elle est belle, elle a un sens esthétique développé, mais elle n'a ni la pâleur ni la cruauté de la femme fatale. Elle a un tas d'admirateurs, envers lesquels elle ne s'engage pas — l'inaccessibilité est un trait important de la femme fatale — mais rien ne suggère qu'elle traite ses soupirants avec colère, agacement ou mépris, et personne ne la considère, sur le plan sexuel, comme une prédatrice en puissance. Dans *Atalante en Calydon*, Swinburne décrit la femme fatale comme « adorable et détestable » : Josephine est souvent adorable, elle n'est jamais détestable. Elle est beaucoup plus proche de la bien-aimée idéale des préraphaélites que de la femme fatale des décadents.

Ainsi se termine le premier amour de Gibran. La relation de Josephine et de Khalil finit par se dessécher. Il se retrouve bien seul : trois membres de sa famille proche, dont sa mère bien-aimée, sont morts prématurément, et la femme qu'il aime le repousse. Cette perte joue un rôle d'autant plus important dans l'existence de Gibran qu'il va devoir s'y résigner, quitte à en tirer une leçon. Le jeune homme en colère, convaincu que les injustices sociales dont son pays natal est affligé auront des conséquences fâcheuses et que les lois édictées par les hommes sont nécessairement tyranniques, porte maintenant ses propres cicatrices. Il grattera longtemps ses vieilles plaies dans ses écrits, ajoutant ainsi la résignation et la tristesse aux éléments de sa philosophie personnelle. Car il est évident qu'il entretient ses blessures pour se créer une personnalité littéraire, et qu'il fait preuve ainsi d'une certaine superficialité. Rien ne prouve en effet qu'il reste très longtemps en deuil de sa famille. Dans « Rose El-Hani », une nouvelle publiée dans *Les Esprits rebelles* quelques années après le décès de ses proches, on peut lire : « Lorsque la mort tend la main pour vous frapper avec violence, il ne s'écoulera pas plus d'un jour et d'une nuit avant que vous ne sentiez les doigts de la vie vous effleurer, et vous sourirez, et vous vous réjouirez. »

Au cours de l'année qui suit sa rupture avec Josephine, Gibran commence à collaborer à un journal arabe très influent, *El-Mouhajir*, publié à New York par Amine Goryeb. Gibran a pris contact avec l'éditeur alors que ce dernier se trouvait à Boston. Il souhaitait que ses dessins soient publiés. Le journaliste, en homme avisé, s'est montré beaucoup plus intéressé par les poèmes en prose qu'il a pu lire dans les carnets de notes du jeune homme. En 1906, Gibran dispose d'une chronique régulière dans le journal, intitulée « Une larme et un sourire ». Le titre est parfait, puisque la saveur douce amère de la philosophie de Gibran perce à travers tous ses écrits.

Le premier article, « Une vision », donne le ton à tous ceux qui vont suivre. Gibran a recours à une simple allégorie entre l'oiseau en cage et le cœur prisonnier dans sa cage de côtes. Il montre ainsi que le cœur de l'homme peut être blessé par les lois et les règlements humains qui lui refusent vie et amour. Il faut noter qu'en arabe le mot *asfourieh*, qui signifie « oiseau en cage », veut également dire « asile d'aliénés ». Nous retrouvons là l'obsession de l'inanité et de la cruauté des lois humaines familière à Gibran. Ce dernier évoque aussi la puissance de l'amour qui porte la vie, mais la déclaration est teintée, cette fois, d'une mélancolie plus sombre que celle qui colore les œuvres analysées au chapitre précédent. Dans ses textes postérieurs, Gibran affirmera que l'amour est toujours comblé d'une façon ou d'une autre et qu'il ne connaît pas de limites, que les âmes sœurs se retrouvent en dépit des préjugés sociaux et même de la mort. Dans « Une vision », il déclare cependant que l'amour peut être nié.

J'insiste sur le profond pessimisme qui s'exprime dans ce texte car il est difficile de classer un poète comme Gibran. Des œuvres publiées plus ou moins à la même époque révèlent à la fois l'espoir et son contraire[16]. Si l'on ne peut affirmer que la mort de trois membres de sa famille et sa rupture avec Josephine l'ont attristé longtemps, on peut dire que ces événements lui ont appris l'importance du chagrin dans la vie humaine. Les larmes et les sourires deviennent les deux pôles de l'existence. Ensemble, ils permettent de saisir la vie d'une manière authentique et valable, et ils sont une source de créativité artistique[17]. En fait, sans la souffrance, beaucoup de choses de la vie demeureraient ensevelies. En 1920, Gibran continue à dire que la douleur est une sorte d'injonction faite à l'individu dans le but de trouver des solutions — entreprise qui permet de pénétrer plus profondément en soi-même et de mieux connaître le monde[18]. Il réclame « une larme pour [lui] purifier le cœur et [lui] permettre de comprendre les secrets de la vie et des choses cachées ». Il sait bien qu'un torrent de larmes peut balayer un grand nombre d'illusions, et que « l'amour fait de la souffrance un ravissement et du chagrin une joie». Il est évident qu'un être ne peut connaître la joie que lorsqu'il a connu la peine.

Ainsi, contrastant avec des affirmations spontanées nées du profond désespoir qu'éprouve Gibran à la vue des injustices sociales, nous trouvons dans l'œuvre de ce dernier un optimisme rayonnant. L'auteur conclut l'un de ses articles par une réflexion pessimiste : « C'est le fardeau de l'homme : une tragédie jouée sur la scène du temps. Nombreux sont les spectateurs qui applaudissent ; rares sont ceux qui savent et comprennent. » Dans un autre article, il se montre plein d'espoir : « Toutes choses, depuis toujours, cheminent vers la vérité. » À côté de la mélancolie relative que provoque en lui l'amour humain, et que l'on retrouve dans « Une vision », il écrit des contes dans lesquels l'amour transforme miraculeusement la vie d'un être, pour le meilleur, et où le désespoir ne résulte que de l'impossibilité de trouver l'âme sœur à laquelle on est destiné.

Dans *Les Ailes brisées*, *Les Nymphes des vallées* et *Les Esprits rebelles* — comme dans les poèmes courts, les nouvelles et les poèmes en prose de Gibran —, le contraste entre les lois de la nature et celles des hommes est frappant. Non seulement les lois humaines oppriment les pauvres, mais elles font obstacle à l'expression naturelle de l'amour. La nature est le domaine de l'amour. Le primitivisme de Gibran est très marqué dans certains de ces premiers textes. Il en appelle au retour à la nature, qu'il assimile au retour à la moralité et à la possibilité de vivre un amour humain authentique. Dans un texte non publié, *Falsafat el-Din wa el-Tadayyun* (*La philosophie de la religion et de la religiosité*), dont le manuscrit se trouve au musée Gibran à Bcharré, l'auteur propose la fondation d'une communauté idéale au Liban (ou, en théorie, dans n'importe quel territoire ayant été préservé), loin de la civilisation et à l'abri de l'atteinte corruptrice des lois humaines et de la religion institutionnalisée. Les membres de cette communauté pourront vivre en harmonie avec Dieu et avec la nature et retrouveront ainsi leur divinité intrinsèque[19].

Tout en restant convaincu que les nantis, en raison de leurs richesses mêmes, se privent en quelque sorte du bonheur et s'excluent de l'humanité (opinion qui s'atténuera quelque peu dans les années 1920, lorsque Gibran commencera à gagner de l'argent), le poète croit aussi à la « fraternité humaine ». Il n'y a ici ni tension ni contradiction. Pour Gibran, la fraternité est un état naturel chez l'homme, mais qui a été submergé et corrompu par la prétendue civilisation et par ses gadgets inutiles. Dans la même veine, certaines de ses allusions laissent penser que Gibran croit à l'unité de toutes les religions. C'est pour lui un idéal : en déclarant qu'il existe différentes formes d'adoration, il affirme que chaque être et chaque chose découlent du même esprit universel, et que cette *unique* Âme universelle, qui est Dieu, devrait ou pourrait être l'objet d'une religion *unique*, au-delà des différences de dogmes qui ne cessent de polluer l'ensemble des religions.

Deux autres thèmes présents dans les premiers textes de Gibran méritent d'être étudiés : la réflexion sur le travail du poète, et l'insistance constante sur la mort. Ces deux thèmes sont étroitement associés dans la mesure où le poète est avant tout un être dont les liens avec le monde sont précaires. Il vit tout autant dans un monde transcendant que dans un monde marqué par de dures réalités. Le poète attend donc la mort, ou s'y prépare, comme le philosophe le fait dans le *Phédon* de Platon. Pour Gibran, la mort représente à la fois la fin de la souffrance et une transmigration dans le royaume de l'amour éternel, un lieu où les amants séparés sont réunis. Les souffrances personnelles l'ont persuadé que la vie est une vallée de larmes et qu'il faut la traverser avec résignation jusqu'à ce que l'on parvienne à la fin ultime. Une seule chose peut racheter cette vie : l'amour. Mais ce dernier est extrêmement rare, car l'être humain ne le reconnaît pas, obnubilé qu'il est par tous les produits factices de la civilisation.

On retrouve une fois de plus les thèmes familiers aux romantiques — le rôle du poète, l'attrait suave de la mort, le lien entre la tristesse et la beauté. Il semble que, dans ses écrits aussi bien que dans la vie, Gibran essaie d'entrer dans la peau du romantique tourmenté afin de voir si elle lui sied. Mieux encore, il observe l'effet que ce déguisement a sur Josephine et sur un public plus large. Mais cette attitude fabriquée ne remet pas nécessairement en question la profondeur des sentiments du poète. L'image que nous nous faisons de nous-mêmes conditionne toujours nos sentiments ; dans le cas de Gibran, cette image est construite à partir du romantisme et des thèmes de ce mouvement.

Le jeune homme est très bien placé pour jouer le rôle du héros romantique. Ses antécédents syriens l'avantagent, qui l'entourent d'une aura de mystère et d'exotisme[20] et lui permettent, même dans sa relation avec Josephine, de s'exprimer avec une hypersensibilité qui n'existe en général que dans les romans ou dans les poèmes. Le traitement que lui réserve Josephine lui donne le prétexte nécessaire pour adopter l'attitude mélancolique et le regard blessé des héros romantiques.

Malgré leur rupture, Gibran continue à voir Josephine. Par une sorte de paresse, ils retombent dans les mêmes schémas de pensée et de conversation. Puis, une lassitude s'installe, comme si tout était épuisé. Ils se fréquentent encore, mais comme de simples connaissances. À la fin du mois de décembre 1903, Gibran se débarrasse de la boutique de Boutros. On ne sait pas très bien comment sa sœur et lui se débrouillent pour vivre. Mariana travaille, comme elle le fera presque toute sa vie, dans l'atelier de couture de Mlle Teahan, situé sur Newbury Street, une rue élégante de Boston, mais son maigre salaire leur permet tout juste de subsister. On pourrait penser que Gibran vit aux crochets de sa sœur en espérant bientôt gagner sa vie comme artiste et comme écrivain — comme nous l'avons vu plus haut, le journal auquel il collabore lui paie un cachet pour ses articles. Mais ce sont d'abord ses dessins qui semblent être le gage d'une existence plus aisée. Fred Holland Day, qui reste un ami sûr et un phare pour Gibran, offre au jeune homme d'exposer ses dessins dans son studio, où figureront également des tableaux de Langrel Harris, un ami de Day mort en 1903. En tant que photographe, Day est connu ; il a même acquis une certaine notoriété. Une exposition dans son studio suscitera beaucoup d'intérêt. Khalil ne laisse pas passer cette occasion.

L'exposition doit commencer à la fin du mois d'avril 1904. Pendant les premiers mois de l'année — quand il n'est pas cloué au lit avec l'une de ses grippes qui vont l'accabler chaque hiver presque tout au long de sa vie —, Gibran travaille afin de produire une quantité suffisante de dessins propres à satisfaire aussi bien son mentor que lui-même. Pendant ce temps, Fred Holland Day fait imprimer une carte d'invitation simple et élégante, où la ponctuation est curieusement absente :

> Votre présence et celle de vos amis sont souhaitées à une exposition de dessins d'études et de motifs de M. Khalil Gibran et d'une petite collection de miniatures et de croquis du regretté Langrel Harris qui se tiendra au studio de M. F. Holland Day 29 Immeuble Harcourt 23 rue Irvington Boston tous les après-midis du 30 avril au 10 mai inclus de une à cinq heures.

Un catalogue est préparé, sur lequel figure, bien en évidence, le nom d'une personnalité en vue de la société bostonienne, Sarah Choate Sears. La dame a déjà acheté une esquisse de Gibran en 1903, et elle possède un des portraits du jeune homme réalisé par Fred Holland Day, acquis en 1898. Pour donner plus d'envergure à la collection, Josephine prête à l'exposition cinq des dessins dont Khalil lui a fait cadeau, puis elle aide à encadrer et à accrocher les tableaux. Mais son rôle le plus important consiste à inviter ses amis.

Le 2 mai, l'*Evening Transcript* de Boston fait paraître un article sur l'exposition. Le jeune artiste ne pouvait espérer commentaires plus élogieux. C'est la première critique journalistique publiée à son sujet. Elle est extrêmement favorable :

> M. Gibran est un jeune Syrien qui, dans ses dessins, exprime le tempérament poétique et imaginatif de sa race, ainsi qu'un talent remarquable pour l'invention personnelle. La beauté majestueuse et la noblesse de certaines de ses fantaisies picturales en font de pures merveilles, tandis que d'autres œuvres ont un caractère tragique qui peut paraître insoutenable. Ses dessins laissent une profonde impression et, considérant le jeune âge de l'artiste, possèdent des qualités extraordinaires en raison de leur originalité et de la profondeur de leur sens symbolique [...]. Le désir le plus intense de donner libre cours aux idées métaphysiques l'emporte triomphalement sur les limites techniques, au point que l'imagination du spectateur est très touchée par la beauté abstraite et morale de la pensée exprimée. Quelques visages hanteront longtemps la mémoire de ceux qui les ont contemplés, car ces visions du pays des rêves sont ensorcellantes.

Cette dithyrambe attire un grand nombre de personnes. Quelques œuvres sont vendues, parfois à des membres importants de la société bostonienne. Charles Peabody, critique et professeur à l'université Harvard, acquiert l'une d'elles, de même que Mme Sears.

L'article de l'*Evening Transcript* est si extraordinaire que l'on pourrait soupçonner Holland Day ou l'un de ses amis de l'avoir écrit. L'entourage du photographe comprend un grand nombre de critiques et d'artistes influents. En quoi les premiers dessins de Gibran sont-ils exceptionnels au point que Josephine Peabody affirme que leur auteur est un génie (elle cesse toutefois de le faire après sa dispute avec le jeune homme) ? Pourquoi suscitent-ils des critiques si élogieuses ? Selon moi, Gibran s'accorde parfaitement à l'air du temps. Il est difficile de savoir avec précision quelles influences il a absorbées au cours de son développement artistique, bien qu'il ne faille pas être grand clerc pour y voir la touche caractéristique des préraphaélites — surtout dans ses personnages féminins. L'aura propre aux peintres symbolistes comme Eugène Carrière, Maurice Denis, Odilon Redon et Gustave Moreau est tout aussi évidente dans ses œuvres, en particulier dans leur composition[21]. Les premiers dessins sont d'une facture plus ferme que ne le seront les œuvres réalisées plus tard, lorsque Gibran optera pour des contours et des formes plus floues. L'aspect que le critique de l'*Evening Transcript* qualifie de « métaphysique » est clairement perceptible dans les sujets choisis — têtes inspirées par le Christ, anges ailés, etc. —, mais cette dimension s'exprime aussi à travers une certaine mélancolie, comme si les dessins exprimaient quelque nostalgie du royaume transcendant auquel le poète fait allusion dans ses textes. L'artiste a en outre adopté une technique qui constitue un élément caractéristique de sa « manière » : il place à l'arrière-plan de ses dessins des figures féminines transparentes, pareilles à des ectoplasmes, afin de suggérer l'existence d'une autre dimension, surnaturelle[22]. Le tableau qui préfigure le plus précisément les œuvres de Gibran est « L'Amour des âmes » (1900), de Jean Delville, qui rappelle lui-même certains tableaux de William Blake, comme « The Reunion of the Soul and the Body » (la réunion de l'âme et du corps). La peinture de Delville allie la précision anatomique sculpturale de Rodin au symbolisme métaphysique. Cette association est typique dans les tableaux de Gibran à ce stade de sa carrière, ainsi que l'arrière-plan tourbillonnant inspiré par Carrière. Au début des années 1910, dans sa seconde période, ce sont les contours vaporeux de Carrière qui deviendront prédominants chez Gibran. L'une des conventions de l'époque, semble-t-il, consiste à recouvrir le sujet du tableau d'un voile de brume, symbole de l'accès incertain de l'esprit humain normal aux mondes surnaturels[23]. Gibran tentera constamment de transmettre dans ses œuvres le sentiment de l'existence de ces règnes transcendants.

Les dessins de Gibran sont davantage faits pour évoquer et inspirer que pour définir. Dans la même veine, Redon veut mettre « la logique du visible au service de l'invisible[24] ». Puvis de Chavannes, dont Gibran a sûrement admiré les murales à la bibliothèque publique de Boston, est lui aussi un maître des paysages déserts et étrangement silencieux, évocateurs de mystère. Les préraphaélites développent une technique consistant à créer une aura de mystère autour de groupes de personnages ou de figures, mais ce sont les symbolistes qui y ajoutent une touche inquiétante, voire macabre — allusion à ces autres royaumes que Gibran s'efforce sans aucun doute de capturer. Ses premiers dessins possèdent des qualités indéniables, mais parler de génie, ainsi que l'a fait Josephine, est un peu exagéré. Il semble aussi que Khalil se montre plus doué pour le dessin que pour la peinture.

Quelques peintres français dont les œuvres ont pu influencer le jeune Gibran se sont fait connaître grâce à un roman écrit en 1884 par Joris-Karl Huysmans, *À rebours*. Cet ouvrage extraordinaire, qui tient beaucoup plus de l'essai que du roman, se caractérise autant par un persiflage sournois sur la décadence que par une défense de ses causes. Il met en scène un homme d'une sensibilité morbide qui observe l'attitude distante des poètes symbolistes français et porte ensuite cette attitude à son accomplissement logique : il s'enferme dans sa maison et se consacre à la stimulation de ses sens, recourant, pour ce faire, à des moyens bizarres et décadents. En termes esthétiques, le mot « décadence » ne se rattache pas à un état de pourrissement et de corruption, mais à la poursuite de l'art pour l'art et à la dévotion aux théories du symbolisme — avec un soupçon de sybaritisme et d'amoralité, et en insistant sur l'individu plutôt que sur la masse. Le tout résulte d'un sentiment de désillusion devant la moralité prônée par les civilisations humaines. Une phrase d'un roman de Gabriele D'Annunzio résume parfaitement ce qu'est le héros décadent : « En abdiquant, la volonté a cédé son sceptre à l'instinct, et le sens moral a été remplacé par le sens esthétique[25]. » Toutefois, il existe aussi une phase de l'histoire de l'art (symbolisme tardif ou quasi-décadence) au cours de laquelle l'attitude distante et le relativisme absolu de l'artiste se diluent. La poésie et la peinture sont alors considérées comme porteuses d'importants messages de salut pour le commun des mortels, conception qui résume de façon précise les écrits, les dessins et les tableaux de Gibran. S'il faut cataloguer ce dernier, on peut dire qu'il est un symboliste ou un romantique tardif — en quoi il suit les traces de son mentor, Fred Holland Day.

Gibran a fait la connaissance de Josephine Peabody lors d'une exposition de photos de Fred Holland Day. Six ans plus tard (nous sommes en 1904), lors de l'exposition de ses propres œuvres au studio de Day, il rencontre une femme qui aura une influence encore plus durable sur sa vie. Fait amusant : le poète doit en quelque sorte cette rencontre à Josephine. Cette dernière a insisté pour que Lionel Marks, l'homme qui deviendra bientôt son époux, amène son amie Mary Haskell au studio. Cette femme riche, originaire de la Caroline du Sud, a trente ans. Elle a émigré au Nord pour étudier, puis elle y est restée afin d'aider sa sœur Louise (elle a cinq sœurs et quatre frères) à diriger une école privée à Boston. Lorsque Louise se marie, en 1903, Mary devient directrice de cet établissement scolaire. C'est une femme moderne à bien des égards ; elle est engagée dans le mouvement ouvrier des femmes et soutient l'Union radicale des travailleurs internationaux dans le monde. Elle parle couramment l'allemand, s'intéresse à l'art et à la littérature et participe aux réformes entreprises dans le domaine de l'éducation (Mary est une admiratrice de Montessori. C'est elle qui instaure la pratique des visites éducatives dans les musées). Elle tâte un peu de l'occultisme[26]. Lors des assemblées scolaires matinales, Mary discute aussi bien d'Emerson et de Wordsworth que de la Bible. Parmi ses amis, elle compte English Walling, le fondateur de la National Association for the Advancement of Colored People, qui défend les droits civiques des Noirs (« un esprit semblable à l'étoile polaire[27] ») et le compositeur Arthur Farwell. Sur plusieurs plans, Mary est tout à fait à l'opposé de Josephine. La première est plus matérialiste et plus pratique que la seconde ; elle dirige efficacement son école, dans les bons et les mauvais jours. Son attitude envers la nature est différente de la vision purement romantique qu'en a Josephine. Mary passe régulièrement ses étés au Sierra Club de Californie, où elle fait de l'alpinisme et participe à de rudes randonnées pédestres, marchant de quinze à vingt kilomètres par jour. Il lui arrive de temps en temps d'avoir un comportement que la bonne société qualifie d'inconvenant, par exemple quand elle fait de la vitesse au volant de son automobile ou quand elle se baigne nue dans des régions isolées. Elle manifeste une certaine réserve vis-à-vis de ses frères et sœurs et pense qu'elle n'a pas eu une enfance heureuse. Mary se sent souvent misérable, mais n'en parle pas. Elle envisage parfois le suicide[28].

Tandis que Mary flâne dans le studio, « un petit homme au teint sombre » s'approche d'elle et lui propose de lui expliquer les dessins exposés, qui sont, dit-il, lourdement chargés de symboles[29]. Elle le trouve intéressant. Quant à lui, il est certainement attiré par elle, peut-être pas sur le plan physique au premier abord (Mary n'est pas particulièrement jolie), mais parce que l'esprit de la jeune femme lui plaît[30]. Quelques années plus tard, il lui révélera qu'il était fatigué d'être le singe savant de la bonne société bostonienne, personnage curieux et exotique, et qu'il l'a aimée tout de suite car elle l'a traité en être humain, tout simplement, et parce qu'elle lui a prouvé son intérêt pour ses tableaux en lui posant des questions pertinentes[31]. Un autre signe de l'intérêt que Mary porte à l'art est qu'elle demande à Day de lui expliquer les peintures de Harris.

Gibran est-il un singe savant ? Oui, jusqu'à un certain point. Il est le protégé de Day et, grâce à Josephine, il a acquis la réputation d'être un génie. Lorsque ses visites à la jeune femme le mettent en présence d'autres personnes, il s'efforce tout de suite de leur plaire en esquissant leur portrait. Il est alors invité dans d'autres demeures, où l'on s'attend à récolter d'autres esquisses. Peut-être lui paie-t-on certains de ces portraits. En fait, Khalil est une version masculine de la Lily Bart d'Edith Wharton, dans *The House of Mirth*, qui exploite d'abord son talent pour se faire une place dans la société, ensuite pour la garder. Les deux personnages, Lily et Khalil, arrivent à se faire accepter des Bostoniens, malgré la répugnance que ces derniers éprouvent à l'égard des étrangers. Santayana nous a laissé une description amusée d'un salon bostonien de l'époque. C'est dans ce milieu qu'il nous faut imaginer Gibran, la tête penchée sur sa feuille de dessin, silencieux, écoutant d'une oreille les bavardages futiles, s'imbibant de l'atmosphère stérile du lieu…

> La pièce était remplie de petits sofas, de petits fauteuils, de petites tables, de plantes s'épanouissant dans des pots de porcelaine, de fleurs se pavanant dans des vases de cristal taillé, de photos aux cadres d'argent, de corbeilles à ouvrage, de coussins, de tabourets, de livres et de magazines ; les murs étaient une mosaïque d'objets décoratifs sans intérêt […], d'étagères encombrées d'un bric-à-brac sans valeur […], d'aquarelles de second ordre, d'estampes sentimentales et de miroirs inclinés dans des encadrements tape-à-l'œil[32].

En se décrivant, en 1922, comme un singe savant, Gibran fait montre d'une bonne dose de sagesse rétrospective. À l'époque où il évolue dans la bonne société bostonienne, rien ne laisse croire qu'il s'y sent humilié ou sous-estimé, ni qu'il y ressent la moindre gêne. Au contraire, il est flatté et considère ce qui lui arrive comme un bon moyen de sortir de son quartier pauvre. Une possibilité lui est donnée de développer son potentiel artistique et de ne plus avoir à travailler comme une bête de somme. Il saisit à deux mains l'occasion que lui offrent Josephine et Fred Holland Day. Sans doute se dit-il alors que ses talents sont enfin reconnus. Bien des années plus tard, il avouera à Mary qu'il était plutôt fier de lui à cette époque[33].

Josephine Peabody suscite la naissance de l'entité « Elle », et peut-être est-elle réellement cette entité. Elle présente Khalil à des amis influents qu'il a intérêt à connaître. La jeune femme manifeste à l'artiste une franche admiration pour son travail, ce qui lui donne assez de confiance en lui-même pour poursuivre son œuvre et la peaufiner. Josephine est en outre la bénéficiaire de son amour. Et, finalement, c'est à elle qu'il doit de connaître Mary Haskell. Le 30 mai 1906, trois semaines avant le mariage de Josephine et de Lionel Marks, Gibran envoie à la jeune mariée, en guise de cadeau d'adieu, un petit mot dans lequel il cite un verset de la *Genèse*. Il compare l'influence que la jeune femme a eue sur son existence à celle que Dieu a exercée sur l'univers au moment de la création. En dépit de l'exagération enthousiaste qui la teinte, l'image n'est pas inappropriée. Gibran dira de Josephine qu'elle a été la mère de son âme. Elle a créé en lui une vie émotive intense et lui a ainsi permis de vivre en artiste et de se sentir tel pour le reste de sa vie. Sans doute, si elle n'avait pas été là, quelqu'un d'autre aurait joué ce rôle. Mais elle était là. En reconnaissant son importance, Gibran nous offre un témoignage touchant et inhabituel de modestie — une modestie qui diffère de l'arrogance prophétique qui va caractériser une grande partie de sa relation avec Mary Haskell.

5 | LA VILLE LUMIÈRE

Malgré les déclarations ultérieures de Gibran, il semble que Mary Haskell ne l'impressionne pas outre mesure lors de leurs premières rencontres. Il faut dire que celles-ci sont d'ordre purement pratique. Une fois les œuvres de l'artiste décrochées des murs de l'atelier de Fred Holland Day, Mary invite Gibran à les exposer dans son école, au 314, Marlborough Street. La première inscription dans le journal de la jeune femme, datée du 14 mai 1904, est laconique : « Voir M. Gibran à propos des tableaux. » L'exposition commence le 17 mai et dure une semaine. C'est loin d'être un succès : aucun dessin n'est vendu. Mais l'événement permet à Khalil et à Mary de faire plus ample connaissance. Le 21 mai, le cérémonieux « M. Gibran » disparaît du journal de Mary au profit de « K. » et, le 4 juin, de « Khalil ». Le 29, ils semblent en excellents termes : « Khalil et moi avons fabriqué un paravent pour la cuisine avec de la jute et un séchoir à linge. »

Khalil partage son temps entre ses tâches à l'atelier de Day et ses visites à Josephine et à sa nouvelle amie. Josephine broie du noir : elle a commencé l'année la tête pleine de projets — poèmes et pièces de théâtre —, mais elle est trop prise par les soucis quotidiens pour les mener à bonne fin. Le découragement de la jeune femme, associé à la mélancolie naturelle de Gibran, ne facilite pas la poursuite d'une relation qui, de difficile, devient parfois conflictuelle. Mais Khalil continue à séduire Mary et son cercle d'amis grâce à son talent de dessinateur : il fait des portraits avec une aisance qui les impressionne, esquisse des figures symboliques. À cette époque, il séjourne quelques semaines au bord de la mer, à Five Islands, dans le Maine, où Day possède une maison d'été. Il arrive aussi à Khalil de rester chez lui mais, une fois de plus, on sait très peu de chose sur ses occupations familiales. Mariana et lui se sont installés au 35, Edinboro Street — dans une autre maison à appartements du quartier multilingue du South End. Mariana gagne toujours un salaire dérisoire dans son atelier de couture, mais rien ne permet de supposer que Khalil ramène de l'argent à la maison. Il n'est pas impossible que Fred Holland Day lui vienne en aide sur le plan financier. Gibran n'est cependant pas désœuvré : il remplit ses carnets de croquis et d'esquisses et écrit ses premiers poèmes en vers et en prose — ceux-là même qui auront un si profond impact sur la littérature arabe. Bien qu'il continue à dessiner, la poésie prend autant de place dans sa vie que l'art pictural. Il a trouvé un nouveau moyen d'expression.

Comme nous l'avons vu au chapitre précédent, Gibran a commencé à collaborer au journal arabe *El-Mouhajir*, édité à New York. Ses articles — d'abord occasionnels, puis réguliers — sont très prisés des lecteurs et lui apportent une certaine notoriété. Dans leur biographie, Jean et Khalil Gibran ont mis le doigt sur l'une des raisons de l'attrait que leur parent exerce sur le public :

> Ses quatre années de collège à Beyrouth n'ont pas été suffisantes pour qu'il puisse parfaire son écriture en arabe [...]. Lorsqu'il voulait exprimer ses pensées par écrit, il devait faire appel à des phrases et à des expressions essentiellement paysannes. Étant donné sa grande ignorance du vocabulaire et de la syntaxe de l'arabe classique, il a dû élaborer un style reflétant le langage quotidien entendu lorsqu'il était enfant à Bcharré, puis dans le quartier syrien du South End de Boston. C'est cet idiome familier, résultat de l'isolement beaucoup plus que d'une intention délibérée, qui a séduit des milliers d'immigrants arabes[1].

D'autres aspects du style de Gibran sont loin d'être aussi naïfs. Grâce à ses lectures, le poète a approfondi aussi bien la littérature arabe que celle de l'Occident. De la première, il a tiré un certain nombre d'influences, comme nous l'avons indiqué dans les chapitres précédents.

Les deux biographes ne se trompent pas lorsqu'ils soulignent l'attrait singulier que Gibran exerce sur le grand public. Il faut cependant ajouter que, si cet engouement est suscité par la simplicité de ses idées et par son style franc et direct, il est également dû au fait que Gibran est — selon l'expression consacrée — « celui qui arrive au bon endroit, au bon moment». Si le romantisme est encore en gestation dans la littérature arabe — il se développera grâce à des écrivains comme Francis Marrash —, c'est Gibran qui est l'un des premiers à le faire connaître. Pour être apprécié du grand public, un créateur doit pouvoir rejoindre une large audience, et c'est, de façon indéniable, le cas de Gibran. Le fait que les journaux arabes occupent une place importante aux États-Unis joue également en sa faveur. La plupart de ces publications circulent largement dans le pays et exercent une influence déterminante sur le jugement que les immigrants portent sur l'Amérique et sur leur pays d'origine. Dans ce cadre neuf, les immigrants syriens sont prêts à s'ouvrir à de nouvelles idées et à de nouveaux moyens d'expression. Gibran leur offre les unes et les autres.

Quelques-uns de ces journaux, dont la vocation est d'être au service d'intérêts politiques ou religieux, ont une existence éphémère en raison du bassin trop réduit de lecteurs auxquels ils s'adressent. D'autres tiennent le coup pendant une demi-douzaine d'années ou plus, en dépit de leur contenu assez intellectuel. Gibran collabore régulièrement à *El-Moujahir*, mais ses articles sont également publiés par *Mirat el-Gharb* (*Le Miroir de l'Ouest*) et, plus tard, par *El-Founoun* (*Les Arts*, 1913-1919) et *Es-Saih* (*Le Voyageur*, 1912-1931). Mais l'assimilation croissante de la population immigrante en Amérique et le fait que la nouvelle génération parle l'anglais vont générer une nouvelle demande. C'est ainsi que *The Syrian World* voit le jour en 1926 et sera publié jusqu'en 1932. Nous y reviendrons plus tard, car Gibran a fortement contribué à la création de ce journal.

Les journaux et revues que nous venons de citer ne représentent que la pointe de l'iceberg que constituent les publications en langue arabe, mais cette pointe est très visible. Entre 1890 et 1940, les Syriens de New York publient cinquante et un périodiques différents. Pour la communauté immigrante arabe, les éditeurs d'un journal très prisé comme *El-Hoda*, fondé en 1898 par Naoum et Salloum Mokarzel, possèdent un grand prestige et une autorité indéniable. Chaque numéro contient des nouvelles de la mère patrie et de la terre d'accueil, des récits relatant les succès spectaculaires obtenus par quelques immigrants, des articles de fond, beaucoup de publicité et une rubrique littéraire. Les éditoriaux offrent souvent des conseils aux immigrants en matière d'assimilation et défendent la cause de l'indépendance du monde arabe. Ils lancent des écrivains comme Khalil Gibran, Amin Rihani, Nasib Arida, Mikhaël Nouaymé et Abd El-Masih Haddad. Mis à part Gibran, aucun de ces auteurs ne parviendra à la renommée internationale.

Josephine reste de loin la personne la plus importante dans la vie de Khalil. C'est à elle qu'il fait lire ses premiers poèmes et qu'il explique le message qu'il veut faire passer dans ses poésies arabes. C'est elle qui guide ses premiers pas dans la rédaction en anglais. On a retrouvé, dans les papiers de la jeune femme, archivés à la bibliothèque de l'université Harvard, l'un des premiers textes en prose du poète. Il date probablement de 1904, et commence ainsi :

> C'est là que j'ai entendu de grandes ailes invisibles battre vers moi.
> Et quand j'ai levé les yeux, je t'ai vue debout devant moi, comme un cèdre de Dieu au Liban.
> Je te connaissais grâce à la lumière de tes yeux et au sourire maternel de tes lèvres.
> Tu m'as béni d'un effleurement et tu as chuchoté ces mots à mon âme :
> « Suis-moi, enfant, je suis ton guide ;
> Je te révélerai ce que le chagrin recèle. »

Le 13 septembre, Gibran envoie une lettre assez angoissée à Josephine. Il est, dit-il, submergé par un océan de problèmes matériels. Mais quels que soient ces derniers, il en semble suffisamment délivré à la mi-novembre pour être en mesure d'affronter avec sérénité une tragédie beaucoup plus grave. Dans la soirée du 11 novembre, un vendredi, le Harcourt Studios, immeuble qui abrite les ateliers de Fred Holland Day et d'une quarantaine d'artistes, est la proie des flammes. L'incendie est dévastateur. Les dégâts sont évalués à environ 200 000 $. Une grande quantité d'œuvres sont détruites. Day en perd un nombre considérable, comprenant non seulement ses propres créations mais des tableaux de Beardsley. Ce désastre précipite sans doute son déclin et son retrait du monde. Pour Gibran, qui a toujours laissé son portfolio chez Day plutôt que de le ramener dans son appartement misérable, la perte est irréparable. Toute son œuvre, mises à part les quelques esquisses vendues ou offertes à des amis, est dévorée par le feu.

Le lundi suivant, en réponse à un petit mot de Josephine (qui était hors de la ville au moment du sinistre), Gibran écrit :

> Oui, bien-aimée, les années du labeur de l'Amour sont perdues. Et, vous savez, Elle est arrivée samedi soir et [...] combien de choses désolantes elle m'a dites. Ne soyez pas triste, bien-aimée, car il doit y avoir une belle raison inconnue derrière tout cela.

Il est manifestement satisfait de sa phraséologie car, le lendemain, il écrit à Mary dans des termes à peu près similaires[2] — sans, bien sûr, faire allusion à « Elle », l'entité dont Josephine est l'intermédiaire. Le petit mot que nous venons de citer est rehaussé d'une esquisse dans la marge de gauche. On y voit de la fumée s'élever d'un tas de charbon et une main, la paume tournée vers le bas, sortir d'un nuage pour recueillir cette fumée. La force morale émanant de ce courrier rassure Josephine ; elle voit dans cette détermination des raisons d'espérer. Elle écrit dans son journal : « Après tout, la certitude la plus glorieuse que nous puissions avoir [...] n'est-elle pas de se dire que l'on renaît et que l'on s'élève, dans un chant, au-dessus de la mort et des cendres d'un vieux moi[3]. » En fait, cette réflexion est proche du regard que Gibran portera, plus tard, sur cet incendie : le chagrin de son entourage, dira-t-il, l'a amené à croire qu'il avait un certain talent, et cette certitude lui a donné l'impulsion nécessaire pour créer d'autres œuvres et s'efforcer d'améliorer son art[4].

Dans un mot adressé à Mary, Gibran lui dit qu'il souhaite lui rendre visite. En fait, il n'ira chez elle qu'en octobre 1905, à une époque où il se sentira délaissé, Josephine lui ayant plus ou moins retiré son affection depuis qu'elle s'est éprise de Lionel Marks. Dès lors, il cesse pratiquement d'être présent dans les carnets et le journal de la jeune femme, sauf lorsque qu'elle y rapporte une de ses visites. Le jour de l'anniversaire de Josephine, le 30 mai, Gibran lui offre un présent, mais ce dernier n'a peut-être d'autre but que de marquer la fin de leur amitié à caractère amoureux. Il s'agit d'une nouvelle calligraphiée en caractères arabes. Les marges des feuillets sont rehaussées de motifs aux riches couleurs.

Lorsqu'il revoit Mary en octobre, Gibran lui parle de ses récents travaux. Il n'est pas seulement devenu un collaborateur régulier d'*El-Moujahir*, mais le journal a publié une courte monographie qu'il a écrite — une douzaine de pages — sur la musique. À la suite d'une préface dans laquelle il compare une conversation avec un être aimé à un morceau de musique, Gibran souligne de façon lapidaire et sans grande érudition l'importance de la musique dans les anciennes cultures, s'attardant davantage à quatre modes persans particuliers. L'essai se termine par une injonction au lecteur, à qui il demande de vénérer les compositeurs anciens et modernes, d'Orphée à Mozart. Le ton général du texte est nostalgique et mélancolique. Nadim Nouaymé, le neveu de Mikhaël, déclare que « Le Gibran révélé [par ce petit livre] est un sentimental au style fleuri ». Puis il traduit de l'arabe un court extrait dans lequel Gibran s'adresse directement à la musique :

> Ô toi, vin du cœur qui élève le buveur aux sommets du monde de l'imagination ; vous, vagues éthérées, porteuses des fantômes de l'âme ; et toi, océan de sensibilité et de tendresse, à tes vagues nous prêtons nos âmes et à tes profondeurs les plus insondables nous confions nos cœurs. Porte ces cœurs loin du monde de la matière et montre-nous ce qui est caché au plus profond du monde de l'inconnu.

Ainsi que le résume Hawi : « Sa description de la musique est si vague que l'on pourrait tout aussi bien l'appliquer à la poésie, à l'amour ou à tout autre sujet porteur d'émotion[5] ». En publiant le texte du jeune Khalil Gibran, Amin Goryeb montre qu'il se fait un devoir d'encourager la révolution romantique. L'essai témoigne, aussi clairement que d'autres écrits de la même période, de l'engagement de Gibran à la cause que Day l'a invité à épouser.

Au cours de l'hiver 1905-1906, le poète rend occasionnellement visite à Josephine et à Mary. Aucune des deux femmes ne se montre particulièrement accueillante, mais il a d'autres préoccupations. Il travaille avec acharnement afin de combler le vide laissé par l'incendie du Harcourt. En février, la nouvelle des fiançailles de Josephine et de Lionel Marks commence à se répandre. D'autre part, la carrière de la jeune femme prend un tournant favorable lorsque sa pièce, *Wings*, appel fervent à l'émancipation des femmes, est encensée tant par le public que par les critiques. Lionel et Josephine convolent le 21 juin. Gibran ne peut que ressentir un certain dépit : ce transfert d'affection sur un autre homme l'a blessé. Il est cependant faux de dire qu'il ne répond pas lorsque Josephine l'invite à son mariage. Le 20 juin, il lui fait part, par écrit, de son regret de ne pouvoir assister à la cérémonie nuptiale. Mais il promet à sa « marraine », dans son style fleuri habituel, de penser à elle et à son époux. On ignore s'il leur fait parvenir un présent. Josephine lui répond, comme à tous ses amis bostoniens, durant son voyage de noces en Europe. Khalil ne bronche pas. La jeune mariée est si étonnée qu'elle envoie un mot à Fred Holland Day pour s'enquérir du motif de ce silence. En dépit de la force de caractère dont ses écrits témoignent, Gibran reste immature et peu sûr de lui sur le plan émotionnel.

Josephine est donc définitivement sortie de la vie de Khalil. Après le mariage de la jeune femme, il ne lui écrira plus que deux petits mots, et il s'en tiendra là[6]. D'autre part, Mary n'occupe pas encore une place particulière dans sa vie : il semble qu'ils ne se rencontrent que deux fois en 1905, et pas du tout en 1906. Mais l'ami Day reste fidèle, comme il l'est envers tous ceux qui l'entourent, et Khalil a d'autres fréquentations masculines[7]. Il se languit cependant d'une présence féminine. Il a besoin d'une « Elle » dans sa vie.

En annexe à une édition de la biographie des Gibran, on trouve une révélation assez piquante. Après la première parution de leur livre, en 1974, les auteurs reçoivent un coup de fil tout à fait inattendu. C'est une dame, qui leur apprend que Khalil Gibran a eu une liaison avec sa tante, Gertrude Barrie. À la suite de cette conversation, la dame met à leur disposition soixante-six lettres que Gibran a écrites à Gertrude, « pianiste, féministe et amante ». Ces documents nous révèlent que Gertrude, femme très libérée, a eu beaucoup d'amants. Malheureusement, les Gibran n'offrent au lecteur qu'un simple coup d'œil sur la relation de Khalil avec cette femme mystérieuse : ils ne reproduisent que d'infimes extraits de cette correspondance. En ce qui me concerne, ils ne m'ont même pas autorisé à en prendre connaissance — pas plus qu'ils ne m'ont offert la possibilité d'examiner les archives qui sont en leur possession[8].

Gertrude Barrie est une pianiste de concert qui n'a pas réussi à faire carrière et gagne sa vie en donnant des leçons de piano. La rencontre a lieu en 1906, par l'intermédiaire d'un ami commun, Salim Sarkis, qui est traducteur et, pendant un certain temps, rédacteur au *Mirat el-Gharb* de New York. En 1908, sur un ton assez leste, Sarkis écrit à Barrie : « Lorsque j'ai voulu vous donner un exemple de l'homme syrien, je vous ai présenté Gibran. Je ne le regrette pas. Et vous ? » La liaison — car c'en est certainement une, dans toute l'acception sexuelle du terme — dure au moins deux ans. Gibran écrit à Gertrude lors de son séjour à Paris. Le ton des lettres est tout à fait familier et passablement érotique. Il affirme que son propre corps est l'« esclave de sa passion ». Il dit à Gertrude qu'elle est « mauvaise » et « diabolique ». Le studio de la jeune femme ne se trouve qu'à quelques minutes du ghetto syrien. Il est clair, si l'on en juge par les lettres de Gibran, qu'il a souvent passé la soirée et une partie de la nuit chez sa maîtresse. Pour signaler sa présence et sa disponibilité, cette dernière laissait une lampe allumée dans un angle de la fenêtre.

Lorsqu'il rentre à Boston après ses deux années parisiennes, Khalil comprend que l'aventure est terminée. Les deux amants resteront néanmoins amis jusqu'au mariage de Gertrude, en 1922. Quelques missives conservées par les Gibran datent d'une époque bien ultérieure à la fin de la liaison. Il existe par ailleurs une lettre provenant d'un certain D. Weston Eliot, daté de mars 1919, dans lequel ce dernier « espère que Mlle Barrie » acceptera de servir d'intermédiaire entre lui et Gibran, ce qui leur permettra de renouer avec une amitié commencée quinze ans plus tôt. La pianiste et le poète restent donc en très bons termes et maintiennent des rapports affectueux, bien que moins intimes, pendant de nombreuses années.

Tout comme Josephine et Mary, Gertrude a quelques années de plus que Gibran. Le rôle qu'elle joue dans la vie de ce dernier est d'ordre sexuel et affectif. La pianiste n'est pas un être éthéré apte à nourrir les aspirations romantiques d'un poète, mais une femme sensuelle et disponible. Les amants ne parlent pas de mariage, ni même de liaison plus sérieuse : ils prennent plaisir à être ensemble, c'est tout. L'aventure n'est toutefois pas sans problème : alors qu'il écrit des textes particulièrement exaltés sur la noblesse de l'amour spirituel, Khalil est engagé dans une aventure très terrestre. Le tension entre le mythe et l'homme s'exacerbe. La personnalité que Gibran présente depuis quelque temps au monde est celle d'un être délicat, détaché des contingences terrestres. Cette image n'a rien de commun avec celle d'un homme engagé dans une aventure charnelle. Mais le public se fie aux apparences. La liaison reste secrète et ne sera connue que soixante-dix ans plus tard.

Gibran est donc, dans cette seconde moitié de l'année 1906, plein d'entrain et de vivacité. Il a une jolie maîtresse, se délecte de sa mission naissante de prophète populaire. Il commence à bâtir son œuvre. Khalil n'a ressenti qu'un léger pincement au cœur lorsque Josephine est sortie de sa vie. Il s'est alors immergé dans le travail, s'interrompant de temps à autre pour aller se blottir contre la chair douce et tendre d'une femme accueillante. Il envoie des articles aux journaux auxquels il collabore. Il vient en outre de publier *Les Nymphes des vallées*. L'écrivain continue à dépendre financièrement de sa sœur, mais il est bien déterminé à gagner sa vie avec sa plume et son matériel à dessin. Quelques années plus tard, Mariana rappellera humblement le rôle crucial qu'elle a joué dans la vie de son frère à cette époque, cuisinant pour lui et entretenant la maison afin qu'il puisse disposer de tout son temps pour écrire, dessiner et explorer ce monde extérieur qui lui fait si peur à elle, immigrante pauvre qui n'a pas encore appris à parler et à lire la langue du pays.

Le nom de Gibran est connu et vénéré dans les quartiers syriens. Son influence est telle que, à une époque où des troubles éclatent entre les communautés maronite et orthodoxe, *El-Moujahir* imprime en première page du journal un dessin de Khalil représentant un ange qui tend les mains aux deux factions rivales. Les esprits s'apaisent. *El-Mouhajir* publie aussi un article de Amin Rihani, jeune écrivain immigré très respecté de ses compatriotes. Rihani fustige les deux groupes religieux et déclare que leurs problèmes sont causés par la dépendance du peuple à l'égard du clergé et de l'Église. Dans les années qui vont suivre, Gibran et Rihani se lieront plus étroitement.

Pendant ce temps, Mary traverse une crise spirituelle qui va la rendre tout à fait réceptive à la personnalité que Gibran s'est forgée. Deux événements président à l'amitié qui va naître. Au cours de l'été 1906, Mary redécouvre Dieu. Elle n'est pas attirée par l'Église et le culte, mais la présence de Dieu dans sa vie lui est nécessaire. En octobre, Sarah Armstrong, sa protectrice bien-aimée, quitte ce monde. Mary en est profondément affectée. Elle ne cesse de relire les lettres de Sarah, parle d'elle dans ses cahiers intimes, qu'elle feuillette pour y retrouver des souvenirs du passé. Elle tente même d'entrer en contact avec la défunte par le truchement de procédés ésotériques, mais sans succès.

Mary a un large cercle d'amis et de connaissances. Parmi eux, deux personnes vont jouer un rôle important dans le réseau de relations quelque peu emmêlé et incestueux dans lequel Gibran se prépare à entrer. La première, Charlotte Teller, vient d'une famille influente du Colorado. Son père, James B. Teller, occupera un jour la fonction de procureur général de l'État. Son oncle, Henry, est un sénateur réputé et respecté. Charlotte est l'incarnation de la femme moderne. Elle vit à New York et veut devenir un écrivain célèbre. La dramaturgie l'intéresse tout particulièrement. Charlotte rédige des articles pour des journaux et des magazines et a publié des romans sous son nom ou sous le pseudonyme de John Brangwyn. Elle a quitté son mari en 1904, a repris son nom de jeune fille, et s'est engagée dans la cause de l'émancipation des femmes. C'est une jeune femme vive et extravertie. Un charme sensuel émane de sa personne. Elle professe un intérêt certain pour la théosophie. Elle a quelques années de moins que Mary. Les conversations des deux amies sont animées, elles échangent des lettres un peu folles, où elles s'adonnent à des commérages pleins d'esprit. Leur amitié ressemble parfois à celle de deux camarades de classe. Il arrive que Charlotte reste à dormir chez Mary lorsqu'elle séjourne à Boston. On peut imaginer les deux jeunes femmes, dans le lit de l'hôtesse, discutant passionnément une partie de la nuit[9]. Il faut ajouter que Mary apporte une aide financière à Charlotte, qui tente de faire carrière comme auteur dramatique.

Le dernier membre de ce trio de femmes remarquables — qui jouera bientôt un rôle de premier plan dans la vie de Gibran — s'appelle Émilie Michel ou, plus familièrement, Micheline. Cette jeune femme ravissante, aux cheveux sombres, enseigne le français à l'école de Mary. On en sait très peu sur elle, si ce n'est qu'elle veut devenir actrice et que Gibran lui a probablement dédié *Les Esprits rebelles*[10]. Si l'on en juge par les esquisses de Khalil, elle est très belle. Micheline est née dans une famille pauvre. Elle sera bientôt atteinte d'une grave maladie qui la paralysera et l'emportera en 1931. Un jour, Mary déclare que Micheline « s'empare inévitablement du cœur des hommes ». On peut dire que la métaphore donne vie au personnage[11] ! Micheline est entrée à la Haskell-Dean School au début de l'année scolaire 1906 et n'a pas tardé à devenir la préférée non seulement des élèves, mais de la directrice.

C'est à cette époque que, de façon plutôt soudaine, Gibran surgit à nouveau dans la vie de Mary[12]. Il apparaît le 6 janvier 1907 à l'heure du thé, et s'attarde jusqu'à dix heures quinze, ainsi que l'écrit Mary dans un agenda. Le fait que ce soit le jour de l'anniversaire de Khalil n'est sans doute pas une coïncidence : Mary et lui ont dû se rencontrer un peu avant et une invitation en bonne et due forme a été lancée. Khalil offre à Mary un exemplaire des *Nymphes des vallées* (qu'elle ne peut lire, bien sûr, puisqu'il est écrit en arabe) et — soulignant ainsi le fait qu'elle est plus âgée que lui[13] —, écrit sur la page de garde : « Avec l'amitié d'un enfant vigoureux, à Mary Elizabeth Haskell. Khalil ». Comme d'habitude, il fait des esquisses tout en conversant. C'est ainsi qu'il signe ses visites aux membres de la société bostonienne.

Cette nouvelle rencontre ne rapproche pas davantage Khalil et Mary. Ce dernier ne revient d'ailleurs chez Mlle Haskell que onze mois plus tard, le 7 décembre. Il est cette fois invité à dîner. C'est ce jour-là qu'il fait son autoportrait, utilisant pour ce faire le miroir du bureau de Mary. Ils se sont donc vus par intermittence pendant trois ans et demi, sans qu'apparaisse jamais aucun signe d'intimité entre eux. Si Mary a manifesté un intérêt poli pour le jeune homme talentueux de quelques années son cadet, cela n'a pas été plus loin. Un autre type de relation commence à se dessiner au mois de janvier. Nous sommes en 1908, une année décisive pour Gibran. Le catalyseur de ce changement est l'attirance que ressent Gibran pour les deux amies de Mary, en particulier Micheline. Les deux jeunes gens s'entendent si bien que Mary est inévitablement soumise au pouvoir magnétique de leur amitié. Et lorsque cette amitié se transforme en amour, elle baigne avec bonheur dans la chaleur de cette passion naissante.

Le 19 janvier, Mary invite Khalil à un dîner en tête-à-tête. Plus tard, elle parle de lui à Charlotte. La New-Yorkaise séjourne à ce moment à Boston, sans doute pour une période assez longue. Mary a présenté Charlotte à Khalil le 27 du même mois. L'artiste fait bien sûr un portrait de la jeune femme, lequel est très réussi. Comme ils se découvrent un intérêt commun pour le symbolisme et l'occultisme, ils sont sur la même longueur d'onde. Trois jours plus tard, Mary invite à nouveau Khalil, cette fois avec deux personnes qu'il connaît bien, Josephine et Lionel Marks. La soirée est plutôt languissante. Si l'on en juge par une inscription dans un carnet intime de Josephine, Gibran fait la tête. Mary ne renouvelle pas l'expérience. En fait, elle commence à s'éloigner de la haute société littéraire dont font partie les Marks — tout comme Gibran se détache de Fred Holland Day. Cette séparation n'est pas entièrement due à Khalil, dans la mesure où Day, comme nous l'avons déjà souligné, se retire progressivement du monde. Mais Gibran se dit peut-être que son avenir est plus assuré sous la protection de ses nouvelles amies. Peut-être se dit-il aussi que Day n'a plus rien à lui offrir.

Si Gibran a parfois l'intuition que son avenir est du côté de Mary, le mois de février lui prouve qu'il ne se trompe pas. En fait, la réalité dépasse ses rêves les plus fous. Tout commence sur une note très positive. Le dimanche 2 février, Mary lui écrit pour lui proposer de venir à l'école au moins une fois par semaine pour y faire des croquis d'après un modèle. Toujours ouverte à de nouvelles méthodes éducatives, elle a exposé à l'école des filles certains des dessins de Khalil, dont le portrait de Charlotte. Elle souhaite maintenant qu'il dessine devant les élèves. Ces dernières verront ainsi un artiste au travail. La personne qu'elle choisit comme premier modèle est Micheline. Le portrait n'est pas une réussite. Gibran retourne à l'école quatre fois au cours du même mois, et esquisse à nouveau le portrait de Micheline. Selon Mary, cet intermède artistique entre les cours est très enrichissant pour ses petites élèves. Elle raffole du tableau du 11 février, qui représente Micheline lisant de la poésie française aux jeunes filles. Elle le qualifie d'« exquis ». Des événements ultérieurs démontreront qu'un courant d'ordre sexuel passe entre l'artiste et le modèle. Quant à Charlotte, elle pose de nouveau pour Khalil lors d'un autre séjour à Boston. Ils s'entendent toujours aussi bien. Peut-être reprennent-ils même la discussion commencée en janvier sur la réincarnation. Charlotte, que sa nature attire vers le mysticisme, partage cette croyance avec Khalil. Elle écrit à Mary : « Il me fait l'effet d'être un frère d'une autre époque — et si j'étais souvent avec lui, je me rappellerais des scènes de la vie égyptienne, époque à laquelle je suis sûre d'avoir vécu[14]. » Pour sa part, Khalil dit à Mary qu'il a l'impression d'avoir connu Charlotte au cours de l'une de ses vies antérieures. Il ajoute qu'elle trouble ses pensées[15].

Comme Josephine, Mary apprécie les talents de Khalil et l'encourage à les cultiver. Gibran a l'art de provoquer ce genre d'émotion chez ses amies plus âgées. Contrairement à Josephine, Mary a toutefois les moyens de mener ses projets à bonne fin. Il ne fait aucun doute qu'elle rétribue les visites de Gibran à l'école. Elle lui écrit, en date du 22 février, pour lui offrir d'acheter deux de ses dessins pour la somme de cent dollars. Mais, plus important encore, elle lui offre de prendre en charge un séjour d'un an à Paris, où il pourrait fréquenter une école d'art. Gibran est au septième ciel. Il garde le secret sur cette proposition, mais il en informe tout de même Mariana et Amin Goryeb. Il écrit à ce dernier pour lui dire qu'il considère cette chance comme le commencement d'un nouveau chapitre dans l'histoire de sa vie. Il ajoute que Mary est l'« ange féminin » qui trace sa route vers le succès intellectuel et financier. Un jour, Goryeb lui a fait clairement comprendre que son avenir était à New York. À quoi Gibran a répondu que la présence d'un « ange féminin » le retenait à Boston. Lorsque le départ pour Paris se précise, il promet à Goryeb de continuer à collaborer à *El-Mouhajir*, où qu'il soit — et ajoute qu'il écrira probablement mieux encore à Paris qu'à Boston : la Ville lumière l'inspirera.

Mary succède donc à Josephine en tant que protectrice de Gibran. Dès lors, il n'est pas surprenant que ce dernier lui applique désormais les épithètes qu'il réservait auparavant à Josephine : Mary devient, entre autres, « la mère de son cœur[16] ». Il faut cependant souligner que, jusqu'à son départ pour Paris, en juillet, rien ne permet de supposer qu'il est amoureux d'elle, ni elle de lui. Il lui écrit avec affection, reconnaît la dette énorme qu'il a déjà contractée envers elle. En fait, il la traite comme une mère, ou, du moins, comme une personne en qui il a entièrement confiance et à qui il peut dire ce qu'il pense et ce qu'il vit. Dans une lettre du 25 mars 1908, par exemple, il lui apprend qu'il a rêvé du Christ la nuit précédente. Ce n'est pas le genre de rêve que l'on révèle à tout le monde, mais il sait que Mary ne se moquera pas de lui et ne mettra pas ses paroles en doute. Tout ce à quoi il s'intéresse devient extrêmement important pour elle. Elle lui propose d'être son agent artistique pendant son séjour à Paris : il lui enverra des dessins, qu'elle s'efforcera de vendre à un bon prix. En ce qui la concerne, elle dit éprouver un « sentiment de camaraderie » envers Gibran, ajoutant qu'elle est heureuse qu'il ne se sente plus obligé de parler de « choses ailées » lorsqu'ils sont ensemble. Il est détendu, se comporte comme un être humain normal.

Si Mary est amoureuse de Gibran à l'époque, sa conduite peut être qualifiée d'extrêmement ambiguë. Car il ne fait aucun doute qu'elle le pousse gentiment dans les bras de Micheline. En dépit de la présence secrète de Gertrude Barrie dans la vie du poète, celui-ci réagit avec un certain empressement. Il ne se contente pas, pendant tout le mois de mars, de dessiner Micheline devant les élèves, mais il se rend seul à l'appartement de la jeune femme. À plusieurs reprises, le trio dîne ensemble chez l'une des deux femmes. Celle qui a été « mademoiselle » dans le journal de Mary, est devenue « Micheline », tout simplement. La relation qui s'établit entre les deux femmes n'est plus celle qu'entretiennent une directrice d'école et une enseignante, mais plutôt celle qui existe entre deux amies. Elles font toutes deux partie d'un groupe qui se réunit jusque tard dans la nuit pour discuter philosophie et théosophie et pour refaire le monde. Tandis que Gibran, tout en dessinant, leur raconte des histoires ayant pour théâtre sa lointaine et exotique Syrie...

Les mois de mars et d'avril se déroulent sensiblement sur le même mode et dans la même ambiance. Gibran continue à imaginer ses dessins symboliques habituels. Il fait le portrait des amis de Mary et, le 24 avril, pour la première fois, celui de Mary elle-même. Ce jour-là, Mariana accompagne son frère. Mary les a invités à dîner. La sœur de Khalil est contente de faire la connaissance de leur bienfaitrice. Les mêmes schémas se reproduisent : tout comme l'a fait Josephine, Mary présente Khalil à ses proches. Il est devenu son protégé et elle l'exhibe devant ses amis avec la fierté d'une mère poule promenant sa progéniture. En échange, il lui adresse ce type de lettres qui n'appartiennent qu'à lui, débordantes de reconnaissance. Il lui donne des exemplaires de ses livres, dont *Les Esprits rebelles*, publié en mars.

La mère poule ne se contente pas de veiller sur l'enfant syrien, elle encourage aussi la relation amoureuse qui se développe entre lui et Micheline. Lorsque Gibran se montre timide, elle le force à embrasser la jeune femme ; elle observe les angoisses et les extases de cet amour naissant. Le 19 mai, ils traversent « un bien mauvais moment, sanglotant tous deux à vous briser le cœur » mais, deux jours plus tard, le ciel resplendit à nouveau. Mary confie à son journal que Micheline semble radieuse. Gibran vient dîner chez elle un soir, en tête-à-tête. L'unique sujet de conversation est Micheline.

Pas étonnant que les deux femmes ne parlent, elles, que de Gibran lorsqu'elles sont ensemble. Le 5 mai, au dîner, elles ont une longue et franche discussion sur le même sujet. Elles s'expriment en français, « parce que les domestiques sont toujours là et que nous ne cessons de parler de Khalil. Elles nous croiraient toutes deux folles à lier si elles nous entendaient dire "Il" une fois de plus ». Micheline rapporte à Mary une conversation qu'elle a eue avec Khalil, au cours de laquelle elle lui a dit que Paris le changerait tant qu'il l'oublierait peut-être. « Vous pourriez oublier tout le reste, dira Mary à son protégé, mais souvenez-vous de ceci : je vous ai donné mon affection parce que vous la méritiez. Conservez précieusement ces qualités qui vous ont gagné le cœur de Micheline. Vous pourrez ainsi, dans l'avenir, mériter le cœur d'autres femmes. »

Micheline et Khalil sont manifestement amoureux l'un de l'autre[17], et cet amour ne reste pas longtemps platonique. Il n'existe ni lettres ni documents prouvant qu'ils ont une relation sexuelle, mais, sachant que Gibran a déjà eu une liaison avec Gertrude Barrie, il est difficile d'en douter. Micheline et Khalil sont jeunes, libres, modernes, ils vivent dans une époque qui commence tout juste à émerger de la répression de l'ère victorienne et à admettre la sexualité. L'extraordinaire promiscuité des années 1920 n'est plus loin. *Les Fleurs du mal*, de Baudelaire, qui contiennent quelques-uns des poèmes les plus chargés d'érotisme qui aient jamais été écrits, sont là pour qui veut les lire ; *Le Journal d'une femme de chambre*, d'Octave Mirbeau, parle de sexe avec beaucoup d'aisance et une grande liberté ; des auteurs décadents, comme Gabriele D'Annunzio (l'un des auteurs préférés de Gibran), et Rachilde et Rémy de Gourmont osent même aller trop loin : ils affichent un type de sexualité que l'on pourrait carrément qualifier de pervers.

Micheline va payer très cher sa relation avec Gibran. Elle tombe enceinte, mais il s'agit d'une grossesse extra-utérine. Un avortement est donc indispensable. Il a lieu en France. La première édition arabe de la biographie de Mikhaël Nouaymé révèle quelques détails sur ce pénible événement, mais ils ne sont pas repris dans les éditions arabes ultérieures, non plus que dans la traduction anglaise. Il s'agit là d'un mensonge par omission. On a dit que Nouaymé a passé la grossesse de Micheline sous silence parce qu'il la croyait inventée. En fait, il n'en parle pas parce qu'il a des scrupules d'un tout autre ordre : il ignore si Micheline est encore en vie. Si elle l'est, il ne veut pas la blesser. En outre, c'est Mary Haskell qui, au cours d'une longue conversation qui a lieu dans l'atelier de Gibran après la mort de ce dernier, apprend à Nouaymé que Micheline a eu une grossesse ectopique. Plus tard, lorsque Mary et Khalil envisageront de faire l'amour, ce dernier se montrera très instruit des dangers d'une grossesse non souhaitée. L'avortement de Micheline l'a certainement marqué pour la vie.

Ce sont là des événements bien difficiles à vivre pour un romantique torturé. Lorsqu'on a placé la femme sur un piédestal, que faire de ses pulsions sexuelles ? Faire l'amour avec l'objet de ses rêves, la femme idéalisée, ne peut que rendre celle-ci à sa condition matérielle. Gibran a idéalisé Josephine Peabody, et il n'a jamais fait l'amour avec elle. Sa liaison avec Mary Haskell ne sera jamais consommée. Ce sont pourtant les deux femmes qui comptent le plus dans sa vie, et qui l'inspirent dans son travail. Il faut noter que, durant toute sa carrière d'artiste, la majorité de ses représentations de la féminité — « Elle » étant un thème majeur — ne sont pas sexuées ; le sexe est d'ailleurs toujours caché, ou reste dans l'ombre. Gertrude Barrie et Micheline, qui sont disponibles, ne posent, elles, aucun problème, car elles ne personnifient pas, dans l'esprit de Gibran, l'idéal féminin. Elles sont ses égales, du moins il le pense. Il peut donc tomber innocemment amoureux d'elles. Il peut même avoir avec elles une histoire d'amour passionnée, car cette relation-là n'engage pas son âme.

Il se pourrait qu'il y ait d'autres femmes dans sa vie. Dans une lettre de 1908, Gibran raconte à son ami Jamil Malouf une aventure qui a peut-être été charnelle avec une poétesse qu'il ne nomme pas. Et une femme portant le nom de Mary Qahwaji affirme, après la mort de Gibran, que le poète a été amoureux d'elle, en dépit du fait qu'elle était mariée[18]. Mais un fossé reste à combler, dans la mesure où Gibran confie un jour à Mary qu'il a eu beaucoup d'aventures avant de la rencontrer, ou de mieux la connaître. Ces aventures ont commencé, dit-il, avec son initiation sexuelle, à l'âge de quinze ans, par une femme mariée plus âgée que lui. Comme il s'efforce toujours, auprès de Mary, de minimiser le nombre de ses liaisons sexuelles passées, il est impossible d'évaluer leur nombre. Une chose est certaine : il n'était pas puceau quand il a rencontré Gertrude Barrie et Micheline.

En mai et en juin 1908, Paris devient le sujet principal des conversations. Gibran n'est pas seul à entreprendre le voyage, Micheline a elle aussi décidé d'aller en France, pour aller voir ses parents, semble-t-il, et Mary et son père projettent de faire un voyage en Europe pendant l'été. Le 9 juin, un repas d'adieu a lieu en l'honneur de Khalil. Le lendemain, Mary et lui se rendent à New York, où ils dînent avec Charlotte. Puis Mary prend la route du Sud pour aller chercher son père et assister au mariage de sa sœur Marion. Gibran retourne à Boston, où il rédige une aimable lettre d'adieu à Fred Holland Day. Il y déplore que l'artiste soit devenu si distant et, se doutant bien qu'ils ne pourront s'entretenir avant son départ pour l'Europe, il lui dit qu'il espère le revoir un jour afin de recevoir ses conseils et ses avis pour l'avenir. Il ajoute : « et vous pourriez ainsi, cher frère qui avez été le premier à ouvrir les yeux de mon enfance à la lumière, donner des ailes à mon âge d'homme ». Les deux hommes se rencontreront après cette lettre, puis correspondront sporadiquement, mais ils ne seront plus jamais aussi proches qu'ils l'ont été pendant l'adolescence de Gibran. Lorsque Khalil reviendra de Paris, mûri, transformé, il retrouvera Day figé dans le même vieux modèle décadent. Le 1er juillet, lorsqu'il embarque sur le T.S. *Rotterdam* des lignes maritimes Holland-American, il a dans son sac un exemplaire de *Mythology*, de Bulfinch, un présent symbolique de Day, son bon mentor.

À Paris, Gibran retrouve son vieil ami d'école, Youssef Houayik, qui racontera un jour les péripéties de leur séjour commun dans la Ville lumière. Le livre est agréable à lire. La forme adoptée par l'auteur est celle de conversations mises en scène. Dans la mesure où l'ouvrage est écrit bien des années après le séjour de Gibran et de son ami dans la capitale française, il est difficile de croire que les conversations y sont fidèlement rapportées. Le livre dégage néanmoins un fort sentiment d'authenticité, dû au fait que l'auteur ne donne jamais un ton sensationnaliste à la vie de son sujet. Il y a des divergences entre certains détails du récit de Youssef et les notes du journal de Mary, mais elles sont généralement sans importance et davantage attribuables à une mémoire défaillante qu'à un désir d'embellir les faits.

Il n'y a pratiquement aucune concordance entre les histoires racontées par Houayik et celles narrées par Gibran à Mary, que ce soit dans sa correspondance de l'époque ou lors de conversations ultérieures. Cette dissonance n'est cependant flagrante que dans deux cas. En 1920, Gibran raconte à Mary qu'il a accepté un jour une invitation à dîner de trois évêques libanais de passage à Paris. Les trois prélats, dit-il, ne l'ont pas lâché parce qu'il était l'enfant chéri des Libanais, mais ils ignoraient que Houayik — présent lui aussi au repas — avait révélé à Khalil qu'ils étaient les artisans de son excommunication. Gibran prend alors les évêques à partie. Il les traite d'hypocrites. L'authenticité de ce récit est loin d'être évidente. L'histoire est trop belle pour être mise de côté et Houayik ne l'aurait pas omise. D'autre part, il est peu vraisemblable que Gibran ait jamais été excommunié dans quelque sens que ce soit. Il a du reste déjà donné à Mary, quelques années plus tôt, une version moins dramatique de l'affaire. Dans la version initiale, plutôt que de clamer sa rage devant l'hypocrisie des hommes d'Église, il s'est tout simplement contenté de déclarer qu'il n'avait nullement l'intention de changer le ton de ses écrits pour plaire au clergé[19]. Comme d'habitude, Gibran essaie d'impressionner son amie par sa fermeté morale — ce qui l'oblige parfois à mentir pour rester à la hauteur de l'image qu'il veut donner de lui-même.

Comme nous le verrons de temps à autre dans ce livre, Gibran a tendance a exagérer l'importance qu'on lui accorde en Syrie sur le plan politique. Il lui aurait été difficile de faire avaler l'histoire qui suit à ses amis orientaux, mais il n'hésite pas à la raconter à Mary, avec un grand luxe de détails. N'oublions pas que c'est à Mary qu'il a confié plusieurs anecdotes illustrant l'importance de son rôle politique au Proche-Orient. Ne lui a-t-il pas fait croire qu'on lui a offert plusieurs postes de haut rang au gouvernement? Au lendemain de Noël 1917, il lui révèle que des agents de l'Empire ottoman ont tenté de l'assassiner à Paris, puis il lui montre une cicatrice qui, affirme-t-il, est la marque d'une balle. C'est sans aucun doute une fabulation. D'une part, Houayik ne raconte rien de la sorte dans son livre et, d'autre part, Gibran étant en contact permanent avec Mary durant tout son séjour à Paris, il ne se serait certainement pas privé de lui conter un fait aussi glorieux.

Gibran flirtant constamment avec le mensonge, on est souvent tenté de mettre en doute les anecdotes pittoresques que Mary rapporte dans son journal. L'une d'elles concerne un talentueux artiste polonais qui vit au-dessus de l'atelier de Khalil à Paris. Si l'on en croit ce conte mélodramatique, le jeune homme, devenu fou, détruit presque tous ses travaux, puis s'ôte la vie. N'écoutant que leur bon cœur, Gibran et les autres locataires de la maison achètent ce qui a échappé à la destruction afin de recueillir de l'argent pour venir en aide à la mère du suicidé[20]. Gibran acquiert une tête de jeune fille. Il n'y a, j'en conviens, aucune raison de douter de la véracité de ces faits et, si Houayik n'en parle pas, c'est sans doute parce qu'il n'était pas encore arrivé à Paris à l'époque. De plus, la description des lieux correspond davantage à l'appartement du rez-de-chaussée du 14, avenue du Maine, dans lequel vivait Gibran, qu'à l'atelier qu'il occupera plus tard au numéro 54 de la même rue. L'événement est vraisemblable, mais Gibran a sans doute brodé sur les faits. Peut-être a-t-il acheté la tête de jeune fille à un brocanteur du quartier, qui lui a narré la tragique histoire ; peut-être l'artiste polonais qui vivait au-dessus de chez lui a-t-il tout simplement quitté la ville. Nous ne saurons jamais le fin mot de l'affaire. Une chose est certaine : Gibran ne cesse de rappeler au biographe le petit garçon qui crie « au loup ! ».

Khalil adore Paris. Il vit dans le Quartier latin — au cœur de la cité des artistes et des libres penseurs, dans la capitale mondiale des arts ! Des milliers de créateurs venus de tous les continents y habitent. Il n'y arrive pas seul, des êtres qui faisaient partie de sa vie bostonienne le suivent, ou le précèdent, comme Micheline. Arrivée avant lui, la jeune femme l'aide à trouver un logement et à s'y installer. Mary et son père débarquent à la fin du mois de juillet, après un court voyage en Irlande et en Angleterre. Ils ne restent à Paris que quelques jours. Mary est si occupée à visiter la ville et ses amis qu'elle voit très peu son protégé. Son père est avec elle, cela change tout, d'autant plus que Khalil a l'habitude de la voir sans sa famille. Il passe toutefois la soirée du 31 juillet à son hôtel et, le 4 août, elle vient le voir au 14, avenue du Maine. Puis elle quitte la capitale. Micheline est partie, elle aussi, pour rendre visite à sa famille à Nevers. Dans une lettre à Mary, datée du 13 juillet, Gibran semble dire — dans son anglais très approximatif — qu'il s'est senti tenu de laisser partir Micheline afin qu'elle puisse accomplir sa vocation de comédienne.

C'est déjà sa troisième lettre à Mary — il lui a écrit durant la traversée. Le 11 juillet, dans une explosion d'enthousiasme, Khalil, Micheline et une de ses amies, Marguerite, rédigent une lettre collective à Mary. Marguerite écrit : « Je sais que Micheline est folle ce soir* » ; Khalil enchaîne : « En Syrie, on dit que les fous sont les amis de Dieu ». À quoi Micheline ajoute : « C'est ce qui explique pourquoi je suis l'amie de K. ! ! ! ». Gibran continue à écrire à Mary de façon sporadique pendant tout son séjour à Paris, qui s'achèvera le 22 octobre 1910 ; trente de ces lettres existent toujours. Pour ce qui est de celles que Mary lui a envoyées, nous ne disposons malheureusement que des trois premières pages d'une seule et unique lettre. C'est fort dommage. Il aurait été intéressant de suivre le développement de leurs échanges épistolaires, du moins en ce qui concerne Mary, et de savoir comment elle a vécu la mort de son père au printemps de l'année 1910.

Khalil n'est jamais seul à Paris, même après le départ de ses amies bostoniennes. Ainsi qu'il le dira plus tard à Mary, les œuvres qu'il a publiées l'ont déjà rendu célèbre dans la communauté arabe[21]. Il y a dans la capitale — à cette époque comme aujourd'hui — une diaspora libanaise très prospère. Gibran est fréquemment invité à dîner chez l'un ou l'autre de ses compatriotes. Il refuse souvent. Le 28 juillet, il commence à prendre des cours à l'académie Julian. L'ouvrage de Houayik raconte comment Khalil et lui partagent leur temps entre leurs cafés préférés et leurs ateliers respectifs. Pourtant, l'impression majeure que l'on retire des lettres de Khalil à Mary, du moins en ce qui concerne ses propres allées et venues, est celle d'un jeune homme sérieux et déterminé à tirer le maximum de son apprentissage subventionné dans la Ville lumière. Cela ne veut pas dire qu'il mène une vie de travail dénuée

* En français dans le texte, N.D.T.

de distractions, bien sûr ; mais ses loisirs consistent davantage en visites au Louvre qu'au Moulin-Rouge, ou en discussions philosophiques sur la vie et l'art autour d'une table de café qu'en flirt avec l'une ou l'autre des femmes libérées évoluant dans les parages. Houayik insiste sur le fait que Gibran se montre timide avec les Parisiennes, et qu'il est loin d'être un don Juan. Des deux amis, c'est Houayik qui est frivole, pas le Gibran aux cheveux longs, toujours porté à la mélancolie et incapable de faire un pas de danse. Khalil dira plus tard à Mary qu'il a rencontré beaucoup de femmes libres à Paris et refusé au moins une aventure. D'après le témoignage de Houayik, il semble que rien de particulier ne se soit dégagé de ces rencontres. Mon impression est que Khalil évitait les réunions animées dans les cafés autant qu'il y prenait part[22].

Une des raisons majeures de son attitude compassée — ou de son incapacité à se laisser aller, pourrait-on dire — est que Gibran arrive à Paris habité par le sentiment de son importance. Il a déjà publié trois livres (en fait, deux livres et une monographie) et un grand nombre de poèmes improvisés et d'articles. Il a été adulé par une petite fraction de la société bostonienne. Son ambition forme la trame de tout le livre de Houayik. Gibran se considère comme un homme investi d'une mission : réveiller le monde arabe en dénonçant les injustices perpétrées au nom de l'autorité. Il se dit qu'il est une sorte de génie qui, pour s'accomplir, ne peut se permettre de perdre du temps, surtout pendant son séjour à Paris. C'est en vertu de cette haute opinion qu'il a de lui-même qu'il continue, auprès de ses connaissances parisiennes, de répandre la légende qu'il a fabriquée en Amérique au sujet de sa riche et noble famille libanaise.

Le sentiment de sa supériorité le fait pourtant dévier de la voie qu'il s'est fixée pour parvenir à ses fins — soit faire à Paris son apprentissage d'artiste. L'enseignement de l'académie Julian ne tarde pas à lui paraître insuffisant. Fondée en 1868 par Rodolphe Julian, l'école est rapidement devenue la plus grande académie privée de Paris. Elle possède un grand nombre d'ateliers dans toute la ville. Aucun examen préalable n'est exigé lors de l'inscription. Les élèves peuvent entreprendre immédiatement leur apprentissage, sous la supervision de maîtres expérimentés. Ils pourront ensuite entrer, par exemple, à l'École des beaux-arts. Cette souplesse est l'une des raisons pour laquelle l'académie Julian est si populaire auprès des étudiants étrangers[23]. Ceux et celles qui veulent devenir des artistes accomplis y sont les bienvenus, et le régime d'enseignement y est flexible. On peut y prendre des cours de dessin (surtout d'après des modèles humains), de peinture et de sculpture. Les étudiants s'inscrivent pour quelques jours aussi bien que pour une année : ils sont parfaitement libres de déterminer la durée de leurs cours, mais ils doivent les payer d'avance. L'académie, à l'époque où Gibran la fréquente, a accueilli des artistes qui sont devenus célèbres, comme Henri Matisse, John Singer Sargent, Fernand Khnopff, Edmund Dulac, Édouard Vuillard, Maurice Denis, Marcel Duchamp et Pierre Bonnard. C'est une liste impressionnante, très éclectique. En bref, l'académie Julian s'est rendue célèbre parce qu'elle a toujours permis à ses élèves de développer leur talent particulier plutôt que de leur imposer une méthode et une philosophie particulières.

Gibran se met au travail avec beaucoup d'enthousiasme. Il a choisi l'atelier de Jean-Paul Laurens[24]. Dans une lettre adressée à Mary, il parle de ses cours de peinture, où il apprend à regarder ainsi qu'à assimiler l'art difficile de la couleur. Au début du mois de novembre, cependant, une note amère teinte son discours : il se plaint de ce que les professeurs lui reprochent d'embellir ses modèles, alors qu'il se dit, lui, qu'il n'a jamais pu capter leur beauté essentielle. Au Nouvel An, il annonce à son amie qu'il travaille depuis quelques semaines dans l'atelier de Pierre Marcel-Béronneau. Bien que les étudiants aient toute liberté, en raison de la souplesse de l'académie Julian, de fréquenter plus d'une académie ou d'avoir plus d'un professeur, Gibran prend comme prétexte la vive sympathie qu'il éprouve pour Béronneau pour quitter Julian. Nous sommes au début du mois de février 1909. Il se sent plus à l'aise dans l'atelier de Béronneau — un symboliste, élève de Gustave Moreau — que dans celui de Laurens. Il se qualifie du reste très vite de « petit Berinau (*sic*) ». En fait, Gibran se sent conforté dans sa vocation de peintre symboliste. Mais la juste appréciation des lignes et des structures qu'un peintre réaliste comme Laurens aurait pu lui enseigner lui fera toujours défaut. Comme le dit le perspicace Houayik, Gibran est un homme d'idées, un écrivain beaucoup plus qu'un artiste peintre. Il sait ce qu'il veut exprimer, mais il ne possède pas la technique de base nécessaire pour communiquer ses idées au moyen de la peinture.

Béronneau ferme son atelier pour l'été. Quand il rouvre en octobre, Gibran ne s'y montre pas. Il explique à Mary qu'il a le sentiment — partagé par ses amis — qu'il a tiré de l'artiste tout ce que ce dernier pouvait lui enseigner. Une attitude qui cadre mal avec l'humilité dont l'apprenti doit faire preuve à l'égard du maître. Pendant le temps qu'il lui reste à passer à Paris, on peut dire qu'il n'apprend plus grand-chose d'aucun professeur (bien qu'il mentionne avoir bénéficié des conseils d'un certain Richard Muller, professeur d'arts plastiques[25]). Il loue les services de modèles, partageant les dépenses avec Houayik, et travaille assidûment en solitaire. Dans les musées et les galeries, il passe des heures à étudier le style et la technique des peintres qu'il admire. Il fait la liste de ces peintures à l'intention de Mary. Eugène Carrière occupe la première place.

Gibran retire incontestablement un grand profit de son séjour à Paris. Avec l'aide de ses professeurs et de ses amis, et grâce à son labeur acharné, le dessinateur doué s'est transformé en peintre qui ne craint plus d'utiliser la couleur et se sent désormais aussi à l'aise avec l'huile qu'avec les pastels. Il fait également de l'aquarelle. Le couronnement de ce séjour est le choix, par la Société nationale des beaux-arts, de l'une de ses toiles — une étude mélancolique de femme intitulée « Automne » — pour son salon de printemps. En outre, on lui demande six autres tableaux pour le salon d'automne qui aura lieu au mois d'octobre. Mais à cette époque il a déjà décidé, pour des raisons qui restent obscures, de quitter la Ville lumière. Il hait l'hiver à Paris. Le logement bon marché qu'il occupe est humide et difficile à chauffer. Sa santé est chancelante, surtout durant l'hiver 1908-1909. Il ne cesse de visiter des ateliers plus confortables et plus pratiques, mais ces derniers sont au-dessus de ses moyens. Ainsi, une des raisons de son départ est peut-être tout bonnement la difficulté de dénicher un atelier alliant le confort à un loyer modique. D'autre part, il craint peut-être d'abuser de la générosité de Mary. Les détails de leur arrangement financier restent obscurs. Le plan initial prévoyait que Gibran passerait une seule année à Paris, mais un accord subséquent prolongeait son séjour en Europe d'une année en Italie. Il est possible également qu'il ait été convenu que Gibran resterait jusqu'à épuisement d'une certaine somme. Quoi qu'il en soit, il semble qu'il soit souvent à court d'argent, en dépit du fait que, pendant l'hiver 1909-1910, il complète l'allocation de Mary en donnant des cours de dessin. Mais il se plaint de la fatigue que cette activité lui occasionne[26].

En dépit de cette fatigue, Gibran se lance dans un projet artistique de grande ampleur : une série de portraits intitulée « Temple de l'art ». Il s'agit de portraits au crayon — qui est et restera l'outil avec lequel Gibran se montre le plus habile — d'artistes contemporains célèbres, hommes et femmes, auquel il ajoutera ses héros personnels des temps révolus afin de réunir un nombre suffisant d'œuvres. En décembre 1909, il fait le portrait de Paul Bartlett, le sculpteur américain dont la statue de Lafayette se trouve devant l'escalier du Louvre, puis ceux de Debussy, Edmond Rostand et Henri Rochefort. Il aimerait ajouter Rodin à sa série, mais il n'arrive pas à obtenir un rendez-vous avec le maître. Il espère aussi « croquer » Sarah Bernhardt et Pierre Loti. Houayik qualifie la relation de Gibran et de Rodin de « pratiquement » inexistante. Quant à Gibran, il écrit à Mary qu'il a rencontré le sculpteur deux fois pendant son séjour à Paris[27] — et il n'y a aucune raison de douter de ses dires. Aucune intimité ne s'est toutefois dégagée de ces face-à-face, on s'en doute. Ce détail va prendre toute son importance à la lumière, ou plutôt à l'ombre de l'un des mensonges les plus énormes de Gibran — mensonge qu'il a perpétué pendant de nombreuses années. Il est vraisemblable que la belle tête de Rodin dessinée par Gibran ait été faite de mémoire, ou d'après une photo. Pour l'impressionnable Gibran, le sculpteur, avec sa souple et longue barbe blanche et l'aura de vie de bohême qui l'entoure, est sans aucun doute une authentique personnification de l'art.

Rentrée à Boston, Mary veille jalousement sur les intérêts de son protégé. Elle prend non seulement soin de Mariana, qui se sent désespérément seule sans Khalil et a été bien malade, mais elle organise une exposition des œuvres de Gibran au Wellesley College. (On se souvient que, sur les instances de Josephine Peabody, l'école a déjà accepté, en 1903, d'inclure certains des travaux de l'artiste dans une exposition.) Le critique du journal de l'université se montre plutôt évasif dans ses commentaires. Il se borne à décrire le sujet des tableaux plutôt que d'évaluer leurs mérites sur le plan pictural[28].

Pendant son séjour à Paris, Gibran n'a pas écrit autant qu'il avait coutume de le faire avant son départ — et qu'il le fera à son retour à Boston. Il continue néanmoins d'envoyer des articles au *El-Mouhajir* d'Amin Goryeb. L'un d'eux, « The Day of My Birth », qui deviendra « My Birthday » dans plusieurs recueils, est dédié à Mary Haskell. Il lui envoie un exemplaire du journal, qu'elle reçoit avec grand plaisir, même si elle ne peut lire le poème en arabe. Gibran connaît un succès littéraire notable lorsqu'une des nouvelles des *Nymphes des vallées* est traduite en français. « Marta El-Baniyah » figure dans une prestigieuse anthologie des meilleurs écrivains contemporains à travers le monde. Sans doute est-il très agréable à Mary d'être enfin en mesure de lire une des nouvelles de Khalil. En outre, la vie intellectuelle du poète prend son essor. Il découvre l'interprétation non orthodoxe et humaniste de la vie du Christ qu'a faite Renan (« Il vit [Jésus] à la lumière du jour et non au crépuscule[29] »), lit Balzac, se familiarise avec l'œuvre de Voltaire, avale enfin toute l'œuvre de Nietzsche, et poursuit la lecture de Tolstoï et de Rousseau. Bien que son français soit loin d'être fluide, il y a de bonnes raisons de penser qu'il lit parfaitement cette langue.

Le séjour à Paris constitue un coup d'envoi significatif dans le développement de Khalil en tant qu'artiste. C'est aussi un tournant crucial pour lui dans bien des domaines. Sa liaison avec Micheline prend fin. Nous ne pouvons retracer les déplacements de la jeune femme avec exactitude mais, à la fin du mois d'octobre 1908, on sait qu'elle a quitté la France pour rentrer en Amérique. Elle habite désormais New York, où elle essaie de percer au théâtre (aidée, elle aussi, par Mary sur le plan financier). Le succès se fait attendre. Lorsqu'elle écrit à Gibran à la fin du mois d'octobre 1908, elle évite de lui donner son adresse à New York. En décembre 1909, le nom de Micheline apparaît dans une lettre de Khalil à Mary. Cette dernière apprend que son protégé n'a plus rien à dire à la jeune femme. Khalil rendra cependant visite à Micheline lors d'un séjour qu'elle fera à Paris en juillet 1910, mais l'intimité de leur relation ne renaîtra pas. Nous ignorons la cause de la rupture, mais Gibran laissera un jour entendre à Mary que c'est lui qui s'est éloigné, car Micheline le désirait plus qu'il ne la désirait. Ces déclarations sont trop vagues pour que l'on puisse imaginer les détails de la séparation[30]. Une chose est certaine, les tensions émotionnelles entourant une grossesse non souhaitée et un avortement sont bien suffisants pour détruire un couple.

Une femme remplit-elle le vide laissé dans la vie de Gibran par le départ de Micheline ? Rien n'est très clair à ce sujet. Charlotte séjourne à Paris au cours de l'été 1909 et, bien que Khalil et elle se voient souvent — ils visitent la capitale et ses environs —, leur relation amoureuse ne semble pas être aussi intense qu'elle le deviendra quelques années plus tard à New York. La jeune femme pose pour lui. Ils écrivent l'un et l'autre à Mary pour lui dire qu'ils s'entendent à merveille. Mais Gibran fait comprendre à Charlotte qu'il est un citadin accompli et qu'il a eu beaucoup d'aventures sexuelles dans la capitale. Peut-être veut-il tout simplement l'impressionner. Comme nous l'avons déjà souligné, Houayik brosse un autre tableau. Selon lui, bien que des Parisiennes se montrent attirées par Gibran, ce dernier est trop soucieux de sa moralité pour en profiter. Mais Houayik s'empresse d'ajouter que Gibran et lui ne sortent pas toujours ensemble. Dans trois de ses lettres à Mary, écrites à la fin de l'année 1909 et au début de l'année 1910, Gibran mentionne une jeune et belle actrice américaine, Mary Doro, qu'il fréquente avec plaisir. Elle pose même pour lui[31]. Peut-être a-t-il une aventure avec elle, bien qu'il dise à Mary que « Mlle Doro » ne lui « emplit pas le cœur ». Tout cela se passe *après* la visite de Charlotte.

Ce qui est le plus remarquable, dans la vie sentimentale de Gibran à cette époque, c'est le ton qui imprègne ses lettres à Mary. Leur style témoigne d'une intimité grandissante avec la correspondante. Au début, les missives ressemblent à celles que l'on peut attendre d'un jeune homme écrivant en partie par devoir à sa bienfaitrice. Il lui donne des nouvelles de son travail, de ses conditions de vie, de leurs amis communs ; il se plaint de sa santé quand il est malade et, quand il va mieux, a plaisir à le lui dire ; il raconte les visites qu'il effectue à des amis syriens, se fait du souci pour sa sœur restée seule à Boston, remercie Mary lorsqu'elle lui envoie de l'argent. Tout comme Josephine l'a été, Mary devient sa « Consolation ». Khalil traverse des périodes de solitude et — c'est, du moins, ce qu'il dit — se sent réconforté lorsqu'il pense à elle. Il mentionne aussi, en passant, sa tristesse des dernières années. Il cite un extrait de l'*Ode au rossignol*, de Keats : « J'ai été à demi amoureux de la tranquillisante Mort. » Le fait d'attribuer un rôle de consolatrice à Mary ne va pas sans une forte présomption concernant l'amour qu'elle éprouve pour lui. Il ajoute dans ses lettres des déclarations plus précises sur la chaleur de ses sentiments envers elle, et le ton se fait plus intense lorsqu'il évoque ses pensées. Son anglais, qui s'est considérablement amélioré, lui permet de traduire cette intensité avec une subtilité plus grande que dans ses lettres à Josephine. Mais au bout du compte, il n'y a rien dans cette correspondance que Mary puisse interpréter erronément : ce ne sont là qu'effusions innocentes d'un ami très ému. Gibran fait partie de ces êtres qui trouvent plus aisé d'être intimes avec une personne par l'entremise d'une lettre que face à elle. Nous retrouverons le même phénomène lorsque nous examinerons sa liaison amoureuse épistolaire avec May Ziadeh.

Gibran prend un autre tournant crucial au cours de son séjour à Paris : il s'engage sur le plan politique. Paris est un foyer de dissidents syriens. Khalil est certainement en contact avec certains d'entre eux. Dans une lettre à Mary, il décrit le poète Soukroui Ghanem comme un ami[32]. Bien que Gibran soit par trop égocentrique pour devenir un véritable homme politique, sa camaraderie avec Ghanem et d'autres dissidents l'aide sans aucun doute à transformer sa colère romantique face à l'injustice sociale en un désir plus aigu et plus précis de jouer un rôle politique dans l'avenir du Liban. Il est peu plausible qu'une délégation de Jeunes-Turcs en tournée à Paris lui ait proposé une position de haut rang dans le nouveau gouvernement installé à Constantinople. C'est pourtant ce qu'il raconte à Mary, ajoutant qu'il a refusé la proposition[33]. Gibran n'est pas connu en tant que figure politique. Tout ce que l'on sait de lui, c'est qu'il est un jeune écrivain en colère. Il essaiera néanmoins, à son retour aux États-Unis, de s'engager davantage dans des groupes syriens, attitude qui ne peut être attribuée qu'à ses contacts avec des penseurs politiques proche-orientaux. Le Syrien qui exerce la plus grande influence sur lui en matière d'engagement politique est Amin Rihani, qu'il connaît pour avoir lu ses articles dans *El-Mouhajir* et qu'il rencontre pour la première fois à Paris. Les deux hommes deviennent tout de suite amis. Ils passent un mois à Londres au cours de l'été 1910. Rihani est plus âgé que Khalil (il est né en 1876), et sa réputation d'écrivain arabe est bien établie au Proche-Orient et dans la diaspora.

Gibran, qui a une immense admiration pour lui, le décrit comme un « grand poète[34] ». Il est évident que, au moins pendant quelque temps, il rêve de suivre ses traces. En revanche, c'est lui qui fait connaître à Rihani le monde des arts.

Un dernier rite de passage s'accomplit en juin 1909 : la mort du père. Dans les mois qui l'ont précédée, Khalil et son père se sont quelque peu réconciliés — ce que Gibran attribue à sa célébrité montante. Lorsqu'il a commencé à faire sa marque comme écrivain, Gibran père a révisé l'attitude négative qu'il affichait à l'égard des ambitions de son fils dans le domaine de l'écriture. Il s'est montré fier de Khalil et de sa rébellion contre la société[35]. Le fils ne semble pas très affecté par la mort du père. Dans une lettre à Mary, un paragraphe d'une grande platitude est consacré au fait que le père repose maintenant dans le sein de Dieu et a retrouvé les autres membres décédés de la famille. Puis Khalil passe abruptement à d'autres nouvelles. Il n'essaie même pas de s'attirer la sympathie de Mary — ce à quoi on aurait pu s'attendre, étant donné son comportement lors du décès de sa mère, de sa sœur et de son demi-frère.

Paris l'a transformé. Le séjour dans la Ville lumière correspond, comme il le dira plus tard, à l'époque où il s'est découvert lui-même[36]. Il débarque aux États-Unis le dernier jour d'octobre 1910. Le jeune homme dépend toujours financièrement de Mary, mais il est plus sûr de lui. L'avenir lui réserve de grandes choses. En bref, il a l'impression d'être devenu trop grand pour Boston.

6 | LE FLAMBEAU DE LA GLOIRE

Au bout du compte, Paris donne à Gibran un aperçu de tout ce qui lui a fait défaut jusque-là. Aussitôt rentré à Boston, il se met en quête d'un logement plus confortable, situé dans un quartier agréable, autrement dit loin du South End. Le loyer doit être suffisamment abordable pour que Mary puisse le prendre en charge, et l'appartement doit être de dimension raisonnable afin que Mariana s'y sente à l'aise. Quelques jours suffisent à Khalil pour le dénicher. Il est situé au 18, West Cedar Street, dans le quartier de Beacon Hill.

La distance n'est pas longue entre le district Tyler Street-Oliver Place du South End et Beacon Hill. Il suffit de traverser Boston Common. La promenade est agrémentée par le dôme doré de la Chambre législative, dont la simple contemplation engendre de nobles pensées. Le trajet ne prend que quinze minutes. L'emménagement de Gibran dans ce nouveau quartier représente bien plus que l'abandon d'un modeste logement au profit d'un atelier d'artiste. Beacon Hill est — hier comme aujourd'hui — l'un des environnements les plus recherchés de Boston. Ce choix de Gibran est le symbole le plus limpide de son désir de s'élever vers les sommets. Même de nos jours, lorsqu'on grimpe la colline de Beacon Hill, on entre dans un autre monde. L'été, le South End est discrètement caché aux regards par l'écran de verdure du Common. Les rues étroites de Beacon Hill, qui rappellent en quelque sorte le quartier Kensington de Londres, donnent une nette impression d'ancienneté, de bonne naissance et de privilèges. On peut aisément imaginer à quoi ressemblaient les rues lorsqu'elles étaient pavées. Aujourd'hui, les voitures y font l'effet d'être des intruses, la marque d'un modernisme un peu déplacé. On se figure sans mal les équipages tirés par des chevaux attendant sous les poiriers en fleurs de Pinckney Street, où vivait Thoreau, et où Fred Holland Day avait son pied-à-terre à l'époque de sa rencontre avec Gibran[1].

Rien ne traduit mieux l'immensité symbolique de ces vingt minutes de trajet qu'un texte de Henry Adams, tiré de son roman, *The Education of Henry Adams* :

> En hiver, venu en droite ligne du XVIIIe siècle, l'un des jeux les plus répandus chez les gamins était un simulacre de guerre, pratiqué dans Boston Common. Dans le passé, les deux forces antagonistes s'appelaient les North Enders et les South Enders. En 1850, les North Enders survivaient encore en tant que légende, mais en pratique la guerre s'était muée en un combat entre ceux de l'École latine et les autres [...]. Les jours de congé, lorsque le temps était assez doux pour ramollir la neige, le Common se transformait en champ de bataille — celle-ci commençant au grand jour, lorsque les forces de l'École latine dévalaient Tremont Street en repoussant leurs adversaires. L'affrontement se terminait généralement au crépuscule, lorsque le nombre des combattants de l'École latine diminuait et que les derniers guerriers finissaient par se replier. Tandis que se dégarnissaient les rangs de l'École latine, les rudes et jeunes fripouilles de l'autre camp s'enhardissaient. Aussi longtemps que les boules de neige étaient la seule arme, les blessures étaient bénignes, mais il arrivait qu'une pierre soit placée dans une boule. Dans l'obscurité, un bâton ou un lance-pierres aux mains d'un garçon peut devenir aussi efficace qu'un couteau[2].

Tout cela, bien sûr, précède d'un grand nombre d'années l'emménagement de Gibran dans Beacon Hill. On sait aussi que les us et coutumes du South End ont changé avec l'arrivée des immigrants. Mais les rivalités qui opposent différentes parties de la ville perdurent et, comme tous ceux qui ont fait la promenade de vingt minutes à travers Boston Common peuvent l'affirmer, l'histoire d'Adams reste un symbole parfait du clivage entre les habitants des deux lieux — comme il arrive lorsque, dans une ville, les jeunes de deux quartiers voisins sont, d'un côté des bourgeois, de l'autre des gamins de rues.

En raison de son terrain incliné, Beacon Hill procure une excellente lumière aux ateliers d'artistes. L'immeuble du 18, West Cedar Street, occupe un coin de rue. Il est si élevé qu'il dépasse les arbres. Les maisons voisines ne lui font pas d'ombre. Après avoir visité l'appartement,

Mary confie ses impressions à son journal. Sur le mur opposé à la porte, dit-elle, brille et miroite une tapisserie jaune ; sur le mur est, recouvert d'une tapisserie bleu foncé, Gibran a accroché le masque mortuaire d'une belle jeune femme trouvée noyée dans la Seine ; un autre mur est rehaussé d'un carré de soie rouge à motifs japonais. Le masque mortuaire de Beethoven se trouve sur un napperon oriental aux bords brodés. Deux ou trois vieilles pièces de bois doré sculpté ornent l'atelier, ainsi qu'une petite étagère de livres, principalement occupée par une collection appelée « Masters in Art ».

Gibran s'est donc installé dans un environnement tout à fait romantique, qui rend aussi bien hommage à la beauté qu'à la mort. À d'autres points de vue, cependant, le changement est un échec. Si Khalil est habitué à se mouvoir dans des cercles de nationalités diverses — il comptait parmi ses amis parisiens des gens originaires de six pays différents[3] —, Mariana se sent, loin du South End, comme un poisson hors de l'eau. Son anglais est pauvre ; elle a l'impression d'être isolée dans un autre monde, privée de ses repaires familiers. Comme elle n'a que son frère à qui parler, sa dévotion devient encombrante. Elle le suit partout, lui laissant très peu d'espace et d'intimité pour créer. Depuis la mort de son père, son frère est tout ce qui lui reste. Quant à Khalil, il semble qu'il se détache de sa famille, allant ainsi à l'encontre de la mentalité orientale. Il est indéniable qu'il se débarrasse d'une grande partie de son passé. Lorsqu'il partira pour New York quelques mois plus tard, rien ne laissera supposer qu'il éprouve des scrupules à laisser Mariana à Boston.

L'intensité des sentiments qu'il exprime dans sa relation épistolaire avec Mary a atteint son apogée dans le mot qu'il lui a écrit en débarquant à New York après la traversée. « Je veux vous regarder avant de voir d'autres visages. Vous êtes si proche maintenant. » À Boston, où il souffre de son isolement, elle est la seule figure qui lui soit familière. Ils prennent l'habitude de se voir deux ou trois fois par semaine, pour aller au musée ou au théâtre. Plus couramment, il lui rend visite chez elle à l'heure du dîner, ou juste après, soit seul, soit pour y rencontrer des amis de sa protectrice. Lorsque ses dessins arrivent de Paris au début de novembre, Mary en accroche quelques-uns chez elle. Khalil en explique le style et les intentions aux invités. Parfois, il lit Swinburne à son amie — autant pour améliorer sa prononciation anglaise que pour partager avec elle son admiration pour son poète favori. Elle prend l'habitude de l'interrompre, comme un professeur, chaque fois que son anglais est boiteux.

Moins de six semaines se passent de la sorte. Mary ne note dans son journal que de petits faits de leur vie quotidienne ; une seule longue inscription est consacrée à ce que Khalil lui révèle sur sa famille. Puis arrive la note du 10 décembre, qui fait l'effet d'une bombe. Ils ont passé presque toute la journée ensemble, dont la plus grande partie au musée. Le soir, elle écrit : « K [...] m'a dit qu'il m'aimait et qu'il m'épouserait s'il le pouvait. » Il est difficile de se faire une idée de la réaction de Mary, qui se contente d'ajouter : « Je lui ai répondu que c'était hors de question à cause de mon âge. » Si l'on en juge par l'explication qu'elle lui donne ensuite avec un bon sens peu commun, elle accorde une grande valeur au lien qui les unit. Elle ne veut pas, dit-elle, « risquer de détruire une grande amitié à cause d'une petite histoire d'amour[4] ».

Ainsi, Mary dit très clairement à Khalil qu'elle ne l'aime pas, mais qu'elle désire son amitié. Pourtant, elle change de ton le lendemain. Quelles pensées lui sont passées par la tête au cours de la nuit ? Peut-être s'est-elle dit que l'amitié est une base valable pour une relation durable ; peut-être son âge — le 10 décembre est la veille de son trente-septième anniversaire — l'a-t-il incitée à changer d'avis. Quoi qu'il en soit, le lendemain en fin d'après-midi, lorsque Khalil frappe à sa porte alors qu'elle prend note, dans son journal, d'une simple réflexion ayant trait à l'inscription précédente, elle lui annonce d'emblée qu'elle accepte de l'épouser. C'est un cadeau d'anniversaire bien ambigu que se fait là Mary. Elle ignore qu'il inaugure de nombreuses années de tourment. Elle ne cessera en effet de se torturer au sujet de ce qu'elle va appeler « la question sexuelle ». Plus tard suivra une longue période de culpabilité due à la souffrance qu'elle s'imaginera avoir causée à Khalil — qui se gardera bien de la contredire sur ce point.

Aucune réaction immédiate ne semble se manifester, ni chez l'un ni chez l'autre. La jeune femme ne décrit pas ses sentiments de « fiancée » dans ses carnets intimes. Il semble que Mary et Khalil ne parlent pas d'avenir, comme on pourrait s'y attendre de la part de deux êtres qui ont décidé d'unir leurs destinées. Et rien ne nous laisse croire qu'ils annoncent leur décision à leurs amis. C'est comme s'ils n'étaient pas sûrs de leurs sentiments. Peut-être, la décision étant prise, n'éprouvent-ils pas le besoin d'aller plus loin. Ils restent dans le vague mais n'en sont pas moins ouverts à une éventuelle matérialisation de leur projet : « Nous nous marierons *un jour* », se disent-ils. Le seul signe d'une intimité accrue est qu'ils se voient désormais presque quotidiennement. Mary note dans son journal que, le 14 décembre, jour où elle attend la visite de Micheline, qui arrive de New York, Khalil s'abstient délibérément de venir et décide de rester chez lui. Elle narre de petites futilités se rapportant à leur vie quotidienne. Nous apprenons quelles pièces ils vont voir, de qui Khalil fait le portrait, où il déniche ses modèles. Il souffre de son habituelle grippe hivernale ; Mary s'inquiète de ses mauvaises habitudes : il fume trop, boit trop de café. Elle fait en sorte qu'il rencontre Charles Eliot, l'ex-président de l'université Harvard, qui s'est rendu célèbre en instaurant un système démocratique permettant aux étudiants de choisir, dans un vaste éventail de cours, ceux qui les intéressent. Khalil fait son portrait. Mary l'aide à rédiger une lettre à Sarah Bernhardt, qu'il souhaite faire entrer dans son « Temple de l'art ». En bref, Mary continue à agir beaucoup plus en protectrice qu'en fiancée.

C'est ainsi que se déroule leur vie à cette époque. Pendant son séjour à Paris, Gibran a vu croître en lui un désir profond pour l'absente. Cette inclination est devenue très forte. Ainsi qu'il le lui avouera plus tard, c'est deux mois avant de quitter Paris qu'il a décidé de la demander en mariage[5]. Cet amour intense n'est pas réciproque : les sentiments de Mary à l'égard de Khalil sont profonds, certes, mais ils sont d'un autre ordre. Il ne faut pas oublier que tout ceci se passe dans les années 1900, et que Gibran s'est toujours montré réservé. En cachant ses émotions, il n'a pas su communiquer à son amie l'attirance qu'il éprouve pour elle et leur relation s'est installée dans un train-train confortable. Mary est donc à mille lieues de s'attendre à la déclaration qu'il lui fait le 10 décembre. En bref, il leur est bien difficile de rompre avec leurs schémas habituels pour construire une relation différente, plus forte.

Pourtant, en janvier 1911, une note d'émotion semble se glisser dans les inscriptions de Mary. Elle s'aperçoit qu'elle commence à s'attacher à Khalil. Mais on ignore jusqu'à quel point ces deux êtres se manifestent réciproquement leurs sentiments. Dans la section « Mémorandum », à la fin d'un agenda, Mary se reproche de ne pas être assez démonstrative, et même si elle déclare dans son carnet principal, le 7 janvier, qu'elle aime beaucoup Gibran, elle ajoute, toujours dans la section Mémorandum, qu'elle reste sur son quant-à-soi. Il est clair qu'ils gardent leurs distances l'un envers l'autre et se conduisent davantage comme de bons amis que comme un futur couple. Ils partagent leur enthousiasme pour la poésie de Francis Thompson, discutent de politique, évoquent la beauté de la langue arabe, mais leur complicité s'arrête là. La raison de ces hésitations éclate à la fin du mois de janvier. Il y a un moment déjà qu'ils envisagent un nouveau séjour de Khalil à Paris. Le 28, Mary remet le projet sur le tapis. En fait, elle veut qu'il passe quelques années dans la capitale française. Ce serait, dit-elle, le meilleur moyen de tester les sentiments qu'il ressent pour elle. Bien que Khalil lui dise qu'il est absolument certain de son amour et que celui-ci n'a pas à être mis à l'épreuve, Mary continue à douter de la sagesse de leur engagement. Le même soir, il lui dit que, si elle lui déclarait soudainement qu'ils ne doivent pas unir leurs existences, il s'inclinerait. Ces mots sont-ils ceux d'un amoureux passionné ? Quelle sorte d'amoureux faut-il être pour suggérer à sa bien-aimée un moyen aussi sûr de se dérober ?

Quelque deux semaines plus tôt, le 12 janvier exactement, ils ont parlé mariage, mais de façon abstraite, semble-t-il — bien qu'il soit difficile d'être tout à fait abstrait lorsqu'on aborde un tel sujet. Au moment où Khalil a soutenu, dans le contexte d'une discussion sur les unions heureuses, qu'il avait la conviction que le bonheur était rare, il a sans aucun doute envoyé d'étranges vibrations dans la pièce. Il avait tout l'air d'accepter que Mary ne l'aimât point. Il suffit que la compréhension existe dans un couple, a-t-il dit, pour que tout finisse par s'arranger. Quelques jours plus tard, il ajoute que c'est la compréhension, plus que l'amour, qui doit constituer le fondement d'une union. Mais il admet, pressé par Mary, qu'il aimerait que l'amour soit présent dans son propre couple[6]. Il faut bien admettre que toutes ces discussions sont singulièrement dépourvues de passion. Mary elle-même semble élever un tas de barrières devant ce mariage. En plus d'insister sur l'obstacle que constitue son âge, elle lui fait bien comprendre qu'elle a d'autres engagements financiers. À l'aide pécuniaire qu'elle lui apporte s'ajoutent les sommes qu'elle donne à Charlotte, à Micheline et à quelques autres. Elle considère que ces obligations l'empêcheront de convoler avant au moins deux ans[7].

La froideur apparente de leur relation est tempérée par la tendre soirée du 3 février, où Mary et Khalil se confient leurs vieilles histoires d'amour. Gibran a trois aventures à raconter[8]. En dépit du caractère insolite de cette relation amoureuse, Mary révèle à Charlotte, à la mi-février, que Khalil et elle projettent de se marier aussitôt qu'ils le pourront. Charlotte se montre ravie de la nouvelle, et Mary écrit : « Elle m'a dit qu'elle espérait ce dénouement depuis qu'elle a vu Khalil à Paris[9]. » Peut-être Gibran a-t-il confié ses sentiments à leur amie commune — sentiments que Mary était obligée, elle, de deviner à la lecture de ses lettres. Charlotte semble la seule à être au courant de leurs fiançailles. Louise, la sœur de Mary, se doute bien qu'il y a anguille sous roche, mais lorsque Mary veut lui confirmer la nouvelle, Gibran l'en dissuade[10].

Et le petit jeu se poursuit. Au début du mois de mars, ils parlent de sexualité. Gibran aborde le sujet en libre-penseur : « Je crois qu'un jour viendra où aucune loi ne nous dira plus comment utiliser notre corps. » Les liaisons passées de Mary ne le contrarient pas, à condition qu'elle en ait tiré une leçon de vie. À la fin du mois de mars, Mary confie à son journal qu'elle a des doutes sur leur relation. Elle ne souhaite pas renoncer à Khalil, mais elle refuse d'abandonner ses activités. Elle ne veut pas d'une vie banale, ordinaire. L'existence, pour elle, doit être aventureuse. Elle aime faire des randonnées sportives, dormir sous la tente, mais Khalil lui a dit qu'il était trop fragile pour l'accompagner dans ces équipées. Peut-être serait-il embarrassé, un jour, de découvrir qu'elle court plus vite que lui ! Elle a toujours rêvé d'avoir un mari doté d'une certaine force physique. En outre, elle continue à se faire du souci à propos de son âge : elle n'a plus assez d'années devant elle pour avoir plusieurs enfants. Peut-elle même en avoir un ? Le 1er mars, Khalil lui a dit qu'il ne pensait pas être assez robuste pour supporter la présence d'enfants. Peut-être devrais-je tout simplement me consacrer à mon travail ? se dit-elle. Elle se demande si son ami s'autoanalyse lui aussi, s'il vit, comme elle, dans le doute perpétuel. Puis elle revient à cet âge qui la tourmente. « Parfois, écrit-elle, il me fait l'effet d'être un étranger, parfois même un ennemi, et moi je suis si hostile[11] ! »

Pour qui a lu les carnets et les journaux de Mary Haskell, une conclusion s'impose : elle n'aime pas assez Gibran pour l'épouser. Le 14 avril, elle est déterminée à lui dire qu'elle ne sera pas sa femme — parce que ce mariage serait une « bourde ». Elle le lui annonce le lendemain. Il pâlit en l'écoutant, il est bouleversé. Elle lui explique, longuement, qu'elle entrevoit pour lui de plus grands accomplissements qu'un mariage. Elle ajoute qu'elle éprouve à présent une véritable passion et du désir pour lui, mais que son âge est une barrière insurmontable. Ils pleurent en silence pendant plusieurs minutes, puis il s'en va, après lui avoir déclaré : « Tu m'as donné un cœur neuf ce soir. » Les jours qui suivent, Mary se fait à l'idée de ne pas vivre avec cet homme : « Cela fait mal ! Mais c'est ainsi que cela doit être. » En fait, elle se dit que le refus d'épouser Khalil les a rapprochés, et qu'il va maintenant pouvoir s'accomplir en tant qu'homme et en tant qu'artiste. Deux jours plus tard, elle va même jusqu'à lui dire qu'elle espère qu'il se mariera un jour[12]. Khalil, de son côté, refuse de parler davantage de la rupture. Mary en est contrariée, mais elle interprète ce refus à sa façon : pour elle, cela signifie qu'il a compris. Il sait maintenant qu'elle a raison. En fait, il n'a jamais vraiment désiré l'épouser. Elle se console en se disant qu'ils s'aiment, même s'ils ne peuvent unir leurs existences et partager le même lit. Leur amitié est profonde et se double de sentiments amoureux. Que demander de plus ? Gibran est du même avis ; il dit que le dernier voile qui les séparait est tombé, et avoue qu'il a toujours eu peur du mariage[13]. Mais l'histoire ne s'arrête pas là : pendant plusieurs années encore, le couple envisagera la possibilité d'une union ou de relations sexuelles.

Mary se trompe, cependant, lorsqu'elle interprète le silence de Khalil. Elle croit qu'il dissimule ses sentiments, qu'il veut se montrer rassurant chaque fois qu'il affirme que leur amitié est plus complète aujourd'hui que s'ils s'étaient mariés ou avaient fait l'amour. En fait, le silence de Gibran cache sa souffrance et sa colère. N'a-t-il pas été rejeté ? Ces sentiments vont se muer en une rancune tenace. Khalil ne digère pas la conduite de Mary pendant les premiers mois de 1911. Quelques années plus tard, un fait anodin va déclencher une période de six mois de récriminations. Khalil dira à Mary à quel point elle l'a blessé — il dira même « torturé » — et elle se reprochera durement, devant lui ou dans les pages de son journal, sa « brutalité ». Ces passages du journal constituent une lecture peu plaisante, dans la mesure où on a l'impression que Gibran retourne le fer dans la plaie de Mary dès que cette dernière lui en donne l'occasion. Une chose est sûre : chaque fois qu'il la voit dans la seconde moitié de l'année 1915, il lui fait des reproches. Le dialogue se poursuit par courrier. Gibran ne cesse de ressasser le même sujet. Il lui dit qu'elle lui a lancé des paroles blessantes, puis lui écrit pour s'excuser... et recommence ses récriminations lors de la rencontre suivante. En bref, il se conduit en enfant gâté. Il prétend qu'elle l'a choisi tout spécialement, lui, pour lui faire subir ce traitement cruel, alors qu'elle se montre douce et généreuse avec ses autres amis. Puis, avec une magnanimité un peu forcée, il feint de mettre toutes les peines qu'elle lui a infligées sur le compte du destin : n'est-il pas né pour souffrir ? Enfin, il admet que ces souffrances l'ont fait grandir[14].

Revenons à l'année 1911 et plus particulièrement à l'œuvre de Gibran. D'après Mary, il travaille six heures par jour, puis il lit, s'occupe de sa correspondance ou va à la bibliothèque[15]. À cette époque — n'oublions pas qu'il arrive de Paris — il se consacre surtout à la peinture. Ses œuvres portent des noms comme « Contemplation » ou « Lassitude ». Il fait un certain nombre de portraits, d'après les modèles qui se présentent : sa sœur, ses cousins, les amis et connaissances de Mary — auxquels s'ajoute l'acteur David Bispham, qui prend place, bien sûr, parmi les célébrités du « Temple de l'art ». Mary savoure son rôle d'impresario ; elle s'y sent tout à fait à l'aise. Elle fait connaître à Khalil des personnalités qui peuvent lui être utiles, l'aide à rédiger des lettres à Isabella Stewart Gardner, par exemple, dont le parrainage pourrait lui ouvrir bien des portes. Il ne fait aucun doute qu'elle se sent mieux dans ce rôle que dans celui de maîtresse ou de future épouse. Elle est heureuse d'être le témoin des progrès de Khalil en peinture, se réjouit de le voir utiliser la couleur, et pavoise quand les salons de la haute société l'accueillent à bras ouverts. En fait, c'est lors d'une soirée où elle le présente à un certain Greene — qui promet de l'introduire auprès de personnalités en vue — que Mary comprend qu'un avenir exceptionnel attend son ami. Elle se félicite d'avoir renoncé à un mariage qui n'aurait fait que l'entraver dans ses activités. Ce soir-là, elle décide vraiment de ne pas l'épouser.

Un tableau sur lequel il travaille doit d'abord représenter Orphée, mais Gibran n'ayant pas de modèle masculin, le personnage se transforme en Sapho. Khalil et Mary le baptisent « Rose Sleeves », à cause de la couleur de l'ample robe du personnage. Le tableau, qui va devenir l'un des préférés de Mary, occupera toujours une place de choix dans sa collection. Franchement, ce n'est pas une œuvre extraordinaire — l'étude à l'huile manque de fermeté — mais Mary y tient beaucoup, car elle a vécu sa gestation et sa naissance. En outre, le tableau lui rappelle une phase délicate et pleine d'émotion de sa relation avec son cher Khalil. Dans la mesure où la toile n'est rien de plus que le portrait d'une femme en robe rose, sans titre symbolique, on peut se dire que Mary y voit surtout une œuvre annonçant chez Gibran une tendance qui la séduit. Le style de l'artiste se caractérise de plus en plus par son réalisme. Cette évolution, Mary l'accueille comme un signe de maturité[16]. De son côté, Khalil est particulièrement fier d'un portrait de Charlotte, qu'il décrit comme « le premier dessin dans lequel la technique joue une part essentielle ». En général, il admet sa faiblesse dans l'art du portrait : « Je suis trop amoureux de ce qu'il y a en moi — de ma conception intérieure. Il me faut apprendre à ne voir que ce que je vois[17]. »

Il écrit un peu. Le 12 janvier 1911, il arrive chez Mary avec un poème en arabe intitulé « Nous et Vous », qui lui est dédié. « Nous » représente les poètes illuminés par la souffrance, et « Vous », la masse piégée dans un matérialisme aveugle — cette masse qui a tué Jésus et Socrate. Le poème a été publié à la fin de l'année précédente dans *Mirat el-Gharb*, et non dans *El-Mouhajir*, Amin Goryeb ayant quitté le journal en 1909 pour retourner au Liban. Najib Diab, le rédacteur en chef de *Mirat el-Gharb*, s'est montré empressé de récupérer les auteurs que Goryeb a laissés en partant.

Le séjour à Paris n'a pas fait perdre à Gibran la réputation qu'il s'est taillée dans le monde arabe. Il continue à écrire des articles à l'occasion et, grâce au succès de ses livres, sa renommée grandit. Le 27 janvier, lorsque Mary lui demande, en plaisantant, s'il croit qu'il pourrait écrire d'aussi beaux poèmes que ceux de Francis Thompson, il répond par la négative, puis déclare en rougissant que, lorsqu'il n'avait que dix-neuf ans, sa poésie était déjà comparée à celle de Gabriele D'Annunzio. Il ajoute que, maintenant qu'il a lu D'Annunzio, il sait qu'il n'est pas à la hauteur de la comparaison. Il estime pourtant avoir déjà écrit des textes qui lui survivront, tout en étant persuadé que le meilleur est à venir. Gibran n'est jamais satisfait de ce qu'il écrit, il essaie sans cesse d'améliorer son style et d'apporter plus de profondeur à ses textes.

La renommée dont il jouit dans la communauté syrienne américaine commence à lui valoir des invitations à parler en public. Le 19 novembre 1910, il s'adresse au Syrian Student Club et, le 25 février 1911, à la section bostonienne de la Golden Links Society (*El-Halaquat el-Dhahabiyah*). Il déclare aux membres de ces organismes que la Syrie doit s'efforcer de régler seule ses problèmes, sans se reposer sur la Turquie ou sur une autre grande puissance. Pour faire sa marque dans sa communauté, il est essentiel qu'un homme apprenne d'abord à voler de ses propres ailes. La Syrie doit utiliser toutes ses ressources afin de se faire une place au sein de la société des nations. Gibran harangue son public. Ne croyez pas, dit-il, que la citoyenneté américaine apportera automatiquement une solution à vos problèmes. Méfiez-vous des promesses de l'État américain, car tous les États sont corrompus. La première chose à faire est d'oublier les querelles mesquines qui opposent les diverses communautés : druzes et maronites, chrétiens et musulmans, ainsi que les allégeances perpétuées depuis qu'ils ont quitté le pays. Chaque individu doit trouver et utiliser ses propres ressources. Il pourra ainsi vivre avec dignité en Amérique.

À la fin du mois d'avril 1911, Gibran se trouve à New York, où des Syriens se sont réunis pour l'écouter. Comme il a choisi un sujet moins épineux que celui de l'autonomie, ses dispositions vis-à-vis du public sont beaucoup plus sereines. Il parle de l'art comme d'un moyen d'élargir et d'ennoblir l'existence. L'autorité qu'il a acquise au sein de la communauté syrienne en Amérique ne cessera de grandir et de se développer, jusqu'à ce qu'il devienne le porte-parole, voire l'idole de cette communauté. Pour la diaspora syrienne comme pour les Syriens restés au pays, Gibran symbolise les sommets auxquels un immigrant peut parvenir : il n'a pas fait fortune dans le commerce ou les affaires (un nombre appréciable de ses compatriotes ont réussi dans ces domaines), mais il s'est distingué par son talent littéraire, qu'il exercera bientôt en écrivant en langue anglaise, se forgeant ainsi une renommée internationale.

L'exubérante Charlotte, l'esprit bouillonnant de potins new-yorkais et toujours aussi subjuguée par la théosophie, arrive à Boston au début de février, pour y effectuer une longue visite. Ce séjour va cimenter sa relation avec Khalil. Elle pose pour lui, et l'artiste s'extasie auprès de Mary — avec un curieux manque de tact — sur le courant qui passe entre eux[18]. Charlotte et Khalil se confirment mutuellement leur croyance en la réincarnation. Khalil parle à ses amies, avec une parfaite assurance, de ses vies antérieures : « Deux en Syrie, mais brèves ; une en Italie jusqu'à l'âge de vingt-cinq ans ; en Grèce jusqu'à vingt-deux ans ; en Égypte jusqu'à un très, très vieil âge ; plusieurs fois, peut-être six ou sept, en Chaldée ; une fois en Inde et en Perse — et chaque fois en tant qu'être humain. » Charlotte et Mary se disent que Khalil est sans doute une réincarnation de Rossetti et de Blake. Elle bâtissent une théorie naïve de la réincarnation, trouvant un sens dans le fait que Blake est mort en 1827, que Rossetti est né en 1828 et mort en 1882 alors que Gibran est né en 1883[19] !

Gibran fait de la surenchère : il se met en état de transe. Il prétend qu'il a découvert tout récemment qu'il pouvait séparer son corps astral de son corps physique et entrer dans un règne où « les vérités concernant de grandes choses [lui] sont révélées sous une forme plus simple et plus claire que celle [qu'il croyait] connaître ». Hélas, il ne se souvient de rien quand il sort de son état de transe. Les deux femmes sont fascinées, et elles le supplient de renouveler l'expérience devant elles afin qu'elles puissent le questionner et apprendre de grandes vérités. Le résultat est si vague et si décevant que Charlotte semble douter de l'authenticité de la chose. Lorsque ses amis critiquent son scepticisme, elle fait marche arrière et dit à Khalil qu'il ne doit pas gaspiller ce don. Quant à Mary, elle rapporte l'incident dans son journal de façon plutôt laconique : « Les questions n'ont presque rien donné — mais nous avons vu un cercle de lumière et entendu de la musique. Sentiment d'apaisement et envie de danser. » En sortant de sa transe, Gibran a eu une sorte de frémissement intense et a regardé autour de lui, comme si tout ce qui se trouvait dans la pièce lui paraissait étrange. Il réitère ses expériences pendant quelque temps, espérant toujours amener au jour de grandes vérités. Rien ne se passe. Il abandonne la pratique au cours de l'été 1911. Mary s'inquiète néanmoins. En avril, après avoir beaucoup insisté, elle reçoit de Gibran l'autorisation de soumettre le problème au Dr Morton Prince. L'homme est un éminent aliéniste de Boston, auteur de plusieurs essais, dont *The Dissociation of a Personality : A Biographical Study in Abnormal Psychology* (1908). Au cours des années 1890, ses travaux de pionnier sur la dissociation, doublés d'une étude sur le phénomène de la médiumnité (ou canalisation, comme on dit de nos jours) ont suscité un grand intérêt dans le contexte du trouble du dédoublement de la personnalité. Mary a-t-elle finalement consulté le Dr Prince ? Nous l'ignorons. Et si elle l'a fait, nous ne savons rien des résultats de leur conversation. Mon sentiment est qu'elle n'en a rien fait. En avril, Khalil et elle avaient d'autres chats à fouetter[20].

La visite de Charlotte avive chez Gibran le sentiment qu'il n'a plus rien à tirer de Boston. Il trouve la ville ennuyeuse, étouffante. En fait, il est passablement déprimé durant les premiers mois de l'année 1911[21]. Il se dit qu'il lui faut aller vivre à New York, que cette ville le stimulera. Il écrit à Houayik, lui dit qu'il se sent en exil à Boston[22]. En novembre 1910 déjà, Charlotte a elle aussi écrit à Mary concernant la possibilité — purement hypothétique — que Gibran emménage à New York. Mais voilà que cette éventualité se transforme en probabilité. Mary offre de payer le loyer d'un atelier à New York. C'est un moment crucial dans la vie du poète : sans ce départ dans la grande ville, il n'aurait jamais pu attirer l'attention d'un public international. Mais il n'aurait pu envisager ce changement sans l'aide de Mary. On peut donc dire que le poète — et tous ceux qui aiment son œuvre — doivent une reconnaissance éternelle à Mary Haskell.

Gibran est au septième ciel, surtout lorsque sa protectrice lui offre de plaider sa cause auprès de Charlotte afin qu'elle accepte de poser pour lui dans l'atelier new-yorkais. Cette proposition émeut Khalil jusqu'aux larmes[23]. Mieux encore, Charlotte lui propose d'occuper son appartement pendant qu'il cherchera un atelier (elle doit partir en tournée avec une troupe de théâtre de répertoire, dans laquelle elle tient des seconds rôles). L'absence de Charlotte coïncide également avec une causerie que Khalil doit donner le 29 avril devant la communauté syrienne new-yorkaise.

Il y a quelques fausses notes dans ce beau programme. D'abord, Gibran semble prêt à sacrifier sa sœur, qui l'idolâtre, à ses ambitions et à la nécessité d'émigrer à New York pour les réaliser. Encore une fois, il règle ce cas de conscience grâce à Mary, qui lui promet, le 17 avril, de veiller sur Mariana — ce qui veut dire l'inviter à dîner de temps à autre et lui venir en aide financièrement. D'autre part, comment Gibran concilie-t-il son départ pour New York avec ses serments d'amour et son désir d'épouser Mary ? Dans une inscription du 6 avril, cette dernière ne parle que du projet de Khalil — mais cela se passe neuf jours avant qu'elle lui annonce qu'elle ne veut pas devenir sa femme. Peut-être Gibran s'attendait-il, avant cet événement, à ce qu'elle abandonne son école pour l'accompagner. Le 17 avril, dans une conversation avec Mariana, Mary semble d'ailleurs dire qu'elle a envisagé cette possibilité.

Une fois rassemblés tous les éléments de l'histoire — le curieux manque de passion des deux partenaires et la facilité avec laquelle Khalil accepte que Mary reste à Boston — il semble que le scénario le plus vraisemblable soit le suivant : l'« engagement » de Khalil et de Mary n'a jamais été officialisé, mais l'accord tacite est qu'ils se marieront un jour. De son côté, Mary espère que l'admiration qu'elle éprouve pour son protégé se transformera en amour passionné, tandis que Gibran souhaite, lui, que Mary se libère de ses obligations sociales et s'engage totalement. C'est alors que celle-ci commence à se dire qu'elle entrave la carrière de Khalil et que le déménagement à New York est indispensable pour qu'il se fasse un nom. Elle rompt alors son engagement et s'emploie immédiatement à faciliter le départ de son protégé.

Gibran quitte Boston à la fin du mois d'avril. Bien qu'il y revienne souvent pour voir sa sœur et Mary, il ne considère plus la ville qui a nourri ses premiers élans artistiques comme son foyer. Condamné à vivre, à son arrivée en 1895, dans le ghetto d'un quartier pauvre, considéré ensuite par la bonne société comme un personnage exotique, malgré sa volonté de briser ce moule, Gibran sera finalement reconnu, en 1977, comme l'un des enfants d'élection de la ville.

Copley Square, en plein centre de Boston, est flanqué de la bibliothèque publique et de plusieurs autres merveilles architecturales, plus ou moins anciennes. Sur la promenade entourant les pelouses et les fontaines, dans lesquelles les touristes superstitieux jettent de la petite monnaie, se dressent deux monuments : le mémorial du Marathon de Boston (qui porte, gravé dans son pavement, le nom des gagnants depuis son édification en 1897), et un gros socle rectangulaire de marbre rose — œuvre d'un autre Khalil Gibran, sculpeur et résident de Boston — surmonté d'une plaque de bronze. On y distingue un Gibran jeune, cheveux longs tirés vers l'arrière pour dégager le front haut — son style parisien. Le personnage a été sculpté dans la pose pensive classique, une main posée sur le front, l'autre sur un livre, *Le Prophète*. Sous le personnage en relief, ces simples mots : « *Khalil Gibran 1883-1931, poet, painter.* » Quelques branches de cèdres du Liban s'étendent, sculptées, sur la partie gauche de la plaque. Une autre inscription, qui traduit bien la fierté civique des Bostoniens, occupe la face verticale, sur le devant du socle : « *Kahlil Gibran, a native of Besharri, Lebanon, found literary and artistic sustenance in the Denison Settlement House, the Boston Public Schools and the Boston Public Library. A grateful city acknowledges the greater harmony among men and strenghtened universality of spirit given by Kahlil Gibran to the people of the world in return**. » Puis on peut lire une citation du poète : « *It was in my heart to help a little because I was helped much***. »

Il est aisé de deviner pourquoi Gibran est prêt, d'une part, à faire une croix sur la présence quotidienne d'une femme qui semble pourtant lui insuffler une si grande volonté et, d'autre part, à abandonner sa sœur. Le 4 juin, tandis que Mary séjourne pour la première fois chez lui, à New York, il lui dit : « Je suis avide de me faire une réputation en Amérique. C'est ici, à New York, que je dois être. C'est la ville où les tableaux sont peints et vendus. » Khalil a toujours été très ambitieux. Il a d'ailleurs écrit à son ami et éditeur Amin Goryeb pour lui faire part

* « Khalil Gibran, né à Bcharré, au Liban, a trouvé de quoi nourrir sa culture littéraire et artistique à la Denison House, dans les écoles publiques et à la bibliothèque publique de Boston. La ville reconnaissante lui témoigne ici sa gratitude pour ce qu'il a apporté au monde en échange : une plus grande harmonie entre les hommes, et un renforcement de l'universalité de l'esprit. » N.D.T.

** « Mon cœur voulait aider un peu parce qu'on l'a beaucoup aidé. » N.D.T.

de sa détermination : « Je suis venu dans ce monde pour écrire mon nom en grandes lettres sur la face de la vie[24]. » En outre, ayant déjà séjourné de temps à autre à New York, il connaît des membres de la communauté syrienne, plus large et plus représentative que celle de Boston. Ces gens ont lu ses articles dans les journaux arabes dont les bureaux sont à New York, ainsi que ses livres. Des amis influents comme Amin Goryeb l'encouragent depuis longtemps à s'installer dans la grande ville pour quelques années. Pour eux, il ne fait aucun doute que l'avenir est là. Bien que Gibran ait déclaré à Amin, en 1908, que la présence de son « ange féminin », Mary, le retenait à Boston, plus rien ne l'empêche maintenant de partir. Il a offert à Mary de s'associer à elle pour la vie. Elle a refusé.

New York est sans conteste le lieu où un jeune homme ambitieux peut faire sa marque. On pourrait comparer l'esprit conquérant de cette époque à celui des années 1960. La révolution est dans l'air. Le mouvement des suffragettes va bon train. Emma Goldman et Margaret Sanger prêchent l'amour libre et les méthodes anticonceptionnelles. Bill Haywood et ses amis socialistes sont persuadés qu'ils vont changer définitivement la société américaine. La critique d'art Gertrude Stein est persuadée que le cubisme va balayer une fois pour toutes le réalisme sous toutes ses formes. Dans un ouvrage fascinant et perspicace, l'historien et critique littéraire Martin Green construit son exposé autour de deux événements survenus en 1913 : l'Armory Show, qui présente au public américain les dernières tendances artistiques en Europe[25], et une grève, la Paterson Strike Pageant, qui fait éclater les revendications des travailleurs du palais du Madison Square Gardens. Les personnalités les plus avant-gardistes de la société new-yorkaise, comme Mabel Dodge, pour ne citer qu'elle, sont partie prenante des deux événements.

C'est le début de l'âge d'or de Greenwich Village. Le charme et le caractère du quartier attirent tout ceux qui ont du goût et peu d'argent. L'art et la politique s'y mêlent et s'y confondent : la bohème et les radicaux sont convaincus que l'Amérique est à l'aube d'une renaissance. La première veut qu'une révolution se produise dans la conscience individuelle, tandis que les autres aspirent à un changement social. Comme le dit justement l'historien Richwine : « Pour la plupart des résidents de Greenwich Village, le socialisme, l'amour libre, l'anarchie, les vers libres, la poésie et la politique ne forment qu'une seule et même cause. » Il faudra la guerre pour émousser cette ardeur et séparer l'art de la politique.

Le « Village » bouillonne d'activité. Le Liberal Club, au 137, rue MacDougal, se proclame « lieu de rencontre de ceux qui s'intéressent aux idées nouvelles », tout en restant volontairement vague. Depuis qu'il a ouvert ses portes, c'est là que se retrouvent toutes les personnalités influentes du Village. Les valeurs qu'il défend sont la liberté d'expression et l'adaptation psychologique (les idées de Freud sont dans l'air), le paganisme, le mot d'ordre « vivre dans le moment présent », l'émancipation des femmes et l'égalité des sexes. L'art est considéré comme une source puissante de rédemption sur le plan social, dans la mesure où il génère des valeurs neuves qui permettent de créer un nouvel ordre social[26]. Le magazine *The Seven Arts*, de James Oppenheim, porte en sous-titre : « An Expression of Artists for the Community » (« Les artistes s'expriment pour la communauté »).

Le premier numéro est publié en novembre 1916. En voici l'éditorial :

> Notre conviction et celle de beaucoup d'autres est que nous vivons les prémices d'une renaissance, une époque qui, pour l'Amérique, annonce une manifestation prochaine de cette conscience nationale qui est le commencement de la grandeur. Comme toujours au cours de ces époques, l'art cesse d'être une propriété privée pour devenir non seulement l'expression de la vie de la nation mais un moyen d'améliorer cette vie. Nos arts montrent des signes de ce changement. La mission de *The Seven Arts* est de canaliser le flot de ces tendances : une expression de nos formes d'arts, aux États-Unis, qui sera, fondamentalement, une expression de la vie américaine. Nous n'avons aucune tradition à suivre, aucune école de style à créer. Ce que nous attendons de nos collaborateurs, c'est qu'ils s'expriment sans tenir compte des standards auxquels se conforment habituellement les magazines. Nous donnerons toujours la préférence à ce qui, dans leur texte, a été écrit sous l'impulsion d'une joyeuse nécessité, la leur.

Il en est, bien sûr, qui ne se laissent pas entraîner par l'exaltation du moment. Don Marquis, dont on se rappelle surtout les poèmes comiques « *archi and mehitabel* », rédige une satire féroce qui paraît d'abord en feuilleton, puis est publiée sous forme de livre en 1916. *Hermione and Her Little Group of Serious Thinkers*, mélange de vers et de prose, nous présente Hermione et son groupe de « femmes éclairées ». Ces dernières ont assisté avec dévotion à des causeries de Swami Brandranath (caricature évidente de Rabindranath Tagore ; ce dernier a reçu le prix Nobel de littérature en 1913 et fait une tournée triomphale de conférences aux États-Unis en 1916). Les sujets traités par Brandanath comprennent le cosmos, la transmigration des âmes et la méditation (« la quête des silences »). Hermione et son groupe s'expriment dans un abondant charabia de termes freudiens ; elles sont opposées au matérialisme, appellent « Earth People » ceux qui ne sont pas artistes. Elles sont pacifistes, aiment la Russie pour son sentimentalisme. Elles ont lu Nietzsche, la Baghavad Gīta, et d'épouvantables vers libres de Fothergil Finch. Hermione elle-même confond souvent exotisme, érotisme et ésotérisme, mais elle sent qu'ils sont tous trois importants. Les Êtres supérieurs, affirme-t-elle, ont un corps astral. Elle essaie de distinguer les auras et de percevoir la sensibilité des plantes. En une soirée, le groupe couvre tous ces sujets, et bien d'autres — éducation sexuelle, Bergson, évolution, etc. Et, bien sûr, on critique tout ce qui est superficiel.

Le Village se croit très différent du reste du pays : il est à l'avant-garde de la pensée et veut marquer symboliquement cette distinction. Martin Green fait le récit de l'événement : « Dans la soirée du 23 janvier 1917, six personnes grimpent sur l'arche du Washington Square et proclament le Village “république indépendante”. Ils allument ensuite un feu de joie, font un pique-nique tout autour, accrochent partout des lanternes chinoises et des ballons rouges. Puis, sous des détonations de pistolets d'enfants, Gertrude Smith [...] lit une déclaration d'indépendance. »

C'est au Village que Gibran va atterrir à la fin du mois d'avril 1911, pour y vivre à l'étroit au 164, Waverley Place, dans l'appartement de Charlotte. Il s'installe, annonce sa présence à ses amis syriens, en particulier à Amin Rihani qui vit maintenant à New York. Il entame ses recherches en vue de dénicher un atelier convenable et sonde les ressources de la ville. Quelques jours après son arrivée, il a déjà établi des contacts très utiles. Le compositeur Arthur Farwell, un vieil ami de Mary, lui fait connaître des directeurs de galeries et des marchands de tableaux, tandis que Rihani lui demande d'illustrer un de ses ouvrages, *The Book of Khalid*, qui sortira plus tard au cours de l'année[27]. Les deux hommes deviennent inséparables. Née à Paris, l'admiration que Gibran éprouve pour cet ami plus âgé ne fait que croître.

Tout lui plaît à New York. Captivé comme il l'est par l'esprit du temps, Gibran a l'impression d'être chez lui dans cette ville où il pourra s'accomplir et atteindre les sommets. Ses lettres à Mary sont enthousiastes : « Je regarde avec mille yeux et j'écoute avec mille oreilles, tout au long du jour[28]. » Il adore le Metropolitan Museum, remercie Mary parce qu'elle lui a encore envoyé de l'argent, lui raconte qu'il a redouté un dîner organisé par Salloum Mokarzel, un important éditeur syrien, au cours duquel il était censé rencontrer l'ambassadeur de Turquie, mais que la soirée a été « merveilleuse », bien qu'il ait exprimé devant les invités son chagrin de voir la Syrie rester une province turque. Il a fait le portrait de Farwell pour son « Temple de l'art », a lu *Ainsi parlait Zarathoustra* en anglais et s'est bien établi dans la communauté syrienne. Les réponses de Mary ont été perdues pour la plupart, mais elles étaient, on peut s'en douter, enjouées, pleines d'esprit et d'anecdotes. Elle doit pourtant se sentir un peu seule, maintenant qu'elle est privée du contact presque quotidien avec son cher Khalil.

Le 6 mai, un samedi, pourrait être décrit comme une journée typique dans la vie du poète : il fait un portrait de Rihani, qu'il considère comme sa meilleure esquisse depuis son retour de Paris ; Micheline vient le voir et ils renouent ; puis, quelques amis syriens envahissent l'appartement et jacassent comme des pies jusqu'à ce que Gibran les supplie de s'en aller. Il doit s'habiller pour aller parler, dans un club syrien, de « la destinée des nations ». La causerie connaît un tel succès qu'on lui demande d'en donner une autre la semaine suivante. À la fin de la journée, Gibran soupire : « Je voudrais être plusieurs Khalil[29]. »

Charlotte récupère son appartement le 15 mai. Elle a quitté prématurément sa troupe de théâtre de répertoire. Gibran emménage dans une petite pièce, au 28 de la 9e Rue Ouest, dans l'immeuble où habite Rihani. Bien que l'endroit ne se prête pas au travail, Gibran se montre aussi occupé que d'habitude. Il commence un autre portrait de Charlotte, rencontre Richard Le Gallienne et le poète Edwin Markham, fait leur portrait. Chacune de ces nouvelles connaissances lui procure d'autres relations. Ainsi, il est présenté à Charles Edward Russell, un socialiste éminent qui a brigué, sans succès, les postes de gouverneur de la ville de New York et de sénateur. Les contacts se multiplient. Khalil se sent libre, communicatif. Dans une lettre qu'il adresse à Mikhaël Nouaymé en 1920, il évoque Boston et déclare : « Ses habitants ont l'âme pétrifiée[30]. » Il est loin, on le voit, d'avoir une opinion aussi négative des New-Yorkais.

Mary arrive le 1er juin. Elle compte rester quelque temps. Les trois amis — Khalil, Charlotte et Mary — décident d'accueillir Rihani dans leur cercle. Khalil a présenté son vieil ami à Charlotte quelques jours plus tôt. La soirée n'est pas un succès. Dans une sorte d'enthousiasme puéril, les convives ont décidé de s'habiller. Les femmes sont maquillées et portent leurs plus beaux atours, les hommes ont revêtu un costume syrien. L'atmosphère superficielle ainsi créée gâche la fête. En couple ou à trois, amis ou amants, ils restent très unis ; mais le quatuor ne leur réussit pas. Ils ne réitéreront pas l'expérience[31].

Charlotte part le 5 juin pour Denver, où habitent des membres de sa famille. Pendant cinq jours, Khalil et Mary explorent New York. Ils visitent les musées, jouent les touristes, se font la lecture, découvrent Gonfarone's, qui restera leur restaurant favori pendant des années. Khalil fait évidemment des esquisses de son amie. Elle note dans son journal qu'il est en pleine forme, et que la vie new-yorkaise lui convient merveilleusement. Il trouve un atelier libre pour l'été, ce qui va lui permettre de quitter sa chambre. Cette dernière est si petite et si sombre que, lorsqu'il veut peindre et dessiner, il doit emprunter celle de Rihani.

Mary et Khalil discutent beaucoup. La plupart de leurs conversations ont la saveur d'échanges entre deux personnes qui ont encore tout à apprendre l'une de l'autre. Mary, par exemple, expose à son compagnon sa conception de l'amitié ; elle lui dit pourquoi Charlotte lui est si chère. Il leur arrive parfois de causer d'une manière plus impersonnelle, ou plus abstraite. Influencés par l'esprit du Village, ils parlent de « l'Absolu », et de la beauté d'un être lorsqu'il s'exprime dans sa vérité. Ils en viennent aussi à aborder un sujet épineux : l'argent. Mary parle de son testament. Elle lui dit qu'elle y a exprimé sa volonté de lui laisser cinq mille dollars, mais qu'elle désire maintenant les lui donner tout de suite. Il proteste, puis accepte, car il ne souhaite pas vendre de tableaux pour l'instant, du moins pas avant de s'être fait un nom, ce qui augmentera leur valeur. Il déclare qu'il lui léguera ses dessins et ses peintures et, le 16 juin, rédige un brouillon de testament, qu'elle gardera dans son journal. Khalil laisse à Mary toute son œuvre picturale et l'argent qu'il pourrait posséder ; il lègue ses œuvres littéraires à Mariana et à Amin Goryeb. La majorité de ses effets personnels iront à sa sœur ; son corps devra être enterré dans son village natal, Bcharré. Il peut paraître étrange (ou excessivement prévoyant) qu'un homme aussi jeune — il a vingt-huit ans — décide de faire son testament. Pourtant, avec un sens infaillible de la prophétie, Khalil annonce à Mary qu'il ne vivra plus qu'une quinzaine ou une vingtaine d'années, alors qu'elle dépassera les soixante-dix ans[32].

Elle repart pour Boston, où il arrive quelques jours plus tard. Il veut passer quelque temps avec sa sœur et prendre des vacances dans le Maine avec Fred Holland Day. Le 18 juin, Mary quitte la ville pour faire, comme chaque année, une vigoureuse équipée de plein air en Californie. Khalil se partage entre Boston et New York. Il révise *Les Ailes brisées* (même s'il a le sentiment de s'être détaché de cette œuvre), illustre le livre de Rihani, *The Book of Khalid*, termine le portrait de Charlotte, qui s'intitule maintenant « Isis », et met la main à d'autres tableaux. En résumé, il travaille dur tout l'été, ne s'interrompant que pour prendre de brèves vacances avec Mariana et Day, et pour soigner une grippe. À la mi-septembre, il retrouve Mary à son retour de l'Ouest, puis rentre à New York pour se mettre sérieusement en quête d'un bon atelier.

Il est particulièrement difficile de présumer de la nature de la relation de Khalil et Mary à cette époque. Qu'ils soient très attachés l'un à l'autre ne fait aucune doute. Il existe d'ailleurs des preuves abondantes de cette amitié. Lorsqu'il est seul à New York, Gibran évoque la présence de Mary chaque fois qu'il est sur le point de commencer une nouvelle œuvre. Mais on a la nette impression que, pour eux, la distance entre Boston et New York est en quelque sorte assortie d'une certaine distance émotionnelle. Ils s'entendent toujours aussi bien, mais ils restent incertains de leurs sentiments amoureux. L'éventualité d'un mariage n'existant plus, aucun malentendu à ce sujet ne les sépare, même si Charlotte presse Mary de faire en sorte que Khalil renouvelle sa proposition et lui dit qu'elle devrait alors accepter. Mary et Khalil ne sont pas amants. Leurs lettres, leurs conversations le prouvent. Les inscriptions de Mary passent de la description de sentiments d'amitié chaleureuse à l'évocation, plus abstraite, des liens unissant protectrice et protégé. Mary donne de l'argent à Khalil, lui achète des vêtements, raconte, sur un ton presque maternel, à quel point il semble bien dans sa peau. Ils restent cependant, dans leur correspondance mutuelle, le « cher bien-aimé » et la « chère bien-aimée ».

Il faut peu de temps à Gibran, à son retour à New York à la fin du mois de septembre, pour se trouver un atelier. Il se prépare à quitter l'immeuble loué pour l'été au 51 de la 10e Rue Ouest (spécialement construit pour y abriter des ateliers d'artistes), pour emménager un peu plus loin, au numéro 30. L'appartement, pourvu d'un balcon, vient tout juste d'être libéré. Khalil saute sur l'occasion et, triomphant, écrit à Mary qu'il a déniché un « humble petit atelier » pour vingt dollars par semaine. Elle aimerait qu'il trouve un logement plus vaste, plus confortable, mais il lui répond que la lumière y est parfaite, et que l'appartement est bien assez grand pour l'instant.

L'immeuble en briques rouges du 51 de la 10e Rue Ouest, situé entre l'avenue des Amériques et la 5e Avenue, porte le nom de « Studio Building ». C'est le premier immeuble new-yorkais spécialement construit pour des artistes. (Il sera démoli au début des années 1950, en dépit des protestations innombrables d'historiens et de résidents du Village.) On y construira à la place un immeuble à appartements haut de gamme. Nous sommes du côté nord de Greenwich Village : les magasins y sont plutôt miteux, mais il reste, de l'autre côté de la rue, un tas de bâtisses anciennes. Le quartier conserve une atmosphère respectable et démodée, comme dans certaines parties de Bloomsbury, à Londres.

Gibran retourne à Boston pour y empaqueter ses affaires et les faire envoyer à New York. La ville qui a accueilli l'immigrant lui réserve une dernière et bonne surprise. Le 28 septembre, il accompagne Mary à la Drama League pour y entendre W. B. Yeats parler de Synge. Après la conférence, ils sont invités dans les coulisses par un ami de Mary. Gibran obtient un rendez-vous avec Yeats, dont il veut faire le portrait pour son « Temple de l'art ». La rencontre a lieu le 1er octobre. Le dessin est excellent et fait l'admiration d'une amie de Yeats, Lady Gregory, qui pose pour Gibran quelques semaines plus tard. Cette dame se trouve alors à Boston avec les Irish Players, le groupe qu'elle a formé avec

Yeats. Elle offre des billets à Khalil pour un de leurs spectacles, auquel il assistera avec Mary lors de leur dernière soirée. Puis ce sera le départ pour New York.

Gibran se sépare en douceur de Boston. Le flambeau de la gloire l'attend à New York. Dans sa volonté de sortir de son rôle de « prodige romantique de l'Orient », il fait pourtant l'erreur, que certains ont commise avant lui et que d'autres commettront encore, de croire que la distance géographique provoque un changement psychologique. Il ne lui sera pas facile de se libérer du conditionnement auquel l'a soumis Fred Holland Day. Mais il rassure Mary. Il lui dit que, bien qu'il s'installe dans une autre ville, leur amitié restera vivante, parce qu'il le veut. Quel que soit le nombre de kilomètres qui les séparent, son amie sera toujours présente quand il créera. Elle restera son guide et son critique invisible[33]. Leur relation est « une amitié teintée de passion ». Ils pleurent parfois à la perpective du départ, mais tout se passe si bien au cours des dernières semaines qu'un lien permanent se scelle entre eux. Un de leurs meilleurs moments est celui où Khalil fait cadeau à Mary d'une peinture à l'huile. Dans un paysage tumultueux et désolé, un personnage, accablé par la solitude, nu mais d'un sexe indéterminé, entoure sa nuque de ses mains dans un geste de souffrance. Mary baptise le tableau « The Beholder » (celui qui voit). Elle rédige quatre pages sur l'œuvre, qui lui plaît énormément. Puis elle écrit dans son journal : « Ce que je veux dire, c'est que ce tableau pourrait me donner la capacité de peindre. Il libère l'esprit et insuffle la volonté de créer et de le faire avec confiance — car on sait que ce que l'on aura accompli sera un jour parfaitement compris. Et il est si merveilleux d'être compris entièrement, jusqu'au fond de soi-même[34]. »

Mary donne un dîner. La soirée est un peu ratée, mais elle rapproche davantage les deux amis, car Mary réalise alors à quel point Khalil est différent des autres convives. Elle est heureuse qu'il l'ait soustraite, petit à petit, à la société qu'elle fréquentait pour l'attirer dans son monde. Gibran, qui commence déjà à s'installer dans son nouveau rôle, pontifie un peu : « J'ai bien peur que la plupart des êtres ne vivent dans un univers bien étroit. » Puis il lui dit qu'il est peiné de voir les gens se conduire de la sorte. Lorsque l'adulation deviendra son lot quotidien, cette habitude de pontifier deviendra une seconde nature.

Jusqu'ici, Mary a été, parmi ses proches, son unique admiratrice, mais à New York, un tas d'adorateurs potentiels l'attendent. Gibran, ambitieux et assoiffé de reconnaissance, se délectera de cette situation et écartera ceux qui ne lui manifesteront pas cette adulation qu'il est convaincu de mériter.

7 MARY

À la fin de l'année 1911, la relation amoureuse qu'entretiennent Mary et Khalil s'est fixée dans le modèle auquel elle se conformera pendant près de douze ans. Ils se retrouvent à plusieurs reprises, chaque année, pour de longues ou de courtes périodes : à certaines occasions Mary va à New York, à d'autres, Khalil se rend à Boston. L'un ou l'autre événement préside souvent à ces retrouvailles : fin novembre ou début décembre, Mary participe, à New York, à la réunion de l'Association des directrices d'école. En été, elle fait étape à Greenwich sur la route de ses vacances dans l'Ouest. Elle s'installe alors chez Charlotte ou chez Micheline. S'il arrive que ses deux amies soient absentes, elle loue une chambre dans une pension. Khalil et elle se rencontrent, bavardent de choses et d'autres, visitent un musée, prennent le bus pour faire le tour de la ville, baguenaudent autour des étangs troubles de Central Park, où croassent les grenouilles taureaux. En fin de journée, ils mangent un morceau chez Child's ou dans un restaurant sans prétention (Gonfarone's reste leur favori), qu'ils préfèrent au Delmonico's, au Martin's ou au Moretti's. À l'atelier, ils encadrent des tableaux de Khalil, ou bavardent tandis que celui-ci retouche ses dernières compositions. Quand l'un de ses amis l'invite dans sa résidence du bord de mer, Gibran fait un arrêt à Boston avant de se rendre sur la côte. En hiver, il passe les fêtes dans cette ville avec Mary et Mariana.

Les modalités pratiques de la relation sont donc établies. Quant à la dynamique émotionnelle et psychologique des échanges, elle obéit à une logique répétitive qui, à certains égards, est suffocante. Mary joue certes un rôle central dans la vie de Gibran, mais certains traits excessifs de leurs rapports méritent d'être relevés. En dépit de la distance physique qui les sépare, la dévotion de la jeune femme n'a cessé de croître. Dans son journal, dans ses carnets, les épithètes les plus élogieuses sont associées à Gibran ; elle s'émerveille — ou s'inquiète — devant la quantité de travail qu'il abat ; elle le considère comme un être éclairé dont les dieux se servent afin de produire une œuvre abondante pour le bénéfice des générations futures — en dépit du fait que ses contemporains ne l'apprécient pas encore. Mary se dit que Khalil lui est supérieur et qu'elle doit s'efforcer de grandir pour le comprendre. C'est le leitmotiv de son journal et de ses carnets, surtout jusqu'en 1915 (où les épithètes exprimant son admiration pour Khalil se feront plus rares[1]). Mais pour l'instant, les mots parlent d'eux-mêmes : « Merveilleux Khalil ! ! ! Esprit transcendant, éternel ! » « À lui [...] qui donne une voix à l'Absolu. » « Il est la vérité, il peut discerner la réalité ; en conséquence, il parle vrai et révèle le Réel. » « Les Américains ne savent pas encore que K. est *immense.* » « Il *voit* et *crée le futur — et détruit les choses mortes du présent.* » « L'être le plus fort que j'aie jamais rencontré [...]. Toute cette puissance, cette passion, cette sensibilité, cette beauté rassemblées dans un être aussi frêle ! Je me demande si K., en tant que création des dieux, ne devrait pas résister à l'empressement que les dieux mettent à l'utiliser. » « J'ai baisé sa Main — le monde sera privé de guide quand il disparaîtra. » « Grand, souffrant, divin Khalil ! » « Khalil fait partie de ce cercle où sont rassemblés le Christ, Bouddha, Michel-Ange, Shakespeare et d'autres tout aussi grands[2]. »

Plus Mary se considère comme une disciple inconditionnelle de Gibran, plus l'ego et la vanité de ce dernier se renforcent. Le succès aidant, cet orgueil s'épanouira davantage. Chez certains êtres, la conscience du moi est si faible qu'ils se modèlent non seulement sur les autres, mais sur ce que les autres pensent d'eux. Pour Mary Haskell, Khalil Gibran est une figure christique. Avec les années, il s'identifiera de plus en plus à ce rôle auquel elle s'est elle-même adaptée. À l'époque, elle accepte même d'être une sorte de bouc émissaire sur lequel il calme ses frustrations. Il lui reproche de l'avoir rejeté. Plutôt que de se défendre, Mary se fustige sans pitié et supporte ses récriminations avec patience.

En 1914, l'attitude de Mary à l'égard de Khalil est tout à fait passive. Elle finit du reste par l'admettre : « Nous avons parlé de cette vieille tendance que j'ai à être dépendante de lui — un sujet que nous n'avions jamais abordé auparavant[3]. La foi de Mary est absolue : Khalil sait ce qui leur convient à tous les deux. Du reste, quand elle intervient dans sa vie — pour choisir des tableaux en vue d'une exposition, par exemple — Khalil s'en montre irrité, et elle finit par se reprocher de ne pas lui faire confiance[4]. Un jour de juin 1913, après l'avoir vu traiter Walter Pach, peintre et critique éminent, avec arrogance, voire avec grossièreté, elle ose lui en faire la remarque. Ils se disputent. Pleine de remords, elle remplit des pages et des pages de son journal, s'accusant de tout[5]. Mary est une femme intelligente, active, mais peu sûre d'elle sur le plan émotionnel. « Je me sens comme un bébé gardé par un géant[6] », écrit-elle. Elle note à plusieurs reprises que Khalil a admis qu'il était dominateur — non pas dans ses rapports avec elle, mais lorsqu'il se trouve au sein d'un groupe. C'est vrai qu'il adore réunir des gens et être le centre de l'attention[7].

Leurs conversations se déroulent sur le même modèle : Mary pose des questions ; Khalil délivre des réponses sentencieuses. Tous les sujets sont abordés — des traits caractéristiques de la nation syrienne (un sujet récurrent) à l'art, en passant par la poésie et la politique. Les exemples de ce comportement sont nombreux et les commentaires de Mary occupent presque chaque page de son journal. Il ne faut pas oublier que Khalil est un autodidacte. Comme tel, il a des opinions arrêtées et pontifie plus souvent qu'à son tour. Mary prépare les questions qu'elle souhaite lui poser, généralement basées sur leur précédent entretien, et il lui répond à sa manière habituelle. Elle le quitte rassasiée, digère ses bonnes paroles, puis accourt avec d'autres questions, ou pour lui dire combien il est sage et merveilleux. Les notes de Mary sont parfois révélatrices : « Nous savions tous les deux que j'étais venue pour lui parler de ce que j'avais appris cette semaine[8]. » Avec l'assentiment de Mary, Gibran est devenu son seigneur et maître. Il profite amplement de la situation.

Il garde leur relation secrète, ce qui ne manque pas de choquer son amie. À New York, où ils fréquentent ensemble musées et restaurants, il ne la présente jamais à ses amis. Il prend des précautions incroyables afin que personne ne puisse s'imaginer qu'ils sont amants. Lorsqu'il est à Boston, il refuse d'habiter chez elle. Il ne lui permet pas de venir à l'atelier en fin de soirée, en dépit du fait que, selon elle, il vit dans un immeuble « bien tenu » dont les résidants ne risquent pas de « se livrer à la calomnie » lorsqu'un visiteur s'attarde le soir. Bien sûr, Khalil peut toujours prétendre — et la chose est plausible —, qu'il agit de la sorte pour sauvegarder la réputation de son amie, et parce qu'il ne veut pas qu'on la traite de femme facile. Elle n'en est pas moins contrariée. Il la laisse dans l'ombre, cela ne fait aucun doute. Lorsqu'il lui dédie un livre ou un poème, il n'inscrit que ses initiales, procédé auquel il a également recours avec certains de ses tableaux. En bref, Mary est interdite de séjour dans le cercle d'amis new-yorkais de Khalil. Ne suis-je donc pour lui qu'une source de revenus ? se demande-t-elle. Dans ce cas, je mérite d'être considérée par ceux qui l'entourent comme son amie et sa protectrice. La froideur de Khalil la fait souvent pleurer, mais elle n'a pas la force de se rebeller, ce qui lui permettrait de forger une nouvelle relation dans laquelle elle jouerait un rôle plus affirmé[9].

Un aspect irritant de ce syndrome de contrôle est que Gibran ne permet pas à Mary d'avoir une autonomie de pensée. Si elle lui parle d'un sentiment qu'elle a éprouvé, ou d'une idée qu'elle a eue, il répond invariablement : « C'est exactement ce que je voulais exprimer quand j'ai dit que... ! » Il détourne la conversation, écarte le vécu de Mary au profit du sien. Il a toujours eu l'idée avant elle, ou fait l'expérience le premier ! En septembre 1922, Mary est confrontée à un phénomène étrange : alors qu'elle se trouve dans le métro, elle croit percevoir l'essence de l'Existence — sous une forme platonique, pour ainsi dire, donc non rattachée à un individu en particulier. Brûlant d'impatience de conter cette expérience à Khalil, elle court à l'atelier. Il se contente de déclarer : « Oui, n'est-ce pas merveilleux quand cela arrive ? » Comme si la chose lui arrivait tous les jours ! Puis il change de conversation. Plus tard, elle lui révèle combien il lui est difficile d'affronter les petites choses mesquines de la vie quotidienne tout en « vivant avec une conscience plus aiguë de l'existence ». Au lieu d'aborder ce problème crucial de façon abstraite, ainsi qu'il convient, il s'exclame : « C'est tout à fait ça ! C'est ce qui a fait le malheur de ma vie ! » Le jour où elle essaie de discuter d'un sujet d'une grande importance — les négociations entourant l'achat d'une nouvelle école —, il ramène la conversation sur lui et sur son travail. Elle lui dit qu'elle a l'intention d'apprendre l'arabe afin de lire son œuvre dans le texte. Il l'en dissuade. Un autre exemple significatif de cette attitude nous est donné lorsque, le 23 juillet 1916, elle raconte à Khalil qu'elle a vu un « petit moricaud[10] » saisir la main de sa mère avec une confiance et un ravissement exquis, et qu'elle s'est demandé pourquoi chacun de nous ne pouvait croire en Dieu avec une telle candeur, à n'importe quel moment. Khalil saute immédiatement sur l'occasion pour se mettre en valeur : « Oui, ce sont ceux d'entre nous qui ont pu faire cela qui ont apporté le plus à la race[11]. »

Personne ne peut dire ce qui fait qu'une relation amoureuse entre deux personnes fonctionne. Et celle de Mary et de Khalil fonctionne, à sa manière. Leurs lettres débordent de mots d'amour. Lorsqu'ils sont ensemble, ils s'embrassent, se caressent, se tiennent les mains. Bien que Mary regrette que Khalil ne soit pas porté à utiliser des expressions plus tendres[12], des mots doux reviennent sans cesse dans leur correspondance. Des récits de scènes touchantes émaillent les journaux de la jeune femme[13]. Si, comme nous le verrons plus tard, Gibran a sans doute eu des maîtresses, Mary n'a jamais eu d'amants. Pendant des années, sa relation avec Khalil lui a paru tout à fait satisfaisante. Vue de l'extérieur et évaluée selon les standards modernes, la dynamique de pouvoir qui marque leurs rapports est inégale ; elle penche nettement en faveur de Gibran. Comme cela ne semble pas inquiéter Mary à l'époque, nous ne nous y attarderons pas. Il est cependant important de savoir que, quelques années après la mort du poète, lorsque, sur le plan sentimental, elle se sera éloignée de lui, Mary jettera un regard lucide sur le passé. Elle dira alors à Mikhaël Nouaymé que, à la fin de leur relation, elle a compris que Gibran se servait d'elle, mais qu'elle a toléré cet abus afin de ne pas entraver sa carrière.

Khalil présente d'autres traits de caractère déplorables. Il ment. On ne peut, bien sûr, s'attendre à ce que Mary perce à jour ses plus gros mensonges (comme les histoires forgées de toutes pièces sur son enfance et sa famille), mais elle n'a certainement pas manqué d'en remarquer d'autres, mineurs mais flagrants. Lorsqu'il lui dit, au cours de l'hiver 1917, qu'un agent turc a tiré sur lui à Paris, elle se demande sans aucun doute pourquoi il ne lui a pas raconté tout de suite, par courrier, un événement aussi sensationnel. Quand, en 1918, dans la publicité faite autour de la parution de son premier livre en anglais, *The Madman*, il est dit que Rodin a décrit l'auteur comme le Blake du XXe siècle, Mary sait qu'il s'agit là d'une invention soufflée par Khalil à l'éditeur. Il lui a écrit de Paris pour lui raconter ses rencontres avec Rodin. Si le grand homme lui avait fait un tel compliment, elle en aurait sûrement entendu parler ! Si Mary avait eu une bonne mémoire, elle se serait certainement souvenue des différentes versions que Khalil lui a faites de son entretien avec les fameux évêques maronites. Et la fabulation continue. Le 25 août 1920, Gibran lui affirme qu'il est insensible à la souffrance psychologique et qu'il oublie le mal que des gens ont pu lui faire. Elle se souvient sans doute alors combien il l'a torturée, elle, ou l'a amenée à se torturer elle-même, pendant ces six mois où il n'a cessé de lui rappeler à quel point elle s'était montrée cruelle envers lui, elle qui ne voyait dans son attitude qu'un moyen d'éclaircir une situation équivoque. Il semble qu'il se soit souvenu alors de la souffrance psychologique qu'il a éprouvée ! Il ne cesse d'écrire à tout le monde pour se plaindre de sa mauvaise santé, mais il déclare, le 20 avril 1920, qu'il ne pense pas plus à la santé qu'à la maladie : « Ni l'une ni l'autre ne me préoccupe assez pour que cela ait une influence sur mon esprit. » Et ceci encore : le 10 septembre 1917, il refuse de mettre une des cravates que Mary lui a offertes sous prétexte que le tissu en est trop soyeux et qu'il ne veut rien porter qui puisse attirer l'attention. Le 30 juin 1915, rêvant à voix haute, il dit qu'il aimerait se vêtir de blanc ; mais « c'est si voyant [...]. [Son] plus grand désir, prétend-il, est de passer inaperçu. » Il existe cependant une photo, datant de la fin des années 1910, sur laquelle il porte un costume d'une blancheur éclatante[14].

D'autres peccadilles pourraient être citées, comme la question de savoir s'il lit ou ne lit pas des romans de gare — « de la camelote », comme il les qualifie — et s'il aime, oui ou non, manger du homard[15]. Plus curieux encore est l'aveu qu'il fait un jour à Mary : il lui arrive, dit-il, de mentir. « J'ai raconté beaucoup de mensonges dans ma vie, et j'ai connu la peur, mais je n'ai jamais été malhonnête. » Il veut dire par là qu'il n'a jamais agi de façon sournoise, ou de manière à en tirer secrètement profit. Un an plus tard, il se montre plus modeste : « Je ne suis ni merveilleux ni bon. Je n'ai qu'une qualité : l'honnêteté[16]. » À une autre occasion, il dit : « On peut mentir aux autres, mais pas à soi-même — pas quand on est dans son lit, avant de s'endormir[17]. » Il est difficile de trouver dans cette déclaration autre chose que le type d'homélie impersonnelle qui lui est coutumière.

Un des derniers aspects peu édifiants du caractère de Gibran — qui jette une lumière sur la nature de sa relation avec sa protectrice — est la haute opinion qu'il se fait de lui-même. Ce qui dérange, ce n'est pas tant le fait qu'il se considère comme un grand artiste et un écrivain profond — cette conviction n'est sans doute pas exagérée, et elle est tout à fait excusable dans la mesure où, avant de prendre la plume ou le pinceau, un créateur doit croire qu'il a quelque chose à offrir à l'humanité. Ce qui est agaçant, c'est plutôt l'ahurissante énormité de sa prétention[18].

Tout au long des pages des journaux intimes de Mary Haskell, nous lisons et relisons les commentaires pleins de suffisance que Gibran fait sur lui-même et sur son œuvre, et ceux qui reflètent tout le bien que les gens pensent de lui. Il se complaît tout particulièrement à la pensée que quelques-uns de ses amis accordent beaucoup moins d'importance à l'œuvre du peintre Arthur B. Davies qu'à la sienne, pour la bonne raison que « lorsque les dieux arrivent, les demi-dieux s'en vont[19] ». Il se sent apte à créer une œuvre puissante. Il a un « message » à faire connaître. Quelle que soit la hauteur à laquelle Mary place son talent, il fait de la surenchère. Elle sait déjà qu'il a beaucoup souffert, il le lui a dit, mais il fait en sorte qu'elle en soit de plus en plus fermement convaincue[20]. Il est persuadé que, s'il se rendait dans un lieu solitaire du mont Liban, il ne faudrait pas un mois pour qu'une cinquantaine de disciples ne viennent y camper pour se trouver auprès de lui. Il est indéniable qu'il se compare au Christ, et qu'il se voit comme un prophète aussi bien que comme un poète[21]. Cette haute opinion qu'il a de lui-même apparaît dans toute sa splendeur lorsqu'il déclare être l'égal Michel-Ange, et qu'il affirme avoir eu l'intuition de la théorie de la relativité plusieurs années avant Einstein[22]. Dans les années 1920, cette apothéose atteint parfois des proportions extravagantes. Il dit, par exemple : « Des milliers de fois, j'ai été aspiré comme la rosée par le soleil, puis transformé en nuage, et je suis retombé en pluie, pénétrant dans la terre pour couler ensuite vers la mer. Et j'ai soufflé partout avec le vent. J'ai aussi été roc, bien que je sois surtout un être aérien. » Dans un discours moins bizarre mais tout aussi grandiloquent, il déclare quelques mois plus tard : « Quoi que fasse ou dise un homme ou une femme, je comprends leurs motifs — et je les bénis. » Il prétend avoir une compréhension du sens de la vie qui dépasse celle de Bouddha, et déclare avoir uni sa conscience à celle de la planète et du cosmos[23].

Il n'est pas toujours aussi direct mais, quand il critique des gens pour leur étroitesse d'esprit (qu'il qualifie, à l'instar d'Edward Carpenter, de « pensée de quartier[24] »), il ne fait aucun doute qu'il croit s'être élevé au-dessus de telles mesquineries. Lorsque Mary et lui parlent, dans l'abstrait, des structures du génie, il est manifeste qu'ils pensent l'un et l'autre que les idées de Gibran en la matière lui sont venues par pure introspection. En écoutant Khalil formuler sa théorie sur la capacité qu'ont certains individus d'exprimer l'âme collective de leur race — ce qui fait d'eux les pères de la race, alors que les autres n'en sont que les enfants —, Mary sans nul doute reconnaît en lui l'une de ces figures paternelles. Il fait aussi référence à sa propre personne quand il affirme que les gens en veulent toujours aux êtres capables de voir un peu plus loin que le commun des mortels[25]. On ne peut tirer qu'une conclusion à propos d'une relation à ce point marquée par l'excès : l'adoration aveugle Mary. Elle ne voit pas les défauts de l'homme qu'elle adule. Elle le vénère à l'égal d'un héros et considère qu'il ne peut se tromper.

Les traits de caractère que je viens de décrire forment une problématique intéressante, qui nous amène à nous interroger sur la crédibilité dont jouit Gibran. On ne peut exiger de tous les écrivains qu'ils mettent en pratique la philosophie formelle ou implicite qu'ils promulguent dans leurs livres : un auteur de romans à suspense mettant en scène une bande de machos peut lui-même n'être qu'une mauviette, le lecteur s'en fiche. Par contre, la situation est plus difficile à accepter quand il s'agit d'un philosophe. On est désappointé d'apprendre qu'Emmanuel Kant, qui défend la dignité et le caractère sacré de la vie humaine dans ses écrits, est partisan de la peine de mort. Dans le cas de moralisateurs comme Gibran, la frontière séparant la vie et l'œuvre est incontestablement abolie. En lisant ce que prêche le maître, nous nous attendons légitimement à ce qu'il mette ses préceptes en pratique et nous supposons qu'il ne s'exprime qu'à la faveur d'expériences personnelles. Gibran en est, du reste, bien conscient. Déjà, en 1912, il dit à Mary: « Il faut que je vive une existence où règne l'absolu, que je reflète ce en quoi je crois, que je pratique ce que je prêche. Sans cela, ce que je recommande serait nul et non avenu. » Dans *Le Sable et l'Écume*, il écrira : « Tout ce que j'ai emprisonné dans l'expression, je dois le libérer par l'action. » Et, parlant du *Prophète*, il déclarera : « Dans *Le Prophète*, j'ai emprisonné dans les mots certains idéaux. Mon souhait est de vivre selon ces idéaux [...]. Me contenter de les mettre en mots me ferait l'effet d'une fraude[26]. » Gibran écrit comme s'il en savait plus que le commun des mortels, et il se présente au monde extérieur comme un être éclairé, une sorte de messie. Son œuvre est incontestablement d'une grande portée. Pourtant, on ne peut dire qu'il se soit élevé au-dessus des égarements qu'il conseille aux autres d'éviter. « La vérité est la volonté et le but de Dieu dans l'homme », nous dit-il, mais sa vie privée est truffée de mensonges. Ses écrits baignent dans une constante glorification de la femme et de la féminité, mais il traite Mary Haskell en inférieure. Il sous-estime même l'importance de l'expérience personnelle : « Ma compréhension des choses ne dépend pas de mon expérience personnelle, comme tu le sais [...]. Je peux tirer le suc d'une expérience sans l'avoir vécue personnellement[27]. » Cela explique la nature mouvante et floue de ses idées : parfois il va droit au but, parfois il est trop vague. L'expérience directe est essentielle dans tout travail ou accomplissement spirituels ; sans elle, la spéculation n'est que conjecture. Comme le dit souvent Mary, et comme il l'affirme lui-même, Gibran est amoureux de l'Absolu, mais il ignore comment traduire cette aspiration dans le réel.

Lorsqu'on examine le caractère de Gibran et que l'on approfondit d'autres aspects de sa personnalité, on découvre des éléments qui expliquent les comportements observés, ou des complexes qui leur sont sous-jacents. Quelques-uns, voire l'ensemble, de ces traits indiquent une forte tendance narcissique, mais qui n'a pas nécessairement un caractère pathologique. Les personnes atteintes de ce complexe veulent plaire aux autres ; elles veulent à tout prix être aimées. Lorsque quelqu'un ne les apprécie pas, elles le rejettent, parfois durement.

L'être narcissique est vulnérable ; il se sent très vite blessé, offensé. Pour éviter cette souffrance, il se montre charmant, fait de son mieux pour plaire et être accepté. Il est avide de notoriété. Le fait d'être admiré nourrit le sentiment qu'il a d'être un personnage hors du commun.

Pour des raisons évidentes, les créateurs sont souvent narcissiques : ils veulent que leur travail soit reconnu, encensé, et suscite des réactions admiratives de la part de tous. Certains d'entre eux sont constamment en campagne pour obtenir davantage de prestige et de renommée. Ils essaient de satisfaire ce besoin par tous les moyens. Ils ont une conscience si aiguë de leurs talents que cette certitude peut faire naître en eux un sentiment exagéré de leur importance, surtout dans un milieu qui a tendance à surévaluer la création artistique. Le désir d'être glorifié leur donne la capacité de travailler d'arrache-pied et de s'immerger totalement dans le labeur exigé par leur art. Le narcissisme est communément associé à la conviction d'avoir un rôle à jouer. Comme le dit Mario Jacoby : « L'importance exagérée que certains êtres accordent à leur propre valeur peut découler du prestige qu'ils croient retirer du rôle qu'ils jouent dans la collectivité. »

Les Narcisses sympathisent difficilement avec leur entourage, ils sont trop absorbés par eux-mêmes. C'est la raison pour laquelle il leur est si difficile d'avoir une relation « fusionnelle » avec une personne en chair et en os, non seulement parce qu'ils sont égocentriques, mais parce qu'ils ont tendance à idéaliser cette personne. On relève généralement dans l'enfance du Narcisse (et, curieusement, dans celle de l'alcoolique) les facteurs psychologiques suivants : sentiment d'insécurité et de manque provoqué par l'absence de valeurs susceptibles de faire office de guides ; perte d'un père, ou père colérique ; mère dévouée qui idéalise l'enfant et met tous ses espoirs en lui. Les hommes qui ont de fortes tendances narcissiques recherchent souvent, dans leurs relations avec les femmes, un substitut à leur mère. Dans la mesure où ils idéalisent leur partenaire, il arrive parfois qu'ils renoncent aux relations sexuelles.

Gibran ne souffre pas d'un narcissisme pathologique dans le sens clinique du terme, mais il y a en lui plus de traits narcissiques que chez la plupart des individus. Il n'est pas nécessaire d'entrer dans les détails pour montrer les similarités existant entre son profil psychologique et celui d'une personne atteinte du complexe de Narcisse.

Nous avons fait la connaissance de Khalil le caméléon, qui s'adapte tout aussi aisément aux exigences de l'Orient qu'à celles de l'Occident, aux attentes des hommes de lettres bostoniens qu'à celles des commerçants syriens. Dans les cercles littéraires et artistiques new-yorkais, son charme devient vite légendaire : on le trouve « irrésistible ». Claude Bragdon commente ainsi son pouvoir de séduction : « Quels que soient les intimes présents dans son cercle, le charme opère et il est le centre de l'attention[28]. » Nous savons que Khalil est facilement blessé et peut garder rancune lorsqu'il croit avoir été offensé ; nous savons aussi qu'il veut être aimé. Un jour, il fait la déclaration suivante, que l'on pourrait qualifier de narcissique : « L'intérêt d'autrui pour notre travail constitue la plus forte impulsion créatrice dont nous puissions bénéficier[29] » — affirmation avec laquelle un tas d'artistes ne seraient sans doute pas d'accord. Il va sans dire que Gibran est très créatif ; son hyperactivité fait souvent l'objet de commentaires dans les journaux de Mary. Cette dernière s'ingénie du reste à le convaincre de la réduire quelque peu[30]. Il exprime parfois du déplaisir, parfois même de l'écœurement pour ses premières œuvres ; il ressent le besoin de faire plus et mieux. On trouve en lui des signes abondants de l'existence de ce que le psychologue Kohut appelle le « moi grandiose ». En ce qui concerne les rôles qu'il joue, nous savons que l'adolescent Khalil était un terrain pratiquement vierge sur lequel Fred Holland Day a imprimé les caractéristiques du romantique mélancolique — à New York, Gibran est un prophète et un gourou. Nous avons vu combien il lui est difficile de comprendre les sentiments de Mary, et avec quelle aisance il détourne les conversations dont il n'est pas le sujet. Nous avons remarqué sa tendance à idéaliser Josephine Peabody. Nous savons aussi qu'il a connu, dans l'enfance, le genre d'environnement et les circonstances qui sont de nature à produire des personnalités narcissiques. Sa prédilection pour des femmes plus âgées colle au désir narcissique de trouver un substitut maternel. Dans ce contexte, il est intéressant de noter que Mary Haskell porte le même prénom que la mère du Christ, qui est particulièrement vénérée dans l'Église maronite. Khalil ne dit-il pas un jour à sa protectrice qu'il a l'impression d'être son fils[31] ?

D'aucuns pourraient prétendre que la tendresse qui entoure leurs rapports prouve qu'il n'est pas un Narcisse — dans le sens où il entretient une relation amoureuse. N'oublions pas, cependant, que cette tendresse se manifeste *seulement* par une abondance de mots tendres dans ses lettres à son amie. N'est-il pas, dès lors, légitime de s'interroger sur la sincérité de ces mots, qui continuent à proliférer, il faut le souligner, longtemps après que la relation s'est transformée en une amitié fondée sur la complicité ? Quelques tournants importants jalonnent l'histoire de cette liaison sentimentale. Ceux ayant trait à la vie sexuelle seront examinés ultérieurement, mais il est bon de se rappeler qu'en septembre 1915, Mary et Khalil évoquent leurs vains efforts dans le but de donner une plus grande intimité charnelle à leur amitié. Un jour de mai 1917, alors que Mary se demande à voix haute si elle pourra continuer à parler autant qu'avant avec Khalil, et lui avec elle, il répond : « Sans doute que non » ; puis il la console en ajoutant : « On peut dire beaucoup plus en gardant le silence. » Ce sont là des signes avant-coureurs du refroidissement de leur amitié. Pourtant, dans les lettres de Khalil, Mary reste toujours la « bien-aimée Mary ». Et en avril 1922, il lui dit : « Tu es mille fois plus proche de moi que tu ne l'as jamais été[32]. »

Mary joue différents rôles dans l'existence de Gibran : elle est son amie, sa protectrice, la table d'harmonie permettant à ses idées de prendre forme, sa correctrice et sa confidente. C'est auprès de la confidente que Khalil est parfois sur le point de reconnaître, à l'une ou l'autre occasion, sa propre nature narcissique. Nous savons qu'il adore être le pôle d'attraction. D'une façon beaucoup plus révélatrice, il avoue à Mary combien il est urgent pour lui d'être « aimé et admiré[33] ». Il dit qu'il ressent le besoin d'être digne de la haute opinion que les gens se font de lui[34]. Il invente d'autres moyens de séduire : « Je leur dis ce que je pense, et ils aiment ça. Si cela les fait souffrir, ils reviennent parce qu'ils veulent souffrir davantage[35]. »

Un nombre considérable de pages, dans les journaux et carnets de Mary, sont consacrées à ce qu'elle appelle la « question sexuelle ». Le questionnement est tout à fait personnel. Il fait écho à ses conversations avec Khalil ou à ses propres pensées concernant la place qu'occupe la sexualité dans leur relation. Ces inscriptions sont beaucoup plus nombreuses durant les premières années, à l'époque où ils envisagent le mariage. Il est triste de se dire que Mary, si peu disposée au départ à ressentir un désir physique pour Gibran — elle préfère un type d'homme plus robuste —, finit malgré tout, hélas ! trop tard, par vouloir faire l'amour avec lui. Mais à cette époque l'ardeur de Khalil s'est refroidie.

Lorsque la sexualité commence à faire partie de leurs conversations — qu'ils soient seuls ou avec des amis — en mars et en avril 1911, ils s'efforcent de donner un ton impersonnel à leurs discussions. Ils dénoncent la stigmatisation sociale qui frappe les rapports sexuels avant le mariage, discutent de la nature du désir et de la chasteté. Mais il ne faut pas oublier qu'à cette époque ils sont toujours « fiancés ». En conséquence, le sujet n'est pas tout à fait abstrait pour eux. Le climat dans lequel se déroulent ces entretiens doit être assez lourd.

En décembre de la même année, ils parlent toujours de sexualité et de mariage, mais comme s'il s'agissait de sujets étrangers à leur vie. Ils conserveront cette attitude au cours des années suivantes[36].

Curieusement, le sujet revient sur le tapis en février 1912, quelques mois *après* la rupture de leur engagement et le départ de Gibran pour New York[37]. La nuit du 18 février, alors qu'elle est en visite dans la métropole, Mary ne peut fermer l'œil. Toutes ses pensées inconscientes et refoulées sur l'éventualité d'un mariage ou d'une relation sexuelle font éruption dans un rêve. Une voix lui dit qu'elle doit tout donner à Khalil, ou rien. Le lendemain, elle va le voir à l'atelier, comme d'habitude. L'atmosphère est paisible, il y a beaucoup de douceur dans l'air. Mary s'offre à Khalil. Mais la proposition est ambiguë, car elle ajoute que c'est lâcheté de la part d'un homme de faire d'une femme sa maîtresse. Dans ces circonstances, Gibran n'a pas le choix : il oppose à Mary ce qu'elle appellera « le grand refus ». Elle lui a offert de devenir sa maîtresse, et il a tout simplement répondu : « Merci, non merci[38]. »

Tout cela est loin de clore la question. À Pâques, Mary se rend de nouveau à New York. Elle couvre les pages de son agenda, du 1er mars au 20 avril, d'une très longue inscription consacrée à leur éternel problème : faire ou ne pas faire l'amour. Mary envisage toujours d'être la maîtresse de Khalil, mais c'est pour son bien à lui. Ses notes nous enlèvent tout doute à ce sujet : c'est cela qu'*il* veut. Il lui a déclaré qu'il se sentait incapable de revivre une année semblable à l'année 1911.

Mary parle de « l'extrême souffrance due au fait qu'une intimité totale de pensée et de sentiment est brimée par une inhibition continuelle ». Mais elle se reprend cependant, déclarant qu'« il serait avilissant pour lui de donner ce genre d'amour, et humiliant pour moi de le recevoir ». Elle sent qu'il y a danger de tout perdre, car une relation sexuelle, vouée à une fin inévitable, emporterait avec elle l'amitié et la camaraderie, sentiments auxquels elle accorde une immense valeur. D'autre part, se dit-elle, l'amour de Khalil est tellement « plus beau, plus délicat, plus compréhensif et plus enrichissant que celui de tout autre homme ». Même si devenir son « amante » n'est pas « l'idéal », c'est encore mieux que ce que tout autre homme pourrait lui offrir. Alors, pourquoi hésiter ? Elle est sur le point d'envoyer un mot à Khalil pour lui dire qu'elle sera sa maîtresse, mais elle se ravise. La lettre qu'elle lui écrit à son retour à Boston contient une offre différente : puisqu'il lui est si douloureux d'être avec elle parce qu'elle refuse de faire l'amour, peut-être vaudrait-il mieux qu'ils se résolvent à une rupture et cessent définitivement de se voir. Gibran répond en toute hâte. Avec une certaine ambiguïté, il lui dit d'abord qu'il ne ressent pas plus de souffrance que de plaisir à la voir, puis il ajoute que de toute façon le plaisir et la souffrance sont inséparables. Il termine sa lettre par une déclaration d'amour pure et simple[39].

En avril, Gibran est à Boston. Ils ont une longue conversation, à cœur ouvert, au Public Garden. Ils parlent surtout des aventures sexuelles de Gibran, de son attitude en matière de sexualité. Comme nous le verrons au chapitre suivant, Mary est contrariée et passablement jalouse de ce qui se passe en son absence à New York. Elle confie à son journal que, physiquement, Khalil s'est toujours montré réservé avec elle et ne lui a jamais demandé de faire l'amour, bien qu'il la désire. Mais ce soir-là, quand il vient la voir chez elle, « pour la première fois j'ai connu la paix et la douceur de ses mains et ses baisers sur mon corps. Il m'a caressée, rien de plus. Mais j'ai éprouvé un tel sentiment de plénitude et de liberté que les agrafes de mes vêtements n'ont même pas pu me dire : "Tu ne dois pas." » Mary est comblée. Songeuse, elle se dit que ce qu'elle espérait depuis toujours n'était pas le mariage, mais cette « intimité ». Elle estime qu'ils s'aiment de la meilleure façon possible et se promet de renoncer à toute pensée de mariage ultérieure.

La nuit suivante, ils n'ont pas l'occasion de poursuivre, que ce soit en paroles ou en gestes. Gibran est à peine arrivé que Mary reçoit une visite inattendue de son frère Adam, accompagné de sa femme. Elle est très mal à l'aise et tarde à les laisser entrer au salon, ce qui crée un climat inconfortable lorsqu'elle se décide finalement à le faire. Quelques années plus tard, Gibran lui dira que la situation lui a été extrêmement pénible. Il a eu l'impression que Mary était embarrassée d'avoir un étranger chez elle, et que cela la gênait de le présenter à sa famille. Pour Gibran, c'est un tournant décisif. Il décide que jamais il n'épousera Mary, que jamais ils n'auront de relations charnelles. Leur amour restera désormais confiné au domaine spirituel[40].

Le jour suivant, dans un coin de la bibliothèque publique, ils reprennent leur discussion interrompue. À voix basse, Mary répète une fois de plus à Khalil qu'elle ne peut l'épouser à cause de leur différence d'âge[41], mais elle laisse planer la possibilité d'une liaison charnelle. Gibran doit repartir pour New York. Avant de s'en aller, il va voir Mary à Cambridge. Dans quelle disposition d'esprit est-il ? A-t-il décidé que leur amitié restera purement platonique ? Ils sont étendus sur le sofa ; elle dit à Khalil que son esprit ne lui fait plus d'« injonctions » contre une relation sexuelle, et qu'elle fera ce que bon lui semble. La proposition est claire. Rien à voir avec ce qu'elle lui a déclaré la veille, c'est-à-dire son désir d'attendre le moment propice. Une fois de plus, Khalil repousse l'offre, déclarant qu'il ne veut pas seulement l'aimer aujourd'hui, mais demain et les jours suivants. Mary écrit dans son carnet, à l'intention de quelque lecteur inconnu : « Ainsi, nous ne ferons jamais l'amour. Je l'écris parce que cela me paraît clair à présent. Et si un autre œil que celui de K. me lit, cela m'est égal. Car tout cela est à son honneur — et je suis une réfutation vivante de l'accusation de légèreté que n'importe qui pourrait porter contre lui. » Mary essaie de se convaincre que les rumeurs qui lui parviennent de New York sont sans fondement. Il est impensable qu'il s'y conduise comme un débauché alors qu'il repousse si gentiment et si poliment ses propositions ! Le raisonnement de la pauvre femme est bancal, bien sûr. On se doute que Gibran a pris la décision de laisser leur amitié évoluer dans des sphères où la chair n'a pas droit de séjour.

Comment Mary arrivera-t-elle à apaiser son esprit agité et ses pulsions sexuelles ? L'entreprise n'est pas facile. En juin 1912, alors que Khalil est à Boston, elle s'offre de nouveau à lui. Elle compte utiliser une méthode contraceptive, précise-t-elle. Il refuse, prétendant que les risques de grossesse sont malgré tout trop élevés[42]. En septembre, lors d'une visite à New York, elle lui demande s'il éprouverait du soulagement à la voir devenir l'épouse de quelqu'un d'autre. Il répond par une autre question : cette union nuirait-elle à la plénitude de leur compréhension mutuelle ? Non, elle ne le pense pas. Puis elle lui dit avoir parfois envisagé le mariage dans le seul but d'avoir un compagnon de vie, afin de ne pas finir ses jours dans la solitude ou dans la seule compagnie d'autres femmes. Mais elle rejette à présent la camaraderie comme base possible d'une union. Elle ajoute que, de toute façon, elle ne se mariera pas avant qu'il ait atteint les sommets[43]. Pour sa part, Khalil considère maintenant qu'il est absolument impensable pour lui de vivre au quotidien avec la même personne. Ces paroles font l'effet d'un soufflet à Mary[44]. Ce qui ne l'empêche pas, tout au long de l'automne, de caresser à nouveau l'idée du mariage ou d'envisager la possibilité de devenir la maîtresse de Khalil[45].

Le sujet revient constamment sur le tapis par la suite, et ce, pendant quelques années. Il arrive que Mary et Khalil soient tout près de faire l'amour, mais cela ne va jamais plus loin. Au début du mois de septembre 1913, le problème est à nouveau soulevé. Mary déclare qu'elle aurait préféré être une petite actrice expérimentée dans le domaine de la sexualité et de la contraception. Ainsi, ils auraient pu faire l'amour sans problème. Le lendemain, elle regrette ses paroles et lui demande de l'excuser. C'est, dit-elle, comme s'il la pressait de faire l'amour avec lui, alors qu'il n'en est rien. Puis, elle lui dit qu'elle accepte d'avance ce qui arrivera, que l'importance de l'« élément sexuel » dans leur vie devienne plus ou moins grande, ou qu'elle reste la même. Gibran ne dit mot, mais elle sent bien qu'il l'approuve[46].

La sexualité est certes dans l'air à l'époque, car Mary accepte de poser nue pour un ami de Gibran, le grand peintre Arthur B. Davies, qui vient de jouer un rôle-clé dans la préparation du très important Armory Show. Davies est président de la prestigieuse Association américaine des peintres et sculpteurs. Lorsque Mary informe Gibran de sa surprenante conduite, il est horrifié. Il lui dit que Davies se méprend certainement sur ses intentions, et qu'il s'imagine sans doute qu'elle veut faire l'amour avec lui. Ils rédigent une lettre ensemble, dans laquelle Mary annonce à Davies qu'elle veut mettre fin aux séances de pose. Bien qu'ils fassent coïncider la remise de ce courrier avec une séance, le sujet n'est pas abordé. Curieusement, l'intuition de Gibran, qui pense que le peintre a une « double personnalité[47] » et n'est pas toujours animé par les motivations les plus respectables en matière de sexualité, s'avère tout à fait juste : en 1928, après la mort de Davies, on découvre que ce dernier a mené une double vie avec une autre épouse, dont il avait un enfant et avec laquelle il a vécu la moitié de sa vie sous un nom d'emprunt.

Au début de l'année 1914, partant du principe que leur amitié est parfaite, Mary et Khalil décident de nouveau de ne pas avoir de rapports charnels. Cette fois, d'autres motifs interviennent : faire l'amour serait tout à fait malavisé, dans la mesure où la contraception est risquée et l'avortement illégal, et parce que la société ostracise les femmes qui ont une relation sexuelle en dehors du mariage[48]. Cet épisode montre qu'il existe une certaine confusion dans leur raisonnement : renoncent-ils à l'amour physique parce que leur amitié est parfaite et qu'ils vivent une sorte d'union sexuelle platonique, ou parce que l'amour physique se heurterait à des obstacles d'ordre pratique ? Il est difficile de ne pas voir le côté dérisoire de ces arguments. Autrement dit, on ne peut s'empêcher de penser qu'ils ont de tout temps décidé de ne pas faire l'amour et se creusent la cervelle pour trouver de bonnes raisons justifiant leur abstinence. Quoi qu'il en soit, durant la visite de Mary à New York, en avril et en juin, ils s'embrassent, osent certaines caresses, mais résistent à la tentation d'aller plus loin, sous prétexte qu'ils veulent préserver une amitié que l'acte sexuel mettrait en péril[49].

Gibran va renforcer son message d'abstinence dans une lettre à Mary. Il lui raconte un rêve : dans un geste de regret dont le symbolisme est évident, ils jettent une statue d'Aphrodite dans la mer[50]. Pourtant, lors d'une visite de la jeune femme à New York, en décembre, ils en arrivent presque à la consommation charnelle. Tout commence pendant le dîner. Mary demande à Khalil s'il aime sa silhouette maintenant qu'elle a pris un peu d'embonpoint. (Plus tôt dans l'année, il lui a fait remarquer que, selon lui, son corps était trop « athlétique[51] ».) « Je lui ai montré, dit-elle, un de mes mollets et j'ai collé ma jupe contre ma cuisse pour qu'il puisse voir mes rondeurs [...]. "Il vaut peut-être mieux que je reste couverte des pieds à la tête", ai-je dit. Puis je lui ai demandé s'il voulait voir par lui-même [...]. Nous avons réchauffé la pièce et je me suis déshabillée. »

Khalil est rempli d'admiration pour le corps de Mary[52]. Mais il est aussi, selon un charmant euphémisme de son amie, « remué ». Il explique qu'il ne peut lutter contre cette réaction : « Les femmes de ton type troublent les hommes. » Mary se rhabille pour éviter les « complications du sexe ». Mais Khalil la prend dans ses bras et embrasse ses seins, alors qu'ils sont là, debout dans l'atelier. « J'ai revécu ses caresses toute la nuit et pendant les trois jours suivants. » Mary exprime sa surprise devant le fait que Khalil a été « remué ». N'a-t-il pas l'habitude de voir des femmes nues dans son atelier de peintre ? Il lui explique que ses relations avec ses modèles restent totalement impersonnelles, mais que tout est différent avec elle parce qu'ils s'aiment.

C'est au tour de Mary de regretter de ne pas avoir fait l'amour. Elle se languit de sentir le corps de Khalil contre le sien, confie-t-elle à son journal. Elle pense qu'une relation charnelle les rapprocherait davantage, mais elle sent bien que cela n'arrivera pas et se réconforte en se disant que leur abstinence mutuelle les rapproche. Selon la logique de Gibran, puisque « la chose physique » peut exister sans amour, l'amour peut rester intact même si la sexualité en est absente. Il avoue cependant qu'il lui serait plus difficile de résister à Mary si elle était plus jeune[53].

Quelques jours plus tard, lorsqu'il arrive à Boston pour les fêtes de fin d'année, elle exprime sa tristesse à l'idée qu'elle va devoir s'interdire de le toucher et de l'embrasser de peur de le « remuer ». Khalil admet avoir envie de faire l'amour avec elle, mais ils conviennent que les risques sont trop grands. Mary est sur le point de lui faire une offre directe, mais elle n'en fait rien. La conversation a jeté un froid. Khalil lui demande son aide : comme il doit consacrer son énergie à essayer de se faire connaître, dit-il, il ne lui reste plus de ressources pour lui résister. Il la supplie donc de ne rien faire qui le provoque, ou le distraie de la tâche qui l'attend, de sa mission. Que fait alors Mary ? Elle se reproche durement de lui rendre la vie difficile et décide de ne plus jamais aborder le sujet, que ce soit en paroles ou en actes. Deux jours plus tard, il l'embrasse et la caresse avec passion ! Elle arrive à le distraire en lui proposant de regarder des photos dans un magazine (un de leurs passe-temps préférés[54]).

Comme on pouvait s'y attendre, toutes ces hésitations, ces explications et ces rationalisations finissent par tourmenter Mary. La dernière tentative d'ordre sexuel a lieu la veille du Nouvel An de 1914, quelques jours avant le trente et unième anniversaire de Khalil et peu de temps après les quarante et un ans de Mary. Au mois de juin, elle déplore avec tristesse la tiédeur de Khalil : leur relation s'est transformée en une camaraderie complice, que la passion ne vient plus troubler. « Il a de moins en moins besoin de me voir, écrit-elle [...]. Il s'éloigne de plus en plus de moi physiquement, et consacre toute son énergie à sa vie intérieure et à sa création. Il ne reste rien pour moi. » Mais elle est très impressionnée lorsqu'elle le regarde travailler : « Je n'ose plus le toucher, le "remuer", un peu comme un homme qui s'abstient de faire des avances sexuelles à sa femme enceinte[55]. »

Le journal de Mary fait de moins en moins allusion à des baisers et à des caresses. Lorsqu'il y a baiser, c'est plus souvent sur la main ou sur la joue, plus jamais sur les lèvres. Le 28 juin 1915, Khalil annonce que ses pulsions sexuelles sont mortes. Il a lutté, dit-il, et il a triomphé, laissant la priorité aux choses de l'esprit, qu'il juge plus nobles[56]. La même année, en guise de consolation peut-être, il prétend — a-t-il lu le *Symposium* de Platon ? — que l'enfance physique n'est pas le seul type d'enfance, et que la relation sexuelle n'est pas le seul type de relation. « Toi et moi, par exemple, dit-il à Mary, avons tout un éventail de relations. » Tout comme les vaches ont un rapport intime pour fabriquer d'autres vaches, les âmes ont des rapports intimes pour produire d'autres âmes. La « sexualité ordinaire » (celle qui n'est que physique, qui ne compte pas) est temporaire, alors que la « sexualité au sens large » (éthérée, spirituelle) est durable[57]. Parfois, ils se rappellent qu'ils sont aussi proches l'un de l'autre que deux êtres humains peuvent l'être, et qu'ils n'ont pas besoin de faire l'amour pour parachever leur union. Une relation charnelle mettrait leur amitié en danger, au lieu de la rehausser. À ce stade, Mary a l'impression qu'elle est sur le point de maîtriser sa sexualité. Chaque fois qu'une pulsion sexuelle montre son vilain museau, elle se concentre sur sa vie « plus large[58] ».

Pauvre Mary ! Elle qui, au début, ne voulait pas faire l'amour alors que Khalil le voulait, finit par éprouver du désir pour lui. Il lui annonce qu'il s'est élevé au-dessus de ces pulsions triviales, et elle s'en veut chaque fois qu'elle est tentée de le distraire en lui faisant part de préoccupations aussi viles. Elle se condamne dès lors à une existence solitaire, sans enfant, desséchée. Le 14 novembre 1914, il essaie de lui faire endosser la responsabilité de cet échec : « Si je cesse un jour d'être proche de toi, dit-il, c'est parce que tu ne m'as pas laissé l'être, je te le dis franchement. » C'est pourtant la chasteté qu'il s'est lui-même imposée qui est en partie responsable de la situation. Mais la vérité s'avère plus banale : ils se sont tout simplement éloignés l'un de l'autre.

Gibran admet qu'il est égoïste[59]. Entretient-il une relation d'amitié avec Mary Haskell par pur intérêt ? Se joue-t-il de sa protectrice, se servant de l'adoration qu'elle éprouve à son égard pour la bercer de fausses espérances ? En avril 1912, il n'a déjà plus l'intention de l'épouser, ni même d'avoir aucun type de relation intime ou quotidienne avec elle. Mais il ne lui dit rien. Il y a, bien sûr, des moments où il est tenté de faire l'amour — dans certaines circonstances, l'instinct l'emporte sur les mouvements du cœur et de l'esprit —, mais tout laisse penser que, à partir du mois d'avril 1912, il ne désire plus officialiser leur relation. Alors, que veut-il ?

Tout d'abord, il va sans dire que les réactions de Mary entretiennent son narcissisme : elle est sa principale disciple, et elle est d'une fidélité à toute épreuve. On ne peut pas non plus négliger un autre aspect de leur relation : l'argent. Je n'irai pas jusqu'à suggérer que Gibran fait en sorte que Mary garde espoir dans le seul but de continuer à bénéficier de son aide financière, mais il ne fait aucun doute qu'il est attentif à ne pas compromettre sa principale source de revenus. Cela ne signifie pas qu'il est retors ou sournois — « malhonnête », comme il le dirait ; disons plutôt que, en homme avisé, il a examiné toutes les facettes de la situation. Même s'il préférerait travailler que de s'occuper de Mary, le sacrifice en vaut la peine[60]. Mary elle-même dira un jour à Mikhaël Nouaymé que Gibran était très intéressé par l'argent.

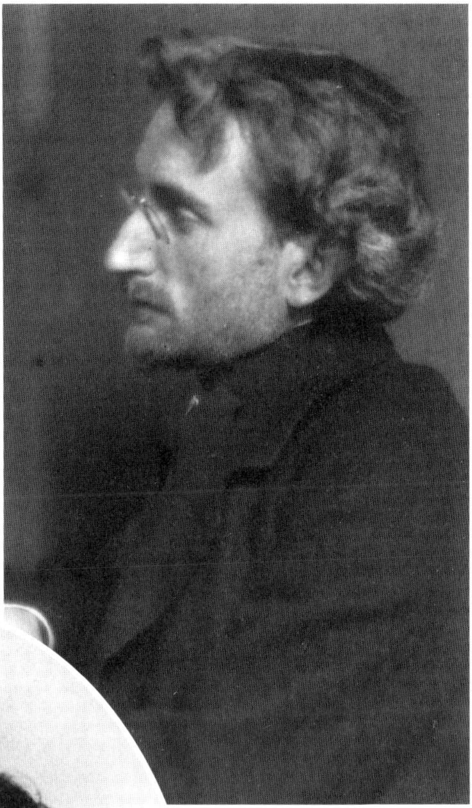

1. Fred Holland Day, l'architecte très fin de siècle de l'âme de Gibran. La photo de Reginald Craigie a été prise aux alentours de 1900. Elle donne peu d'indices sur les délicieuses excentricités de Day.

2. Josephine Preston Peabody, le premier amour de Gibran, photographiée en 1892. Elle rencontrera le poète six ans plus tard. On comprend aisément que Gibran ait été épris de la jeune femme.

3. Mary Haskell (à l'avant-plan), fidèle amie, conseillère et correctrice de Gibran. La photo a été prise lors d'une expédition du Sierra Club au cours de l'été 1910. Mikhaël Nouaymé dira de Mary: « Ce n'était pas une beauté, mais elle marchait sur cette terre comme si elle l'aimait. »

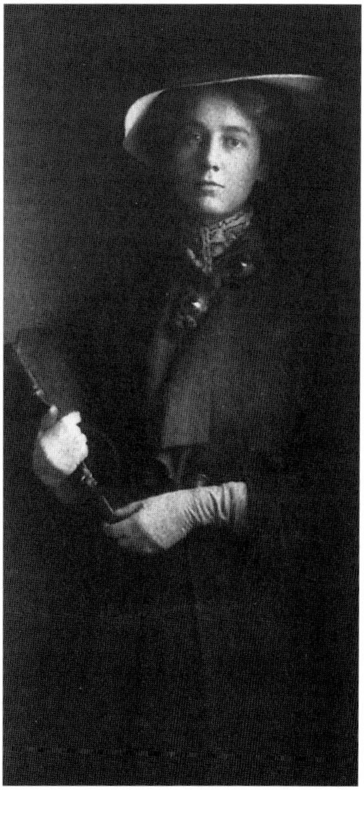

4. Charlotte Teller en 1909. Cette grande amie de Mary Haskell fait partie des artistes auxquels cette dernière apporte son aide financière. À cette date, l'amitié amoureuse qui lie Charlotte à Gibran est sur le point d'atteindre sa phase la plus intense.

5. Micheline (Émilie Michel) au début des années 1920. La jeune femme est déjà atteinte par la maladie invalidante qui va bientôt l'emporter. Malgré son embonpoint et les souffrances qui l'accablent, on peut encore distinguer la jolie fille qui a séduit Gibran quinze ans plus tôt.

6. Quatre membres éminents du Pen Club. De gauche à droite: Nasib Arida, Khalil Gibran, Abd el-Masih Haddad et Mikhaël Nouaymé. La photo date de 1920.

7. «L'amour des âmes» (1900), de Jean Delville. Une œuvre caractéristique du symbolisme, dont le style, le thème et la composition ont vraisemblablement influencé Gibran.

8. Autoportrait réalisé en 1914. Le dessin fait partie d'un diptyque, dont l'autre moitié est constituée d'un portrait de Mary Haskell. Gibran a dû y travailler lors d'un séjour de Mary à New York.

9. Portrait plein de sensualité fait par Rose Cecil O'Neil – Gibran en poète débauché. L'œuvre date de 1914. Comparons-la au portrait plus falot de la page précédente: le premier montre l'homme que Gibran s'efforçait de présenter à Mary Haskell; le second, celui que connaissaient ses amis occidentaux de New York.

10. Gibran à la fin des années 1930, quelques mois avant sa mort. La maladie qui va emporter le poète a déjà envahi son corps tout entier.

11. Le deuxième atelier de Gibran, au 51 de la 10e Rue Ouest, à New York. On y découvre un grand nombre de tableaux connus. À en juger par les œuvres accrochées aux murs, le cliché a dû être pris vers 1925.

12. L'une des premières peintures à l'huile de Gibran, « The Head of Orpheus Floating Down the River Hebrus to the Sea » (la tête d'Orphée descendant le fleuve Hebrus vers la mer). Le thème est emprunté à Delville. L'œuvre date sans doute de 1907.

13. Portrait sans titre d'une femme, une tête de mort à sa droite (1910). Gibran le symboliste plaçait souvent des têtes à l'arrière et à l'avant-plan de ses tableaux, la figure la plus éthérée et la plus mystérieuse se trouvant à l'arrière-plan.

14. Portrait au crayon d'Albert Pinkham Ryder, peintre américain bien connu et ami de Gibran. L'œuvre est caractéristique de la collection « Temple de l'Art » et date de 1915.

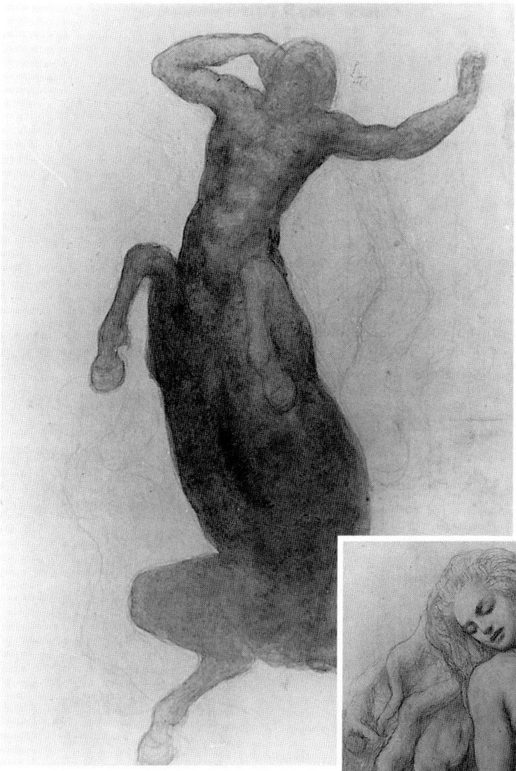

15. « The Great Longing » (le grand désir), dessin au lavis effectué en 1916. Cette année-là, à New York, Gibran lutte pour se faire connaître en tant qu'artiste. Le centaure est une figure commune à cette époque : moitié homme, moitié bête, il symbolise la dualité humaine. La partie inférieure adhère à la terre, alors que la partie supérieure se tend vers les étoiles.

16. « The Heavenly Mother » (la mère céleste) (1920). Une illustration du *Précurseur*, caractéristique de la dernière époque de Gibran. Les lignes se sont raffermies, mais le symbolisme demeure inchangé.

Les détails précis de leur arrangement financier nous sont inconnus. Nous savons que Mary paie le loyer de l'atelier et offre souvent des vêtements à Khalil. Au printemps 1913, ils évaluent que, depuis cinq ans, elle lui a donné 7440 $. Elle lui envoie régulièrement de petites sommes, et lui remet à l'occasion des montants plus substantiels : 5000 $ en juin 1911, 1000 $ en février 1913, 1200 $ en décembre 1913 (ce qui représente apparemment le bénéfice annuel qu'elle tire de son école) ; une somme non spécifiée en mars 1915, 1000 $ en novembre de la même année, et une somme non précisée en février 1916. Étant donné qu'aux États-Unis le revenu annuel moyen est de 382 $ en 1910, et de 1144 $ en 1920, on peut dire que les cadeaux que Khalil reçoit de Mary sont appréciables. Au début de l'année 1913, elle met à son nom une bonne quantité de ses titres (qui doivent représenter plusieurs milliers de dollars). Il en vend quelques-uns dans l'année afin de se procurer de l'argent liquide et investit les valeurs restantes par l'entremise de l'agent de change de Mary, M. Moors. Au début de leur relation, Mary achète des tableaux de Gibran. Plus tard, il lui en donnera pour rembourser une partie de sa dette. En novembre 1919, elle lui rappelle qu'elle lui a « commandé » une peinture. Gibran est conscient de l'importance de la dette qu'il a contractée envers elle. « Ton argent et ton amour m'ont gardé en vie ces dernières années », lui dit-il en avril 1914. Depuis qu'elle lui a reproché de tolérer le fait que l'argent soit leur seul lien, il lui répète qu'il n'en est rien, que c'est leur amour qui est prioritaire[61].

Au cours premières années de leur relation, Mary est une présence permanente dans l'esprit et dans la vie de Gibran. Elle le conseille, l'aide, l'inspire dans son travail, même lorsqu'elle n'est pas là physiquement. Gibran prétend qu'ils communiquent sans cesse grâce à la télépathie[62]. Lorsqu'ils sont ensemble, ils s'échangent leurs pensées et leurs idées. En outre, Mary a rendu un service essentiel à Khalil : elle lui a permis d'améliorer son anglais. Dans les années qui vont suivre, ce rôle de professeur ne cessera de prendre de l'envergure, et Mary finira par réviser tous les textes écrits en anglais. Jamais il ne soumettra un livre à un éditeur avant qu'elle ne l'ait lu et corrigé. Lorsqu'ils sont ensemble, il lui dicte souvent quelques pages, ou ils écrivent ensemble. Elle emporte fréquemment chez elle l'un ou l'autre texte à réviser, et lui envoie ses critiques par la poste si elle ne prévoit pas lui rendre visite. Même après son mariage avec Florance Minis, elle continuera à corriger les écrits de Gibran — en cachette de son mari, qui désapprouve la relation[63].

En résumé, Gibran retire des avantages considérables de son amitié avec Mary Haskell. Si l'on tient compte du fait que la dynamique de pouvoir qui marque leurs rapports penche sérieusement en sa faveur, on peut dire que la relation apporte bien plus à Khalil qu'à Mary, tant matériellement que psychologiquement. Nous savons que cet homme est peu sûr de lui, qu'il est égoïste et manipulateur. Comment ne pas conclure qu'il est conscient d'avoir la meilleure part et qu'il fait en sorte de la garder ?

Dans la mesure où ce chapitre concerne en majeure partie la vie amoureuse de Gibran et l'aspect narcissique de sa personnalité, il est bon de donner un bref aperçu de la relation épistolaire qu'il entretient avec May Ziadeh — même si, d'un point de vue chronologique, cette relation ne survient pas à la même époque. Gibran a plus que minimisé l'importance de ce long épisode auprès de Mary. Il lui en parle une seule fois, et il le fait d'une manière très désinvolte. Un jour où ils évoquent des expériences psychiques, il lui dit avoir rêvé une nuit qu'une jeune femme syrienne qu'il a connue en Égypte lui a écrit, sous le coup d'une grande souffrance, une lettre relatant une crise qu'elle a traversée avec sa famille[64]. Il raconte cette histoire à Mary en juillet 1921 et ajoute, en évitant, semble-t-il, de nommer la femme en question (mais Mary se souvient difficilement des noms à consonance étrangère), que cette jeune Libanaise vivant en Égypte lui a écrit à plusieurs reprises et qu'il lui a répondu. On pourrait croire que l'échange épistolaire entre Gibran et May Ziadeh vient tout juste de commencer, alors que la correspondance est déjà bien entamée. En fait, ils correspondent d'une façon intermittente entre 1912 et 1914, puis régulièrement à partir de 1919, jusqu'à la mort du poète en 1931. Mais Khalil ne tient pas à ce que Mary connaisse la teneur de ce courrier. Peut-être craint-il qu'elle ne se méprenne sur son contenu[65].

Le père de May est libanais, sa mère palestinienne. Elle vient au monde le 11 février 1886 ; on lui donne le prénom de Mary (une autre Mary dans la vie de Gibran). En 1908, ses parents et elle émigrent en

Égypte, où elle se fait un nom dans la littérature. Elle collabore à des journaux, change son prénom pour celui de May, qu'elle trouve moins banal. Elle tient le salon littéraire le plus couru du Caire et sa renommée ne tarde pas à se répandre dans tout le monde arabe, non seulement à titre d'écrivain, mais aussi de championne des droits de la femme. Dans les années 1930, après la mort de ses parents et de Gibran, elle fait une tentative de suicide et est internée dans une institution psychiatrique au Liban. Elle y reprend confiance en la vie et retourne au Caire, où elle meurt en 1941.

C'est en tant que critique littéraire que May attire tout d'abord l'attention de Gibran. Elle connaît Rihani, cependant, et il n'est pas impossible que ce dernier ait parlé d'elle à son ami. Quoi qu'il en soit, Gibran envoie à la jeune femme un exemplaire de presse des *Ailes brisées* lors de la parution du livre en 1912. C'est ainsi que débute leur correspondance. Ils ne se rencontreront jamais ; leur relation restera purement épistolaire. Le ton des lettres est d'abord tel qu'on peut l'imaginer : ils sont tous deux des phares dans la littérature arabe et échangent des idées et des critiques sur leurs œuvres mutuelles. En 1913, May est l'envoyée de Gibran lors d'une cérémonie commémorative en l'honneur du grand auteur libanais Khalil Moutran. Gibran envoie un poème, « Le Poète de Baalbeck », qu'elle lit lors de la soirée. Le ton des premières lettres de Gibran est conventionnel, grave et aimable. En 1919, lorsque leur correspondance reprend après cinq ans de silence, le style de Gibran se fait séducteur. Dans une lettre du 7 février, il fantasme sur le sourire de May. Mais le flirt s'exprime souvent de façon détournée : Khalil dit à la jeune femme avec quelle impatience il attend ses lettres, et la fête que constitue leur arrivée. Il évoque la place qu'elle occupe dans son âme, due à leur amour commun de la beauté. Ils sont comme des âmes sœurs, des exilés dans ce monde de chagrin et de souffrance.

Une des lettres de Gibran, envoyée le 25 juillet 1919, est une déclaration d'amour pure et simple :

Chère mademoiselle May,

Vous n'avez pas quitté mon esprit depuis ma dernière lettre. J'ai passé de longues heures à penser à vous, à vous parler, tentant de découvrir vos secrets, essayant de dénouer vos mystères [...].

Vous serez sans doute surprise de m'entendre parler de la sorte ; je trouve moi-même curieux de ressentir ce besoin et cette nécessité de vous écrire [...]. J'ai récemment établi avec vous un lien abstrait, délicat, ferme, étrange et différent de tout autre lien par sa nature et ses caractéristiques [...]. Il n'y a pas un simple fil de ce lien qui n'ait été tissé par les jours et les nuits qui mesurent le temps et émaillent la distance séparant le berceau de la tombe. Pas un seul fil qui n'ait été tissé par les intérêts passés et les aspirations futures — car ce lien s'est formé entre deux êtres qui n'ont été rassemblés ni par le passé ni par le présent, et qui ne seront peut-être pas non plus unis par l'avenir.

Dans un tel lien, May, dans une émotion si intime, dans une compréhension si secrète, il y a des rêves plus exotiques et plus insondables que tout ce qui surgit dans la poitrine humaine ; rêves dans les rêves dans les rêves.

Une telle compréhension, May, est un chant profond et silencieux qui s'élève dans l'immobilité de la nuit ; il nous transporte au-delà du règne du jour, au-delà du temps, au-delà de l'éternité.

Une telle émotion, May, ne va pas sans pincements au cœur ; ceux-ci ne disparaîtront jamais, mais ils nous sont chers et nous ne les échangerions pas, si l'occasion nous en était donnée, pour n'importe quelle somme de gloire ou de plaisir, connu ou imaginé.

Khalil implore ensuite May de lui écrire et de lui dire si ses sentiments sont partagés. En reconstituant les réponses de la jeune femme d'après des fragments de lettres de Gibran, il est clair qu'elle est courroucée et l'accuse de se perdre dans ses fantasmes. Gibran est déprimé, il lui répète qu'elle hante ses rêves et qu'il croit la voir à ses côtés dans le royaume extrasensible de la vérité et de la beauté. Il utilise à l'intention de May le langage auquel il a eu recours des années plus tôt avec Josephine et Mary, un langage qui sous-entend une constante présence — ainsi, dit-il, elle peut voir par ses yeux à lui. Petit à petit, à force de s'entendre affirmer avec ferveur qu'ils sont des êtres à part et donc faits l'un pour l'autre, et qu'il est le seul à être en mesure de comprendre sa solitude et de la réconforter — comme elle peut le faire pour lui —, May laisse tomber ses défenses. Dans la seule lettre qui ait été traduite en anglais, datée du 15 janvier 1924, il est son « bien-aimé » (comme elle est sa « bien-aimée » dans ses lettres à lui) et elle se demande, tandis qu'elle contemple Vénus dans le firmament, si cette planète placée sous l'égide de la déesse de l'amour est peuplée d'êtres semblables à elle et à Khalil, « qui aiment et sont pleins de désir ». Elle continue sur le même ton : « Serait-il possible que Vénus soit comme moi et qu'elle ait son Gibran — une présence belle et lointaine et en réalité si proche […] et qu'elle sache [qu'une longue période s'écoulera] avant de voir son bien-aimé ? » Ces mots sont tirés d'une lettre écrite en 1924 mais, à en juger par la correspondance de Gibran, May a commencé à s'émouvoir et à répondre à sa passion éthérée dès 1921. L'une des lettres du poète ne demande aucune traduction : il s'agit simplement d'un cœur transpercé par la lame d'un poignard.

Ils sont tous deux courtisés dans leur vie quotidienne par des personnes réelles, avec leurs insuffisances et leurs faiblesses. Pour May aussi bien que pour Khalil, cette liaison à distance est idéale. C'est leur secret, et Gibran est en extase chaque fois que le courrier lui apporte une lettre d'amour. On comprend sa réticence à parler de May à Mary. Étant donné les circonstances extraordinaires entourant ce lien, on aurait pu s'attendre à ce que des malentendus s'installent, mais il n'en est rien ; l'amour de May et de Khalil restera stable et constant jusqu'à la mort de ce dernier. Dans une lettre adressée en octobre 1923, il résume ainsi l'attachement qu'ils ressentent l'un pour l'autre : « Tu vis en moi et je vis en toi, tu le sais et je le sais. » Le contact physique le plus proche qu'ils auront jamais est un échange de photos.

Il ne me viendrait jamais à l'esprit de mettre en doute l'authenticité de l'amour de Gibran envers May Ziadeh. Il n'a cette fois rien à gagner ni rien à perdre. Le ton de ses lettres est celui d'un amant sincère. Cet amour est beaucoup plus vrai, plus passionné que ne l'est sa relation amoureuse avec Mary Haskell et son engouement puéril pour Josephine Peabody. Si nous laissons de côté ses aventures sexuelles, ce lien qui l'attache à May représente son seul amour durable — avec une femme qu'il ne rencontrera jamais. Mais peut-être souhaite-t-il qu'il en soit ainsi. Dans plusieurs lettres il se demande, d'une manière purement rhétorique, quand il quittera New York et retournera au Moyen-Orient pour y rencontrer sa bien-aimée. Il n'en fera jamais rien. Pourtant, un séjour en Égypte ne serait pas très difficile à organiser. Comment ne pas conclure que, si Gibran peut si facilement aimer cette jeune femme et exprimer, lettre après lettre, ses sentiments pour elle, c'est *précisément* parce qu'elle est loin de lui ? Elle ne lui fait courir aucun risque. May ne connaîtra jamais le vrai Khalil, dans toutes ses insuffisances et ses imperfections.

Il est difficile à un Narcisse d'entretenir une relation avec une personne en chair et en os. Pour Gibran, May Ziadeh est un être spirituel, lointain, plus angélique qu'humain. Mais Gibran est un homme intelligent. Une petite voix doit certainement lui souffler, de temps à autre : « Tout cela est insensé, tu sais que cette situation est absurde ! »

Nous découvrons ici une nouvelle dimension du personnage : il est vraisemblable que, tout au long de son existence, Khalil Gibran n'a cessé d'être tourmenté, malheureux, et déchiré par ses contradictions.

8 AMIS ET ENNEMIS

À la fin de l'année 1911, Gibran est sur le point d'entrer dans un cercle plus large d'amis et de relations influentes. Il est à deux doigts de triompher dans le monde arabe et de s'imposer en Amérique[1]. New York le fascine. L'énergie que dégage la mégapole le stimule, la ligne audacieuse des gratte-ciel le vivifie[2]. Comparée à la sage Boston, New York possède le dynamisme de ceux qui veulent réussir, et l'ambitieux Gibran y trouve son compte. La ville semble offrir des possibilités infinies. Rien ne symbolise mieux cette vitalité que la vigoureuse compétition à laquelle se livrent les architectes et les constructeurs de gratte-ciel à Manhattan, où l'air résonne des pétarades des riveteuses utilisées pour édifier d'énormes et superbes buildings.

À Boston, Mary se démène pour organiser une exposition des peintures et des dessins que son protégé lui a laissés. Elle attaque sur trois fronts : elle appelle à l'aide Fred Holland Day, rencontre M. et Mme Copley Greene (qui ont fait la connaissance de Gibran, l'admirent, et sont membres du prestigieux club St. Botolph, où se tiennent des expositions), et invite Frances Keyes, qui a l'oreille d'Isabella Stewart Gardner, à venir à l'école pour y voir les œuvres de l'artiste. Mais Day ne se manifeste pas, l'enthousiasme des Copley Grenne s'est refroidi, et Miss Keyes critique vigoureusement les tableaux de Gibran, dont la technique, selon elle, laisse à désirer. Quelques jours plus tard, Mary rassemble son courage et fait part de ces critiques à Khalil. Il les reçoit avec sérénité. Selon lui, Miss Keyes n'aime tout simplement pas son style et camoufle son manque d'intérêt sous des attaques contre sa technique. Mary voit cette sérénité comme un signe de la confiance inébranlable que l'artiste place dans cette Réalité qu'il tente d'exprimer dans son œuvre[3].

En fait, Khalil a d'autres préoccupations. Au cours de l'été et de l'automne, il a beaucoup fréquenté Charlotte, la meilleure amie de Mary. Ils sont devenus très intimes. Il semble même que Gibran en soit entiché. Il ne le dira à Mary que quelques années plus tard[4], mais cette dernière sait qu'il y a anguille sous roche. Elle se fait du souci et, durant l'été et l'automne 1911, note parfois ses inquiétudes dans son journal. Un épisode plutôt curieux se déroule en février. Mary éprouve des sentiments mêlés devant un portrait de Charlotte que Khalil vient de terminer — ce trouble, les Gibran l'expliquent ainsi dans leur biographie : « Son admiration pour le tableau ne découlait pas d'une appréciation positive de l'œuvre. Ce qui l'enflammait, c'est que le tableau était de Khalil et représentait Charlotte[5]. » Un soir, avant que Gibran ne la quitte, Mary lui demande de l'embrasser devant le portrait. Veut-elle avoir la sensation que Charlotte les regarde et approuve leur amour ? Veut-elle, par ce geste symbolique, montrer à son amie que Khalil est tout à elle ? Veut-elle que Gibran se rende compte qu'*elle* est à lui et que Charlotte n'a aucun droit ?

Cette dernière, qui voit Gibran presque chaque jour à New York, tente de calmer les appréhensions de Mary : « Si nous devions, lui et moi, nous trouver seuls sur la plus désolée des îles désertes, lui dit-elle, il me serait encore impossible de voir en lui un homme. » Bref, la chimie ne fonctionne pas[6]. En fait, aucun indice sérieux ne laisse supposer que Khalil est vraiment amoureux. (Il avouera cependant en 1915 avoir été attiré par la jeune femme.) Mary s'inquiète néanmoins. Dans un agenda, les 7 et 8 novembre 1911, elle fait d'abord allusion à une femme mystérieuse : « L'amour charnel qu'elle offre est en lui-même source de révélation. Je ne peux donner cela — elle le peut. » Elle compare leurs rôles respectifs : je peux donner une forme au travail de Gibran, alors que l'autre femme peut lui insuffler l'énergie nécessaire pour l'accomplir. Elle ajoute : « Je fabrique l'outil grâce auquel elle pourra l'aider à travailler. Et je regarderai avec joie ce que ces deux êtres créeront ensemble [...]. C'est une porte qu'ouvre pour lui cette Main qui en a ouvert d'autres [...]. Quelle est l'allégeance qui exigerait qu'il la repousse ? Aucune ! » En d'autres mots, depuis que Gibran et elle ont rompu leur engagement, elle ne veut plus rien revendiquer : l'autre femme peut prendre sa place, comme compagne et comme muse. Mary nous révèle ensuite l'identité de cette femme : « C. va comprendre qu'elle vit pour la première fois une union absolue, et que son âme n'a jamais connu auparavant un tel émerveillement. Et K. va découvrir la puissance qui est en lui, celle du peintre et celle du poète. C. va occuper ses pensées comme aucune autre femme ne l'a fait jusqu'ici. Elle va lui permettre de découvrir sa nature passionnée. »

Un mois plus tôt, le 5 octobre, Mary nous a appris par l'intermédiaire de son agenda que Gibran pensait énormément à Charlotte. Il le lui a dit[7]. L'inscription des 7 et 8 novembre nous fait part, en quelque sorte, de sa réponse : elle confie Gibran à Charlotte, bénit leur union. Elle leur donne même la permission de faire l'amour. Trois jours après, elle écrit : « Ai reçu aujourd'hui une lettre de K. et de C. Pas un mot concernant ce qui me trotte dans la tête. » On ignore quelle suggestion elle a pu faire à ses deux amis.

En fait, l'attirance que Khalil éprouve pour Charlotte ne sera jamais partagée. La courageuse résignation dont Mary fait preuve ne porte finalement aucun fruit. Deux éléments empêchent Charlotte d'être amoureuse. Le premier est la « chimie », comme le prouve sa réflexion à propos de l'île déserte. Lors de sa première visite à New York, Mary écrit : « C. n'est pas encore attirée par K., si ce n'est platoniquement, mais je m'attends à ce que les choses changent. Il a besoin d'exprimer son affection, et le manque de chaleur de C. lui est pénible, sans doute[8]. » Le second est que Charlotte ne s'accorde jamais le temps, comme le fait Mary, de se laisser envoûter par Gibran. Un peu plus tard, le même mois, elle tombe éperdument amoureuse d'Amin Rihani, avec lequel elle aura une liaison sexuelle aussi brève que passionnée[9]. Au cours de cette aventure, loin de voir Khalil comme un prétendant potentiel, elle lui suggère de devenir le partenaire amoureux de Mary, comme elle a fait de Rihani le sien, et rêve que « l'un des quatre ou deux des quatre, ou tous les quatre donnent naissance à l'Enfant qui unira l'Orient à l'Occident par la grâce de son génie[10] ». Quelques mois plus tard, le 16 octobre, elle épouse un jeune homme appelé Gilbert Hirsch, avec lequel elle vivra heureuse jusqu'à la mort prématurée de ce dernier, en 1926. Elle quittera ce monde en 1954.

L'un des aspects les plus étranges de cette situation est qu'elle se déroule à une époque où Khalil et Mary entretiennent encore une relation sentimentale. Ils ont renoncé à se marier, certes, mais ils restent indécis quant à une éventuelle consommation charnelle. Mary se sent piégée, et si elle envisage la possibilité d'une liaison entre Gibran et Charlotte, ou l'encourage, c'est pour tenter de faire face à ce qu'elle croit être un « fait accompli* ». D'autre part, on peut mesurer à quel point Khalil se sent libéré de Mary lorsqu'il se met en tête — avec l'appui de Charlotte — de la convaincre d'épouser un homme appelé Harry Lorber[11]. Les trois personnages (auxquels va s'ajouter Rihani) sont pris dans les rets d'un filet d'émotions dont l'intensité a presque des relents d'inceste.

Si les craintes de Mary à propos de Charlotte se révèlent non fondées, d'autres rumeurs plus alarmantes lui viennent aux oreilles. Une chose est certaine : pour Charlotte, Khalil est un homme à femmes. Micheline a d'ailleurs exprimé la même opinion un jour à Paris. Charlotte explique à son amie que ces mots de tendresse dont Khalil l'abreuve, il les dit également à d'autres femmes — comme le font, du reste, tous les hommes. Ne lui a-t-il pas affirmé un jour qu'il lui est possible d'aimer sept femmes à la fois, et qu'il n'est pas plus compliqué pour lui d'avoir un rapport sexuel que de cueillir une fleur[12] ? Les impressions de Charlotte sont-elles justifiées ? Lorsque Mary pose ouvertement la question à Khalil, il nie avec véhémence. Puis il lui explique que, s'il ne se défend pas lorsque Charlotte et Micheline — ainsi que Rihani et son amie Marie el-Khoury, ajoute-t-il naïvement — prétendent qu'il est un don Juan, c'est tout simplement parce qu'aborder des détails de sa vie intime l'ennuie. C'est, d'après lui, sa piètre connaissance de l'anglais qui a donné de fausses impressions à Mary. Il admet avoir eu quelques aventures dans le passé avec des femmes plus âgées et plus expérimentées que lui, mais il nie avoir une maîtresse à New York[13]. Il rappelle à Mary le travail qu'il abat journellement : où trouverait-il, dans ces circonstances, le temps de mener à bien des affaires de cœur ? Certes, il rencontre beaucoup de femmes — ce sont surtout les femmes qui apprécient son œuvre — mais faut-il en conclure

* En français dans le texte. N.D.T.

pour autant qu'il leur fait l'amour ? Il admet cependant recevoir des propositions et être attiré par d'autres femmes que Mary[14].

Bien que ces protestations nous paraissent un peu exagérées, il est tentant de jeter un peu d'huile sur le feu. Examinons le portrait que Rose O'Neill a fait de Gibran en 1914. L'expression du visage du poète n'a rien à voir avec celle qu'il adopte quand il se trouve avec sa protectrice. Le personnage peint par Rose O'Neill est un homme sensuel et dangereusement séduisant. Il n'est pas surprenant que Khalil n'ait jamais parlé de ce tableau à Mary.

La question qui se pose est de savoir s'il ment lorsqu'il dit à son amie qu'il a renoncé à toute relation sexuelle et vit en célibataire depuis 1915. Le journal nous donne quelque raison de mettre en doute sa sincérité. Khalil ne manque pas de laisser entendre à Mary que, en dépit de tous ses efforts pour maîtriser ses pulsions sexuelles afin de les sublimer dans son œuvre, ces dernières surgissent de temps à autre en raison de sa vigueur et de sa jeunesse[15]. Il lui déclare cependant, en décembre 1922, qu'il n'entretient aucune relation sexuelle, et qu'il en sera probablement de même dans le futur. En juillet 1921, lors d'une conversation à propos des plaisirs de la chair, il lui fait remarquer que les créateurs sont beaucoup plus « sexués » que ne le sont les simples mortels — et il se compte bien sûr parmi les grands créateurs. Il faut rappeler aussi la période ambiguë, en 1922 (huit bonnes années après que leurs sentiments amoureux se sont taris), pendant laquelle il semble croire qu'ils pourront peut-être un jour faire l'amour, même si leur relation se réduit alors à des échanges tout à fait platoniques[16]. Toutes ces allusions ont pour but de faire comprendre à Mary que ses pulsions n'ont pas complètement disparu, même si elles se sont considérablement atténuées.

De temps à autre, si l'on en croit le journal de Mary, Gibran tente de la convaincre qu'il est, en matière de sexualité, un incompris. Il lui explique que, en raison de l'intérêt qu'il porte à ses semblables, il écoute leur discours avec une attention toute particulière, et que les femmes confondent souvent sa bienveillance avec des intentions plus personnelles. C'est pourquoi il préfère les amitiés masculines, car il est plus aisé d'entretenir une relation abstraite avec un homme. Faut-il s'étonner que les femmes tombent dans le panneau ? N'a-t-il pas dit un jour à Mary, alors qu'il parlait de ses modèles, qu'il ne pouvait s'empêcher de déshabiller les femmes du regard ? Lorsque Mary l'informe qu'une de ses amies lui a écrit qu'elle a rencontré une jeune Syrienne qui prétend le connaître « très intimement », Gibran est sur la défensive. Il lui répond que la jeune femme a sans doute voulu dire qu'elle connaissait bien son œuvre. À peu près à la même époque, il lui déclare, désinvolte mais catégorique, qu'il n'entretient aucune liaison[17]. Or, cette affirmation est contredite par des lettres envoyées à Helena, une Syrienne avec laquelle il sort à l'occasion et qu'il invite à l'atelier, seule.

Il existe d'autres preuves indirectes de ses aventures amoureuses. Hawi affirme, après avoir interviewé des personnes qui fréquentaient Gibran à l'époque, que lors des premières années à New York, ce dernier a eu une aventure avec Marie el-Khoury, Syrienne bien nantie qui l'aidait en lui achetant des tableaux et en le présentant à des gens influents. Cette personne a laissé dans les mémoires l'image d'une femme fatale, d'une vamp calculatrice qui est, dit-on, passée des bras de Gibran à ceux de Rihani, puis a délaissé ce dernier. Il n'existe pas de preuves tangibles d'une liaison entre Gibran et elle, mais les probabilités sont minces. On parle pourtant de lettres d'amour que Gibran aurait adressées à la jeune femme[18]. Des gens rapportent un commentaire plutôt cavalier de Witter Bynner remontant à la fin des années 1920, avant qu'il ne quitte New York pour Santa Fe. Selon Bynner, l'humeur de Gibran est affectée soit par son travail, soit par ses aventures sexuelles. Plus tard, toujours dans les mêmes années, une rumeur veut que l'épouse d'un bijoutier de Manhattan, dont le nom est resté inconnu, ait déclaré vouloir être enterrée avec les lettres que Gibran lui a envoyées[19]. Ce souhait nous en dit plus long sur la femme du bijoutier que sur le poète. Il ne fait aucun doute qu'il est entouré à cette époque de femmes qui l'idolâtrent. Mais lorsque nous disposons d'éléments matériels pour nous faire une idée plus précise de sa conduite — grâce à sa correspondance avec Margaret Crofts, par exemple, ou avec Marie Meloney —, Gibran nous apparaît tout simplement comme un homme courtois et amical.

Il n'en reste pas moins que ce célibataire, un beau jour, est tombé réellement amoureux. Dans les années 1920, il a donné son cœur à May Ziadeh, avec laquelle il n'a eu d'autre choix que de rester chaste.

Dans une lettre du 3 novembre 1920, où il parle de lui comme d'une tierce personne (comme il le fait souvent dans sa correspondance), il lui dit : « Que puis-je dire d'un homme déchiré entre deux femmes : l'une tissant les heures de son réveil, hors de ses rêves ; l'autre forgeant ses rêves avec ses heures de réveil ? » Cette phrase est passablement obscure, plus obscure encore que celles qui émaillent ses lettres souvent floues et mélancoliques. Si l'une des deux femmes est May, on se demande qui est l'autre.

Dans sa biographie, Mikhaël Nouaymé raconte une histoire assez scabreuse. L'événement a lieu dans les années 1930. Gibran, accablé par la solitude, profite de la vénération que lui porte une jeune femme pour l'attirer dans son lit. Le scénario n'est que trop banal de nos jours, où nous apprenons par les journaux et les magazines comment des gourous en tout genre abusent de leur pouvoir auprès de leurs adeptes. Au premier abord, le récit semble invraisemblable. Comment Nouaymé a-t-il eu vent de cette affaire ? Dans la mesure où il affirme que Gibran était passablement honteux de sa conduite, il est invraisemblable qu'il tienne l'histoire de ce dernier. Mais l'incident semble avoir un fond de vérité. En 1930, Gibran tombe effectivement amoureux d'une femme appelé Gertrude Stern. On ignore si le couple a une relation sexuelle, mais une chose est sûre, Khalil demande Gertrude en mariage. Après la mort du poète, cette dernière écrit à Nouaymé. C'est ainsi que ce dernier apprend les détails de l'aventure[20].

Ce semblant de preuve reste ambigu, mais on ne peut s'empêcher de penser à l'expression populaire selon laquelle « il n'y a pas de fumée sans feu ». Ce que l'on peut au moins tirer de cet épisode, c'est que Gibran est encore susceptible d'être tenté par la chair, et qu'il n'hésite pas à donner à Mary une fausse idée de la vie qu'il mène à New York. Au début des années 1980, quelqu'un demande à Dora, la femme de Ilya Abou Madi, un célèbre collègue de Gibran au Pen Club, de parler de la vie amoureuse du poète. Elle se met à rire et s'exclame (elle connaît bien le Gibran des années 1920) : « Il voulait les épouser toutes[21] ! » Dans cette boutade, dont la candeur nous garantit la sincérité, nous trouvons des raisons suffisantes pour lever le voile sur le mythe et contrebalancer la fausse image de lui-même que Gibran projette à l'intention de Mary Haskell, le pilier le plus solide et le plus indispensable de sa vie. Et l'on peut supposer que la vie sentimentale active que son ami mène à New York débouche parfois sur une aventure sexuelle.

Gibran chérit l'image qu'il s'est fabriquée, celle d'un homme solitaire, ascétique, voire torturé. Il appelle son atelier « L'Ermitage ». Son personnage de romantique mélancolique s'est effacé devant celui de prophète. Il présente à ses amis le visage d'un visionnaire isolé, ignoré, se livrant dans sa retraite à un labeur exigeant et pénible. Il dit un jour à Mary : « Parfois, je suis presque fier de mon état d'ermite, de ma solitude. Je ne suis pas accepté, c'est tout. Je ne l'ai jamais été et ne le serai jamais. Je suis inadapté et inadaptable. J'ai souffert, et j'accepte de souffrir encore. Je crains le pire et je suis prêt au pire. » Il ajoute : « Être vrai et distant attire vraiment les gens vers vous[22]. » Il est évident qu'il aime l'image qu'il projette et qu'il assimile sa solitude au sentiment qu'il a d'être unique.

Le portrait d'homme à femmes que Charlotte brosse de lui contredit l'image qu'il veut donner d'un artiste solitaire, uniquement préoccupé par son œuvre et par sa mission auprès de l'humanité. Il est profondément affecté par ce qu'il considère comme une trahison de la jeune femme. Son amour pour elle se transforme dès lors en profonde aversion. Il ne dira plus jamais rien d'aimable à son sujet (ni sur le compte de Micheline, d'ailleurs). En fait, alors qu'ils avaient coutume de se retrouver presque quotidiennement, on ne sait même pas s'ils se sont vraiment revus à la fin de l'été 1912, mise à part une rencontre en coup de vent en 1914 lors d'une exposition des œuvres de Khalil. Le déménagement de Charlotte dans la haute ville (au 529, 77e Rue Est) n'a pas grand-chose à voir avec ce changement[23]. Mary et elle restent amies ; la Bostonienne habite souvent chez Charlotte lorsqu'elle séjourne à New York. Quant aux remarques négatives de Gibran sur Charlotte et Micheline, Mary se contente de les consigner dans son journal. Charlotte n'a pas la volonté d'exploiter son potentiel, dit-il ; sa vie est étroite ; son époux et elle sont des disciples puérils de Freud. Un jour, développant l'idée que les êtres humains vivent à cheval sur deux mondes, celui de la conscience et celui de l'organique, il cite Charlotte et Micheline comme deux exemples d'êtres chez qui la dimension organique l'a emporté sur la dimension consciente[24]. En 1914, il dit à Mary qu'il trouve Micheline « répugnante » et, bien qu'il lui arrive encore de la voir à l'occasion, il a chaque fois l'impression de perdre son temps[25]. Il admet franchement qu'il a rompu avec Charlotte parce qu'elle l'a traité d'homme à femmes, mais il ajoute un autre motif à sa décision : Charlotte n'a jamais pu admettre la moindre critique[26].

Rihani connaît sensiblement le même sort. Gibran le répudie, lui aussi, mais on ignore quand et pourquoi. En mai 1912, ils sont toujours les meilleurs amis du monde ; ensuite, les allusions de Gibran deviennent trop vagues pour nous informer de la teneur exacte de leur amitié. La seule lettre de Gibran à Rihani dont on connaît l'existence date de 1918. Elle est plutôt conventionnelle. En fait, elle a trait au comité dont ils font tous deux partie. Il y a tout lieu de supposer que Gibran se sent supérieur à son ami : Rihani a certes été son modèle pendant un certain temps, mais lorsque le jeune homme en colère s'est transformé en prophète, Rihani a cessé d'être un paradigme. Cette hypothèse n'explique cependant pas le ressentiment que Gibran éprouve à l'égard de ce compagnon de la première heure. On ne peut que supputer. Peut-être s'est-il senti lésé lorsque Rihani et Najib Diab, grâce à leurs relations sur le plan politique, ont été choisis comme porte-parole lors du Congrès arabe de Paris, en 1913. Gibran souhaitait être de la partie, mais personne n'a sollicité sa participation. Il exprimera son insatisfaction à propos du Congrès — insatisfaction indéniablement motivée par une rancœur personnelle. Lorsqu'il essaie, des années plus tard, avec son irréalisme habituel, de persuader Mary qu'il n'a jamais perdu un ami dans sa vie — « Celui que j'ai aimé, je l'aime encore » — il précise que Rihani n'a jamais été son ami, mais que, s'il l'avait été et venait lui présenter des excuses, il l'accueillerait à bras ouverts[27]. Nous ne savons toujours pas ce que son compatriote était censé se faire pardonner. Le fait que leur relation se soit détériorée est confirmé par une remarque caustique de l'écrivain à propos du succès de Gibran, qu'il attribue non pas à son talent, mais au fait que ce dernier choisit des sujets commerciaux et cultive la sympathie des éditeurs[28].

Mais ces tempêtes ne se sont pas encore déchaînées à la fin de l'année 1911, lorsque Mary arrive à New York pour le dîner de l'Action de grâces, qui aura lieu dans l'appartement de Charlotte. Bien sûr, elle est impatiente de voir l'atelier de Khalil. La description qu'elle en fait est très vivante et tout à fait évocatrice :

> Sous le petit balcon noir, sur le divan étroit, un tapis rose, or et argent ; les murs sont jaunes — brocard jaune et tentures de Paris — et sur l'un d'eux, la tête de Christ sculptée en étoile. Une lampe au plafond, et de merveilleux miroirs syriens anciens, iridescents — l'un d'eux accroché —, et trois petites étagères ornées d'objets plus petits [...]. Parmi eux, une tasse rehaussée d'or, une soucoupe et un verre à vin ambre et or en forme de cloche, offerts à K. par ses prédécesseurs à l'atelier. Un tapis d'un rose profond près de la porte — rose nuit. Ce tapis et celui du divan — à qui le soleil semble appartenir — ont été achetés à un vieux Syrien qui a attendu 16 ou 17 ans pour le connaître [Gibran] et lui manifester son amour. « Puisse ceci, a-t-il dit du tapis recouvrant le divan, être matin et soir une joie pour ton œil. » C'est royal — il n'y a rien de plus beau dans les musées [...]. Trois peintures [...]. Charlotte étendue, comme une quatrième image, sur le tapis sombre, près du poêle rougeoyant [...], puis K. s'assied près de la haute fenêtre et lit un extrait des *Ailes brisées* en arabe [...]. Il n'a jamais été autant lui-même[29].

Même si Mary le presse parfois de trouver une seconde chambre pour y vivre et de conserver l'atelier pour créer, Gibran n'en fera jamais rien. Il sait mettre en valeur ses quelques meubles et objets. Et il continuera à vivre de la sorte même lorsqu'il aura acquis une certaine aisance. Bien qu'il y ait souvent un fossé, comme nous l'avons vu et le verrons encore, entre l'homme et sa philosophie, on peut dire que c'est dans le décor où il vit qu'il met le plus efficacement ses idées en pratique.

Que peut-on dire de son aspect physique ? Le moment est venu de mettre la dernière touche aux différents portraits faits dans ce livre en y ajoutant certains traits qui ne peuvent être captés sur la pellicule. Physiquement, il est petit et frêle ; il est sujet aux refroidissements, à la grippe et aux maux d'estomac. Mais il peut aussi paraître vigoureux et robuste. Il n'est pas grand — il mesure environ un mètre cinquante-sept. Mary et lui forment donc un couple assez mal assorti, puisqu'elle est plus grande que lui. Il est mince : lorsqu'il se porte bien, il pèse environ soixante-trois kilos, mais en raison de ses fréquentes indispositions, il frôle plutôt les cinquante-neuf. Sa voix est assez haut perchée ; elle a mué relativement tard. La moustache, qu'il porte sur toutes les photos à partir de 1902, sera agrémentée d'une courte barbe au début des années 1920. En 1917, il a les tempes grises ; plus tard, il portera des lunettes pour lire[30]. On peut aisément l'imaginer, une cigarette à la main (il a commencé à fumer à Paris, sans aucune modération), près d'une table où est posée une petite tasse de café libanais, ou turc. Son énergie relève souvent de la nervosité et de la tension ; quand il travaille, il va et vient dans la pièce, mais il fait très peu d'exercice physique et mange frugalement. Ses mouvements sont gracieux. Son visage reflète ses changements d'humeur, passant du lumineux au sombre en quelques secondes. Ses yeux sont extraordinairement expressifs. Dans les années 1910, ses vêtements sont souvent de couleur neutre, mais au début de la décennie suivante, alors qu'encouragé par le succès il s'installe dans son rôle de personnage cosmopolite, il revêt à l'occasion un costume de couleur plus claire. À l'atelier, il porte sa tenue syrienne, mais au fur et à mesure que passent les années, les vêtements occidentaux font de plus en plus souvent partie de son quotidien[31].

Joseph Gollomb fait la connaissance de Gibran en 1919 alors qu'il l'interviewe pour l'*Evening Post.* Il décrit l'impression que lui fait son interlocuteur. Après l'avoir comparé à Tagore, qui a l'allure d'un mystique, il dépeint Gibran comme « un homme bien vêtu, un être cosmopolite qui appartient au monde occidental ». Il complète ainsi le tableau :

> Avec ses sourcils et sa moustache brune, ses cheveux plutôt bouclés surmontant un front large, ses yeux bruns clairs et pensifs, dont l'expression n'est jamais abstraite, son costume sur mesure, bien coupé, élégant mais sans ostentation — il me semble distinguer en lui la faculté d'adaptation du caméléon. Dans son atelier de la 10e Rue Ouest, il a tout à fait l'allure du parfait résidant de Greenwich Village. Mais si je l'avais rencontré à un congrès d'économistes, dans un café viennois, ou dans sa Syrie natale, je suis sûr qu'il aurait été parfaitement assorti à chacun de ces cadres. Il ne s'agit pas là d'un manque d'individualité mais, au contraire, d'un sens commun inhabituel et d'une empathie transcendant les différences, qui lui permet de si bien appréhender chaque environnement qu'il ne s'y sent jamais étranger, et ne ressemble jamais à un étranger[32].

Il émane de Gibran une intensité qui explique sans doute son succès quasi immédiat dans la société new-yorkaise. Comme nous l'avons vu, un nombre appréciable de citadins pensent que la société est à la veille d'un bouleversement majeur et que les arts ont un rôle-clé à jouer dans la matérialisation de ce changement. On observe aussi un regain d'intérêt pour les différentes formes de pensée religieuse, tant occidentales qu'orientales, et en particulier pour le spiritualisme, le mouvement de la « New Thought », la théosophie, la science chrétienne et les idées de Swedenborg, de Phineas Quimby et de Warren Felt Evans. En Europe, George Ivanovitch Gurdjieff attire de plus en plus de disciples, et l'étoile d'Aleister Crowley commence à monter. Yeats et Eliot sont tout prêts à libérer leurs visions mystiques dans le monde littéraire.

Ces nouveaux mouvements religieux ont certains traits communs : insistance émersonienne sur l'autonomie plutôt que sur une obéissance crédule au clergé des églises institutionnalisées ; croyance en l'essence divine des êtres humains ; certitude que le mal est une illusion et non un principe actif ; remplacement de la foi par des tentatives individuelles visant à découvrir les lois cosmiques de la création, et par une expérimentation directe des différents niveaux métaphysiques de la réalité ; croyance en la réincarnation ; optimisme général mais imprécis — une sorte d'esprit de Pollyanna* qui fait fi du « côté obscur » des choses (pour employer une expression jungienne).

Gibran s'adapte à cet esprit new-yorkais avec une habileté consommée[33]. Il se présente comme un homme qui maîtrise deux formes d'arts, la littérature et la peinture ; il vient d'Orient, d'où commence à irradier une approche de l'existence plus spirituelle que celle véhiculée par l'Occident[34] ; il a la capacité de généraliser à partir de n'importe quel sujet afin de mettre à nu les réalités métaphysiques sous-jacentes. En bref, il incarne la dimension artistico-religieuse de la révolution qui est imminente (plutôt que sa dimension politique, avec laquelle il ne se sent pas à l'aise), et il est chaleureusement accueilli — et même célébré et adulé — comme l'un des guides potentiels de cette révolution. Son agenda ne tarde pas à être plein, tant sa compagnie est recherchée ; il est présent aux soirées et aux dîners importants. Dans ses mémoires, le critique et auteur Edmund Wilson écrit :

> Compte rendu d'un dîner chez Mme Simeon Ford par Elinor Wylie. Mercedes da Costa, Gibran le Perse (*sic*), etc. Enthousiasme débordant pour Whitman : Withman et le Christ sont peut-être les personnages les plus grands qui aient jamais existé. « Quels poètes aimez-vous ? — Eh bien, Milton, par

* Optimisme béat. N.D.T.

exemple. — Milton !!! » Les exclamations d'horreur fusent. Les convives se tournent les uns vers les autres et crient : « Elle dit qu'elle aime Milton ! » Il faut le crier à l'oreille de Mme Ford, qui est sourde. Quand elle comprend, elle fait une grimace épouvantable : « Milton ! » « Mais, dit quelqu'un à Elinor, je croyais que vous étiez un *bon* poète. Vous n'avez pas pu être influencée par *Milton* ! — Et pourquoi ne l'aurais-je pas été ? Vous admirez Jésus-Christ, cela ne veut pas dire que vous vous conduisez comme lui, n'est-ce pas[35] ? »

Gibran se plaint parfois auprès de Mary de toutes les invitations qu'il reçoit, ainsi que de tous les visiteurs qui envahissent l'atelier[36]. En outre — même si nous sommes déjà en 1919 — il prétend que parler anglais presque toute la journée le fatigue. Il est toutefois difficile de ne pas déceler une petite note de suffisance dans sa voix lorsqu'il cite les noms des gens célèbres qu'il fréquente — plusieurs ont pris ou vont prendre place dans son « Temple de l'art[37] ». Il a soif de notoriété, et l'on sait que rien ne plaît davantage aux ambitieux que de côtoyer ceux qu'ils aspirent rejoindre au firmament de la gloire. C'est pourquoi il se plonge avec empressement dans les mondanités. Il déclare à Mary que la « technique New York » (repérer d'abord la position sociale d'une personne, puis s'assurer qu'elle a du talent) lui semble douteuse, mais qu'elle est nécessaire. La plupart des soirées et des dîners l'ennuient, mais certaines réunions trouvent grâce à ses yeux. On le rencontre chez des hôtesses bien connues de la société new-yorkaise, qu'il appelle « les dames » : Julia Ellsworth Ford (dont le mari, Simeon, possède quelques hôtels), Mme Bennett (l'épouse d'un sénateur), Mme Morten et Mme Harden, deux riches protectrices des arts, Mme Tiffany et Rose O'Neill.

Une fois certain d'être bien établi, il choisit avec plus de discernement les salons qu'il fréquente. Celui de Mme Ford reste l'un de ses favoris. Pendant des années, chaque vendredi, cette dame donne un dîner à l'intention d'hommes « intéressants », auquel une femme « intéressante » assiste à l'occasion, la danseuse Ruth St. Denis, par exemple. Gibran est un habitué de ses soirées, comme le sont le poète Witter Bynner, Tom Raymond (bibliophile, maire de Newwark et spécialiste de Stephen Crane), l'auteur dramatique Percy Mackaye, le peintre Arthur B. Davies et le poète Howard Willard Cook. Ces dîners, qui ont commencé en 1913, sont toujours offerts en 1921[38].

À compter de 1918, Gibran est aussi un visiteur assidu de Mme Corinne Roosevelt Robinson, poète et sœur de Theodore Roosevelt (dont il fera la connaissance). Mme Robinson a publié quelques livres, parmi lesquels il faut surtout retenir *Out of Nymph*, édité en 1930. Il existe une lettre de Gibran à l'auteur, dans laquelle il la remercie de lui avoir envoyé un exemplaire de son ouvrage. Le geste de Corinne Roosevelt était tout naturel : on trouve, dans une section intitulée « Portraits », le poème « Kahlil Gibran, Poet and Prophet » :

Si sensible que souvent l'Homme
pourrait faillir à vous trouver,
cher Gibran,
À moins que le « prophète » ne parle,
alors vous serez connu
des femmes, des hommes,
Et même des enfants,
Car le mot
« Prophète » parle
Et tous les cœurs sont remués,
Jusqu'à ce que, sachant
toutes choses vraies,
Prophète — et visionnaire,
Nous *vous* connaîtrons !

De nombreuses lettres de Gibran à Mme Robinson ont été conservées. Elles nous en disent long sur les relations qu'il entretient avec les dames de la haute société new-yorkaise. Le ton des missives est d'une politesse ampoulée, au point d'en devenir obséquieux. Ces lettres sont des réponses soigneusement rédigées à une invitation à dîner ou à venir lire un ou deux poèmes. Ou bien Gibran bénit la chère dame de l'avoir accueilli dans sa résidence d'été, ou il se dit touché par ses félicitations à l'occasion du lancement d'un livre. Dans une lettre, où il la remercie pour le bref séjour passé chez elle à la campagne, il écrit : « J'aimerais disposer d'une flûte pour vous dire toute ma gratitude après ces trois journées bien remplies à Henderson House... Mais je n'ai ni flûte ni cordes, je n'ai que des mots. Ne pourriez-vous, dans votre immense bienveillance, traduire ces mots, même ceux qui ne sont pas écrits, dans ce langage silencieux de l'esprit ? » Ayant appris qu'elle est malade, il lui écrit : « Les mots ne suffisent pas pour dire mon chagrin à l'idée que vous êtes souffrante. Je pense, comme tous ceux qui vous aiment, que vous êtes l'*unique* personne sur cette terre qui ne devrait jamais être malade, car elle ne doit cesser d'offrir au monde cet élément rooseveltien stimulant qui encourage les gens à penser et à agir avec plus de sérieux et de gravité. » Le ton flagorneur que Gibran emploie dans ses lettres à Mme Robinson ne changera que plus tard, lorsqu'il aura acquis assez d'assurance pour s'adresser à elle avec plus de simplicité.

Les séjours d'été à la campagne, épisodes bien connus grâce aux romans d'Edith Wharton, sont une quasi-obligation dans les hautes sphères de la société new-yorkaise. Gibran accepte non seulement les invitations de Mme Ford, mais celles d'autres dames, comme Mmes Van Patten et Tison, et celles de leurs sœurs bostoniennes, Mmes Manning et Garland. Rose O'Neill, peintre à succès, consacre une partie de l'argent que lui rapporte sa bande dessinée « The Kewpie Dolls » à des artistes impécunieux, qu'elle accueille dans sa maison de Washington Square. On y rencontre parfois Khalil Gibran[39]. À ceux qui pourraient s'étonner de l'omniprésence de ces dames, je dirai que, dans les cercles de la haute société américaine de l'époque — surtout à New York et à Boston — ce sont les femmes qui font la loi. Ce sont elles qui envoient les invitations et bâtissent les réputations. À moins d'être une femme moderne comme Rose O'Neill, il est essentiel d'avoir un riche époux, qui prête sa respectabilité et ses deniers aux opérations. Mais le « glamour », indéniablement, est la propriété des dames. C'est une forme de matriarcat.

Gibran ne manque jamais de les charmer, ces dames. Il a une opinion toute prête et intéressante sur la plupart des sujets, et il sait écouter. C'est un homme aimable, à la voix douce, qui peut « croquer » son interlocuteur avec talent. Jusqu'en 1918, il lui arrive de remercier l'hôte ou l'hôtesse qui lui a ouvert ses portes en lui offrant un dessin. Du reste, l'art du portrait restera toujours pour lui une source occasionnelle de revenus[40]. Une anecdote particulièrement révélatrice est racontée par son ami Witter Bynner, dans une lettre datée de 1941. La missive répond à une question posée par un étudiant à propos de Gibran :

Le meilleur moyen d'illustrer la qualité de l'homme est peut-être de raconter un épisode survenu chez Mme Simeon Ford (Julia Ellsworth Ford), grâce à laquelle j'ai fait sa connaissance.

Un soir, au dîner, les servantes oublient d'apporter un plat. Après une longue attente et plusieurs coups de sonnette, Mme Ford se lève et se rend à l'office. Là, derrière un paravent, se tiennent deux servantes. Après une sévère réprimande de leur maîtresse, l'une d'elles s'exclame : « Mais, Mme Ford, comment pourrions-nous continuer à servir quand M. Gibran parle ? Il parle comme Jésus ! »

C'était la pure vérité.

Une impression similaire se dégage d'une histoire tout aussi fascinante racontée en 1949 par le poète et romancier Robert Hillyer, prix Pullitzer et critique au *New York Times Book Review*. Après avoir parlé de la philosophie et des écrits de Gibran, il ajoute :

Mes souvenirs de Gibran remontent aux années qui précèdent la Première Guerre mondiale, lorsque j'accompagnais de temps à autre des amis à son atelier. Je me rappelle la pénombre de la pièce, les classeurs à dessins, et un Levantin de petite taille mais plein de dignité, aux yeux sombres mais lumineux et aux mains exquises. Je le vois préparer du café turc selon le rituel exigé [...]. Il parle du caractère sacré du poète ; et comme je suis encore un très jeune poète, de dix-neuf ans pour être exact, je me tortille et souris, embarrassé. Alors il me fixe, de ce regard profond qui n'appartient qu'à lui, et je me sens gauche et impie malgré la force de ma vocation. À la demande insistante de quelqu'un, il récite deux ou trois de ses paraboles, qui apparaîtront plus tard dans *Le Prophète* [...]. J'ai le souvenir d'un homme qui consacre sa vie à la Contemplation, à la Paix, à l'Amour, à la Vie de l'Âme, et à des myriades de formes représentant la Beauté. Que ces vertus restent trop souvent de simples abstractions capitalisées dans ses textes réduit la puissance mais non l'opportunité de leur présentation.

Qui sont les amis occidentaux de Gibran ? Certains noms reviennent souvent dans les journaux de Mary Haskell. Ce sont les Perry (Ronald Perry est sculpteur), Howard Cook, Haniel Long (poète prolifique), Adele Watson, le Dr Beatrice Hinkle (pionnière en médecine et en psychothérapie) et quelques autres. Quatre hommes, Witter Bynner, Tom Raymond, James Oppenheim et Albert Pinkham Ryder, occupent une place à part dans sa vie, non seulement parce qu'ils sont plus souvent cités que les autres dans les journaux et les lettres, mais parce que le traitement que leur réserve Gibran est des plus chaleureux.

L'amitié qui lie Gibran au grand peintre symboliste Albert Pinkham Ryder mérite que l'on s'y attarde. Ryder, un visionnaire, est né en 1847 et est déjà âgé lorsque Gibran arrive à New York. Il vit en reclus dans un logement sordide. Le papier peint s'est décollé du plafond et pend en longues lanières ; la crasse et la poussière s'accumulent dans les moindres recoins. Ryder ne jette jamais rien. Il dort sur un bout de tapis jeté sur le sol, ou sur trois chaises alignées. On le voit rarement dehors, et quand il émerge de son taudis, on le prend pour un clochard avec sa longue barbe emmêlée, son visage renfrogné et ses yeux humides.

Un jour de décembre 1914, quelqu'un le reconnaît à une exposition de tableaux de Gibran. On lui demande ce qu'il pense des œuvres exposées. « En tout cas, il a l'air d'être sincère, c'est le principal », répond-il. Lorsqu'on rapporte ces paroles à Gibran, grand admirateur de Ryder, il est ravi. Dès lors, il est fermement décidé à trouver un moyen de faire la connaissance du peintre. Il écrit un court poème en prose et, dans l'espoir d'attirer le vieil homme dans ses filets, le lui dédie. Légèrement corrigé par Mary, imprimé à compte d'auteur, le poème est le premier texte de Gibran en anglais. La flatterie y est flagrante. Ryder y est appelé prophète aussi bien que poète, habitant du « monde des géants », et ainsi de suite. Curieusement, la manœuvre naïve marche. Ryder accepte de rencontrer Gibran, qui se présente à lui avec un exemplaire du poème.

Le vieux grincheux se prend de sympathie pour son visiteur. Après une rencontre préliminaire, il accepte de poser pour la série le « Temple de l'art ». Gibran est satisfait du portrait, et de plus en plus ravi de cette accointance avec Ryder. L'absence totale de liens du vieil homme avec la société lui paraît stimulante. « Il est plein [...] de cet étonnement qui est la marque des vrais grands[41] », dit-il. Cela se passe en mars 1915. Quelques mois plus tard, le vieillard est à l'hôpital, placé sous la garde d'une certaine Mme Fitzpatrick, qui prendra soin de lui jusqu'à sa mort. Gibran est, apparemment, un des seuls visiteurs qu'elle tolère. Lorsque Ryder, en phase terminale de sa maladie, retourne à l'hôpital en 1917, Gibran lui rend régulièrement visite. Le vieil homme meurt le 28 mars de la même année[42].

On sait, hélas ! très peu de chose sur l'amitié de Gibran pour Thomas Lynch Raymond, dont on se souvient aujourd'hui grâce à son œuvre de pionnier en tant que maire de la ville de Newark. Si l'on en juge d'après le ton de Gibran lorsqu'il parle de Tom — transmis par les journaux de Mary — il semble qu'il le considère comme un ami intime. Ils correspondent (à ma connaissance, aucune des lettres n'a été conservée) et discutent librement sur un tas de sujets. Raymond a été marié pendant une brève période, puis a divorcé (et, d'après Gibran, s'est mis à détester les femmes[43]). Il n'a pas d'enfants. Après sa mort, en 1928, sa bibliothèque est vendue et le reste de ses biens est dispersé ou détruit. C'est par l'entremise de Thomas que Gibran fait la connaissance de Rose O'Neill, en 1914. Même lorsqu'il fait face à des complications politiques dans le cadre des fonctions qu'il exerce à Newark, Tom garde un refuge à Greenwich Village et apparaît souvent aux dîners de Mme Ford[44].

C'est grâce aux journaux de Mary que nous savons ce que Gibran pense de Witter Bynner et de James Oppenheim. En outre, on a retrouvé un certain nombre de lettres que le poète leur a adressées, qui confirment ou infirment les impressions recueillies dans les journaux. Bynner — que ses amis appellent Hal — va léguer de l'argent à la fondation *Witter Bynner for Poetry*, établie dans la banlieue de Santa Fe. Bynner est un célèbre poète lyrique moderne, il a écrit plus de trente volumes de vers. Voici un de ces courts poèmes, sans titre :

> Toute tempête
> A
> Comme un nombril
> Un trou en son milieu
> À travers lequel une mouette peut voler
> En silence.

Assez curieusement, le nom de Bynner n'apparaît qu'une demi-douzaine de fois dans les journaux de Mary[45]. Cela paraît surprenant, car les missives que Gibran envoie à son ami sont exceptionnellement ouvertes et chaleureuses — ce qui n'est pas le cas de sa correspondance en général. Après avoir lu une certaine quantité de lettres de Gibran, on finit par avoir l'impression que la plupart d'entre elles ont été soigneusement fabriquées. Le ton qu'il emploie pour écrire à Bynner est, au contraire, naturel et détendu ; on y découvre un Gibran beaucoup moins prudent et circonspect qu'à l'habitude. Étant donné que

Bynner a toujours affiché son homosexualité (il vivra au Nouveau-Mexique avec Robert Hunt des années 1930 jusqu'à la mort de ce dernier, en 1964), on peut se demander si les deux hommes n'éprouvaient pas une attirance mutuelle. Il est difficile de ne pas faire une sorte de recoupement entre ce personnage et Fred Holland Day, ami très cher de Gibran, ou encore Tom Raymond, qui était sans doute homosexuel, lui aussi. Les lettres de Gibran à Witter commencent par les mots « bien-aimé », tout comme celles adressées à Mary. Il dit, par exemple : « Mon amour accompagne [cette lettre] jusqu'à toi. Tu me manques terriblement », et ainsi de suite. Malheureusement, aucune des lettres de Bynner à Gibran n'a été conservée. En 1922, l'auteur dramatique dédiera une pièce à son ami : *Cycle : A Play of War*[46]. Il l'évoquera avec affection dans des lettres ultérieures. Nous ne savons rien de plus. Mais, une fois encore, le ton de Gibran, lorsqu'il s'adresse à Bynner, est plein d'affection. Son style est plus direct — surtout si on le compare à celui que les esthètes adoptaient, dans les années 1910 et 1920, dans leurs échanges épistolaires. Je ne prétends pas que Gibran a changé de comportement à l'égard de l'homosexualité, passant de l'hostilité à la curiosité — sur ce sujet, il y a toujours eu un gouffre entre son attitude publique et ses convictions intimes. En bref, rien ne prouve que les deux hommes aient eu une liaison. Mon impression est la suivante : Khalil sait que Bynner est homosexuel, et c'est *pour cette raison* qu'il utilise des mots d'affection aussi directs dans ses lettres — non pas dans le but de séduire Witter, mais plutôt pour se livrer à un flirt sans risque. Il a envie de savoir ce que l'on ressent quand on badine avec un gai, sans craindre que cela ne porte à conséquence. Mon sentiment — et ce n'est rien de plus qu'un sentiment — est que Gibran n'est pas tout à fait sûr de son hétérosexualité, et qu'il profite de l'occasion pour se mettre à l'épreuve.

James Oppenheim, que Gibran rencontre par l'entremise de Beatrice Hinkle (son analyste), est un poète whitmanien. Il a publié *Monday Morning and Other Poems* (1909), *Songs for the New Age* (1914), *War and Laughter* (1916), *The Mystic Warrior* (1921), *The Sea* (1924), ainsi que plusieurs romans. Mais on se souvient surtout de lui grâce à un magazine littéraire dont il est l'éditeur. *The Seven Arts* est en fait le premier lien qu'Oppenheim établit avec Gibran, à qui il a demandé de devenir l'un de ses collaborateurs. Mais il est surtout connu à New York, dans les années 1910, en tant qu'auteur d'un hymne socialiste, « Bread and Roses ».

Si nous n'avions que les journaux de Mary et ne connaissions pas la date de naissance d'Oppenheim, nous pourrions croire que ce dernier est un jeune homme qui amorce une carrière poétique, et que Gibran guide ses pas hésitants sur le chemin malaisé de la créativité. Le journal ne présente les deux hommes comme des égaux qu'une seule fois, alors qu'ils se retrouvent par hasard au restaurant, en présence de Mary. D'habitude, cette dernière ne fait que rapporter les propos que Khalil tient sur Oppeinhem *derrière son dos*, comme on dit[47]. En fait, Oppenheim, qui n'a que quelques mois de plus que Gibran, a déjà à son actif une liste impressionnante de publications. Détail intéressant : Gibran y fait allusion de temps à autre dans ses lettres. Ces dernières révèlent que le poète a une attitude respectueuse envers Oppenheim, contrairement à ce qu'il veut faire croire à Mary. Dans les années 1920, il semble que les deux hommes se comportent en amis, en égaux, mais avant cette période Gibran traite l'écrivain, ainsi qu'il convient, comme un professionnel accompli. En août 1916, Oppenheim demande à Gibran de lui soumettre un projet pour la couverture de *The Seven Arts*. Gibran lui envoie le croquis d'une main dont se dégage une flamme (l'une de ses représentations préférées). Oppenheim n'apprécie que modérément le projet et le renvoie avec sa critique. Gibran déclare à Mary que l'éditeur n'a pas compris ce qu'il a voulu exprimer. Mais il écrit néanmoins à ce dernier : « Tu as tout à fait raison. La main n'est pas assez ferme dans le premier dessin, et la flamme ne ressemble pas à une flamme. Vois-tu, je ne sais pas vraiment comment utiliser la plume et l'encre — et je serais incapable de faire un dessin pour sauver mon âme. J'ai tout de même pris le risque d'en faire un autre ; j'espère que tu l'aimeras. »

L'attitude de Gibran envers ses amis est contradictoire. En public, il est tout sourire, poli, chaleureux ; en privé, il affiche sa supériorité. Des échos sans équivoque de ce comportement apparaissent très souvent dans les journaux de Mary. On y apprend que Witter Bynner et l'auteur dramatique Percy Mackaye sont fous de ses poèmes — mais qu'ils ne saisissent pas leur essence ; qu'Arthur Davies, un être morbide, a une double personnalité ; qu'Isadora Duncan, femme ordinaire, et même grossière, est dénuée d'intérêt, mais qu'elle a un immense talent pour la danse, dépassant même celui de Ruth St. Denis ; qu'Arthur Farwell — un vieil ami de Mary qui a fait preuve de beaucoup de diligence lorsque Gibran s'est installé à New York — est stupide, et qu'il ne vient le voir que pour trouver l'inspiration ; qu'Oppenheim, « adorateur » qu'il s'efforce de détourner de ses vues politiques étroites, sollicite constamment ses conseils et révise ses poèmes en fonction de ses critiques ; que Percy Mackaye, un raseur, est « mesquin, tant sur le plan physique que spirituel » ; et que Witter Bynner a appris grâce à lui à intégrer à son œuvre le sens de la transcendance[48]. Peut-être y a-t-il quelque vérité dans ces critiques, mais l'exagération et l'arrogance avec laquelle elles sont énoncées ne peut que nous inciter à les prendre avec un grain de sel. Il est clair que Gibran ne considère pas ces personnes comme des amis. En outre, l'attitude qu'il adopte avec ces artistes ressemble étrangement à la relation qu'il entretient avec Mary, qu'il traite elle aussi, à l'occasion, avec une arrogance désinvolte, même s'il la considère comme une disciple de choix. Non, il n'a manifestement pas d'amis parmi les Américains blancs qu'il fréquente, ce qui plaide au moins en faveur de la sincérité de son discours sur la solitude. Encore une fois, la personne dont il est le plus proche est May Ziadeh — qui vit à plusieurs milliers de kilomètres.

Nous en arrivons aux contacts que Gibran entretient avec la communauté syrienne. Ainsi que je l'ai fait remarquer, il a acquis à Paris une conscience politique plus aiguë. Ce changement se reflète beaucoup moins dans ses écrits en arabe publiés au début des années 1910, qui gardent le même esprit romantique et nostalgique, que dans certaines de ses activités. En rentrant de Paris, il se joint à la Golden Links Society (*El-Halaqat el-Dhahabiyyah*), organisation syrienne internationale possédant des sections à Boston et à New York. Cette association s'est donné pour but d'améliorer les conditions de vie des immigrants syriens dans le monde — et dans leur terre natale, où amélioration veut dire rébellion contre les lois ottomanes. C'est en tout cas ainsi que le comprend Gibran. On se souvient qu'il a donné une conférence devant des Syriens à Boston en février 1911, au cours de laquelle il leur a recommandé d'apprendre à penser et à agir indépendamment de l'Empire[49]. Il essaie aussi de prendre contact avec la communauté musulmane en Syrie. Dans une lettre ouverte, il affirme aux musulmans de Syrie que les Ottomans veulent détruire leur religion, puis il les assure de sa profonde sympathie pour l'Islam[50]. Cette démarche s'accorde tout à fait avec ses premières conceptions politiques teintées de romantisme, qui lui faisaient prendre à partie les Ottomans, à qui il rappelait qu'ils étaient frères de toute l'humanité, avant de dénoncer leur tentative d'oppression de la Syrie. Mais on sent que sa position s'est durcie, car il avertit également les Syriens, qu'ils soient musulmans ou chrétiens, que s'ils ne se rassemblent pas pour lutter, leurs maîtres ottomans seront tout simplement remplacés par de nouveaux maîtres, européens cette fois.

À New York, il est accueilli par les Syriens non seulement comme un écrivain célèbre, mais comme un porte-parole qui pourrait faire valoir leurs revendications. Le 10 janvier 1914, un dîner est donné à l'occasion de son anniversaire ; en 1916, un groupe d'éditeurs et d'écrivains lui offrent un anneau orné d'un rubis, qu'il portera fièrement à l'index[51]. Gibran s'efforce de se tenir loin des factions, mais cela ne l'empêche pas d'accepter de s'adresser à différents publics syriens de la ville[52]. Sa popularité grandit parmi ses compatriotes à mesure qu'il s'engage dans leurs combats politiques, en particulier dans la cause du nationalisme syrien.

La place de plus en plus large que la politique syrienne occupe dans son existence se reflète dans les journaux de Mary, où les inscriptions sur ce sujet sont de plus en plus nombreuses, ainsi que dans les lettres de Gibran à son amie[53]. Il se montre très enthousiaste, par exemple, lorsque l'Italie déclare la guerre à la Turquie, à la fin du mois de septembre 1911 ; il considère que cet événement annonce la partition de l'Empire et, par conséquent, l'indépendance de la Syrie. Il a la même réaction lors du déclenchement de la guerre entre la Turquie et les Balkans en 1912[54]. Lorsque la Première Guerre mondiale éclate, en 1914, il s'empresse de convaincre Mary de son importance potentielle pour la Syrie. Ils discutent des bons et des mauvais côtés du « germanisme », que Khalil voit comme une manifestation inférieure de l'esprit humain. Quand tout aura été balayé par la guerre, dit-il, l'humanité sera en mesure d'évoluer vers une conscience plus large, plus globale[55]. Il se déclare en faveur d'un empire arabe — le rêve de tout nationaliste arabe à l'époque —, et se dit impatient d'aller en Syrie afin d'encourager la révolte contre les Turcs[56]. En 1912, dans une lettre à Mary, il dénonce avec véhémence les pacifistes de salon qui accusent les Balkans d'avoir provoqué la guerre, alors que les habitants de ces États ont terriblement souffert sous l'Empire ottoman pendant la « paix hypocrite[57] ». En 1918, il écrit son fameux poème « Défaite, ma défaite » afin de remonter le moral des rebelles serbes du Kosovo.

Toutefois, ses vues politiques sur l'avenir de la Syrie sont plutôt naïves. Les gens qui, comme Gibran, ont été éduqués dans le cadre du système catholique syrien ont été conditionnés à être favorables à la France[58]. En bref, aux yeux de Gibran, les Français commettent rarement des erreurs. Cette conviction déforme sa perception des événements. Gibran a une grande confiance dans la Conférence de Paris, après la guerre, où les Libanais pro-Français font pression pour obtenir la protection de la France, non seulement au Liban, mais dans toute la Syrie. Il prétend, avec une extrême innocence, qu'il serait préférable de voir la France, plutôt que n'importe quel autre pays européen, gouverner la Syrie, car elle n'a pas d'empire en Orient et ses visées sont moins impérialistes[59].

Son attitude envers la guerre en général est tout aussi candide. Alors qu'il déclare ne pas être, dans l'absolu, belliciste, il gobe sans se poser de questions la propagande affirmant que cette guerre est « celle qui mettra fin à toutes les guerres ». Il soutient l'effort des Alliés, suit avec enthousiasme le déroulement des opérations, heureux dans sa conviction que la victoire des Alliés sur le « germanisme » débouchera sur une paix durable, où les problèmes pourront être résolus par des voies diplomatiques plutôt que par les armes[60]. Comme il le dit dans les derniers vers de son poème « Les géants », écrit pendant la guerre : « Nisan (le printemps) viendra, mais celui qui cherche Nisan sans l'aide de l'hiver ne le trouvera jamais. » Il applaudit au bouleversement des consciences provoqué par la guerre : la mentalité de paroisse, préoccupée uniquement des intérêts locaux ou nationaux, a été remplacée par une conscience plus large des problèmes mondiaux[61].

L'une des actions politiques publiques auxquelles Gibran se livre une fois la guerre engagée est une collecte de fonds pour venir en aide aux victimes de la famine au Mont-Liban. La situation qui règne dans le djebel est atroce ; une des catastrophes les plus horribles du XXe siècle s'y déroule, ignorée du monde. Un bon tiers de la population habitant dans la montagne libanaise — environ 100 000 personnes — meurt de faim[62]. Gibran envoie ses droits d'auteur d'*Une larme et un sourire* au Liban et ne cesse de rappeler aux immigrants les souffrances et les privations qui écrasent leurs compatriotes. Personne n'est plus qualifié que lui pour les convaincre. Au début du mois de décembre 1914, alors que la nécessité d'une aide n'est pas encore évidente, il envisage déjà de se consacrer à cette cause, s'il peut en trouver le temps[63]. En tant que figure de proue de la communauté libanaise, Gibran peut aisément agir en porte-parole lors d'un appel à l'aide. N'est-il pas « l'oiseau qui pond des œufs d'or » ? C'est ainsi qu'il décrira un jour, avec un certain cynisme, son rôle dans ces événements tragiques[64]. Il est donc nommé secrétaire du Comité de soutien au Mont-Liban syrien, formé en juin 1916 sous la présidence de Najib Malouf. Il faut dire que, lorsque la situation l'exige, Gibran trouve toujours le temps de s'engager aux côtés des siens. Dans le poème « Mon peuple est mort », écrit en 1916, il déplore publiquement le fait qu'il vit dans un confort relatif à New York, alors que ses compatriotes meurent par milliers dans son pays. Et la même année, dans un autre poème intitulé « Dans la nuit noire », il appelle l'Occident à l'aide (en arabe)[65].

Il est très éloquent, mais sera-t-il efficace ? Oui. Lorsque l'heure est à l'action, Gibran agit. Tout en travaillant au 55, Broadway, dans les bureaux du Comité, il voyage et se rend à Boston et dans le Midwest pour y rassembler des fonds[66]. C'est Amin Rihani qui est le président-adjoint du Comité. Gibran met de côté ses griefs personnels pour se concentrer sur sa tâche. En plus de participer aux collectes de fonds, il est le secrétaire en langue anglaise de la Ligue pour la libération du Mont-Liban syrien, qui mène une campagne active pour l'autonomie des pays du Moyen-Orient. Il participe à l'organisation du Comité de volontaires pour le Mont-Liban syrien et indique aux résidents syriens aux États-Unis la marche à suivre pour s'engager dans l'armée française. Sa contribution dans ce domaine est loin d'être négligeable. Dans un hommage rendu à Gibran en 1929, Salloum Mokarzel rappelle son attitude lorsque la Syrie s'est trouvée une fois de plus dans l'impasse à cause des querelles de factions. Gibran a alors fait un vibrant appel à ses camarades travailleurs afin qu'ils se souviennent de leurs compatriotes mourant de faim au pays[67].

Bien que ces tâches épuisent Gibran et nuisent à sa santé déjà fragile[68], elles rétablissent en lui un certain équilibre. Trop souvent, il a failli tomber dans la pensée abstraite. Ce qui évite, on le sait, de se salir les mains. Il semble le reconnaître le jour où il dit à Mary : « Il y avait quelque chose qui clochait en moi avant que je me mette à travailler pour la Syrie pendant la guerre[69]. » Mais il n'est pas envoyé à Paris ou en Égypte, comme il l'espère parfois, et il n'ira jamais jusqu'à s'engager dans l'armée française, idée qu'il caresse pourtant, car cet engagement lui permettrait de donner l'exemple aux Syriens d'Amérique[70]. Selon le schéma habituel, il semble toujours être sur le point d'accomplir un geste important, mais rien ne se passe. De la même façon, il reste en marge des groupes politiques majeurs (comme ceux auxquels est lié son camarade de collège Ayoub Tabit, alors en exil à New York). On ne l'invite pas à participer au Congrès arabe qui s'ouvre à Paris le 18 juin 1913. Il met cela sur le compte de son trop grand individualisme, et il critique l'approche diplomatique et fataliste adoptée par les représentants syriens qui, dit-il, entrave le cours d'une révolution violente[71]. Sa vie politique prend parfois un tour fantaisiste, voire ridicule. Un jour, il affirme à Mary qu'il risque d'être assassiné par des agents turcs en raison de son engagement dans le mouvement nationaliste syrien et arabe[72].

L'examen des cercles new-yorkais fréquentés par Gibran dans les années 1910 en dit long sur son caractère. Sans faire de généralités, on peut dire que ses amis occidentaux sont souvent socialistes et pacifistes, et que ses amis orientaux — surtout Tabit et les gens de la Ligue de libération — sont nationalistes et bellicistes. Au cours de l'été 1917, *The Seven Arts* d'Oppenheim devient une des voix les plus écoutées parmi celles qui s'opposent à la décision que les États-Unis ont prise, le 6 avril, de s'engager dans la Première Guerre mondiale. Fidèle à sa position belliciste au sein de la communauté syrienne, Gibran refuse de se donner l'air pacifiste auprès d'Oppenheim et de ses adeptes ; il tient au contraire à ce que ses vues sur la guerre soient claires aux yeux de ses amis occidentaux[73]. Comme par ailleurs il n'est pas tout à fait favorable au socialisme (qui, d'après lui, a tendance à adopter le plus petit commun dénominateur plutôt que d'essayer de retirer le meilleur de chaque individu), on peut lui reconnaître le mérite de ne pas craindre d'exprimer ses opinions à ses amis socialistes.

Gibran est à l'aise dans ces deux mondes, en dépit du fait qu'ils s'opposent brutalement. En fait, l'affrontement entre l'Orient et l'Occident est si évident que les amis syriens de Gibran lui demandent de se retirer du comité consultatif de *The Seven Arts*, dont la plupart des membres ont la réputation d'être pacifistes. Les Syriens y verront un geste de solidarité envers la cause, qui sera, ils en ont la conviction, servie par la victoire des Alliés[74]. Cette situation met non seulement en évidence le déchirement de Gibran entre les exigences de l'Orient et celles de l'Occident, mais aussi sa nature de caméléon. Il se sent à l'aise dans des environnements différents. Par l'entremise d'Oppenheim, il devient un socialiste tiède qui gravite autour des cercles radicaux new-yorkais où s'activent John Reed, Emma Goldman, Henrietta Rodman, Rose Pastor Stokes et Randolph Bourne. Mais il reste néanmoins un faucon parmi ces colombes dévouées à un pacifisme de bon ton.

Voir dans l'attitude de Gibran un signe de faiblesse ou de force dépend largement de l'opinion que l'on a de lui. D'une part, on pourrait dire qu'il n'aurait jamais été un caméléon s'il s'était conformé totalement et passionnément à ses convictions et s'était engagé à les défendre. De ce point de vue, sa volonté de se détacher des contingences de ce monde, le côté éthéré de sa personnalité apparaissent comme une faiblesse, une excuse pour se croiser les bras. D'autre part, on peut applaudir à sa volonté de toujours tendre vers des principes plus élevés et de s'en tenir à sa vision métaphysique, en dépit des pressions de son entourage. Il n'est pas toujours facile et confortable de rester neutre : on est alors traité en ennemi par les deux parties. En société, Gibran échappe à ces accusations grâce à son charisme. Son charme est suffisamment puissant pour apaiser les dissensions.

9 LE FORGEUR DE MOTS

Khalil et Mary continuent de se voir, de temps à autre, à New York et à Boston. Tout au long des années 1910, ces contacts intermittents demeurent agréables, mais leur caractère épisodique finit par créer une distance entre les deux amis. En 1916, le fleuve de lettres se transforme en ruisseau ; en 1919, il ne sera plus qu'un filet. Dans les premiers temps, les missives de Mary sont longues ; elle s'enquiert du travail de Khalil, le félicite de la qualité de l'un ou l'autre texte, s'inquiète de sa santé, lui parle de ses lectures, de la dernière pièce ou du dernier concert auquel elle a assisté. Elle le presse de prendre des vacances (à ses frais) au New Hampshire, au Vermont, en Californie ou même aux Antilles — ce qu'il refuse poliment —, lui donne des conseils pratiques concernant ses malaises physiques ou ses polices d'assurances. Avant de venir à New York, elle l'informe des détails de son séjour. Puis elle lui donne des nouvelles de Mariana, avec laquelle elle entretient des rapports conventionnels mais constants. L'été, lorsqu'elle est en vacances sur la côte ouest, elle lui envoie de longues lettres grouillantes d'anecdotes, dans lesquelles elle exprime son ravissement d'être en pleine nature. Les réponses de Khalil sont promptes mais brèves. À la fin de l'année 1919, la correspondance devient beaucoup plus impersonnelle. Mary et Khalil s'éloignent l'un de l'autre. La politesse de plus en plus guindée qui teinte leurs lettres en témoigne.

Gibran, qui découvre les possibilités infinies de New York et se prépare à les saisir, ne trouve pas tout de suite sa place et son confort dans la métropole. En 1912, il a des problèmes de santé, qui se prolongent et atteignent leur point culminant au mois de septembre, lorsqu'on doit lui extraire six dents. À cette époque, Mary et lui ont tendance, du moins en partie, à attribuer son état de faiblesse et de fébrilité à l'exiguïté de l'atelier. À la fin de l'année, encouragé par son amie, Gibran se met en quête d'un logement plus spacieux. L'occasion rêvée se présente en février de l'année suivante : une grande pièce située au dernier étage de l'immeuble du 51 de la 10e Rue Ouest, dans lequel il a son studio. L'appartement est pourvu de hautes fenêtres. Elles occupent un mur entier et laissent entrer des flots de lumière. Le loyer est de 45 $ par mois. Une certaine somme devra être consacrée à l'aménagement des lieux, mais Mary est heureuse d'assumer les dépenses urgentes occasionnées par les travaux et de s'engager à long terme pour la location du logement. Dans les premiers jours de mai, Khalil emménage et se lance sans tarder dans la décoration, utilisant les tons sobres qu'il affectionne. L'endroit sera bientôt baptisé « l'Ermitage ». C'est là que le poète va passer le reste de sa vie. Il exulte. Quelques jours après, il écrit à Mary : « Je ne suis plus dans une cage. Je peux me déplacer sans que mes ailes frôlent les murs ! [...] C'est comme une résurrection[1]. »

Le changement lui fait du bien. Les quelques années suivantes seront extrêmement productives. Une certaine harmonie caractérise les œuvres de cette époque — en ce sens que leurs différents aspects se complètent. Plutôt que d'hésiter entre plusieurs formes, que ce soit sur le plan de l'écriture ou de la peinture, Khalil s'efforce d'exprimer ce qu'il ressent avec justesse, et il choisit pour cela les moyens adéquats. Une détermination croissante préside à ses travaux. Bref, il sait où il va. Il est courant, par exemple, qu'un texte écrit dans sa langue maternelle et destiné à paraître dans un journal arabe à New York ou au Caire soit traduit en anglais (avec l'aide de Mary) et publié dans un magazine — avant de paraître sous forme de livre. Ces écrits forment la base des causeries qu'il prononce lors de réunions privées ou officielles à New York — les premières chez Mme Robinson, les secondes à la Poetry Society.

Qu'essaie-t-il d'exprimer à cette époque ? Si nous ne possédions pour en juger que ses tableaux et ses textes — soit le travail concret —, nous serions obligés de plonger dans les eaux dangereuses de l'interprétation d'œuvres dont il reconnaît lui-même le caractère flou et symbolique. Heureusement, les journaux de Mary nous transmettent un éventail de réflexions qui, rassemblées, forment une fascinante cosmologie. Ces idées ne sont pas toujours exposées avec clarté, elles ne forment jamais un tout cohérent que l'on pourrait appeler « gibranisme », mais elles sont étonnantes de simplicité et d'originalité[2].

Le côté positif de la philosophie de Gibran repose sur l'insistance avec laquelle il ne cesse de répéter que la seule chose importante dans la vie est la Vie elle-même. Elle est ici, maintenant, dans sa totalité. Pour pénétrer au cœur de la Réalité, il suffit d'apprendre à la percevoir ici et maintenant. D'où la nécessité — et il s'agit là d'un conseil utile à bien des égards — de « voir toute chose comme si on la voyait pour la première fois et de vivre chaque instant en fonction de ce qu'il est : un moment nouveau[3] ». Gibran nie l'existence de royaumes inaccessibles parce que transcendantaux. Les mystères les plus profonds du monde sont cachés dans le monde lui-même. « Il n'y a pas de clé, dit-il à Mary, car il n'y a pas de porte. Elle [la Vie] n'est pas enfermée à double tour loin de nous, elle est tout autour de nous. » L'épanouissement personnel découle tout simplement d'un accroissement de la sensibilité, et ce processus se poursuit jusqu'à ce qu'il n'y ait plus d'obstacle entre soi-même et la réalité et que l'on soit conscient, que l'on ressente la totalité de *ce qui est*. Cette conscience est possible, car toutes choses sont reliées entre elles. Tout est composé des mêmes éléments ; je suis donc fait de cette étoffe commune, et j'ai en moi les moyens de comprendre le plus petit atome et la plus grosse étoile. Ces pensées s'accordent avec les premières prises de position anticléricales de Gibran en faveur d'une religion personnelle : les prêtres sont inutiles, car la Vie est tout ce qui existe, et c'est ici, maintenant, qu'elle doit être appréciée dans sa totalité. C'est pourquoi Gibran affirme que Dieu est ici, maintenant[4].

Il est donc possible, au niveau personnel, de parvenir à une conscience plus élevée. Un tel développement comporte toutefois une dimension impersonnelle qui est fondamentale. Et c'est ici que nous touchons au cœur de la pensée de Gibran. Nous vivons dans un univers hiérarchique. Il existe non seulement une vie organique et une vie inorganique, mais il y a, au-delà de la vie organique, des niveaux de matière plus simples et plus raffinés : l'âme humaine, l'esprit de la terre en tant que tout et, finalement, Dieu. En vertu de la nature hiérarchique de l'univers, les niveaux supérieurs peuvent très bien ne pas percevoir les niveaux inférieurs : Dieu perçoit l'âme humaine, mais il pourrait ne pas remarquer ce qui est en dessous de celle-ci[5]. Toutes ces couches sont matérielles, mais leur degré de raffinement ne cesse de s'accroître.

Il existe un élan évolutionniste vers la totalité et tout ce qui la constitue : chaque niveau de réalité veut développer la forme de conscience qui relève du niveau suivant et devenir plus simple. La dimension impersonnelle de notre développement réside dans le fait que nous ne l'entreprenons pas vraiment par nous-mêmes, mais que nous sommes utilisés par la terre comme un tout, car un accroissement de la conscience humaine, qui élève l'humanité au niveau suivant de son évolution permet simultanément à la conscience planétaire de se développer. Le fait de progresser vers un autre niveau de vie a des répercussions sur tous les autres niveaux. En fait, il est faux de dire qu'à chaque niveau de réalité existe un désir de développer une forme de conscience supérieure : le vouloir, ou le désir, vient du niveau qui lui est supérieur, pas de lui-même. Le « désirant » ultime, comme dans le soufisme, est Dieu. Dieu veut que la Terre devienne pareille à lui. La Terre — et nous, les créatures de la Terre — nous élevons vers Lui grâce à la puissance de ce désir.

Cela signifie que Dieu évolue lui aussi. Nous ne pourrons jamais parvenir à une conscience divine car, à supposer que nous y arrivions, Dieu aurait alors atteint un niveau qu'il nous serait quasiment impossible d'imaginer. Mis à part les grands niveaux de base de la réalité — Dieu, la planète, l'âme et le corps humain — il y a des niveaux de moindre importance. Ainsi, l'esprit peut se servir du corps d'un individu tout comme la planète peut se servir de l'humanité dans son ensemble. Nous sommes tous utilisés, bon gré mal gré, mais les individus plus conscients (comme Gibran) le savent, et se soumettent aux forces qui se manifestent à travers eux. Cette soumission est la seule attitude qu'il convient d'adopter devant les forces puissantes qui sont en action. Les individus inférieurs sont utilisés par des forces de moindre importance. Un jour, Gibran a recours à une expression bien choisie pour décrire certaines personnes dépourvues de réalité personnelle. Elles sont tout simplement, selon lui, des « points de vue incarnés ». En termes jungiens, nous pourrions dire qu'elles sont possédées par un archétype. Une idée importante énoncée par Gibran — qu'il ne semble pas toujours appliquer à sa propre pensée — est que, dans la mesure où le développement est toujours possible, il faut se garder d'avoir des vues arrêtées sur le monde et les êtres.

Dans un raisonnement quelque peu bizarre, et tout en s'en tenant au principe selon lequel le niveau supérieur utilise le niveau inférieur, Gibran affirme que le niveau supérieur est né de l'inférieur. Dieu est né de la Terre, et l'âme est l'enfant du corps. Dieu essaie d'utiliser la Terre pour s'exprimer ; sur la Terre, les êtres humains sont le matériel de choix dont Il dispose, c'est pourquoi il nous utilise pour grandir et pour échapper à la Terre. De façon similaire, nos âmes sont en nous, en puissance, depuis notre naissance. Gibran n'explique pas comment le niveau supérieur naît de l'inférieur, il se contente de dire qu'une des tendances de la matière est de s'accroître, d'être en expansion. Peut-être voit-il tout simplement ce phénomène comme un développement organique. Il déclare un jour à Mary que le Moi supérieur ne cesse de grandir en dépit des actes qu'accomplit le moi inférieur, qui peuvent, au pire, retarder un peu son développement.

L'idée que Dieu nous utilise, nous les humains, pour se développer est extraordinaire. Elle nous fait endosser en tout cas une terrifiante responsabilité vis-à-vis de Lui. Gibran fait peut-être appel à cette théorie pour formuler une éthique globale, en ce sens que le développement de Dieu exige que nous adoptions des conduites particulières (une préoccupation active pour l'environnement, par exemple). Mais rien ne nous indique que Gibran mette cette éthique en pratique. En revanche, il va au bout d'un aspect de son raisonnement. Selon lui, le fait que Dieu évolue signifie que Dieu n'est pas parfait. Il est tout à fait clair sur ce point. Il décrit la perfection comme une limite et, par conséquent, comme une chose étrangère à Dieu.

Chaque génération progresse, affirme Gibran, mais il existe aussi des changements à grande échelle. La génération actuelle est le point culminant d'une « disposition » qui a fait son apparition en Égypte, il y a 6000 ans ou plus. La télégraphie sans fil est issue du mot, et le chemin de fer résulte d'un sentier tracé entre deux rangées de huttes. Un nouveau sens des dimensions, que l'homme va peut-être acquérir en accédant à d'autres planètes[6], sera nécessaire pour amener l'humanité dans son ensemble à faire un nouveau bond, sur le plan de l'évolution. Pendant ce temps, les êtres clairvoyants qui sont à la fine pointe de la race humaine — poètes, prophètes, artistes — font jaillir ce qui est caché dans le subconscient, ou l'âme, afin que celle-ci puisse exprimer sa propre aspiration à l'évolution et favoriser ainsi la transformation de l'ensemble de l'humanité. Il ne s'agit pas d'un changement arbitraire, mais d'un progrès orienté vers la perfection. Contredisant ses déclarations précédentes sur le caractère indésirable de la perfection, Gibran affirme ici que Dieu a créé un monde bourré d'imperfections afin de permettre aux êtres, en se développant, de tendre à la perfection. Ici « perfection » signifie conscience divine ; cependant, dans la mesure où Dieu est infini et où sa propre conscience se développe elle aussi, nous ne pourrons jamais Le comprendre dans sa totalité.

Gibran construit sans doute cette philosophie au fil du temps, à partir de ses lectures et de ses réflexions. Quelle doit être sa satisfaction lorsque celle-ci devient assez claire dans son esprit pour qu'il puisse entasser un tas d'idées intuitives mais décousues dans le même balluchon cosmologique ! Par exemple, la douleur et la souffrance sont censées être nécessaires à toute nouvelle naissance — cette douleur étant, si l'on veut, celle engendrée par le travail, qui permet d'accéder à un degré plus élevé du potentiel d'évolution[7]. Il ne faut pas oublier, comme nous l'avons déjà vu, les poètes et les artistes. Toujours glorifiés dans la pensée de Gibran, ces derniers trouvent ainsi leur place dans la mesure où ils sont les seuls êtres aptes à prolonger le développement de l'humanité en tirant de son subconscient ce qu'elle cherche à exprimer[8]. Ce qui est plus important encore, c'est que ce raisonnement procure à Gibran une base philosophique qui éclaire le poids et la portée romantique qu'il accorde, de façon très juvénile, à l'amour. L'amour devient l'aspiration de chacun à développer son propre potentiel : nous aimons ce que nous pourrions devenir. C'est pourquoi nous aimons le Christ. Et c'est pourquoi un petit garçon aime son père[9].

Une des croyances favorites de Gibran, la réincarnation, s'insère aussi dans cette cosmologie. L'âme est élémentaire et est par conséquent indestructible, car il n'existe rien dans quoi elle puisse se dissoudre. Comme tout autre élément de l'univers, elle recherche sa propre perfection et celle de la matière qui se trouve à un niveau inférieur — dans ce cas, le corps humain. Ce sont les efforts de l'âme vers la perfection qui provoquent la mort physique. L'idée exprimée ici est que, si l'âme était satisfaite du corps (autrement dit, si le corps était parfait), il ne lui serait pas nécessaire de se débarrasser d'un corps pour en prendre un autre tout au long de l'échelle de l'évolution[10]. Mary, quant à elle, reste sceptique ; elle a peine à croire à cette survie de la personnalité que Gibran défend avec une si grande assurance. Mais il en viendra à parler tout simplement d'un prolongement de la personnalité, fondant sa conviction sur sa propre perception de présences suprasensibles autour de nous, en permanence[11]. Selon lui, la personnalité est le vêtement de l'âme, ou une belle poussière émise par le corps, mais cela ne nous permet pas pour autant de comprendre comment elle peut survivre à la mort, ou pourquoi elle doit être réincarnée. Gibran semble dire en effet que rien ne périt *parce que* tout est matière : celle-ci se transmue simplement en une autre forme. Mais dans le cas de l'âme, il ne faut pas confondre transmutation et transmigration[12].

La cosmologie de Gibran présente quelques failles, mais son auteur n'en est pas moins enchanté d'avoir élaboré une philosophie originale. Il est convaincu qu'il a un message à transmettre à l'humanité, lequel constituera une authentique contribution au développement du genre humain. L'idée voulant que Dieu évolue, dit-il, va bouleverser la pensée humaine. Et quand il déclare à Mary que l'âme est une forme supérieure de la matière, il ajoute, pour souligner cette découverte : « Je crois que c'est la première fois que l'idée est énoncée sur cette planète. » Le concept est si dynamique, ajoute-t-il, que même s'il se révèle un jour faux, il permettra néanmoins de progresser vers la vérité[13].

L'un des éléments les plus intéressants de la cosmologie et de la philosophie de Gibran est le fait qu'elles sont rarement exprimées dans ses écrits. Gibran dit de son œuvre littéraire qu'elle « emprisonne ses pensées[14] », mais il semble y avoir des pensées qu'il décide de ne libérer qu'en partie. Elles apparaissent dans ses œuvres soit en fragments, soit dans leur structure profonde. Dans *Le Fou*, par exemple, le protagoniste éponyme du livre s'adresse ainsi à Dieu : « Mon Dieu, mon but et mon accomplissement, je suis ton hier et tu es mon demain. Je suis tes racines dans la terre et tu es ma fleur dans le ciel, et ensemble nous grandissons devant la face du soleil. » Dans *Les Dieux de la Terre*, nous apprenons que les êtres humains sont la nourriture des dieux. Dans « Les géants », l'auteur affirme : « Je suis de ceux qui croient à la Loi de l'évolution : je crois que les entités idéales évoluent, comme les êtres sauvages, et que les religions et les gouvernements s'élèvent à des niveaux supérieurs[15]. » Plus largement, le message sous-jacent du *Prophète* — il le répète à Mary à plusieurs reprises — est que les êtres humains sont plus nobles qu'ils pensent l'être, et qu'ils peuvent être infinis. Cette idée puissante s'empare de son esprit alors qu'il développe sa cosmologie de l'évolution[16].

En fait, ce sont les tableaux de Gibran plutôt que ses écrits qui constituent le véhicule principal de sa philosophie. En 1919, après la publication de *Twenty Drawings (Vingt dessins)*, Khalil veut préparer un autre album sur le thème du voyage de l'âme vers Dieu[17]. Ce volume ne verra jamais le jour, mais il est aisé de découvrir dans ses peintures des échos de sa cosmologie. Par exemple, tout comme chez William Blake, on y voit un esprit supérieur sous la forme d'un personnage de grande taille apparaissant en flou derrière de simples mortels ; ou bien c'est une silhouette levant les bras vers un être plus grand qu'elle, qui symbolise l'aspiration à l'évolution. On voit souvent un groupe de figures : la Terre-mère et ses enfants, par exemple, au-dessus desquels plane le Grand Esprit. C'est par l'entremise de ces moyens visuels que Gibran s'efforce de faire comprendre sa philosophie.

Il n'est pas étonnant que Gibran élabore sa philosophie de l'évolution à New York. L'énergie que dégage la ville le possède et le vivifie. Au cœur de cette énergie se trouve le sentiment que l'homme doit lutter pour surmonter ses propres limites physiques — sentiment illustré par l'exaltation que ressent le poète devant l'architecture grandiose des gratte-ciel, et à la vue des aéroplanes qui passent dans le ciel. C'est pour cette raison que New York exerce une telle fascination sur de jeunes écrivains et penseurs : c'est un lieu où ils peuvent rompre leurs liens et construire leur avenir. Comment s'étonner que les idées de Freud trouvent un accueil aussi enthousiaste à New York ? N'offrent-elles pas des moyens de se libérer par soi-même de ses inhibitions ? D'une manière ou d'une autre, Gibran s'immerge dans le progrès et les perspectives de progrès. À un certain niveau, sa philosophie de l'évolution naît de cette immersion.

La renommée de Gibran ne cesse de grandir dans le monde arabe. L'année 1912 voit la publication des *Ailes brisées* et, au cours des années qui suivent, la parution d'articles dans divers journaux arabes. En 1913, le journal *El-Founoun* (*Les Arts*) voit le jour. L'éditeur, Nasib Arida, un ami intime de Gibran, est heureux de publier ses poèmes en vers et en prose, ses paraboles et ses essais. Il lui donne aussi carte blanche, ou presque, pour la mise en page et la conception du journal, y imprime certains de ses dessins et l'autorise à passer des commandes. Au cours de ses quelques années de publication sporadique[18], *El-Founoun* sera le véhicule le plus important pour les textes en arabe de Gibran — comme pour d'autres auteurs immigrants libanais aux États-Unis. C'est dans les pages de ce journal que le poète commence à publier ses paraboles et ses fables inspirées d'Ésope qui, une fois traduites et rassemblées, formeront son premier volume en langue anglaise : *The Madman* (*Le Fou*).

C'est grâce à *El-Founoun* que Gibran entre en contact avec un autre écrivain immigrant, Mikhaël Nouaymé, qui va devenir son meilleur ami. Nouaymé est arrivé aux États-Unis aux alentours de 1911, après avoir passé plusieurs années à étudier la théologie au séminaire de Poltava, en Ukraine (il a fait ses premières classes à l'école russe de son village natal de Baskinta, au Liban). On ne peut dire que le jeune homme soit souvent présent sur la scène new-yorkaise, qu'il s'efforce d'éviter. Il a vingt-quatre ans. Alors qu'il étudie le droit à l'université de l'État de Washingon, quelqu'un lui envoie un exemplaire des *Ailes brisées*, dont il fait une longue critique. Nouaymé déplore la simplicité de l'intrigue et des personnages, mais il considère que, dans ses caractéristiques formelles, l'œuvre a suffisamment de force et de charisme pour servir de tremplin à un appel passionné à la renaissance de la littérature arabe[19]. L'article, publié par *El-Founoun*, marque le début de la longue et illustre carrière de l'écrivain et du critique. Nouaymé devient non seulement l'un des collaborateurs réguliers de *El-Founoun*, mais il correspond avec Gibran jusqu'à ce que ce dernier s'installe définitivement à New York, en 1916.

En 1914, *Une larme et un sourire* est édité par Arida. Gibran n'est pas heureux de cette publication. Il a l'impression d'avoir « dépassé » les premiers textes de ce recueil. Il les décrit comme « les grappes vertes de [sa] vigne[20] ». Lorsqu'Arida commence à le harceler pour obtenir la permission de rassembler et de publier les poèmes, Gibran essaie, sans grande conviction, de l'en dissuader :

> Le jeune homme qui a écrit *Une larme et un sourire* est mort depuis longtemps et est enterré dans la vallée des rêves. Pourquoi voulez-vous exhumer ses restes ? Faites ce que bon vous semble, mais n'oubliez pas que l'âme de ce jeune homme s'est réincarnée dans un être dont l'amour pour la volonté et le pouvoir est égal à l'amour qu'il éprouve pour la grâce et la beauté[21].

Nous avons déjà entrevu cet aspect plus âpre dans les poèmes de guerre de Gibran, et nous le découvrirons davantage dans ses premiers écrits en anglais. À d'autres égards, toutefois, l'écrivain ambitieux n'a pas changé : la préface élogieuse d'*Une larme et un sourire*, soi-disant écrite par Arida, a en fait été concoctée par Gibran[22]. Bien qu'il doute du succès de l'ouvrage, Gibran n'en saisit pas moins l'occasion qui lui est donnée de se glorifier lui-même. Sa déclaration publique au sujet des poèmes d'*Une larme et un sourire* — ils sont maintenant « dépassés » — doit être mise en parallèle avec les conversations privées avec Mary, au cours desquelles il se montre beaucoup moins indécis à propos de leur valeur.

El-Founoun va donner à Gibran l'occasion d'élaborer l'un de ses mensonges publics les plus notoires. Lorsqu'Arida lui demande de lui fournir des données biographiques pour le journal, Gibran s'exécute, et l'éditeur les publie telles quelles dans le numéro de septembre 1916. Le lecteur apprend ainsi que « Gibran est né en 1883 à Bcharré, au Liban *(ou peut-être à Bombay, en Inde)* » Le mensonge ne s'arrête pas là, car Gibran s'attribue un diplôme de l'École des beaux-arts, à Paris, et se dit membre de l'Union internationale des beaux-arts et des lettres. La vantardise dont il fait preuve lorsqu'il parle de ses études peut peut-être s'expliquer, mais qu'espère-t-il récolter de cette référence indirecte à l'Inde ? Je me suis d'abord dit qu'il devait essayer de tirer profit de la vague d'intérêt qui balaie l'Amérique dans la foulée de la visite triomphale de Rabindranath Tagore en 1916, mais *El-Founoun* n'étant destiné qu'à la population arabophone, cette hypothèse s'effondre. Il semble que l'auteur veuille tout simplement se draper dans le mythe d'une naissance mystérieuse[23].

Gibran a l'impression d'avoir progressé à la fois en tant qu'écrivain et en tant qu'artiste. Il maîtrise mieux la dimension métaphorique dans ses écrits, et fait preuve d'une fermeté de plus en plus grande dans ses dessins. Le brouillard dans lequel baignaient les tableaux de sa période intermédiaire a disparu progressivement au profit d'une plus grande sûreté dans le trait, tout comme la mélancolie romantique de ses premiers poèmes arabes a fait place à la révolte du rebelle nietzschéen des années 1910. En tant qu'artiste, Gibran reste un symboliste. Il porte aux nues les derniers développements artistiques européens et, en 1913, comme des dizaines de milliers de personnes, il se rend à l'Armory Show (que Mary visitera lorsque l'exposition se déplacera à Boston). Il qualifie l'exposition de « déclaration d'indépendance[24] », mais reste néanmoins enraciné dans le symbolisme. Le changement majeur des années 1910 est qu'il semble campé plus solidement sur son terrain. L'épanouissement de sa philosophie personnelle, la conviction d'avoir un message à communiquer à l'humanité contribuent sans nul doute à augmenter son assurance. En 1915, ses personnages au crayon continuent de n'être que de simples profils entourés et emplis de lignes tourbillonnantes qui évoquent des énergies à demi formées ; mais, en 1918, ces tourbillons hésitants cèdent la place à une utilisation plus assurée des ombres, qui marquent le contour des corps. Un degré de symbolisme plus évident envahit les tableaux, dont les figures menues sont englobées dans des figures plus larges. On y retrouve le style sculptural des peintures et des croquis familiers aux lecteurs du *Fou*. À partir de 1915, Gibran commence à faire des dessins au lavis, dans lesquels une esquisse initiale au crayon est recouverte d'une couche légèrement colorée de peinture transparente. Gibran est tout à fait à l'aise dans cette technique, et c'est pour la « prolonger » et la parfaire qu'il se lance dans l'aquarelle. C'est grâce à cette technique qu'il se fera surtout connaître en tant qu'artiste. Un grand nombre d'aquarelles apparaîtront dans ses livres ultérieurs, comme *Le Prophète* [25].

Le public new-yorkais a commencé à le remarquer lorsqu'il était encore un authentique symboliste, grand amoureux des brumes tourbillonnantes. En 1914, après une série de tergiversations de la part de divers directeurs de galerie, M. Montross, un marchand influent dont les locaux sont idéalement situés au 550 de la 5e Avenue, lui promet de l'exposer. L'homme aime le travail de Gibran et s'engage à lui consacrer une exposition exclusive en décembre, mois propice à ce genre d'événement. Il prononce aussi des paroles qui flattent l'ambition de Gibran : il affirme que l'exposition surprendra le Tout-New York ! Gibran et Mary sont persuadés qu'il s'agit là de la grande percée qu'ils attendent[26]. Khalil va enfin attirer sur lui l'attention de toute la ville. Ses lettres joyeuses trouvent un écho dans les réponses de son amie. Lorsqu'il lui décrivait, un an plus tôt, les expositions comme étant des arnaques[27], c'était manifestement sous le coup du dépit. Il travaille tout l'été, endurant le climat lourd et brûlant de New York, et ne prend que trois semaines de vacances à Boston, pendant lesquelles il continue à se préparer. Lorsque le grand moment approche, les lettres qu'il adresse à Mary ainsi que leurs conversations sont entièrement consacrées à l'exposition. Khalil trouve les 25 % de commission de Montross un peu « salés », mais il n'en apprécie pas moins le fait que ses œuvres atteindront un prix plus élevé dans cette galerie que presque partout ailleurs.

Quelques détails importants sur l'exposition restent vagues. En ce qui concerne le nombre de pièces exposées, le chiffre le plus digne de foi est celui de quarante-quatre — vingt-cinq peintures et dix-neuf portraits de la série « Temple des arts ». On sait peu de chose à propos du succès commercial et critique de l'événement. Gibran recueille près de 5000 $ après avoir réglé la commission de Montross. Il investit une partie de cette somme. Ces recettes représentent l'équivalent de deux ans de revenus, ce qui est loin d'être négligeable. Mais ce gain semble insuffisant pour garder l'intérêt de Montross en éveil. Le marchand ne propose pas de lui consacrer d'autre exposition exclusive[28]. Bien que la galerie, où l'événement s'est déroulé entre le 14 et le 30 décembre, ait vu passer beaucoup de monde, cinq œuvres seulement ont été vendues, et à des gens faisant partie du cercle d'amis ou de connaissances de Gibran. Rose O'Neill a acheté « The Great Solitude », les Mortens, « Nebula », et Julia Ford, « Silence ». Quant aux deux dernières, l'une d'elles a été acquise par Cecilia Beaux, portraitiste bien connue de Gibran, et l'autre par une certaine Mme Gibson[29].

Alors que ses amis lui font l'honneur d'acheter ses œuvres, la critique se montre, dans l'ensemble, passablement hostile. Le *New York Times* parle de « vision nébuleuse d'une humanité triste et laborieuse », la *Tribune* qualifie le peintre de « médiocre Arthur Davies », l'*Evening Post* stigmatise le « symbolisme brumeux » de l'artiste, et Henry McBride, le fameux critique, qui collabore au *Sun* à cette époque, démolit le travail du peintre. Il consent, cependant, à faire un pâle éloge de son « sérieux ». Comme le critique du *Times*, il déplore le pessimisme évident qui se dégage des tableaux, où « l'aveugle semble guider l'aveugle vers une destination inconnue ». Seul un vieil ami de Gibran, originaire de Boston, Joseph Edgar Chamberlain, qui écrit dans l'*Evening Mail*, et Charles H. Caffin, de l'*American*, se montrent plus chaleureux. La critique de Caffin est extrêmement élogieuse : sur le plan technique, les dessins, dit-il, sont « extraordinairement beaux » ; Gibran invente « un monde de création originelle », un monde fondamental, « comme animé de vastes forces encore à naître remuant dans la matrice de l'infini » — un univers qui symbolise le monde de l'esprit. Les œuvres exposées, poursuit-il, « se distinguent toutes par leur profondeur, que ce soit par l'objectif qu'elles visent ou par l'émotion qu'elles dégagent. Elles ne tombent jamais dans la banalité de la représentation allégorique. »

Pendant ce temps, une vieille amie se prépare à enfoncer un poignard dans le cœur de Mary. Charlotte Teller Hirsch, qui vit en Allemagne avec son époux, est arrivée juste à temps pour le vernissage de l'exposition. Dans une lettre à Mary, elle lui apprend qu'elle a répudié l'orientalisme sous toutes ses formes. C'est, dit-elle, « la maladie latente de l'univers ». Les tableaux de Khalil, qui baignent dans cet esprit oriental, sont selon elle trop flous et trop médiocres pour être aussi dangereux que cet esprit pourrait l'être. Quelques mois plus tard, dans un autre courrier, elle qualifie le coup de pinceau de Khalil de « mollasson » et prétend que, à l'instar d'autres Orientaux, il refuse d'affronter les dures réalités de la vie[30]. Charlotte s'est jetée à corps perdu dans cette manie de la « terrible honnêteté » qui a commencé à balayer New York sous l'influence de Freud[31].

Gibran, quant à lui, est tout à fait satisfait : la galerie a vu passer un grand nombre de visiteurs. L'un de ses buts principaux n'était-il de se faire connaître auprès d'une plus large audience ? Il espère que cette exposition en amènera une autre. Il va déchanter. En 1915, avec l'aide de Mary, qui s'efforce de lui ouvrir les portes, il commence à faire la cour aux meilleures galeries bostoniennes. En janvier, le prestigieux Boston Art Club, un des lieux les plus courus des dames de la bonne société, accepte d'exposer ses œuvres en mai, puis change d'avis à la dernière minute. Le 17 avril, Gibran annonce aux responsables que les toiles sont prêtes à être envoyées. Un télégramme l'informe que la galerie annule l'exposition. On lui promet une explication dans une lettre ultérieure. Celle-ci n'arrivera jamais.

Mary suggère à Gibran, comme solution de rechange, d'exposer ses œuvres à la même date à la galerie Doll and Richards, située au 71, Newbury Street. Gibran refuse. Ce mois-là, dit-il, n'est pas favorable à une exposition. Il ajoute que ses œuvres sont faites pour durer et que ce contretemps mineur n'a aucune d'importance. Ce refus, allié à d'autres facteurs — la guerre, l'engagement de Khalil dans le Comité de soutien au Liban et son envie soudaine d'écrire — retarde tout. Une nouvelle occasion ne se présentera qu'en février 1916. Il s'agit cette fois d'une offre ferme. Le lieu de l'exposition est idéal : l'excellente galerie Knoedler, dont les locaux se trouvent au 556-558 de la 5e Avenue. L'événement se tiendra du 29 janvier au 19 février 1917. Une exposition suivra à Boston, à la galerie Doll and Richards, du 16 au 28 avril.

À l'époque où s'organisent ces deux événements, Gibran fait exclusivement des petits dessins au lavis. Cette méthode constitue une entorse à sa manière habituelle, dans la mesure où les œuvres qui s'ensuivent sont plus figuratives et moins symboliques que les précédentes. Elles évoquent, d'une certaine manière, les aquarelles de Rodin. Une des figures communes à ces tableaux est le centaure, qui représente notre dualité (notre nature à la fois attachée à la terre et au domaine spirituel), mais Gibran se consacre également au nu. Quarante lavis sont exposés à la galerie Knoedler, puis trente à Boston. En novembre 1915, Gibran a fait la connaissance de M. et Mme Albert Sterner, employés à la galerie Knoedler (Albert Sterner est lui aussi un artiste). Le couple lui a fait part de son admiration pour ses œuvres. Gibran leur a immédiatement proposé « d'aller tout de suite » chez Knoedler et de laisser Montross, qui a encore un ou deux tableaux en vitrine. Il dit à Mary que les Sterner sont sidérés par ses tableaux, et qu'Albert essaie maintenant de peindre comme lui[32]. Quoi qu'il en soit, il est certain que les Sterner sont suffisamment impressionnés par les lavis pour vouloir les exposer à la galerie, dans les meilleures conditions possibles. Gibran travaille d'arrache-pied avec eux, choisissant soigneusement les encadrements et l'emplacement de chaque tableau. Les résultats sont satisfaisants et, cette fois, le *New York Times* octroie une critique tiède à l'artiste. Le journaliste reconnaît que beaucoup de gens aimeront « cette forme spontanée d'expression artistique ». Il ajoute que, bien que les lavis soient un peu trop artificiels à son goût, certains des dessins classiques sont « aussi solides et tranquilles que ceux d'un bon étudiant qui travaille d'après un modèle ». En d'autres mots, le matériel est valable, mais il manque de style et d'originalité.

Une fois de plus, les ventes laissent à désirer, en dépit du fait que les petits tableaux sont considérablement moins chers que les peintures exposées chez Montross. Seulement trois d'entre eux sont vendus, dont deux à des connaissances de l'artiste. Gibran accuse Mme Sterner. Il dit que c'est « une grande gaffeuse », sans fournir d'explication. Quelques jours plus tôt, il a pourtant affirmé à Mary, venue à New York pour l'événement, que les responsables se sont beaucoup dévoués pour lui[33]. D'un point de vue commercial, l'exposition au Doll and Richards ne sera pas plus profitable que la précédente mais les critiques bostoniens se montreront, dans l'ensemble, plus aimables que ceux de New York.

Chaque exposition exige des mois d'organisation et de préparation. Pour Gibran, ce sont des mois d'espoir et de travail. La récompense est si modeste qu'elle fait naître en lui bien des frustrations. Il ne fera plus que deux expositions dans sa vie, l'une constituée de quarante lavis au Women's City Club de Boston, du 10 au 31 janvier 1922, et l'autre dans son atelier de New York, de janvier à mars 1930[34]. Il semble avoir renoncé à ce moyen d'accéder à la gloire et à la fortune. Knoedler le garde chez lui, cependant, et son nom apparaît parmi ceux de vingt-huit artistes lors d'une exposition tenue du 27 novembre au 16 décembre 1919, intitulée « Peintures américaines et étrangères ».

Gibran n'obtiendra jamais de succès notable en tant que peintre. Le triomphe lui viendra de ses écrits. Bizarrement, la première allusion à son nom qui ait une large portée aux États-Unis est faite à la suite d'un décès. La mort du peintre américain Albert Pinkham Ryder, en 1917, est suivie d'une vague d'hommages posthumes, dont le premier provient du célèbre Henry McBride. Ce dernier cite le poème que Gibran a dédié à Ryder. Tous les journaux du pays, de Toledo à Chicago, lui emboîtent le pas. Dans le monde éphémère du journalisme, ce ballet est bien insuffisant pour faire connaître un nom, mais il s'agit tout de même, pour Gibran, d'une brève reconnaissance publique. Lorsque meurt Rodin, le 17 novembre de la même année, il prend la plume pour rédiger un bel hommage en anglais (avec l'aide de Mary), qu'il soumet à plusieurs magazines. Nous n'avons trouvé aucune trace de publication.

Plus importante est sa collaboration au magazine de James Oppenheim, *The Seven Arts*. Le périodique est extrêmement bien accueilli dans les cercles littéraires. Tout en attirant des auteurs prestigieux, Oppenheim a rassemblé un impressionnant comité consultatif où l'on trouve, du côté littéraire, Gibran, Robert Frost, Louis Untermeyer et l'historienne et critique Edna Kenton et, du côté musical, David Mannes et Robert Edmond Jones. Les éditeurs associés d'Oppenheim sont Waldo Frank et Van Wyck Brooks. Mises à part les contributions régulières de Gibran et des autres collaborateurs, *The Seven Arts*[35] publiera Sherwood Anderson, D. H. Lawrence, Eugene O'Neill, Theodore Dreiser, John Dos Passos, H. L. Mencken, Bertrand Russell et d'autres sommités de la littérature. Le magazine est ce que l'on appellerait de nos jours un produit haut de gamme. Une chose est certaine : le succès que Gibran remporte dans le monde anglophone résulte beaucoup plus de son association avec *The Seven Arts* que de sa collaboration avec n'importe quel autre média. Il le reconnaît lui-même. Il dit à Mary que la publication de ses textes dans le magazine lui a apporté la notoriété, et qu'il est à présent aussi célèbre à New York qu'il l'était en Syrie quinze ans plus tôt[36]. *The Seven Arts* cesse de paraître en octobre 1917, lorsque Annette Rankin cède aux pressions de l'opinion — les positions pacifistes du magazine l'ont rendu impopulaire —, et le prive de son appui financier. Le journal n'a vécu que ce que vivent les roses, mais on peut dire qu'il a servi de tremplin à Gibran pour pénétrer dans le monde littéraire new-yorkais[37].

The Seven Arts va servir la carrière de Gibran d'une manière encore plus éclatante. Dans le numéro de mars 1917, prenant avantage du fait que l'exposition chez Knoedler est encore fraîche dans les mémoires, le magazine publie un essai plus qu'élogieux d'Alice Raphael intitulé « The Art of Kahlil Gibran ». Alice Raphael commence son article (qui sera réimprimé en 1919 en guise d'introduction à l'album *Twenty Drawings*) en déclarant que le style de Gibran est difficile à classer, car l'artiste se tient à la frontière entre l'Orient et l'Occident, entre le symbolisme et l'art figuratif, entre la sculpture et la peinture. Elle tient cette œuvre en haute estime, dit-elle, en raison de l'esprit universel qu'elle arrive à transmettre. Puis elle affirme que la substance des peintures est tirée de « ces vérités qui sont fondamentales à tous les âges et conviennent à toutes les expériences ». En bref, l'article est un véritable panégyrique. Pour Gibran, c'est un grand début. Tout arrive en même temps, il chevauche la crête des vagues. Le 25 février 1917, son portrait de John Masefield paraît dans le *New York Times*. Au début de l'année 1917, il fait installer un téléphone privé dans son atelier (il a jusque-là partagé l'unique appareil de l'immeuble avec les autres locataires). Ce geste est à la fois pour lui le symbole de son prestige, qui ne cesse de croître, et un moyen de signaler sa disponibilité, du moins au Comité de soutien de la communauté syrienne, qui continue à être actif une fois la guerre terminée[38].

C'est sa collaboration au magazine et sa fréquentation des gens de lettres qui lui révèlent une des stratégies publicitaires les plus efficaces : la séance de lecture publique. Gibran devient très vite une figure familière de la Poetry Society et du MacDowell Club où, en compagnie d'autres poètes venus pour faire entendre des fragments de leurs œuvres, il lit les paraboles qui feront partie du *Fou* et du *Précurseur*. Plus tard, il lira des « conseils » qui seront réunis dans *Le Prophète*. L'une de ces soirées est annoncée en ces termes par le MacDowell Club : « Mardi soir, le 2 décembre (1919) à huit heures trente, à l'invitation du Comité de littérature, Kahlil Gibran lira des paraboles et Witter Bynner des cantiques. » Gibran ne profite pas seulement de ces soirées pour tester les réactions d'un auditoire américain devant ses textes en anglais, mais pour donner au public, bien avant que ses livres ne paraissent, l'envie de les acheter.

Ces lectures publiques ont laissé dans les mémoires quelques anecdotes amusantes. L'une d'elles concerne Corinne Roosevelt Robinson. La première rencontre de Gibran et de cette imposante personne a lieu à la Poetry Society en mars 1915, où celui-ci lit, parmi d'autres textes, la parabole qui sera intégrée au *Fou* sous le titre « La mer la plus grande ». Dans cette parabole, l'auteur s'imagine que, en compagnie de son âme, il part à la recherche d'un endroit isolé de la grande mer où ils pourront se baigner. Où qu'ils aillent, cependant, ils trouvent le lieu occupé par un représentant quelconque de l'une des marottes humaines — le pessimiste qui jette des pincées de sel dans la mer, l'optimiste qui y lance des poignées de sucre ; le philanthrope qui ramasse des poissons morts sur la grève et les remet à l'eau ; le mystique qui trace le contour de son ombre dans le sable et recommence chaque fois qu'une vague efface le trait ; l'idéaliste qui ramasse de l'écume pour remplir une coupe d'albâtre ; le réaliste qui écoute, le dos tourné à la mer, le bruit qu'elle fait dans un coquillage ; le puritain dont la tête est enfoncée dans le sable. Comme il n'y a aucun endroit, dans la Grande Mer, où l'âme puisse se dénuder, l'auteur et son âme se mettent en quête de la Mer la plus grande. Lorsque Mme Robinson entend cette parabole, elle monte sur ses grands chevaux et dénonce son caractère négatif et destructeur. « Nous ne pouvons encourager un tel esprit dans notre littérature, dit-elle. C'est contraire à toutes nos formes de moralité et à la beauté authentique[39]. » Il faudra très peu de temps, on le sait, pour qu'elle devienne une des plus ferventes admiratrices de Khalil, et sa protectrice.

Une autre histoire a trait à Rose Pastor Stokes, l'infatigable militante socialiste qui porte aux nues le communisme russe et est partisane d'une révolution violente en Amérique. Elle a épousé James Graham Phelps Stokes, que le *New York Times* a surnommé, dans son numéro du 23 octobre 1910 : « Le socialiste le plus riche du monde ». En avril 1920, au MacDowell Club, Gibran lit la parabole qui va s'intituler « Le ploutocrate » dans *Le Précurseur* :

> Dans mes pérégrinations, j'ai vu un jour sur une île un monstre à tête d'homme, avec des sabots de fer, qui, sans s'arrêter, mangeait de la terre et buvait l'eau de la mer. Pendant un long moment, je l'ai regardé. Puis je me suis approché et j'ai dit : « N'en auras-tu jamais assez ? Ta faim ne sera-t-elle jamais satisfaite, ta soif jamais étanchée ? »
>
> Il m'a répondu : « Oui, je suis satisfait ; non, je suis las de manger et de boire ; mais j'ai peur que demain il n'y ait plus de terre à manger ni de mer à boire. »

Le public accueille ces mots dans un silence de mort. Un seul applaudissement le brise : celui de Rose Pastor Stokes[40].

Les bonnes relations qu'entretiennent Gibran et Rose Pastor Stokes remontent à quelques années et illustrent parfaitement l'influence des lectures sur la carrière et le profil public de Gibran. En 1917 et en 1918, Rose est appelée à organiser une série de concerts aux États-Unis pour le baryton russe aveugle Vladimir Resnikoff, dont on dit que son interprétation des airs folkloriques de son pays exprime l'âme russe. L'un des concerts a lieu au Little Theatre, à New York. Un prospectus est imprimé afin de promouvoir l'événement. Il commence par ces mots : « Voulez-vous que l'âme d'un peuple vous soit révélée ? » et se poursuit par des citations extraites de critiques élogieuses des concerts précédents. L'endos du prospectus est consacré à un témoignage de Khalil Gibran, que l'on présente (avec quelque imprécision) comme « le poète et peintre oriental en visite qui, l'hiver dernier, a fait une si profonde impression sur la Poetry Society d'Amérique ». Il est inutile de citer le texte intégralement. Contentons-nous de dire que Gibran considère Resnikoff — à l'instar de lui-même — comme l'un de ces artistes « dont l'art n'est pas une expression mais une aspiration vers l'inconnu[41] ». Soulignons cependant que, si Rose Stokes l'invite à offrir son témoignage, c'est parce qu'il lit ses textes à la Poetry Society, et se signale ainsi à l'attention du public. Cela prouve une fois encore l'importance que peuvent avoir de telles lectures, qui favorisent la naissance ou précipitent le déclin d'une carrière. Elles ont donné le coup d'envoi à celle de Gibran[42]. Il est même pressenti, en 1919 et dans les années 1920, par la célèbre agence de lecture Pond's, qui a organisé des tournées notamment pour Mark Twain, Matthew Arnold et Sir Arthur Conan Doyle. Mais Gibran n'est pas du tout enthousiaste à l'idée d'entreprendre une tournée épuisante dans les États de l'Ouest. Du reste, l'agence, qui connaît des revers financiers, va devoir interrompre ses activités pendant un certain temps. La tournée proposée n'aura jamais lieu[43].

Dès 1915, sur le plan de l'écriture, Gibran travaille surtout la parabole et le conte, deux formes qui traitent de la sagesse et qu'il utilise pour exprimer son insatisfaction devant l'état du monde. Suivent quelques années de transition, qui commencent en 1913, pendant lesquelles ses premières dispositions d'esprit et ses idées plus récentes coexistent, mais se distinguent par une différence considérable dans le ton. Ainsi, il écrit « Le Poète » (1913), texte romantique typique dans lequel il pleure le sort du poète tenu pour étranger sur cette terre qui lui est étrangère. Il compose une pièce intitulée « Satan », dans laquelle un prêtre s'arrête en chemin (hésitant plus longtemps que le Bon Samaritain) pour venir en aide à un voyageur blessé. Ce dernier n'est autre que Satan, qui non seulement essaie de convaincre le prêtre que, sans le péché, né de Satan, il serait sans travail, mais lui affirme que le péché et le mal pénètrent toutes les structures de la société. Il convainc le prêtre, et ce dernier lui sauve la vie. Ce nouveau désenchantement nietzschéen, que l'on pourrait qualifier de barbare, est encore présent en 1915 dans des poèmes et des contes comme « Le Fossoyeur » et « Mes compatriotes ». Dans le premier texte, des vivants sont condamnés à devenir des morts-vivants[44] ; dans le second, Gibran s'attaque férocement à la complaisance des Libanais, en particulier à leur tendance à louanger ses poèmes tout en refusant de mettre en pratique ses recommandations. « Je vois votre faiblesse, dit-il, et mon âme tremble de dégoût. » D'autres contes qui appartiennent à cette période pourraient avoir été écrits quelques années plus tôt, leur thème étant l'amour hors du mariage ou tout simplement l'amour, que l'auteur célèbre dans « Sur les marches du temple ». L'amertume romantique du jeune homme en colère refait surface dans « La tempête » (l'un des poèmes les plus célèbres de Gibran, qui sera réimprimé partout au Proche-Orient). D'autres poèmes en arabe et des poèmes en prose datant de cette période évoquent la façon dont l'homme s'est éloigné de Jésus, dans un monde qui a oublié son enseignement. La vie citadine est semblable à la vie dans un zoo. Comme beaucoup d'animaux en cage, les gens ont tous les défauts de leur condition et aucun de ses bons côtés.

Les paraboles qui composent *Le Fou* — généralement écrites en arabe, puis traduites en anglais — sont souvent amères, bien que leur pessimisme soit tempéré par le ton indirect de l'allégorie, qui, au pire, peut amener le lecteur à se demander ce que l'auteur a bien voulu dire. Dans cet ouvrage, chacune des paraboles est censée être énoncée par un fou qui, on s'en doute, est beaucoup plus sain et clairvoyant que le commun des mortels. C'est tout simplement un être qui a perdu ou enlevé le masque qui nous permet de vivre sans problème avec les autres. Gibran s'intéresse à la folie et, à plus d'une occasion, régale Mary d'histoires fantaisistes ayant pour sujet des fous qu'il a rencontrés pendant son enfance au Liban, où le traitement de la démence était de type moyenâgeux. Le fait est qu'il se sent beaucoup d'affinités avec ces supposés fous qui possèdent leur propre sagesse. Pensons à Yuhanna le fou, dans *Les Nymphes des vallées* : à cette époque, Gibran considérait déjà le fou comme son alter ego[45]. En 1911, il projettait d'écrire un livre qu'il aurait intitulé *Le Fou*, mais il semble qu'à ce stade il concevait l'œuvre comme une pièce de théâtre en arabe. Plus tard, il a rassemblé sous ce titre des poèmes en prose et des nouvelles. Ce n'est que lorsque son intérêt pour la parabole a grandi que le livre a pris sa forme définitive[46].

Nous avons déjà examiné quelques paraboles extraites du *Fou*, mais d'une façon trop peu approfondie pour transmettre le ton du livre. Revenons-y un instant. Une mère et sa fille, qui sont tout sourire et plaisantent pendant le jour, se rencontrent la nuit, somnambules, et s'envoient des malédictions à la tête, ce qui révèle ainsi leur aversion réciproque ; des gens accordent leur sympathie à d'autres personnes en se fiant uniquement au masque qu'elles portent, sans rien connaître vraiment de leur moi caché ; d'autres personnages ont une compréhension si superficielle de la Bible qu'ils se sont littéralement arraché les yeux et coupé la main droite. Ce sont les habitants d'une ville nommée, par dérision, « La ville sainte ». Les enfants y sont élevés de telle sorte qu'ils se conforment aux tromperies de la société et oublient le caractère béni du paradis d'où ils viennent. Dans la société, la folie est considérée comme sagesse et la sagesse comme folie. Pour ceux qui se laissent duper par les normes établies, le monde parfait est celui dans lequel chaque événement est circonscrit et soumis à des règles.

Il y a ici des thèmes qui rappellent *Les Nymphes des vallées* et *Les Esprits rebelles*. Mais ce qui est neuf dans *Le Fou*, c'est, d'une part, l'ironie propre à la parabole, qui teinte d'amertume la satire des conventions sociales, et d'autre part le caractère universel de la critique, qui ne se borne plus à des réflexions sur la société syrienne. Nous y retrouvons moins souvent la compassion que Gibran éprouve pour les opprimés que le corollaire de ce sentiment : son mépris pour l'autorité. Le fou lui-même est considéré comme fou parce qu'il se tient en dehors de la société.

Cela nous amène à penser, bien sûr, que c'est là qu'il est préférable de se trouver. « Être le seul homme sain parmi les fous veut dire apparaître comme le seul fou parmi les hommes sains[47]. » Il y a dans l'ouvrage des moments d'espoir qui rachètent l'image désolée de l'ensemble, mais ce ne sont que de brèves lueurs. Dans « La mer la plus grande », par exemple, paraphrasée un peu plus tôt, nous apprenons au moins qu'il existe une mer plus grande — un monde idéal au-delà de celui-ci —, et il est clair, dans « L'astronome », que le monde immatériel « vu » par l'astronome aveugle est plus grand et plus radieux que le nôtre ; mais l'auteur nous donne bien peu de précisions sur le chemin à emprunter pour s'y rendre, sauf peut-être qu'il nous incite à transcender les règles de la société et à franchir les limites de notre propre nature. Dans « Le fossoyeur », il nous dit que si nous arrivions à rire de nous-mêmes et de la société, cela constituerait un bon départ. La transcendance personnelle et l'évolution vers un état divin nous est possible, à nous humains — la philosophie de l'évolution de Gibran est sous-jacente à l'ensemble du livre —, mais Gibran ne nous fournit pas d'indications claires ni de méthodologie pour y parvenir.

Gibran est conscient de l'amertume qui parcourt les pages du *Fou*. Il prétend que le but de l'ouvrage est de détruire les illusions et de proclamer la Vie. Il ajoute que ce but correspond à une démarche qui lui est très personnelle : « Je suis en train de devenir comme mon fou », dit-il à Mary. Comme lui, il est impatient avec ceux qui l'entourent, et n'hésite pas à les blesser ; il ne peut souffrir leurs discours[48]. En 1911, alors que *Les Ailes brisées* est tout prêt à être publié, il déplore que le livre sorte alors qu'il l'a déjà « dépassé » : « Je ne veux plus écrire sur l'amour. J'ai envie de me battre, d'écraser des choses[49]. » Lorsqu'on lui demande d'expliquer ses intentions, il répond que plutôt que d'écrire sous l'emprise d'un violent caprice, il travaille à l'établissement d'un programme. Aussitôt que le chemin aura été tracé, si l'on peut dire, par *Le Fou* — dont le but est de détruire les illusions —, il écrira un autre livre pour étudier le potentiel humain[50].

Au milieu de l'année 1917, le manuscrit du *Fou* est terminé. Il contient toutes les paraboles déjà publiées dans la presse arabe[51] et dans *The Seven Arts*, et sa parution a été préparée par des lectures publiques faites à la Society Poetry et dans d'autres clubs. Il ne reste plus qu'à trouver un éditeur. Au début de l'année 1918, Gibran envoie le manuscrit à deux éditeurs : d'abord à William Morrow, de la maison d'édition Frederick A. Stokes, ensuite à Macmillan. Les deux maisons le refusent[52]. En mai, il entend dire qu'un jeune éditeur appelé Alfred Knopf, qui a la réputation de prendre le monde littéraire au sérieux tout en sachant comment vendre un livre, est intéressé par son manuscrit, que des amis ont porté à son attention — en particulier Oppenheim et Bynner. Gibran rencontre Knopf au début de juin, et le contrat est signé le 20 du même mois. Ainsi commence une relation qui durera toute la vie du poète. Alfred A. Knopf restera l'éditeur américain de Gibran pour toute son œuvre publiée en anglais.

Bien que Gibran ait été invité à dîner ou à prendre le thé à deux ou trois reprises chez Knopf, leur relation ne se transformera jamais en véritable amitié. En fait, la plupart des négociations touchant à la publication de ses ouvrages se font avec Blanche, l'épouse de l'éditeur. Gibran est satisfait des résultats, bien qu'il grogne parfois au sujet du prix des livres, trop élevé à son goût, et déplore certains retards dans la publication. Au fond, il trouve Knopf trop porté sur les affaires pour devenir un ami. Mais il commence par chanter ses louanges. Il le décrit comme un « être délicieux », un éditeur ouvert aux suggestions. En 1922, changement de ton. Il le trouve cupide et, en 1924, il dit à Mary qu'il l'évite autant que possible, car le succès l'a gâté[53]. Le ton des lettres que s'échangent Gibran et la maison d'édition — principalement représentée, comme je l'ai dit, par Blanche Knopf — s'éloigne rarement d'une politesse formelle.

Le Fou sort en octobre 1918. Le prospectus annonçant le livre est célèbre. On y trouve en tout premier lieu un témoignage d'Auguste Rodin (décédé, ce qui est fort commode), dans lequel le sculpteur déclare que Gibran est « le William Blake du XXe siècle » et que « le monde peut attendre beaucoup de ce peintre poète du Liban ». Beaucoup de gens savent que cette citation est le fruit de l'imagination de Gibran, « inventée par lui [...] beaucoup plus dans un esprit de promotion que de vérité », ainsi que le disent, fort délicatement, les Gibran biographes[54]. Nous avons suffisamment d'exemples d'autres inventions de Gibran pour ne pas commenter davantage ce nouveau mensonge.

Comme stratégie publicitaire, on ne pouvait trouver mieux. La citation de Rodin lance la carrière de Gibran de la même façon que la fameuse lettre d'Emerson à Whitman a propulsé celui-ci sous les feux des projecteurs. Presque tous les critiques utilisent la citation du sculpteur dans leur article. Celui du *Dial*, par exemple, écrit : « Il ne faut pas s'étonner de la foi de Rodin en ce poète arabe, car les paraboles que Gibran nous offre en anglais semblent, curieusement, transmettre le même message que celui qu'exprime Rodin avec le marbre et la glaise. » Le *Sun*, qui a confié la critique du livre à Howard Cook, un ami de Gibran, et l'*Evening Post* réservent un très bon accueil au livre. Le critique de *The Nation* se montre plus réservé. Il exprime des doutes sur les bienfaits que le public occidental pourrait tirer d'un tel ouvrage et n'hésite pas à parler de « perversité exotique ». Et il insiste : « L'Orient est l'Orient, et l'Occident est l'Occident ; et Tagore n'a pas vraiment réussi à jeter un pont entre les deux. Pas plus que Gibran, selon nous, ne réussira à le faire. » Harriet Monroe, dans *Poetry*, trouve le ton du livre solennel et ennuyeux. Elle décrit l'auteur comme un « artisan poète » plutôt que comme un « authentique fils des muses ».

Deux des textes du recueil, « Le renard » et « Ce que dit le brin d'herbe », ont déjà paru dans une anthologie de poésie contemporaine un an avant la publication de l'ouvrage. La compilatrice de l'anthologie, Marguerite Wilkinson, a fait cette analyse :

> Un certain nombre de textes écrits par des poètes venant de l'Extrême Orient [*sic*], qui rédigent maintenant dans notre langue, ne sont pas très éloignés [de certains psaumes bibliques] par l'esprit et par la structure. Khalil Gibran écrit des poèmes et des paraboles qui possèdent leur propre musique, une distinction et un charme naïf, et une symétrie structurelle basée sur le symbole, le contraste, la répétition et le parallélisme [...]. La poésie de Khalil Gibran [...] est presque essentiellement une poésie du symbolisme. Ses textes sont des allégories dépourvues de rimes, de rythmes ou d'images — mais leur rythme propre est clair et agréable. *Le Fou* contient les plus belles paraboles de la poésie contemporaine. Et le lecteur peut interpréter chacune d'elles selon sa fantaisie.

Au moment de la publication du *Fou*, Khalil travaille déjà sur une nouvelle série de paraboles, qui seront rassemblées un jour dans *Le Précurseur*. Entre les deux ouvrages, deux autres livres sortiront, en 1919.

Les Processions devait à l'origine être publié plus au moins à la même époque que *Le Fou*, mais les restrictions gouvernementales appliquées au papier lourd, qu'il est nécessaire d'utiliser, selon Gibran, si l'on veut obtenir une production de haute qualité, vont retarder la sortie du livre jusqu'au mois de mars de l'année suivante. Il est alors édité par Mirat el-Gharb, sous son titre arabe, *El-Mawakib* (avec une introduction de l'éditeur, Nasib Arida, et huit dessins de l'auteur). Le livre contient des épigrammes sur plusieurs thèmes : l'âme, la mort, l'amour, le bonheur, la religion, le monde de l'illusion. Chaque thème est d'abord traité en quelques strophes par un vieux sage, dont les mots sont ensuite commentés par un « jeune », qui renchérit sur chacun des commentaires de l'aîné en reprenant un refrain insouciant : « Donne-moi la flûte et laisse-moi chanter, et par l'entremise de mon âme laisse sonner la musique ! » Il s'agit d'un poème lyrique. Du reste, Gibran dit à Mary qu'il a été chanté à deux occasions[55].

Les Processions est un livre estival. La plus grande partie du manuscrit a été écrite par Gibran lors de son séjour à Cohasset, sur la côte du Massachusetts, au cours des étés 1917 et 1918. Les dessins ont été faits à New York[56]. Le ton de l'ouvrage n'est pas pour autant léger et ensoleillé. Le sage est profondément pessimiste face au mal dont est responsable la majeure partie de l'humanité ; il insiste sur la brièveté et les épreuves de l'existence, ainsi que sur la futilité de ce que l'on appelle la religion. Il met l'accent sur le mal dont sont capables ceux qui possèdent le pouvoir et sur le caractère spécieux des prétendues vertus sociales. L'amour véritable, dit-il, est méconnu de la plupart des gens et mal accueilli par la société ; le bonheur est fugace, la vie, dure. La mort est un soulagement auquel nous aspirons pour être libérés de nos soucis. Le sage qui nous est présenté est un homme épuisé, emprisonné par la civilisation urbaine, piégé par les dualités (le bien et le mal, la vie et la mort, etc.), alors que le jeune protagoniste représente la liberté que confère la vie à l'état naturel, dans les champs et les forêts — symboles qui prennent ici la place de la mer « la plus grande », un des textes du *Fou*, et qui tiennent lieu d'absolu. Ce personnage nie la mélancolie du sage et tente de la remplacer par l'image joyeuse d'une existence sans fardeau, vécue dans l'unité et l'innocence.

Le poème est tout simplement une étude de contrastes : il est impossible de dire qui, du sage ou du jeune, remporte finalement la victoire — ou, d'un point de vue biographique, laquelle des deux facettes du caractère de l'auteur prédomine. Ce qui est plus intéressant, c'est le changement de ton marquant par rapport au *Fou*. En premier lieu, le sage n'est pas tant amer que résigné ; en second lieu, Gibran est désormais prêt à faire une place égale aux voix de la liberté, de la joie et de l'amour. Il est satisfait des *Processions* et déclare à Mary que c'est le meilleur poème qu'il ait jamais écrit[57].

Les dessins des *Processions* sont d'excellents échantillons de la technique utilisée par Gibran à cette époque. Dans l'un d'eux, par exemple, un jeune homme — celui dont il est question dans le poème — s'avance d'un pas confiant, un sourire serein aux lèvres. Il marche la tête haute. Une figure angélique, floue mais protectrice, plane au-dessus de lui. L'humanité le suit, représentée par de minuscules personnages aux têtes penchées vers le sol. Le dessin illustrant le texte sur la justice montre la justice humaine sous les traits d'un homme puissant qui fait délibérément pencher le plateau de la balance d'un côté, au détriment d'un petit personnage accroupi sur l'autre plateau, tandis que des hommes et des femmes écrasés par la douleur tournent sans fin autour d'eux, comme s'ils étaient à la recherche d'une justice authentique.

Un autre livre, *Twenty Drawings*, voit le jour en 1919. Publié chez Knopf et comportant, en guise d'introduction, un essai d'Alice Raphael paru dans *The Seven Arts*, il contient, comme son titre l'indique, vingt dessins au lavis. Certains d'entre eux ne sont pas très bons : ils ont un aspect grossier et inachevé. Dans « The Burden » (le fardeau), par exemple, une femme nue et plutôt massive porte un bébé sur les épaules. Derrière elle se tendent des mains géantes, qui semblent vouloir la soulager de son fardeau. Mais les mains sont coupées au poignet et disparaissent sous des traits de crayon, comme si l'artiste avait négligemment griffonné sur la page. « Innermost » (au plus profond) nous présente une figure de penseur refermée sur elle-même. Dans un coin, on distingue une petite esquisse de la même figure, ou d'une figure semblable, comme si Gibran avait d'abord essayé de trouver la meilleure posture convenant au personnage. Trois des dessins portent un titre évoquant un phénomène naturel : « The Waterfall » (la chute d'eau),

« The Mountain » (la montagne) et « The Rock » (le rocher). Dans les trois tableaux, des groupes de corps nus, agglutinés les uns aux autres, représentent la forme voulue par l'artiste, mais le résultat est plutôt vague et, dans le cas de « The Moutain », il faut beaucoup de bonne volonté pour y voir une montagne.

Les ventes ne sont pas spectaculaires. En fait, c'est le seul des ouvrages publiés en Occident qui n'ait pas été réédité. Il n'attire pratiquement pas l'attention de la critique. Le seul journaliste qui lui consacre un article, Glen Mullin de *The Nation*, est ambivalent. D'une part, il trouve l'œuvre peu originale — du Rodin de second ordre ou du Blake tiède — et se demande si des dessins aussi hésitants, aussi inachevés méritaient d'être publiés. D'autre part, il loue le trait de crayon flexible et délicat de Gibran, la « douceur féminine du toucher et de la conception » et conclut : « Le principal élément à retirer des offrandes symboliques de Gibran est que l'âme de l'homme, qui n'est pas encore délivrée de l'empreinte de la bête, aspire à atteindre une liberté pleine de promesses. Le message de l'artiste ne se loge pas dans des transcendances ésotériques, mais dans l'exposition de formes dans lesquelles priment la grâce et l'émotion. L'œuvre, si l'on s'en tient à cela, est valable et solide. »

Mullin critique également l'essai d'Alice Raphael. Alors que cette dernière loue la maîtrise du symbolisme chez Gibran, Mullin affirme que c'est son point le plus faible. Selon lui, on ne trouve jamais dans ses dessins le grand mouvement cosmique qui caractérise l'œuvre de Blake. Ils portent au contraire la marque d'un sentimentalisme emprunté. Il explique ensuite, avec une grande justesse, que les symboles, chez Gibran, n'interviennent que dans le titre de l'œuvre. Gibran ne titre l'œuvre qu'une fois celle-ci terminée. Contrairement aux peintures de Blake, ses dessins pourraient porter n'importe quel titre. Ainsi, « The Great Aloneness » (la grande solitude) nous montre tout simplement une femme au repos, et « Toward the Infinite » (vers l'infini), une tête de femme peu gracieuse, tendue vers l'avant. Ce sont là mes exemples, non ceux de Mullin, mais sa critique est sensée. C'est, du reste, ainsi que Gibran décrit sa méthode à Mary : il griffonne, attend que quelque chose émerge, puis voit ce que l'esquisse pourrait représenter. Il peint aussi une série de tableaux, dont quelques-uns figureront dans

Le Prophète. Quant aux autres, ils sont destinés à des « poèmes qui ne sont pas encore écrits », selon les mots de Mary[58]. Mullin va plus loin. Il critique une affirmation d'Alice Raphael voulant que Gibran soit à la croisée des chemins entre l'Orient et l'Occident. C'est faux, selon lui, car il n'y a rien dans ses dessins que l'on ne pourrait trouver dans des œuvres d'artistes occidentaux.

Le Précurseur, publié en 1920, est une œuvre hybride. D'une part, Gibran continue à se détourner des aspects négatifs de l'existence pour mettre en évidence les possibilités de vie plus noble et plus accomplie qui s'offrent à nous — en ce sens, le livre est un pont entre *Le Fou* et *Le Prophète*[59] —, d'autre part, certains textes sont si légers qu'ils en deviennent futiles et insignifiants. L'ouvrage est très court, et pourtant on a l'impression que certains textes ont tout simplement été ajoutés pour le « rembourrer », et non parce qu'ils correspondaient aux thèmes développés. Cette impression est corroborée par le manque d'enthousiasme et de fierté qui préside à la composition des textes et par le fait que la gestation de l'ouvrage a été nettement moins longue que celle des autres œuvres de Gibran. La première allusion au *Précurseur* date de juillet 1919, et le livre sort en octobre 1920, accompagné de cinq dessins. Alors que Khalil a déclaré, lorsqu'il écrivait *Le Fou*, qu'il ne pouvait inventer des paraboles, mais devait plutôt attendre qu'elles se présentent à lui, la vitesse avec laquelle il compose la majeure partie du *Précurseur*, au cours de l'été 1919, indique qu'il a adopté une tout autre méthode de travail. Il continue à soumettre chaque parabole à Mary afin qu'elle la révise, mais on le sent beaucoup moins enthousiaste que d'habitude dans la préparation du manuscrit. Mary, quant à elle, note moins fréquemment ses réactions, bien qu'elle soit émue jusqu'aux larmes lorsque Khalil lui lit « La guerre et les petites nations » et « Le mourant et le vautour ». Elle adore les dessins au lavis et « La dernière vigile », l'épilogue du livre, qui a une puissance indéniable. Pour le reste, elle déclare, avec son tact habituel, que le non-dit, dans le livre, est meilleur que le discours explicite. Bref, on sent très bien que l'ouvrage a un but commercial, et que l'auteur le publie rapidement car il a des difficultés à terminer *Le Prophète*[60].

À l'origine, le livre devait s'appeler *L'Homme solitaire* — ce qui témoigne une fois de plus de l'intérêt que Gibran porte aux francs-tireurs, mais ce titre est abandonné au profit du *Précurseur*, beaucoup plus fort[61]. L'architecture de l'ensemble est plus lâche que celle du *Fou* mais, dans la mesure où l'ouvrage commence par la présentation du Précurseur et se termine sur un discours émouvant de ce personnage, on présume que l'ensemble des paraboles et des poèmes qui y sont présentés sont de lui. Contrairement à « l'homme solitaire », le Précurseur est une figure chargée d'optimisme. Le message contenu dans le titre est qu'il existe pour ainsi dire en chacun de nous un élément qui nous porte au-delà de nous-mêmes et nous élève vers de plus hauts sommets. Dans son dernier discours, le précurseur fait la liste des différents types humains. Il décrit leurs faiblesses et leurs défauts, et dit très clairement qu'il les aime tous en dépit de leurs limites. La voix du précurseur, c'est sans aucun doute la voix de Gibran. Même lorsqu'il dénonce les failles des humains, Gibran les aime profondément ; il s'imagine que ces derniers se rassemblent autour de lui pour entendre ses paroles de sagesse ; et il voit poindre une nouvelle et belle aurore pour tous. *Le Précurseur* annonce un changement d'humeur chez le poète : finie l'amertume des années précédentes, Gibran s'inspirera désormais dans ses écrits de l'amour qu'il a toujours éprouvé pour l'humanité, en dépit de ses propos discordants et de ses mots cruels. Mary sait que le texte intitulé « La dernière vigile » parle ainsi de leur relation, et elle lui en est reconnaissante[62].

Ce nouvel optimisme se reflète aussi dans d'autres textes. Dans le poème « Du plus profond de mon cœur », par exemple, le cœur est tel un oiseau qui, d'hirondelle, devient alouette, puis aigle, puis nuage de printemps, pour finalement se fondre dans le ciel étoilé. Dans « Au-delà de ma solitude », le poète est encore prisonnier, mais il sait qu'il existe d'autres lieux auxquels il pourrait accéder. Il lui faut d'abord tuer son « moi écrasé sous son fardeau » avant de pouvoir faire le grand saut transcendantal. De même, dans « Le plus grand moi », un roi prend conscience que son moi nu et dépouillé a beaucoup plus d'importance que le cérémonial dont on l'entoure et les ornements dont on pare la royauté. Dans « D'autres mers », un poisson évoque des océans plus vastes, au-delà des eaux que peut connaître un poisson.

Ce qui, à mes yeux, est essentiel dans *Le Précurseur*, c'est que Gibran, pour la première fois, ne se contente pas de décrire les vastes royaumes auxquels il croit, mais qu'il indique également quelques moyens de s'y rendre (tuer le moi inférieur) et se montre désireux de profiter lui-même de ses enseignements. C'est son orgueil et son dédain pour ses semblables qui l'ont retenu jusque-là. Il reconnaît même ses fautes, qu'il confesse à Mary. Ce qui a fait obstacle à ses progrès, lui dit-il, c'est l'héritage de colère, de vanité et de prétention qu'il a reçu de la branche paternelle de sa famille. Il lui annonce clairement un réveil de sa conscience et, deux fois en l'espace de quelques mois, lui avoue qu'il s'est montré égocentrique et uniquement préoccupé de sa personne. Il s'est considéré jusque-là comme un homme à part, qu'un gouffre sépare du commun des mortels[63]. Cette fatuité lui fait honte. Mais elle fait partie du passé. Son amour pour ses semblables a fini par l'emporter, il reconnaît désormais ses défauts et l'emprise que ceux-ci ont sur lui.

Si cela pouvait être vrai ! On dit que reconnaître ses torts signifie que l'on a presque gagné la bataille, mais chacun sait par expérience combien il est facile de retomber dans les vieilles habitudes que l'on a en théorie rejetées. Il faut certes accepter ses défauts avant de les combattre[64]. Mais il ne semble pas que le Gibran du *Précurseur* soit moins narcissique que celui de la période antérieure. S'il est moins soucieux de sa gloire, c'est parce qu'il l'a déjà acquise. Il peut se permettre de sourire en repensant à ses aspirations de jeunesse. Avec une solennité naïve, il déclare qu'il est stupide d'être amer parce qu'on n'est pas accepté ou apprécié, mais l'année 1922 s'achève et cette sagesse lui est devenue facile[65]. Il reste persuadé qu'un gouffre le sépare du reste de l'humanité et, même s'il affirme avoir laissé sa vanité derrière lui et choisi l'humilité, il déclare au beau milieu d'un petit discours messianique (auquel j'ai déjà fait allusion comme étant l'un des moments marquants de l'année 1929) : « Quelques-uns d'entre nous représentent la conscience de la race [...]. Ce n'est pas la collectivité qui ouvre la voie à la race, mais la minorité — et je me compte parmi ce petit nombre. C'est la minorité qui fait l'histoire[66]. »

Les critiques du *Précurseur* ne sont pas tendres. Curieusement, *The Bookman* (en décembre 1920), y trouve « la fantaisie exotique et le mysticisme de l'Orient ». Ce genre d'expression est devenu un des clichés préférés de certains critiques des œuvres de Gibran. Il n'y a pourtant rien de particulièrement oriental dans *Le Précurseur*. La parabole a souvent été utilisée dans la littérature arabe, mais Gibran peut tout aussi bien s'être inspiré des fables d'Ésope ou de quelques pièces allégoriques en prose du livre d'Ernest Dowson, *Decorations*, publié en 1899, ou encore des poèmes en forme de paraboles des *Cavaliers noirs et autres poèmes* de Stephen Crane. Même le journaliste de *The Dial* (dont on aurait pu attendre une critique positive, du fait que ce journal est l'un de ceux qui publient des textes de Gibran) se montre tiède. Il parle de mysticisme fabriqué à la Tagore et de dessins « brumeux ». La réflexion d'Isidor Schneider, qui écrit dans *Poetry*, est plus profonde. Il dénonce la tendance de Gibran à prêcher, puis ajoute : « La forme [...] donne une finalité irritante au contenu, que le lecteur, devenu sceptique, est tenté de rejeter. Il n'y a dans le livre ni l'austère authenticité de la prophétie, ni les belles cristallisations de l'imagination créatrice. Le livre est une mise en scène pompeuse de platitudes à demi individualisées. »

Cette critique sévère reflète certes le mépris d'un intellectuel. Mais Gibran veut s'adresser à tous les hommes et non aux seuls gens de lettres, et il méprise les critiques. Il déplore leur mauvaise foi auprès de Witter Bynner (qui reprendra ses remarques assez floues dans son article sur Gibran) : « Ils nous encensent quand ils devraient nous expliquer, et nous dissèquent quand ils devraient nous refléter. Et ils sont si grincheux ![67] » Néanmoins, il est vraisemblablement déçu par l'accueil réservé à l'œuvre. Est-ce sa faute si le lecteur « est devenu sceptique » ? Pour la première fois, il a fait un effort, par le biais d'un livre, pour atténuer son propre cynisme. L'être le moins narcissique aime que ce genre d'efforts soit remarqué. En dépit des mauvaises critiques, les ventes sont satisfaisantes. L'auteur et l'éditeur ont au moins cette consolation.

Ainsi se termine une phase dynamique et productive de la vie de Gibran. Livres, toiles, dessins n'ont cessé de paraître, et il connaît enfin la renommée qu'il a toujours été convaincu de mériter. Pendant ce temps, son amour pour May Ziadeh s'épanouit en coulisse. Et le livre dont il a toujours su qu'il serait le meilleur et le plus important de sa vie prend tout doucement forme.

10 LE PEN CLUB

En 1916, l'Ermitage est devenu le lieu de rendez-vous des lettrés et des écrivains syriens de New York. Arida et quelques autres viennent de « ressusciter » *El-Founoun*, du moins temporairement. Mikhaël Nouaymé s'installe dans la grande ville. C'est incontestablement là que doit vivre un écrivain et critique arabe en devenir. Les intellectuels qui ont travaillé ou collaboré à *El-Founoun* — principalement Arida, Abd el-Masih Haddad, Najib Diad, Elias Sabagh et Wadi Bahut — se réunissent une fois par semaine dans l'atelier de Gibran. Un jour d'avril, ils décident de former une association dont les membres se réuniront une fois par quinzaine chez l'un des leurs[1]. Dans le numéro de juin d'*El-Founoun*, plusieurs d'entre eux font état de leur affiliation à la toute jeune association en inscrivant, sous leur signature, « el-Rabiat el-Qalamiyya », ou « le Pen Club ».

Rien de bien sensationnel ne découle immédiatement de cette aventure. Chacun des membres est trop préoccupé par la guerre et, tant qu'*El-Founoun* arrive à survivre, personne n'éprouve le besoin de s'identifier spécifiquement à la nouvelle association : les écrivains arabes se distinguent suffisamment par le fait qu'ils collaborent au magazine. Toutefois, lorsque ce dernier finit par rendre l'âme, en 1919, le besoin d'organiser et de coopérer est à nouveau ressenti comme une urgence. *El-Founoun* a fait son œuvre de pionnier de la littérature arabe en mettant sous les projecteurs des écrivains immigrés aux États-Unis — les écrivains *mahjars**. Gibran et ses compagnons lettrés arabes sont déterminés à prolonger l'action du journal défunt.

* *Mahjar* signifie « lieu d'immigration ». N.D.T.

Un outil est à leur disposition. Haddad, un des membres du groupe, qui est depuis quelques années l'éditeur d'*Es-Saih* (*Le Voyageur*), est tout à fait disposé à faire en sorte que son journal comble le vide laissé par la disparition d'*El-Founoun*. (Les arabes qui écrivent en anglais collaboreront ultérieurement à *The Syrian World*, le premier magazine en anglais destiné aux arabes, qui sera fondé en 1927.) Mais ces écrivains en croisade ne se contentent pas d'un seul outil et, en avril 1920, le Pen Club prend un nouveau départ et adopte un mode de fonctionnement plus officiel.

Mikhaël Nouaymé rédige le procès-verbal de la première réunion :

> Le 20 avril 1920, lors d'une soirée donnée par l'éditeur d'*Es-Saih* et ses frères, la discussion porte sur ce que les écrivains syriens de New York peuvent faire pour sortir la littérature arabe du bourbier, c'est-à-dire de la stagnation et de l'imitation dans lesquelles elle s'est enlisée, et pour infuser dans ses veines une vie nouvelle afin qu'elle devienne une force active dans la construction des nations arabes. Des membres proposent qu'une organisation soit créée pour regrouper les écrivains et unifier leurs efforts en vue de promouvoir la langue et la littérature arabes. La proposition est chaudement accueillie par tous les poètes et écrivains présents, à savoir Gibran K. Gibran, Nassib Arida, William Catzeflis, Rashid Ayoub, Abdoul-Masih Haddad, Nadra Haddad et Mikhaël Nouaymé. Le temps ne permettant pas de mettre au point les détails et les questions juridiques, Gibran invite la compagnie à se réunir à son atelier dans la soirée du 28 avril[2].

Le ton officiel adopté par Nouaymé témoigne de l'importance que les personnes présentes accordent à leur rôle. Il est intéressant de voir que ces paroles font écho au débat portant non seulement sur la littérature, mais aussi sur le nationalisme arabe. En 1847, Nasif el-Yasiji et Boutros el-Boustani, les deux grands artisans de la renaissance de la littérature arabe (tous deux syriens et chrétiens), ont fondé à Beyrouth la Société des arts et des sciences, dont les membres se sont réunis chaque semaine pendant les cinq années de son existence afin de lire différents textes et articles. La société a été un élément déterminant du développement de l'éducation dans le monde arabe, qui va jouer un rôle crucial dans la montée du nationalisme arabe. En tant que chrétiens, les membres du Pen Club sont sans nul doute conscients de la noble tâche accomplie par ceux dont ils sont en quelque sorte les héritiers.

C'est ainsi que les membres du Pen Club se retrouvent le 28 avril 1920 à l'atelier de Gibran. L'association est officiellement lancée. Gibran est élu président et Nouaymé secrétaire. Le nombre des membres actifs, qui sont qualifiés de « travailleurs », se limite à dix. Ils ont le droit d'utiliser le nom du Pen Club pour présenter leurs travaux. Un manifeste est rédigé peu après. On y trouve un texte vibrant, dans lequel il est aisé de percevoir des idées et des scansions gibraniennes :

> Tout ce qui s'affiche comme littérature n'est pas toujours littérature ; et celui qui fait des rimes n'est pas toujours un poète. La littérature que nous considérons comme digne de ce nom est celle qui tire sa nourriture du sol, de l'air et de la lumière de la Vie [...]. Et l'homme de lettres est celui qui a reçu plus de goût et de sensibilité que le commun des mortels, ainsi que le jugement et la perspicacité, renforcés par la capacité d'exprimer clairement et magnifiquement tout ce que gravent les vagues constantes de la vie sur son âme.

Le groupe choisit pour mot d'ordre un verset du Hadith* : « Combien sont merveilleux les trésors cachés sous le trône de Dieu que seules les langues des poètes peuvent révéler. »

Les membres du Pen Club se réunissent de façon plus ou moins régulière de 1920 jusqu'à la mort de Gibran, en 1931. Khalil est le cœur et le pivot du groupe, aussi bien que son plus célèbre adhérent. Lorsqu'il quittera cette terre, le Club mourra également ; les discussions constructives dégénéreront en querelles stériles. Mais tout au long des années 1920, les membres se réunissent non pas pour organiser des campagnes — chose inutile dans la mesure où ils sont tous des écrivains engagés — mais pour échanger des idées et s'encourager mutuellement. Un des événements les plus importants est suscité par Haddad, qui décide d'inaugurer le début de chaque année avec un numéro spécial d'*Es-Saih*, auquel chacun des « travailleurs » du Pen Club apportera sa contribution. Ces numéros spéciaux sont attendus avec impatience dans le monde arabophone, et un grand nombre des poèmes et articles de Gibran et de ses camarades seront largement réimprimés au Proche-Orient. « Ainsi, comme le dit Nouaymé, le nom d'"Arrabitah" se répand partout, jusque très loin, et devient synonyme de renaissance

* Le Hadith est le recueil des actes et des paroles de Mohammed, prophète de l'islam. N.D.T.

et de rajeunissement dans l'esprit des nouvelles générations, et d'iconoclasme et de brûlante rébellion aux yeux des plus vieux et des plus conservateurs[3]. » Malheureusement, ce programme de publication, incluant un choix de textes des « travailleurs », s'avère impossible à maintenir. Aux alentours de 1925, le Pen Club devient un groupe essentiellement social et convivial.

Il n'en reste pas moins que Gibran y trouve, pendant un certain temps, un exutoire idéal pour son esprit rebelle. Et il est clair — tous les témoignages le confirment — qu'il consacre beaucoup d'énergie au groupe afin de le garder uni et d'en coordonner les travaux et les collectes de fonds[4]. La notoriété du groupe ne fait que renforcer sa réputation personnelle dans le monde arabe. Il est donc bien dédommagé de ses efforts et du temps qu'il réserve à l'organisation. Nous pouvons aisément l'imaginer, à cette époque, partageant son temps entre son œuvre et les tâches exigées par le Pen Club. Il est cependant moins ouvertement engagé dans une action politique, ou quasi politique : en 1920, il écrit un poème en prose, « Votre Liban et le mien », qui est en fait une sorte d'adieu à la politique. N'a-t-il pas dit à Mary, l'année précédente, que « la meilleure stratégie de lutte consiste peut-être à peindre et à écrire des poèmes[5] » ? Dans « Votre Liban et le mien », il oppose « son » Liban, terre de montagnes et de belles vallées caractérisée par la paix et un mode de vie simple, au Liban moderne marqué par les luttes sectaires et politiques :

> Et vous, que léguerez-vous au Liban et à ses enfants dans une centaine d'années ? Dites-moi, que léguerez-vous d'autre à l'avenir que la prétention, la fraude et la stupidité ?
>
> En vérité je vous le dis, les jeunes oliviers plantés par les villageois aux pieds des montagnes libanaises survivront à vos actes et à vos exploits. Et la charrue de bois tirée par des bœufs sur les terrasses du Liban est plus glorieuse que vos espoirs et vos ambitions.

Le texte se poursuit dans la même veine. Ce poème devient une *cause célèbre** au Proche-Orient, dans la mesure où — au grand plaisir du poète — il est censuré dans quelques journaux. Sans doute accuse-t-on l'auteur de bafouer la cause du nationalisme arabe[6].

* En français dans le texte. N.D.T.

Gibran fréquente beaucoup ses amis américains. Deux fois l'an, il se repose dans les maisons de campagne de ceux qui sont assez riches pour en posséder. Il y travaille, soit à la formulation de l'un des « conseils » destinés au *Prophète*, soit à un tableau ou à un poème qu'il publiera dans le magazine de Scofield Thayer, *The Dial*, devenu son principal débouché depuis l'effondrement de *The Seven Arts*[7]. Sa correspondance a pris de l'ampleur, qu'elle ait trait à son travail ou réponde aux questions que lui posent ses admirateurs, partout à travers le monde. Et dans le calme de la nuit, seul dans son atelier, il écrit à May Ziadeh à la lueur d'une chandelle avec, pour seul bruit de fond, le martèlement intermittent et amorti des sabots des chevaux filtrant à travers les lourdes tentures de velours noir[8].

La période durant laquelle Gibran écrit la majorité de ses textes en arabe s'achève. Il a aussi, à cette époque, commencé à écrire en anglais, sous la tutelle de Mary. Au début des années 1920, réalisant que le Proche-Orient d'après-guerre est largement ouvert aux influences occidentales, il rédige une série d'essais en arabe afin de mettre en garde ses frères contre la tentation d'imiter servilement les traits les plus médiocres de la culture occidentale[9]. Mais en règle générale, durant ces années-là, il écrit moins souvent dans sa langue maternelle. L'anglais devient son outil de prédilection. Comme nous l'avons vu, la réception faite à ses premiers ouvrages en anglais a été mitigée. Il est souhaitable, à ce stade, dans la mesure où nous en sommes arrivés à un tournant dans son écriture, de faire une pause et de replacer en quelque sorte son œuvre dans son contexte — démarche indispensable pour que notre lecture de l'œuvre et de la vie de Gibran ne soit pas biaisée ou influencée par les critères de notre époque.

Un matin glacial de la mi-mars 1996, j'ai affronté les rues désertes d'Evanston, banlieue tranquille de Chicago balayée ce jour-là par un vent du nord mugissant et paralysée par un froid bien en dessous de zéro. La bise avait chassé tout le monde des rues, sauf quelques individus déterminés. Les eaux du lac Michigan étaient grises, fouettées par de féroces brisants. Le froid était si intense que les embruns gelaient lorsque les vagues se brisaient sur la grève. On voyait alors se former des sculptures de glace à l'aspect fantastique. Fuyant la tempête, je me suis réfugié dans l'atmosphère feutrée de la bibliothèque de la Northwestern University — peuplée seulement, cette semaine-là, de quelques étudiants. Je suis descendu au sous-sol, au département des microfilms. C'est là que j'ai affronté une autre tempête, moins concrète, mais tout aussi cinglante.

Les trois premiers articles que j'ai lus, en ce premier jour de mes recherches dans les bibliothèques américaines, étaient relativement récents, puisqu'ils avaient été écrits dans les années 1970 et 1980. Dans le *Washington Post*, Jonathan Yardley relatait un débat orageux qui s'était déroulé au Congrès. La dispute portait sur l'édification d'un monument à la mémoire de Gibran dans la capitale. Yardley ne dissimulait pas son opinion. Il décrivait Gibran comme « le saint patron des rédacteurs de calendriers et de cartes de vœux, un favori des dames qui hantent les salons de thé le mercredi après-midi, un philosophe à la petite semaine ». « On ne peut que frissonner d'allégresse, ajoutait-il, à l'idée que, grâce à la prévoyance de nos représentants au Congrès, les visiteurs de la capitale pourront un jour se recueillir devant ces monuments dédiés à nos Américains les plus grands : Washington, Jefferson, Lincoln, et Gibran. »

Alors que l'arme principale de l'arsenal de Yardley est le sarcasme, Stefan Kanfer distille sa critique sur un ton subtil et passablement obscur. Dans un article intitulé « But Is It Not Strange That Even Elephants Will Yield — and That *The Prophet* Is Still Popular ? » (« Ceci n'est-il pas étrange : même les éléphants reculent — et *Le Prophète* reste populaire ? »), il affirme que l'écriture de Gibran est « un ramassis de sornettes molles et visqueuses [...]. Un *Ainsi parlait Zarathoustra* écrit en glaçage mauve sur un gâteau de halvah [...], un mélange de vide et de prétention. » Il ne fait même pas à l'auteur le compliment équivoque d'être un charlatan, il lui prête trop de naïveté pour cela. Ses croyances sont « infantiles mais authentiques », dit-il. C'est un « métaphysicien de chocolat », un pourvoyeur d'« esthétique pour débiles ». Et ainsi de suite, sur le même ton[10]. Il faut préciser qu'il ne se trompe pas sur la couleur du glaçage : Gibran était, dans une large mesure, le fruit des diktats de Fred Holland Day, qui était lui-même l'un des inspirateurs des valeurs des années 1880, auxquelles on a donné le joli nom de décennie mauve.

Ce sont là des mots très durs, qui doivent être mis en parallèle avec d'autres critiques[11]. Le troisième article, signé John Cooley, est une interview de Mikhaël Nouaymé, ami intime et collègue de Gibran, homme d'un certain âge et personnalité très respectée. L'article paraît dans *The Christian Science Monitor*. Au cours de l'entrevue, Nouaymé dit ceci à propos de Gibran et de lui-même :

> L'un et l'autre, nous regardions au-delà de l'immédiat. L'un et l'autre pensions que l'homme est destiné à déployer ses pouvoirs latents et formidables et à parvenir alors à une connaissance entière de sa divinité. L'un et l'autre croyions en la réincarnation et au pouvoir magique du mot lorsqu'il est adéquatement utilisé — de même qu'au pouvoir de tous les arts. Les arts ne doivent pas seulement révéler la beauté extérieure des choses, mais leur réalité intérieure [...]. Il [Gibran] évitait toujours ce qui était banal, ordinaire ou insignifiant.

Kanfer et Nouaymé ne peuvent tous deux avoir raison. Ou bien Gibran évite ce qui est banal et insignifiant, ou il en est le saint patron ; ou bien son esthétique est bonne pour les imbéciles, ou Nouaymé se fait une représentation erronée de cette esthétique. Le malentendu est causé en partie par le caractère irréfléchi, inachevé, des écrits de Gibran en langue anglaise. Ils paraissent tous avoir un but, un objectif, mais l'auteur ne nous dit jamais de quel but il s'agit. On croit y trouver une unité de vision, mais on n'est jamais sûr de regarder dans la même direction que l'auteur, qui nous agace avec ses contes ouverts, ses paradoxes et ses conclusions ambiguës. C'est là, en fait, que se trouve la différence principale entre ses textes anglais et ses textes arabes : la philosophie de son œuvre en langue arabe est tout à fait explicite. Les textes peuvent être quelque peu répétitifs — en particulier en ce qui concerne les différents aspects du syndrome du « jeune homme en colère » — mais on sait exactement ce qu'ils signifient. En anglais, Gibran se concentre sur un assemblage de dictons affûtés et piquants et de sages homélies, mais il précise rarement sa pensée.

Que l'on me permette de confesser ici une certaine sympathie pour les points de vue exprimés par Kanfer et par Yardley — bien que je déplore leur muflerie[12]. Je pense que Gibran peut tomber dans la platitude et qu'il est malhonnête de la part de ses dévots de ne pas l'admettre. Une telle maladresse s'explique : il est dangereux de se lancer dans des textes — je parle toujours de ses écrits en langue anglaise — évoluant sur le fil très mince qui sépare la profondeur de la banalité. Gibran déclare un jour à Mary : « Je n'ai qu'une règle en matière d'écriture : dire les choses aussi simplement que possible[13]. » Mais la simplicité de l'expression fait courir le risque d'apparaître naïf et banal. Quoi qu'il en soit, Kanfer et ses semblables se montrent injustes lorsqu'ils ne citent que quelques phrases en prenant bien soin de choisir celles qu'il est aisé de ridiculiser. Toute œuvre a ses lacunes. L'une des expositions les plus ennuyeuses à laquelle j'aie jamais assisté est celle des dernières œuvres de Picasso. Quant à Walt Whitman, il passe furieusement du sublime au boursouflé. Et *Timon d'Athènes* n'est pas *Hamlet*.

En outre, dans la mesure où accuser un auteur d'écrire des platitudes équivaut à lui reprocher de manquer d'originalité, il me semble que cette accusation sonne plutôt creux. D'une part, l'originalité authentique, si nous l'opposons à la reformulation d'idées préexistantes, est si rare que 99 % des penseurs sont susceptibles de s'attirer le même reproche. D'autre part, la quête d'originalité que l'on observe dans l'Occident moderne conduit facilement à approuver le changement pour le changement, sans qu'il y ait de progrès réel — un peu comme les ordres arbitraires la Reine de cœur dans *De l'autre côté du miroir*, la suite d'*Alice au pays des merveilles*. Chez les anciens, emprunter à un prédécesseur ou puiser dans une réserve de sagesse commune était un signe de respect. Pourquoi un écrivain ne pourrait-il pas reconnaître dans la pensée d'un autre ses convictions profondes ? « Ce n'est pas plus selon moi que selon Platon », a dit Emerson[14]. Oui, il est vrai que d'autres que Gibran ont célébré l'amour comme il le fait, qu'ils ont eux aussi exprimé la douleur et parlé du moi supérieur, mais est-ce suffisant pour condamner son œuvre ? Et n'oublions pas un fait indéniable : les ventes de ses livres ont dépassé celles de tous les autres écrivains. On peut donc en conclure qu'ils touchent une corde sensible chez le lecteur.

Un autre moyen de déprécier les œuvres de Gibran est de les comparer à celles de ses contemporains. Les années qui séparent ses deux œuvres majeures, *Le Fou* et *Le Prophète*, sont émaillées de livres de Willa Cather, F. Scott Fitzgerald, James Joyce, Herman Hesse, D. H. Lawrence et autres écrivains tout aussi doués. Comparer son œuvre aux leurs équivaut à comparer le jour à la nuit : Gibran n'écrit pas des ouvrages de fiction, mais de la philosophie poétique religieuse. Mais le pli est pris : *sub specie æternitatis*, l'œuvre de Gibran ne fait pas très bonne figure — bien que, jusqu'à maintenant, certains de ses livres aient passablement bien résisté au temps.

Les modes changent, et il convient de situer l'œuvre de Gibran dans son propre cadre. Nous savons qu'il a été fortement influencé, en tant qu'artiste et en tant qu'écrivain, par un courant de pensée que nous pourrions qualifier de platonicien. Ce courant est tributaire de plusieurs auteurs et de plusieurs mouvements : Platon, bien sûr, mais plus particulièrement les néo-platoniciens ; les romantiques ; Swedenborg ; les transcendantalistes comme Emerson et Thoreau ; la philosophie religieuse orientale, telle quelle ou véhiculée par les transcendantalistes ; les essayistes post-romantiques comme Maurice Maeterlinck et Francis Grierson ; les mouvements esthétiques préraphaélites et décadents ; la théosophie de Mme Blavatsky ; et les symbolistes.

Bien que l'on puisse affirmer sans parti pris que Gibran se place bien en aval du courant platonicien, il n'en reste pas moins que ce dernier possède une force vitale surprenante. Mary Haskell et Charlotte Teller, deux femmes « modernes », font souvent allusion à cette force ; et nous avons vu que, dans certains cercles littéraires new-yorkais — ceux dont Gibran fait partie et que Don Marquis soumet à une satire sans pitié dans *Hermione* —, on se rencontre régulièrement pour discuter de ce type de phénomènes et de philosophies. Si nous jugeons Gibran dans *ce* contexte-là, qu'a-t-il tenté d'accomplir ?

Gibran s'est toujours considéré comme un poète, comme en témoigne le ton manifestement autobiographique de la plupart de ses œuvres poétiques. Il arrive même que la certitude d'être d'abord et avant tout un poète l'amène à dire des inepties, du genre : « Mieux vaut une pensée médiocre énoncée avec musicalité qu'une bonne pensée médiocrement émise[15]. » Il n'en existe pas moins, dans le courant platonicien, une considération particulière pour les poètes et la poésie, qui s'est exprimée de façon récurrente chez les divers écrivains et lettrés de ce courant. Dans son essai « The Poet », publié en 1844, Emerson déclare :

> Le poète [...] fait figure, parmi les hommes partiels, d'homme complet ; il ne nous révèle pas sa richesse, mais la richesse commune [...]. Le poète est [...] l'homme sans défaut, qui voit et gouverne ce dont rêvent les

> autres, parcourt la gamme entière des expériences, et représente l'homme en vertu du fait que c'est lui qui possède le plus grand pouvoir de recevoir et de distribuer [...]. Les signes et les références du poète reposent en ceci qu'il annonce ce qu'aucun homme n'a prédit. Il est l'unique et l'authentique médecin ; il sait et il dit ; il est le seul annonceur de nouvelles, car il était présent et dans le secret de l'apparition de ce qu'il décrit.

Et ainsi de suite, car il ne s'agit pas d'un court essai. Le reste est dans la même veine. Un point important du texte est l'idée qu'il existe au moins un « authentique poète » à chaque génération, celui qui révèle des choses nouvelles et participe en conséquence à l'évolution de l'humanité[16]. Pour Shelley, dans *The Defence of Poetry*, le poète est un prophète qui non seulement « regarde intensément le présent tel qu'il est », mais « participe de l'éternel, de l'infini, du tout », et recrée le monde dans sa poésie, pour lui-même, et pour nous, simples mortels.

En bref, le poète ressent les choses, les connaît et les expérimente plus que quiconque. Cela peut faire de lui un solitaire vivant en marge de la société, une voix criant depuis les régions lointaines où il s'est réfugié, ou un professeur désireux de nous éclairer sur les royaumes supérieurs qui lui sont familiers. Dans les deux cas, le poète est presque un prophète. Le but que se fixaient les artistes et les écrivains de l'école symboliste française était d'organiser les mots et les images en fonction de leur capacité à suggérer des expériences fugaces, afin que la poésie et la peinture, agissant exactement comme la musique, évoquent des impressions aussi proches que possible de l'intention du créateur. « Les artistes authentiques sont les plus religieux des êtres », a dit Auguste Rodin. Les déclarations des penseurs se réclamant de l'école symboliste disent explicitement que le poète est un prêtre ou un prophète, celui qui connaît la loi des correspondances, sait trouver le mot adéquat pour chaque occasion et peut transporter son lecteur ou celui qui l'écoute dans un autre domaine de l'expérience. Le symbole « constitue une correspondance entre notre perception de la matière et les vérités éternelles relevant du domaine spirituel », dit Henri Dorra dans son introduction au poème de Baudelaire, « Correspondances », qui contient cette jolie notion de « longs échos qui de loin se confondent dans une ténébreuse et profonde unité ». Ce n'est pas une coïncidence si les symbolistes étaient imprégnés de platonisme et baignaient dans les interprétations de la kabbale : pour Mallarmé, le disciple le plus réfléchi de l'école symboliste, parler d'*une* fleur revenait à parler de *la* fleur idéale. Bowra, un historien de l'art, dit que « l'essence du symbolisme repose dans son désir d'un monde de beauté idéale, et dans sa conviction que ce désir peut être comblé par l'entremise de l'art ».

Cette cause devient une croisade dans certains milieux. Pour Walt Whitman, « le jugement esthétique est crucial pour l'esprit humain dans une ère de plus en plus matérialiste » ; la poésie poursuit un but religieux et le poète idéal remplacera un jour le prêtre. Examinons le manifeste de *The Knight Errant*, un des magazines édité par le cercle de Fred Holland Day à Boston :

> Ce n'est plus pour lutter contre le Paynim, en Terre Sainte, pour se mesurer à des dragons voraces, pour secourir de mélancoliques dames en détresse qu'il [le chevalier errant] passe à l'action, mais pour faire la guerre aux Paynim du réalisme en art, pour attaquer le dragon du matérialisme et celui, féroce, du mammonisme, pour courir au secours de mélancoliques espoirs et veiller au rétablissement d'idéaux oubliés [...]. La cause demeure. Contre les idéaux trompeurs, les vérités opprimées, l'idéalisme oublié et le royaume perdu de l'imagination [...]. Une par une, lors de cette dernière nuit, les belles choses ont disparu, jusqu'au jour où, dans un monde devenu vieux et laid, forcés de trouver des excuses à la bizarrerie de leur environnement, les hommes ont même discrédité la beauté elle-même, la trouvant puérile, indigne — et peu scientifique.

Dans le premier numéro du magazine, Ralph Adams Cram parle de renaissance littéraire et cite, comme étant ses prophètes, Wagner, William Morris, Walter Pater et quelques autres. Quelques années plus tard, dans *Jurgen* (1919), un roman aussi singulier que merveilleux, James Branch Cabell entre en lutte contre ce pays, ou cette mentalité, qu'il appelle « Philistia ».

Gibran, plus que jamais symboliste, choisit expressément le rôle de poète-prophète[17]. Son choix apparaît clairement, non seulement dans le contenu autobiographique de ses écrits portant sur le travail du poète, mais dans sa propension à l'antirationalisme, que l'on distingue, par exemple, dans « L'érudit et le poète », un des textes du *Précurseur*, et dans le fait qu'il ne cesse d'affirmer la prédominance de l'inspiration sur la compréhension intellectuelle. Josephine Peabody et Mary Haskell, ses amies intimes, ne sont pas les seules à voir en lui un prophète. Il l'est aux yeux de beaucoup d'autres. Robert Norwood, par exemple, le considère à la fois comme un prophète et comme un poète. Ainsi que le dit Claude Bragdon : « Il y a trois mots pour le décrire : *artiste, poète, prophète.* Il ne devrait y en avoir qu'un, mais ce mot, la langue anglaise ne peut nous le fournir. » Un jour, assimilant délibérément l'artiste au prophète, Gibran décrit le Christ comme un artiste parce que, comme le note Mary dans son journal, « [le Christ] a étudié et percu l'âme de la vie, et l'a exprimée dans une forme parfaite dans ses paraboles et ses enseignements. » L'artiste ou le poète, affirme Gibran à plusieurs reprises, exprime ce qui est latent dans le subconscient collectif: ce rôle de devin correspond à un don qu'il a reçu. Selon la philosophie de l'évolution de Gibran, exposée au chapitre précédent, la Vie essaie toujours de s'exprimer plus clairement et plus pleinement, et c'est le travail de l'artiste de l'assister. Le poète est, pour ainsi dire, l'instrument de la connaissance la plus raffinée que la Terre et la Vie ont de leur propre potentiel[18]. Souvent, dans les inscriptions des journaux intimes de Mary, on constate que Gibran assume intégralement le rôle du poète ou du prophète, qui consiste à rappeler aux êtres ce qu'ils savent déjà intuitivement. Ainsi, il prétend qu'il lui arrive de peindre dans cet état de « rêve », de « flottement », qui donne à son œuvre son caractère divinatoire et prophétique. *Le Prophète* est, sans aucun doute, l'ouvrage dans lequel Gibran s'identifie le plus explicitement à ce rôle. Le prophète Almoustafa est son porte-parole. Comme le fou et le précurseur l'ont fait avant lui, le prophète expose avec autorité l'idée que Gibran se fait de la vie. Dans une conversation avec Mary, Gibran lui dit que tout ce qu'une personne écrit ou peint est une image ou un récit de son propre moi intérieur — autrement dit, qu'Almoustafa est son alter ego[19]. Rappelant à Mary que Nietzsche a parlé pour les trois cents années suivantes, il lui dit que lui-même, Gibran, parle pour les six cents années à venir. Enfin, il a aussi cette certitude — qui inspire les compte rendus de Mary — qu'il apporte un message nouveau à l'humanité[20].

Cette conviction grandit tout au long des années 1910 et culmine avec le rôle messianique dans lequel Gibran se glisse de temps à autre au cours de la décennie suivante. Faire la distinction entre les différents personnages serait, dans une certaine mesure, artificiel, car ils se chevauchent souvent, mais l'évolution est évidente et commence avec le romantique mélancolique et blessé (rôle qu'il a le mieux joué avec Josephine Peabody et dans ses premiers écrits en arabe) et se termine avec le prophète. Ces changements découlent en grande partie du développement de sa cosmologie de l'évolution. Ses lettres à Mary, à l'époque, décrivent parfois le sentiment qu'il a d'être animé par l'esprit de Dieu, d'être constamment en présence de Dieu[21]. Il est transporté de joie par ses découvertes ; il est sûr d'avoir trouvé son but ultime en ce monde — un but qui justifie les longues et douloureuses années d'apprentissage. Et il sent qu'un gouffre immense s'est creusé entre lui et le reste du monde[22].

New York est un élément important de cette évolution. Non seulement Gibran ressent les effets incommensurables de l'énergie magique de la ville, mais il est déterminé à profiter au maximum des possibilités qu'elle offre. C'est pourquoi il décide de changer de rôle. Il écrit à Mary qu'il veut être lui-même et ne souhaite plus être considéré comme un Oriental exotique (à Boston, il a joué ce rôle à fond, si bien assorti à celui du romantique mélancolique[23]). À New York, la confiance en soi qu'il tire de ses succès et de sa notoriété croissante est l'un des facteurs essentiels dans son besoin d'adopter un rôle plus noble. Il jouit d'un large prestige dans le monde arabe, et il établit des contacts importants en Amérique — contacts qui déboucheront, le moment venu, sur la publication d'œuvres en anglais. Pendant ce temps, Mary et son cercle d'amis new-yorkais lui fournissent un tas de réactions positives, qui ne font, bien sûr, que renforcer la haute opinion qu'il a de lui-même. Comme nous l'avons vu, Mary et d'autres personnes en arrivent à le considérer comme une figure messianique. La confirmation définitive du fait qu'il est porteur d'un message religieux lui vient de l'engouement que les prêtres chrétiens libéraux manifestent pour ses lectures publiques. Ils utilisent ses mots et ses images dans leurs sermons, l'invitent à venir lire ses textes dans leur église[24]. À la fin des années 1920, Khalil tient ce genre de discours : « Je veux être professeur. Je veux donner eux-mêmes aux gens [*sic*]. Je veux éveiller leur conscience à ces choses dont je sais qu'elle [leur conscience] peut les connaître[25]. »

Dans ses écrits publiés, Gibran assimile parfois l'authentique poète à l'authentique prophète[26]. Un des aphorismes du *Sable et l'Écume* dit ceci : « Là s'étend un champ vert entre l'érudit et le poète ; si l'érudit le traverse, il devient un sage ; si le poète le traverse, il devient un prophète. » Comme tout le reste du livre, cet aphorisme est un peu obscur, mais quelques paroles citées dans un des journaux de Mary l'éclairent : « La différence entre un prophète et un poète est que le prophète, contrairement au poète, vit ce qu'il enseigne[27]. » Ici, le « champ vert » est donc la vie, envers laquelle l'érudit doit s'engager pour devenir un sage, envers laquelle le poète doit s'engager pour devenir un prophète. Gibran croit sans aucun doute s'être engagé, *lui*, dans la vie — en fait, il se dit qu'il a eu la vie dure, qu'il a connu plus que son lot de souffrances et de tragédies personnelles. Il sait qu'il a évolué, qu'il a parcouru le chemin qui mène du simple poète au prophète-poète accompli.

Faisant écho aux propos de Shelley, qui prétend que seul le poète peut exprimer ces règnes platoniques que les autres mortels ne perçoivent que faiblement — s'ils les perçoivent —, Gibran fait dire au Prophète : « Je ne vous parle qu'avec des mots que vous connaissez dans vos pensées. Et qu'est la connaissance du mot, sinon l'ombre d'une connaissance sans paroles ? » Dans un type de métaphore assez particulier, il dit un jour à Mary que la différence existant entre un poète ordinaire, un grand poète et un très grand poète est que le premier, entrant dans une pièce remplie de cendres, les rassemblera pour leur donner une forme, que le second prendra des cendres dans d'autres pièces pour les ajouter à la forme qu'il crée, et que le troisième creusera sous les cendres pour trouver le feu qui les a produites, de sorte que ses images poétiques brûleront d'un feu intérieur[28]. Dans *Le Jardin du Prophète*, faisant écho, cette fois, à Emerson, qui affirme que le poète a accès à un élément commun et universel, Gibran fait dire au Prophète : « Je vous enseigne votre moi le plus grand, qui contient tous les hommes. » Mais il est fréquent que les thèmes de ses écrits en anglais, qui se concentrent sur les paraboles et les homélies, aient été développés dans ses premiers textes en arabe. Dans un poème qui s'intitule simplement « Poète », il écrit :

> Un anneau reliant ce monde à celui qui suit. Un doux printemps dont les âmes assoiffées tirent de l'eau. Un arbre bien planté sur la rive du fleuve de

> beauté, sur laquelle poussent des fruits juteux recherchés par des cœurs avides [...]. Un ange que les dieux ont envoyé pour enseigner au peuple les choses divines. Une lumière radieuse que les ténèbres ne peuvent vaincre et que le talent ne cache pas.

Le poème met ensuite l'accent sur le fait que cette largeur de vue condamne le poète à être incompris des gens ordinaires. La solitude du poète, et son aspiration à la mort — qui le délivrera de l'incompréhension et des préjugés —, apparaît dans deux autres textes, « The Lonely Poet » (le poète solitaire) et « A Poet's Death Is His Life » (la mort d'un poète est sa vie). Il poursuit, sur le même thème, dans le poème en prose « A Poet's Voice » (la voix d'un poète) :

> Le pouvoir de la charité a déposé ses semences au fond de mon cœur, et je moissonne et rassemble le blé en bottes et le distribue aux affamés.
>
> Mon âme donne vie au raisin et je presse ses grappes et offre le jus aux assoiffés.
>
> Le ciel emplit ma lampe d'huile et je la place à la fenêtre afin que l'étranger trouve son chemin dans la nuit [...].
>
> Les humains sont divisés en clans et en tribus, ils appartiennent à des pays et à des villes. Mais moi, je me sens étranger à toutes ces communautés et je n'appartiens à aucun hameau. L'univers est ma patrie et la famille humaine ma tribu.

Tout comme le poète, étranger dans une contrée étrangère, le prophète nous est présenté ainsi dans *Les Processions* :

> Il est étranger à cette vie,
> Étranger à ceux qui louangent ou accusent,
> Car il brandit le flambeau de la Vérité,
> Malgré qu'il soit dévoré par sa flamme.

En bref, d'une façon ou d'une autre, en définissant sous ce rapport vital ce qu'est le travail du poète et, par corollaire, ce qu'est son propre travail, Gibran se situe tout à fait dans la tradition platonicienne. Même la façon dont il perçoit la solitude du poète trouve un écho dans l'attitude délibérément distante de quelques poètes symbolistes français, en particulier Gérard de Nerval, Rimbaud et Mallarmé. Après avoir considéré l'œuvre de Gibran *sub specie æternitatis*, après l'avoir comparée à celle d'autres poètes, il nous faut la considérer pour ce qu'elle est, tout simplement. Cela ne sous-entend pas que l'on doive se poser l'impossible question : « Dans quelle mesure Gibran réussit-il à nous révéler des vérités éternelles ? » Qui est qualifié pour répondre à une telle question ? Je ne me lancerai pas dans une étude de sa poésie (laissons cela aux érudits arabes, puisque la majorité de ses textes poétiques ont été écrits en arabe), mais je me pose la question suivante : « Dans quelle mesure Gibran réussit-il, dans ses écrits, à concilier son rôle de poète et son rôle de prophète ? » Si cette question ne suscite, elle aussi, qu'un désir d'évaluer à quel point il parvient à transmettre des vérités éternelles, il convient alors de l'examiner en partant du point de vue du public. Comment l'œuvre de Gibran est-elle perçue ? Ici, nous butons sur un paradoxe curieux et passablement ironique. Alors qu'il endosse, de son vivant, le rôle de poète-prophète, sa réputation se modifie après sa mort : il est principalement reconnu comme un prophète dans le monde occidental, tandis qu'il est surtout considéré comme un poète dans le monde arabe.

Apprécier le genre d'influence que Khalil Gibran exerce en Occident est aisé. Toutes les librairies du Royaume-Uni qui proposent ses livres les rangent dans la section « Nouvel Âge », ou « Corps et Esprit », ou même « Ésotérisme ». Aux États-Unis, où le problème d'espace est moins épineux et où le stock des librairies est plus considérable, on peut à l'occasion — je dis bien à l'occasion — trouver ses ouvrages dans la section « Poésie » ou dans celle consacrée au Proche-Orient, mais encore une fois, il est plus courant de les trouver parmi les bouquins du Nouvel Âge. Si vous demandez à des Occidentaux s'ils ont entendu parler de Khalil Gibran, ils reconnaîtront presque tous en lui l'auteur du *Prophète*. Aux États-Unis, les ventes de ce livre ont atteint, en avril 1996, neuf millions d'exemplaires depuis sa publication, et se poursuivent à un rythme tout à fait appréciable. Dans le reste du monde anglophone, environ 25 000 exemplaires sont écoulés chaque année. Les ventes des autres ouvrages qui sont encore disponibles ne représentent qu'une fraction relativement négligeable de celles du *Prophète*. Autrement dit, c'est d'abord et avant tout *Le Prophète* qui a rendu Gibran célèbre en Occident, où cet auteur est considéré comme un maître spirituel.

Comme nous ne reviendrons plus sur l'accueil réservé aux œuvres écrites en arabe et sur leur influence, il convient de les examiner à présent de manière approfondie. De nombreux témoignages indiquent que, dès le début, les écrits de Gibran sont accueillis avec plus d'empressement dans le monde arabe que ne le seront ses œuvres en anglais dans le monde anglophone[29]. On l'appelle le « Shelley syrien », et quelques-uns de ses livres se vendent remarquablement bien, selon les standards du monde arabophone[30]. Ses courts articles dans les journaux et les magazines sont impatiemment attendus et souvent réimprimés. Comme nous l'avons vu, il est très populaire auprès de la communauté syrienne aux États-Unis. On l'invite à donner des causeries dans des clubs ; il collabore très tôt à des journaux. Son œuvre écrite lui procure un prestige considérable dans la communauté arabe américaine. Il devient la figure de proue des immigrants et, dans une certaine mesure, leur porte-parole[31]. Toutefois, il est clair qu'il n'est pas perçu, en termes littéraires, comme un écrivain *unique*, le seul représentant de la littérature de l'époque — ainsi que l'on a tendance à le voir aujourd'hui en Occident — mais comme le membre d'un mouvement. Il est peut-être le plus connu, celui qui a le plus souvent attiré l'attention, mais il n'est pas le seul écrivain de ce mouvement. Une chose est certaine : pour évaluer la contribution de Khalil Gibran à la littérature arabe, il faut le situer dans le contexte des événements qui surviennent à l'époque dans le monde des lettres arabes.

Les Occidentaux qui ne se sont pas penchés sur le problème ont peine à réaliser que la littérature arabe aurait aisément pu se fossiliser. Il ne faut pas oublier que les musulmans ultra-orthodoxes n'utilisent que le vocabulaire et les structures grammaticales du Coran. De même, au cours des siècles, les canons de la littérature arabe classique n'ont retenu comme acceptables que certaines formes de versification, et les poètes qui veulent être lus n'ont d'autre choix que de les utiliser.

À l'époque qui nous intéresse, les écrivains arabes ne travaillent pas pour autant dans un vide total. La reviviscence de la littérature remonte à cinquante ou soixante ans avant la naissance de Gibran, inaugurée par de grands auteurs comme Nasif el-Yasiji et Boutros el-Boustani. Ces poètes connaissent les tendances de la poésie occidentale et, dans la mesure où il existe une longue et riche tradition de poésie d'amour en langue arabe, ils sont particulièrement attirés par la poésie romantique anglaise. Sous cette influence, on remarque dès la fin du XIXe siècle un léger relâchement dans les restrictions — par exemple dans l'œuvre de Khalil Moutran (1872-1949), un poète libanais qui, contrevenant aux normes établies, laisse passer dans ses textes un plus grand degré de subjectivité. Comme chez les romantiques anglais, les émotions ressenties par l'auteur commencent à prédominer. Cette tendance est prolongée en Égypte par quelques contemporains de Moutran, comme Abd el-Rahman Shoukri, Ibrahim Abd el-Qadir el-Mazini et Abbas Mahmoud el-Aqqad, les membres les plus notoires de l'école Diwan. Il faut noter cependant que leur poésie semble se conformer à une méthode avant de s'abandonner à l'inspiration.

Le changement ne devient systématique et profond que lorsque les intellectuels arabes commencent à émigrer, en particulier aux États-Unis. Et c'est là que Gibran entre en scène. Lui, Nouaymé et d'autres forment une école d'expatriés, un mouvement distinct au cœur duquel se trouve le Pen Club. Par l'intermédiaire des pages d'*El-Founoun* et d'autres organes similaires, l'école mahjar devient une force agissante qui exerce une influence déterminante sur le monde littéraire arabe. Parmi les principaux membres de cette organisation, citons Nasib Arida, Rachid Ayyoub, Noudra Haddad et, le plus important peut-être, Ilya Abou Madi, qui se joint au Pen Club en 1921. Madi est connu pour avoir écrit les plus beaux poèmes romantiques en langue arabe ; il est le poète expatrié le plus lu. À partir de New York, l'influence de ces écrivains se répercute dans le monde arabe, et on peut dire aujourd'hui qu'ils ont profondément marqué plusieurs domaines de la littérature, que ce soit la poésie, qui se renouvelle, ou le roman et la nouvelle, qui voient le jour. Ces auteurs ont été à la base de la révolution romantique qui a marqué la littérature arabe[32].

Du fait qu'ils résident aux États-Unis, ces écrivains bénéficient d'une plus grande liberté par rapport aux canons du goût littéraire en vigueur au Caire, à Beyrouth et à Damas. Ils peuvent expérimenter, changer les règles de versification, utiliser plus d'un mètre dans un poème, et emprunter largement à la littérature occidentale. Ils ont recours à une langue plus familière et s'inspirent, pour créer leurs personnages, de gens bien en vie et non de figures historiques ou de personnages nés de leur imagination. William Catzeflis, trésorier et membre fondateur du Pen Club, illustre en ces termes l'esprit iconoclaste qui anime les émigrés orientaux : « Si le sens et la beauté d'une pensée exigent que l'on brise des règles pour l'exprimer, brisons-les ; s'il n'existe aucun mot connu pour exprimer une idée, empruntons un mot ou inventons-le ; si la syntaxe fait obstacle à une expression nécessaire ou utile, limogeons la syntaxe. »

Le développement du poème en prose est au cœur de cette révolution. Un poème en prose peut-être défini comme de la prose à laquelle on a infusé un rythme et une émotion poétiques, mais qui n'est pas conforme aux stricts standards du mètre et de la rime. À cet égard, les poètes mahjars sont profondément influencés par le rythme des versets de la Bible, dans sa version anglaise ou arabe[33], et par les vers libres de Walt Whitman (qui n'est pas du tout indifférent aux cadences bibliques). Amin Rihani, pionnier de la poésie arabe en prose, imite consciemment Whitman. Et il connaît très bien, tout comme Gibran, du reste — leur séjour à Paris a été déterminant sur ce point —, les vers libres des poètes symbolistes français, des vers que Joris-Karl Huysmans décrit, dans *Contre-Nature*, comme de la poésie en prose et dont il fait une critique mordante. On peut dire que tout le mouvement moderne arabe des années 1950 en faveur du vers libre n'aurait pas été possible sans les expérimentations de Rihani et de Gibran en matière de prose poétique.

Salma Jayyousi, érudite et historienne de la littérature arabe, résume ainsi la situation :

> C'est au tout début du siècle et grâce à El-Raihani [Rihani], puis à Gibran, que les poètes ont envisagé la possibilité d'écrire des poèmes en prose et que le genre a reçu sa forme initiale, bien que le poème en prose n'ait jamais atteint, avec ces deux écrivains, une expression vraiment accomplie. La poésie arabe, à cette époque, c'est-à-dire pendant la première et la deuxième décennie de ce siècle, montrait des signes d'impatience à l'égard des normes strictes du néoclassicisme. On vit alors surgir, partout dans le monde arabe, des tentatives visant à modifier le langage, le sujet et la forme du poème. En Égypte, l'échec de telles tentatives novatrices a été dû à un manque de talent et d'intuition [...]. Les essais innovateurs des Mahjars ont connu un grand succès en dépit du fait que les deux principaux écrivains du mouvement, El-Raihani et Gibran, possédaient une base

linguistique relativement faible. Une intuition aiguë, un talent bien exploité, une perspective fondamentalement différente teintée d'une influence culturelle étrangère persistante ont permis la libération d'un courant de créativité chez les deux hommes. Un mouvement novateur et une aventure littéraire, sans égaux dans le reste du monde arabe, étaient lancés.

La révolution que les Mahjars initient, ou à laquelle ils participent, va donner un tout autre visage à la poésie arabe, en termes de forme aussi bien que de contenu. Les Mahjars, qui mettent l'accent non plus sur le métier mais sur l'inspiration, font écho au cri de défi de Mallarmé, qui se demande où est l'inspiration et où est l'imprévu. Il est clair en tout cas, d'après ce bref synopsis du contexte mahjar dans lequel Gibran travaille, que ce dernier n'est pas un écrivain *unique*. L'école Diwan fait également partie de l'expérimentation ; Rihani est, avant Gibran, un pionnier du poème en prose (bien qu'il ait moins d'imagination et de puissance émotive) ; et Nouaymé est un ardent partisan de la réforme de la littérature arabe. Ce point est tout à fait important et mérite d'être souligné. Dans la mesure où Gibran est de loin le poète arabe le plus connu dans les pays occidentaux, le seul qui ait accompli une véritable percée, on est tenté de le considérer comme une sorte de phénomène isolé. C'est inexact. Non seulement il en est d'autres qui se battent comme lui, mais ils le font souvent tout aussi bien que lui. *Les Processions*, par exemple, poème dans lequel il met en application la réforme qui consiste à employer plus d'un mètre dans un seul poème, n'est pas un grand texte. « En tant que poème, il est loin d'être inspiré, dit Ostle, historien de la littérature. C'est tout simplement une répétition, sous une forme versifiée, de ce que l'auteur a déjà dit dans des textes en prose plus originaux et plus intéressants. »

Dans ses textes arabes, Gibran se lance dans une expérimentation du langage. Il sait qu'il ne peut s'exprimer pleinement dans les rythmes hérités de la versification classique. Il se permet des associations de mots plus lyriques et plus chargées d'émotion, et utilise des expressions familières, ce qui agace les critiques conservateurs au Proche-Orient[34]. Le paradoxe, le questionnement rhétorique, le parallélisme, la répétition, les synonymes, l'antithèse et les polarités — vie et mort, jour et nuit, etc. — sont également utilisés afin de susciter l'émotion. Pour exprimer ses sentiments, il privilégie le langage des images. Les sens ont leurs « chants » ; un baiser est « une coupe emplie par les dieux à la fontaine de l'amour » ; la religion est « un champ bien labouré, semé et arrosé par le désir » ; les paupières s'alourdissent avec « le vin des années » et ainsi de suite. Ses symboles les plus communs sont les ailes, la mer, la nuit et le jour, la forêt. Ce qui est intéressant est que Gibran tire généralement ses symboles d'images familières — qui véhiculent précisément les sentiments qu'il veut transmettre — sans avoir recours à un vocabulaire ésotérique. Il est, dans tous ses écrits, accessible à n'importe quel public. Un autre des procédés qu'il emploie pour faire appel aux sentiments du lecteur consiste à saupoudrer littéralement ses textes de mots abstraits et chargés d'émotion comme « beauté », « amour » et « justice ». Ces notions sont souvent personnifiées ou particularisées grâce à un usage judicieux des images et des qualificatifs.

Cette stratégie a des aspects négatifs : on peut dire que, dans ses premiers écrits en langue arabe, Gibran empile trop d'images et d'adjectifs, comme s'il était incapable de contenir le flot de sa créativité ou son désir de communiquer. Ses tentatives dans le but de susciter une émotion authentique l'entraînent souvent, peut-être en raison de son manque de fermeté, dans la sentimentalité. Ces failles résultent de sa volonté d'imprimer constamment à ses écrits, même en prose, un style hautement poétique. Lorsqu'il examine les premières moutures des *Ailes brisées*, Hawi découvre que Gibran s'est systématiquement efforcé d'y liquider « la moindre parcelle de prosaïsme ». Ses images et ses thèmes se répètent si souvent qu'ils en perdent parfois leur force, et le caractère didactique qui teinte la plupart de ses textes en anglais (le prophète et le jeune homme en colère ne prêchent-ils pas l'un et l'autre ?) est souvent agaçant, car tout cela, au fond, ne fait que reprendre les stratagèmes classiques des romantiques. Les personnages sont rarement différenciés ; ils parlent tous sur le même ton ampoulé, qui est sans conteste le voix de Gibran. Sa poésie, en vers ou en prose, est souvent bonne, mais elle est rarement extraordinaire.

La plupart de ces traits de style, les bons aussi bien que les mauvais, ont influencé le mouvement romantique arabe. L'importance littéraire de Gibran, dans sa poésie en vers ou en prose, repose cependant moins sur ses expérimentations *formelles* que sur le *contenu* de son œuvre (surtout celui de ses premiers textes arabes en prose). Son contact étroit avec la culture occidentale lui a donné un goût prononcé et durable pour la liberté d'opinion dans les domaines de la religion et de la politique. Ses premiers écrits en arabe, comme nous l'avons vu précédemment, abordent avec force et passion des thèmes novateurs — anticléricalisme et vie simple, opposés à la corruption qu'entraînent la culture et la civilisation urbaines ; existence séparée de l'âme et réincarnation ; possibilité offerte à l'être humain d'avoir une union mystique avec la nature ; description du poète comme un prophète solitaire et méprisé ; et enfin les thèmes éternels de l'amour, de la douleur et du désespoir. Ces idées et ces thèmes, qui trouvent une correspondance chez les romantiques occidentaux et dont la plupart sont déjà présents dans la littérature arabe avant Gibran, ont une profonde influence sur ses collègues mahjars et les autres membres du Pen Club. Et même si c'est Rihani qui a initié la révolte, et cela avant Gibran, c'est vers Gibran et non vers lui que les poètes et écrivains mahjars se tournent pour trouver l'inspiration, parce que son imagination a une plus large envergure. Ils se montrent souvent plus talentueux que lui, mais la révolution qu'ils ont lancée aurait été impossible sans ses idées et ses aventureuses expérimentations. Un écrivain mahjar, Abd el-Masih Haddad, compare sa rencontre avec Gibran et leur conversation avec « l'éveil du printemps sur une terre aride[35] ».

La dichotomie Orient-Occident présente dans la vie et l'œuvre de Gibran se manifeste de plusieurs manières. Gibran ne semble jamais très bien savoir à quel monde il appartient, ce qui explique l'inconfort qu'il ressent d'un côté comme de l'autre, ainsi que la nécessité où il se trouve de jouer un rôle. Il ne se sent jamais assez à l'aise, là où il s'installe, pour être tout simplement lui-même. Alors qu'il raconte à ses amis occidentaux qu'il est le descendant d'une riche et noble famille, il se décrit, dans ses textes arabes, comme un humble et pauvre poète. Gibran est prêt à adopter tous les moyens qu'il juge nécessaires pour satisfaire ses ambitions et s'installer sur un piédestal du haut duquel il pourra faire fi de son insécurité.

Pour Gibran, la fusion romantique du poète et du prophète est sans aucun doute la meilleure possibilité qui s'offre à lui d'unir l'Orient à l'Occident. Il ne manque pas de la saisir. De tous ses personnages, c'est sans doute celui du poète-prophète qui lui est le plus agréable ; il est comme un poisson dans l'eau, et ses origines orientales « exotiques » l'aident à exceller dans le rôle. Mais le destin va lui voler cette réconciliation. À la fin, et cette issue est d'une triste ironie, l'homme qui, plus que nul autre, a su réaliser la fusion de la poésie et de la prophétie à laquelle les romantiques platoniciens ont si ardemment aspiré va se trouver déchiré entre ces deux pôles. « Avec [la langue arabe], il a triomphé sur l'esprit ; avec la langue anglaise, il a triomphé sur le cœur », dira Amin Rihani. Dans le monde occidental, il est connu uniquement en tant que prophète : son œuvre y est considérée comme populaire, pas comme littéraire ; elle n'aura aucun impact tangible sur l'un ou l'autre écrivain majeur ou sur un mouvement quelconque, car Gibran ne fonde pas non plus d'école philosophique. Dans le monde arabophone, c'est l'inverse. Même si ses œuvres écrites en anglais sont traduites en arabe, elle ne remportent pas le succès qu'elles ont eu dans le monde occidental. Il y est inconnu comme prophète. Il a néanmoins une influence considérable, bien qu'indirecte, sur la littérature arabe et, même si nous acceptons l'opinion des théoriciens qui pensent que sa poésie n'a rien d'extraordinaire, il n'en reste pas moins qu'il joue un rôle important dans cette littérature. En bref, il se trouve au bon endroit au bon moment pour combler le fossé entre Orient et Occident, à la fois sur les plans du contenu et de la forme. Le prophète oriental s'adresse à l'Occident avec une clarté terriblement séduisante. Mais il ne va pas tarder à redevenir, une fois de plus, le Gibran aux personnalités multiples[36].

11 LE PROPHÈTE

En Europe, la Première Guerre mondiale a soudainement mis fin à un mode de vie qui semblait définitivement établi. Bien que ses effets sur les États-Unis aient été moins marqués, le conflit a également constitué un tournant décisif dans l'histoire culturelle américaine. La montée d'adrénaline suscitée par le modernisme s'est épuisée dans les émotions et la banalité de la guerre. Profitant de ce que l'Europe lutte pour se relever, les États-Unis, qui émergent relativement indemnes du chaos, s'empressent d'accaparer les marchés mondiaux. Cette stratégie propulse le pays tout entier dans une période de prospérité matérielle, tandis que le sentiment d'être à la veille d'une révolution s'estompe. On est loin de l'Armory Show et du Paterson Strike Pageant de 1913. La joie et l'exaltation que sous-tendait la promesse d'un grand changement se sont enlisées dans la boue des tranchées. La nouvelle génération est plus dure, plus matérialiste que la précédente. Le conflit a détruit l'idéalisme. Chacun sait qu'il n'y avait rien de moral dans cette guerre. L'un des idéaux les plus touchés est le rêve d'une conjonction créatrice de la poésie et de la politique — rêve dans lequel la politique a des fins transcendantes et la poésie est censée mener à terme une révolution sociale. Ce discours est maintenant dépassé : en creusant un fossé entre ces deux activités, la guerre a poussé les gens à retomber sur terre.

Avec la perte de ses illusions, la nouvelle génération a vu disparaître une grande partie de ses inhibitions. La fin des conflits a libéré une énorme quantité d'énergie, qui a trouvé très vite un exutoire. La guerre a changé les mentalités et permis le relâchement des codes moraux. Les garçonnes fument et boivent en public, alors qu'auparavant les femmes bien élevées ne faisaient ni l'un ni l'autre. Les jeunes gens se livrent à certains plaisirs sensuels sur le siège arrière des automobiles, lesquelles, pour la première fois, leur donnent la possibilité de sortir de l'orbite de leurs parents. Les robes raccourcissent, tout comme les cheveux, que l'on cache sous des chapeaux cloche (copiant ainsi, consciemment ou non, les casques des tranchées). Le rouge à lèvres et le fard à joues, les bas couleur chair roulés sur les chevilles ne sont que les signes visibles d'une nouvelle liberté érigée sur les vestiges de l'énergie révolutionnaire des années 1910, le mouvement des suffragettes et l'idée freudienne ou pseudo-freudienne voulant que la suppression des inhibitions sexuelles, qui libère tous les désirs, soit bonne pour l'âme. La sexualité devient un produit si courant à New York que, à l'exception peut-être du périmètre de Times Square, les prostituées désertent le trottoir.

C'est l'époque des Fitzgerald (« Scott écrit et Zelda étonne* », dit Ring Lardner) ; de Djuna Barnes (« J'ai passé l'été à attendre une nuit qui convienne à ce déshabillé ») ; de Hemingway et de O'Neill, de Dorothy Parker et de Duke Ellington. C'est aussi l'époque des bars clandestins, du ragtime, des *Follies* de Florenz Ziegfeld, des nuits blanches et du beau monde. Des beautés comme Belle Gifford et Edna St. Vincent Millay ont de languissantes aventures — dans le cas d'Edna Millay, avec les deux sexes. Le tout porté par la grande marée du jazz. C'est la première vague du culte de la jeunesse, inaugurée en 1913 dans *Youth and Life*, de Randolph Bourne, livre qui glorifie les jeunes pour l'authenticité de leurs convictions et leur élan naturel vers la « liberté d'expression », un des mots d'ordre à la mode. Le culte de la jeunesse atteindra son sommet dix ans plus tard avec la parution du célèbre roman de Gertrude Atherton, *Black Oxen*, dans lequel l'héroïne découvre une potion qui lui permet de retrouver sa jeunesse.

C'est une époque qui, si on la compare à l'idéalisme du Liberal Club et à l'esprit des années qui précèdent immédiatement la Grande Guerre, voit régner l'égoïsme et l'hédonisme. Une boutade résume bien le manque d'esprit civique propre aux années 1920. Elle est attribuée à

* Traduit en français, le jeu de mots est perdu : « Scott is a novelist, Zelda is a novelty » (Scott est un romancier, Zelda est une nouveauté). Nous avons tenté de trouver une sorte d'équivalent. N.D.T.

une baronne excentrique et sans le sou, Elsa von Freytag von Loringhoven, qui se rase la tête et se peint le crâne en rouge — on l'arrête un jour pour sa tenue vestimentaire indécente. « Je ne lèverais pas une jambe pour l'humanité », déclare-t-elle. Mais lorsque les valeurs changent si vite, la transformation est rarement définitive. Les champions les plus vociférants du nouvel ordre finissent par être déçus et par tomber dans le cynisme et l'anomie. Fitzgerald, dans *La Fêlure*, résume magistralement l'air du temps en deux mots : « *Glamour* et solitude ». Gertrude Stein, la « grande prêtresse du modernisme abstrait[1] », parle de « génération perdue ». L'étiquette va rester.

Les sources d'informations en ce qui concerne les pensées, les sentiments et les activités de Gibran à cette époque sont d'une désolante pauvreté. Une seule perspective nous est offerte sur sa vie : la biographie de Barbara Young. Poète dont l'œuvre est régulièrement publiée, la jeune femme devient en 1925 la secrétaire, la copiste et l'adoratrice de Khalil Gibran, sans pour autant délaisser sa propre poésie. Cet écrivain de talent se montre, hélas ! peu originale et ne fait preuve d'aucun esprit critique dans sa biographie. Nous ne saurons donc jamais ce que Gibran pense de la corruption qui règne dans l'administration Harding, ni du procès, en 1925, de John Scopes, à Dayton, dans le Tennessee — procès portant sur l'opportunité d'enseigner la théorie de l'évolution dans les écoles. Comment réagit-il devant la déification dont Lindbergh fait l'objet après sa traversée solitaire de l'Atlantique en aéroplane — la première à être couronnée de succès ? Apprend-il à jouer au mahjong, fait-il des mots croisés, va-t-il applaudir Houdini ? Exprime-t-il sa tristesse et son inquiétude devant la montée du gangstérisme et des entreprises de racket, ou lors du krach de Wall Street en 1929 ? Et, pour en revenir à des préoccupations plus personnelles, que pense-t-il du succès de ses collègues du Pen Club, Rihani, Madi et Nouaymé ? Craint-il leur gloire montante qui, pendant un certain temps, menace d'éclipser la sienne ?

Nous ne savons rien de tout cela. Une chose est cependant certaine : cette disette d'informations sur la vie du poète au cours des années 1920 est due à l'accroissement de la distance « émotionnelle et géographique » qui le sépare de Mary Haskell. Ils se voient moins souvent qu'auparavant; leurs lettres se font rares et n'ont trait, la plupart du temps, qu'à des questions éditoriales. Puis un événement survient, qui va changer le cours de l'existence de Mary. À la fin de l'année 1921, Louise, sa cousine la plus âgée, quitte ce monde. Mary part à Savannah, en Georgie, pour y passer les fêtes de Noël avec le veuf, Jacob Florance Minis. Florance, personnage autoritaire doté d'une impressionnante moustache de style militaire, propose à Mary de devenir sa compagne. Elle rentre à Boston pour réfléchir. Durant l'année 1922, chaque fois que Khalil et Mary se rencontrent, leurs conversations reviennent immanquablement sur le même sujet : va-t-elle abandonner sa carrière de directrice d'école (dont elle commence à se lasser) pour partir à Savannah ? En septembre, sa décision est prise et, à l'aube de l'année 1923, sans fanfare ni adieux déchirants, la vieille amie de Khalil se réfugie dans la paix, l'humidité et l'élégance désuète de la vieille ville du Sud. Après Boston, le rythme de vie plus lent de Savannah lui paraît divin. Le 7 mai, elle épouse son « oncle », donnant ainsi à son séjour en Georgie un tour définitif. Minis est âgé, d'un tempérament irritable et quelque peu hypocondriaque. Il exige de sa femme beaucoup de temps et d'attention. Et il se montre jaloux de la relation qu'elle entretient avec Gibran[2]. Lorsqu'elle révise un de ses livres ou lui écrit, elle doit le faire en cachette. Dans ses cahiers intimes, elle utilise les initiales « C. J. » lorsqu'elle parle de lui. Un jour, elle l'appelle « J. Grinch[3] ». Dans ces conditions, il est évident que leur amitié ne peut conserver ne serait-ce qu'une fraction de son intensité passée. Le mariage de Mary met également fin à l'arrangement d'ordre financier que cette dernière a conclu avec Gibran. Mais avec les avances sur redevances, les droits d'auteur, les émoluments des conférences et des lectures publiques, les revenus tirés de l'illustration de livres, comme *Hill Fragments*[4], recueil de poésie de Madeline Mason-Manheim publié en 1925, et de la vente de tableaux (à cette époque, des commandes de portraits surtout[5]) — Khalil est plus en moyens qu'il ne l'a jamais été. Il peut se dispenser du soutien de Mary.

Ces changements majeurs expliquent donc la pénurie d'informations dont on dispose sur le Gibran des années 1920. Il faut dire aussi que peu d'événements marquants jalonnent son existence à cette époque. Sa notoriété est établie, il n'a plus à se rendre visible et à se faire valoir. Il se la coule douce, comme on dit, entouré de sa coterie confite d'adoration. Il ne fréquente que quelques amis, comme les Robinson[6]. Sa position prestigieuse de Prophète de New York l'oblige à vivre dans un certain isolement. Mais si Gibran s'éloigne de la société newyorkaise, c'est aussi parce qu'il s'est rendu compte, une fois drapé dans son personnage mythique, que son entourage ne voyait plus que le costume, et non l'homme caché sous le costume[7]. Cet isolement volontaire se traduit moins par une baisse de la fréquence de ses sorties au restaurant ou au théâtre[8] — ces habitudes restent inchangées — que par la réduction du nombre de gens qu'il veut voir ou avec lesquels il veut être vu.

Il passe des périodes de plus en plus longues loin de New York, parfois même plusieurs mois (dix en 1929, trois en 1922 et en 1930), souvent pour se reposer. Il prend alors pension chez des amis, à la campagne, ou chez Mariana, à Boston, ou encore sur la côte du Massachusetts. Des problèmes de santé motivent probablement ces séjours prolongés. (Il est difficile d'imaginer le Gibran des années 1910 s'autorisant d'aussi longues périodes d'inaction sans raisons sérieuses.) Mais, une fois encore, sa notoriété est établie, et il peut se permettre de ralentir son rythme de travail[9]. À plusieurs reprises, il déclare à Mary avoir renoncé à l'idée qu'il doit produire un certain nombre d'œuvres pour justifier son existence. Dans une lettre écrite en 1924, il lui dit qu'il travaille un peu chaque jour, sans plus, et qu'il se sent libéré, comme s'il était sorti de prison[10].

C'est vrai qu'il est souvent malade au cours des années 1920. La première alerte sérieuse survient en 1921. Il a trente-huit ans et commence à souffrir de palpitations et de tachycardie. Il se plaint de ces malaises auprès de ses amis. Les médecins ne diagnostiquent rien d'alarmant et se contentent de lui conseiller d'éviter la fatigue et le stress. Mais les problèmes cardiaques reviennent chaque année, et Khalil finit par ne plus jamais se sentir tout à fait bien, même s'il dit à Mary qu'il a appris à maîtriser mentalement la souffrance[11]. Il n'en demeure pas moins que son état de santé l'incite à mener une vie plus calme.

Au bout du compte, il ne vit plus au rythme de son époque. Dans *La Fêlure*, Scott Fitzgerald écrit : « Même dans les petites villes, la société est maintenant divisée. Il reste peu de convives à la table des gens sobres, et cette table ne connaît l'existence de celle des bons vivants que par ouï-dire. » Gibran se tient désormais, du moins en public, à la table des gens sobres. Il joue les prudes, à une époque où la sexualité est la préoccupation majeure ; il dit souvent à Mary qu'il a l'impression que les gens ne pensent qu'à cela. Quand l'ironie est de rigueur, il professe une sincérité qui lui est propre ; quand le beau monde fait preuve de cynisme, il prêche l'engagement dans la joie aussi bien que dans la douleur ; à une époque où les nouvelles sciences publicitaires vendent du faux-semblant, incitent à la convoitise et font tout pour faire croire qu'elles sont crédibles, il considère ce qu'il voit comme étant la seule réalité. Bref, il n'est pas en harmonie avec son temps. Ses commentaires sur le nouvel engouement que suscitent les produits de beauté en sont un bon exemple. Les femmes qui se maquillent, dit-il à Mary, ont une morale relâchée. C'est pour cela que les hommes ne les aiment pas. Ils ne peuvent respecter une femme fardée[12]. À une époque où le progrès suscite une foi aveugle, il s'oppose au progrès. Il dit un jour à Barbara Young qu'il aimerait supprimer l'aéroplane et « toutes ces satanées machines ». Ce n'est pas tant les années 1920 qui passent à côté de Gibran que lui qui prend ses distances par rapport à elles. Dans une lettre adressée à May Ziadeh en 1925, il décrit New York comme un lieu abominable, et il est sincère lorsqu'il affirme que ce sont les chaînes dorées qu'il a forgées qui le tiennent enchaîné à cette ville[13]. À certains égards, il est comme un poisson que l'on a sorti de l'eau. Jusqu'ici, il s'est comporté comme un homme de son temps, un romantique dans une ère sympathique au romantisme. Dans les années 1920, ce romantisme est définitivement dépassé.

Sur bien des plans, Gibran vit en marge du courant dominant, ce qui ne l'empêche pas de rester présent dans certains domaines. Il a toujours aimé le théâtre, et de nouvelles salles ne cessent de s'ouvrir à New York. En moyenne, deux cent vingt-cinq pièces sont produites chaque année[14]. Gibran, qui ne manque ni d'argent ni de temps, fréquente assidûment les salles de théâtre, seul ou en compagnie d'amis. En 1923, Mary l'y aperçoit un soir, il ne sait pas qu'elle est là. Khalil est accompagné d'Edgar Speyer et de deux dames. Il ne cache pas son émotion lorsque le spectacle le touche. À l'entracte, ses compagnons semblent suspendus à ses lèvres, tandis qu'il répond à leurs questions.

Ce témoignage révélateur nous donne une idée de la vie que mène Gibran à cette époque.

Son existence n'en est pas moins marquée par certains déboires caractéristiques des années 1920. Sous la présidence de Coolidge, la prospérité a provoqué une explosion de l'immobilier, et ce, à l'échelle du pays. Cet essor est plus marqué en Floride, où les prix montent en flèche, jusqu'à ce que deux ou trois ouragans révèlent brutalement aux investisseurs que le Sud-Est n'est pas le paradis sur terre, contrairement à ce que prétendent les brochures publicitaires. Dans les autres États, toutefois, le sentiment général est que l'achat d'immeubles est un placement sûr. Gibran est gagné par cette fièvre immobilière. En mai 1924, Khalil et Faris Malouf, un de ses amis bostoniens, déposent chacun un acompte de 24 000 $ en vue de l'acquisition de deux bâtiments de grès brun situés respectivement aux 409 et 411, Marlborough Street, à Boston, à quelques pâtés de maisons de la rivière Charles, côté sud. Les deux immeubles sont pourvus d'un grand nombre de pièces. Le plan des acheteurs est de les rénover pour les louer ensuite à une organisation quelconque. Tout se passe bien, au début du moins. Une certaine Miss Quimby, ainsi qu'une autre dame, Miss Fowler, prennent contact avec les partenaires et leur proposent de leur louer les deux immeubles pour une durée de dix ans. Elles ont l'intention d'y loger une institution féminine, le Fenway Business Women's Club, à condition que les propriétaires procèdent à certains aménagements et rénovations qui correspondront à leurs exigences. En dépit du fait qu'ils sont déjà gênés financièrement par l'emprunt de 40 000 $ qu'ils ont dû faire pour acquérir les immeubles, et que les travaux de rénovation seront coûteux, Gibran et Malouf se laissent séduire par la perspective d'une rentrée d'argent garantie et régulière, qui couvrira le remboursement de leur prêt. Ils envisagent l'avenir avec confiance.

On peut suivre le reste de l'affaire grâce aux lettres que Khalil envoie à Mary. En septembre, il lui annonce la bonne nouvelle concernant l'entente avec les demoiselles Quimby et Fowler, qualifiant l'opération de « sacré coup de chance » et estimant ses futurs bénéfices et ceux de Malouf à 12 000 $ par année. En octobre, l'allégresse a disparu et le ton est plutôt désespéré : les ouvriers sont sur les lieux — il est donc impossible de revenir en arrière — et il a un urgent besoin de liquidités, car les travaux de rénovation vont coûter 12 000 $, somme que ni lui ni Malouf ne possèdent. Des factures très substantielles sont déjà arrivées. Comme le bail signé avec le Fenway Business Women's Club n'est pas garanti, personne ne veut leur prêter l'argent dont ils ont besoin. Gibran a l'impression de perdre pied et demande conseil à Mary. Elle lui répond de manière évasive et lui envoie un chèque afin d'honorer les factures les plus urgentes. Un geste qui doit bien entendu rester ignoré de Florance. Elle lui suggère d'utiliser quelques-uns de ses tableaux en guise de nantissement sur le bail, et lui demande de garder toutes les factures afin qu'elle puisse les examiner quand elle sera à Boston. Elle compte y arriver avant la fin du mois.

Lorsque d'autres factures arrivent, Mary les acquitte ; elle envoie plus de 6000 $, par tranches, en fonction de ce qu'elle peut rassembler sans attirer l'attention de son mari. Khalil est plein de gratitude, mais il est mortifié par le fait qu'il a été forcé une fois de plus d'appeler sa protectrice à l'aide. Il lui avoue qu'il a été cupide et stupide. Au début de décembre, les soucis immédiats étant choses du passé — grâce aux largesses de Mary —, un ton plus enjoué colore ses lettres. Il semble que Malouf soit en mesure de réunir l'argent nécessaire pour honorer sa part des dettes. Les deux compères ont retrouvé leur confiance en l'avenir. Le destin des immeubles semble assuré, avec les demoiselles Quimby et Fowler à la barre.

C'est ce qui s'appelle vendre la peau de l'ours avant de l'avoir tué. Au début de l'année suivante, les deux demoiselles annoncent aux partenaires qu'à leur plus profond regret elles n'ont pas trouvé les fonds nécessaires pour réaliser leur projet. Elles ne loueront donc pas les immeubles. Le château de cartes s'écroule. En février, les banques commencent les formalités de saisie des bâtiments. Gibran n'est pas ruiné — il a mis des sous de côté dans les comptes d'amis syriens à Boston — mais il a perdu la plus grande partie de son capital. Mary lui dit de prendre l'épreuve avec philosophie : on peut perdre de l'argent et garder son âme intacte. Mais Gibran est profondément blessé, non seulement par la perte financière, mais par le coup qu'elle porte à l'estime qu'il a de lui-même. Son avidité et sa stupidité ont éclaté au grand jour, à ses propres yeux et à ceux du monde entier, bien qu'il se soit efforcé de garder l'affaire secrète. En mai, il résume laconiquement la catastrophe par ces mots : « un long et sombre hiver[15] ». Le champion de la pauvreté a été pris au piège de la cupidité.

Quatre ans plus tard, lorsqu'il s'associe à son cousin Assaf George dans une aventure similaire, sa mise de fonds est beaucoup plus modeste et l'entreprise plus raisonnable. Les deux partenaires achètent deux maisons, situées aux 180 et 182 Broadway, non loin de Tyler Street, où Mariana habite toujours. L'un des immeubles est destiné à accueillir cette dernière en cas de besoin — ce qui n'arrivera jamais. En 1930, Khalil achètera à sa sœur une maison située dans la banlieue bostonienne de Jamaica Plain. Les habitations de Broadway resteront la propriété d'Assaf George après la mort de Gibran. On n'en entendra plus jamais parler. En 1928, par l'entremise du même cousin, Gibran envisage d'acheter un vieux monastère, Mar Sarkis (Saint-Serge), près de Bcharré[16]. Nous y reviendrons plus tard, mais il semble qu'il se soit enfin décidé à investir dans une entreprise qui lui tient vraiment à cœur et à satisfaire cette envie de retourner au pays dont il parle si souvent dans ses lettres.

Un deuxième aspect déterminant de l'existence de Gibran est l'alcoolisme. Ce problème devient plus aigu dans les dernières années de sa vie. C'est à cette époque que le fossé séparant l'homme du mythe s'élargit. Le personnage du prophète, qu'il incarne et dont il fait la promotion dans ses écrits, et l'homme véritable, un être humain souffrant et angoissé, se sont considérablement éloignés l'un de l'autre. Dans la mesure où l'on attend des prophètes qu'ils se conforment à la vie qu'ils prêchent, l'existence de ce fossé jette une ombre sur l'intégrité du message que Gibran tente de faire passer dans ses textes.

C'est la biographie en arabe de Mikhaël Nouaymé qui, en 1934, révèle l'alcoolisme de Gibran. Au cours des années suivantes, les amis du poète, dans la communauté arabe, accusent Nouaymé d'avoir exagéré. Gibran a certes la réputation de boire énormément dès qu'il est en compagnie (comme, du reste, d'autres membres du Pen Club[17]), mais on se refuse à croire qu'il est véritablement alcoolique. Des gens dignes de foi ont pourtant été témoins de son goût immodéré pour l'alcool. Dans leur biographie, publiée pour la première fois en 1974, les Gibran révèlent qu'en 1928 Khalil commence à parsemer ses lettres à sa sœur de demandes de grandes quantités d'arak. Ils rapportent également le récit d'une certaine Idella Purnell Stone, qui se rend à l'Ermitage en 1930, accompagnée de Gabriela Mistral, poète chilienne qui admire beaucoup l'œuvre de Gibran. « En raison de sa foi enfantine et de sa très vive admiration, écrit Idella dans un article consacré à la biographie de Nouaymé, je me suis abstenue de lui dire [à Gabriela] que, pendant la soirée, chaque fois que son prophète nous faussait compagnie pour se glisser derrière un paravent oriental, c'était pour porter une bouteille à ses lèvres. Cette bouteille, entraperçue dans un miroir malencontreusement placé là, n'avait rien d'un flacon de médicaments[18] ! »

La preuve ultime de l'alcoolisme de Gibran n'est pas connue de ses cousins biographes. Dans une lettre de 1941, le vieil ami de Khalil, Witter Bynner, écrit ceci : « Il est triste de se souvenir qu'à la fin de sa vie, accablé par une maladie fatale, il s'est isolé du monde pour chercher refuge dans l'alcool. » Cette lettre comporte cependant une grave erreur, car Bynner prétend ensuite que Gibran était mort depuis un jour ou deux quand on l'a retrouvé dans son atelier, ce qui est faux. Mais son témoignage n'en reste pas moins révélateur. On peut même dire qu'il est objectif, si l'on considère que Bynner n'est pas du tout susceptible d'avoir lu la biographie de Nouaymé, parue uniquement en arabe à l'époque (une langue qui lui est étrangère). Il doit donc avoir entendu parler de l'alcoolisme de Gibran par des amis new-yorkais. En fait, une des sources de Bynner pourrait avoir été Idella Purnell Stone, qui était de ses amies. Après une visite à Gibran, cette dernière écrit à Bynner pour lui faire part de son inquiétude. Dans sa réponse, Bynner lui dit : « Je suis heureux que tu aies quand même eu un entretien agréable avec Khalil, mais je suis triste que tu l'aies surpris, à la seconde rencontre, dans l'un de ses accès de mauvaise humeur. Je sais de quoi tu parles. Cela veut généralement dire, non pas qu'il est ivre, mais qu'il est en train de peindre ou qu'il a envie de faire l'amour. »

Il est difficile de situer l'époque où Gibran commence à boire de façon excessive. Il a toujours aimé prendre un verre de vin au restaurant[19], mais on ne peut appeler cela de l'alcoolisme. (Les témoignages cités ci-dessus datent de la fin des années 1920.) En fait, la maladie qui va l'accabler se déclarera au début de l'année 1929, et l'une des affections majeures dont il souffrira sera une dilatation douloureuse du foie[20]. Dans un stade d'alcoolisme avancé, le foie est susceptible de se réduire, alors qu'il gonfle dans les premiers stades. Le degré de dilatation varie d'un patient à l'autre. En supposant que ce gonflement soit dû à l'alcool, nous pouvons estimer que cela fait au moins deux ou trois ans que Khalil boit de façon immodérée, ce qui fait remonter sa dépendance à 1926. Mais, selon toute vraisemblance, il a commencé à boire bien plus tôt. Mikhaël Nouaymé dira un jour à son neveu Nadim que Gibran prenait de l'alcool quotidiennement, et cela depuis des années.

La charité pourrait nous pousser à croire ce que dit Bynner : Gibran a commencé à boire pour anesthésier, en quelque sorte, la douleur provoquée par la maladie qui s'est emparée de son organisme. En fait, rien ne justifie une telle hypothèse et il est tout aussi probable que Gibran a toujours eu une propension à boire — et que son alcoolisme est la cause de sa maladie plutôt que sa conséquence. Une rumeur veut que, sur l'une des peintures de Khalil que Marie el-Khoury a acquise, les mots suivants soient écrits : « Ne blâmez pas quelqu'un qui boit, car il ne le fait sans doute que pour oublier un mal plus grave que l'alcoolisme. » Cette histoire est peut-être vraie, mais comme elle n'est pas datée, elle ne nous dit pas quand Gibran a commencé à boire avec excès. D'autre part, il est intéressant de remarquer que, dans la petite phrase du tableau, le mot « oublier » a été utilisé de préférence à « anesthésier ». Quoi qu'il en soit, un alcoolique est en bonne compagnie dans le New York littéraire des années 1920 : Ann Douglas ne repère pas moins de trente-deux contemporains de Gibran qui ont un sérieux penchant pour l'alcool, dont Thurber, Hemingway, O'Neill, Dorothy Parker, Hart Crane, Scott Fitzgerald et Sinclair Lewis.

Par ailleurs, n'oublions pas que nous sommes en pleine prohibition. Le dix-huitième amendement est entré en vigueur le 16 janvier 1920[21]. Et pourtant...

> Si la prohibition [...] est une plaisanterie dans la plupart des villes américaines, à New York c'est une farce monumentale. Entre 1921 et 1923 (date à laquelle la mise en application de la loi est plus ou moins ouvertement abandonnée) sept mille arrestations dans la ville pour possession d'alcool ou pour ivresse ne se soldent que par dix-sept condamnations. Les observateurs estiment que le nombre de bars clandestins, de bouges et

> de drugstores vendant illégalement de l'alcool se situe entre un énorme 32 000 et un incroyable 100 000 [...]. Pendant la prohibition, un humoriste paraphrase la célèbre expression de John Winthrop sur New York, « City on a hill », en la remplaçant par « City on a still* »[22].

L'alcool coule à flots dans les alambics clandestins, aussi bien en ville qu'à la campagne — quand il ne vient pas du Canada. Les agents fédéraux chargés de faire la chasse aux contrebandiers sont trop peu nombreux, et les policiers figurent généralement parmi les salariés des bootleggers. Ils aiment prendre un verre, eux aussi. Rien qu'à Manhattan, il doit y avoir quelque 20 000 bars clandestins — boîtes de nuit où l'addition est toujours très salée, ou clubs dissimulés dans des immeubles de grès brun. On peut imaginer Gibran, tard dans la nuit, assis devant un whisky dans un bar clandestin, mais il est plus vraisemblable qu'il boive seul dans son atelier, ou en compagnie de quelques amis. Son arak est distillé dans des alambics illicites, au fond de quelque ruelle bostonienne, puis transporté à New York par l'un des membres de sa famille. Comme en 1924, lors de l'échec désastreux de sa tentative pour devenir propriétaire, Gibran cache soigneusement son secret à ses pairs new-yorkais. L'étiquette d'ivrogne porterait atteinte à son prestige.

Certains signes montrent que, dans les années 1920, Gibran est conscient du fossé qui sépare l'homme et le mythe, et qu'il se déçoit lui-même. La honte ressentie ne fait qu'augmenter sa tristesse et le sentiment narcissique de haine qu'il éprouve envers lui-même et dont nous avons déjà décelé des symptômes. Que ces signes soient très discrets n'a rien d'étonnant : ces choses-là ne font-elles pas partie de nos secrets les mieux gardés ? Il n'est pas non plus surprenant que ces signes se manifestent dans les années 1920, quand son prestige et son orgueil sont devenus tels que le moindre écart n'en est que plus visible.

Il y a tout d'abord — et c'est l'élément le plus important — le contexte de l'histoire narrée dans l'avant-propos de cet ouvrage, lorsque Gibran avoue à Mikhaël Nouaymé qu'il n'est qu'« une fausse alerte[23] ».

* La rime est perdue en français. *City on a hill* : ville sur une colline ; *city on a still* : ville sur un alambic. N.D.T.

Un autre incident, datant de 1929, illustre son instabilité émotionnelle et le besoin qu'il a de se confesser lorsqu'il est en état d'ébriété. Au lendemain d'un grand banquet donné en son honneur par la communauté syrienne, une cérémonie plus intime a lieu dans l'atelier d'un ami. C'est l'anniversaire de Khalil, il a quarante-six ans. L'ami en question est le peintre mexicain José Clemente Orozco. Plus d'une douzaine de personnes sont présentes, dont la plupart sont membres de deux cercles artistiques new-yorkais, les groupes Delphic[24] et Crafstman's Poetry. Belle Baker, bien connue dans la ville comme une admiratrice de l'œuvre de Gibran, lit des extraits du *Prophète*, de *Lazare* et de *Jésus fils de l'homme*. Puis Khalil lit des extraits du *Fou* et du *Précurseur*. C'est une soirée cosmopolite et conviviale. Pourtant, au fur et à mesure qu'elle se déroule, Gibran devient de plus en plus agité, jusqu'à ce qu'il se précipite, en larmes, hors de la pièce. Alma Reed — qui a gardé cet incident en mémoire — le suit. Gibran fait part à sa consœur en écriture, ainsi qu'à Orozco qui vient d'apparaître, de sa certitude de n'être plus à la hauteur. Il leur dit qu'il n'arrive plus à travailler et a perdu l'étincelle créatrice qui l'a tant vivifié dans les années 1910. Ainsi donc, cet homme qui semble au faîte de sa puissance créatrice, considère celle-ci comme une imposture, car il a le sentiment qu'elle lui fait défaut. Il n'a pas tout à fait tort : une grande partie de son œuvre des années 1920 sent le réchauffé. Peut-être se compare-t-il à ses amis du Pen Club, Rihani, Nouaymé et Madi, dont l'étoile brille de plus en plus intensément. En 1928, Nouaymé a vu ses poèmes publiés par le *New York Times* ; Rihani est un poète reconnu et un commentateur politique en Amérique et dans le monde arabe, et son œuvre politique importante, *Maker of Modern Arabia*, est publiée en 1928 ; quand à Madi, son livre *El-Jadawil* (*Les Ruisseaux*), paru en 1927, est considéré par les critiques comme l'ouvrage qui fera école dans la poésie arabe romantique.

Dire que Gibran travaille moins dans les années 1920 peut sembler bizarre, car cette affirmation est contredite par le nombre de livres publiés : *Le Prophète* (1923) ; *El-Badai wat-taraif* (*The Beautiful and the Rare* — le beau et le rare — ou, titre plus prosaïque préféré par Gibran, *Best Things and Masterpieces* — belles œuvres et chefs-d'œuvre —, publié aussi en 1923) ; *Le Sable et l'Écume* (1926), *Kalimat Jibran* (*Spiritual Sayings*,

1927), *Jésus fils de l'homme* (1928), *El-Sanabil* (*Les Épis*, 1929) et *Les Dieux de la Terre* (1931). Lorsqu'il quitte ce monde, deux livres sont en cours de publication : *L'Errant* (1932) et *Le Jardin du Prophète* (1933). En fait, ces ouvrages sont, en grande partie, de vieux textes remaniés, et quelques-uns d'entre eux sont extrêmement courts. Mais c'est surtout dans la peinture que la production s'est amenuisée. Khalil ne dessine plus que pour illustrer ses livres, ou gagner de l'argent.

El-Badai wa taraif et *El-Sanabil* sont des recueils de textes de jeunesse. Le premier, publié en anglais sous le titre *Best Things and Masterpieces*, fait partie de ces ouvrages qui embarrassent Gibran plus qu'ils ne le satisfont. Le recueil semble contenir à la fois des textes récents et des textes anciens. Comme il le fait pour chaque recueil publié, Khalil se sent tenu de remanier tout ce qui date un peu, mais il s'agit là pour lui « de travail, pas de création[25] ». La seule œuvre qui le passionne à cette époque est *Le Prophète*. *Best Things and Masterpieces* contient des textes intéressants, mais rien qui s'écarte du caractère fantasque de ses autres œuvres en arabe, mis à part « Votre Liban et le mien[26] ». « A Ship in the Mist » (« Un bateau dans la brume ») raconte l'histoire d'un jeune homme hanté par le fantôme d'une femme qui était l'amour de sa vie, mais qui l'a abandonné dès qu'il a quitté les côtes du Liban pour participer à une mission scientifique. À Venise, la fille de son hôte meurt le jour de son arrivée. Lorsque le jeune homme s'approche du lit de mort de la jeune fille, il découvre avec horreur qu'elle est le portrait de son épouse fantôme. Dans un poème en prose, « My Soul is Heavy Laden with Its Fruits » (« Mon âme est lourdement chargée de ses fruits »), Gibran déplore que personne n'apprécie suffisamment cette profusion de richesses pour alléger le poids de son fardeau artistique. Mieux vaut être pauvre et libre, conclut-il, que riche et prisonnier de ses richesses. À eux seuls, ces deux textes prouvent que Gibran n'a pas progressé, du moins dans ses écrits en arabe.

The Spikes of Grain (*Les Épis*), constitue tout simplement un hommage rendu au poète par ses amis. Il s'agit d'une anthologie de ses écrits en arabe, que ces derniers lui offrent en 1929, en signe de reconnaissance pour son apport à la littérature arabe. *Kalimat Jibran* (littéralement : « dits de Gibran »), *Paroles* dans la traduction française, est plus intéressant. Gibran a toujours eu un don pour les formules concises. On en trouve çà et là dans les journaux de Mary. C'est pour cette raison, sans doute, qu'il est si prisé par la société new-yorkaise : non seulement il a toujours une opinion toute prête sur l'un ou l'autre sujet, mais il l'exprime avec concision et profondeur. Quelques-unes des paraboles les plus courtes du *Fou*, par exemple, ne sont en fait que des aphorismes, et on peut considérer *Le Prophète* comme un chapelet d'aphorismes reliés les uns aux autres par la structure des homélies du prophète Almoustafa.

Gibran sait que c'est là que réside sa force. Il n'a rien d'un philosophe académique ; il n'a ni le désir ni la capacité de construire de longs raisonnements bâtis selon une logique cohérente pour justifier ses points de vue. En 1915, lorsqu'il élabore sa philosophie fragmentaire de l'évolution, il dit à Mary : « Tout ce qui peut être écrit à ce propos ne doit peut-être consister qu'en de petites pensées. » Il lui donne quelques exemples : « L'âme est la forme la plus élevée de la matière », et « Le plus haut en l'homme est le plus bas en Dieu[27]. » L'idée d'écrire des pensées qui ne soient pas seulement destinées à éclairer sa philosophie semble avoir pris racine à cette époque. À partir des années 1920, les pensées deviennent de plus en plus nombreuses. C'est un véritable torrent. En général, elles sont d'abord publiées dans un journal arabe, puis elles sont traduites en anglais pour *The Dial* ou *The Syrian World*[28]. Khalil est parfois tenté de les présenter à l'intérieur d'un contexte qui les rende plus accessibles, comme les paraboles du *Fou*, censées être dites par un fou. Les deux idées qui lui viennent à l'esprit sont soit d'écrire une sorte de suite au *Prophète* et d'y placer plusieurs de ces pensées plus courtes, soit d'écrire un livre (qu'il intitule provisoirement *The Way of the Seven Days*), dans lequel un étranger et lui sont en route pour La Mecque. Le premier jour, l'étranger énonce un tas d'aphorismes amers mais, petit à petit, jour après jour, alors qu'ils approchent de la Ville sainte, ses pensées deviennent de moins en moins amères et de plus en plus cosmiques... et il meurt en arrivant à La Mecque[29].

Progressivement, cependant, et sans doute parce que les pensées lui viennent un peu au hasard, Gibran abandonne l'idée de les grouper par thèmes ou de les faire dire par un personnage. Il se contente de les présenter en vrac. Il n'y a pas de thème unificateur dans *Spiritual Sayings*, et on n'y trouve aucune séquelle de sa philosophie de l'évolution. C'est un simple recueil d'aphorismes, comme ceux de La Rochefoucauld ou de Novalis. On y relève ce genre de pensées : « Notre faute la plus grave est notre préoccupation pour les fautes des autres » ; « Lorsque l'affection s'étiole, elle s'intellectualise » ; « Montre-moi le visage de ta mère, je te dirai qui tu es » ; « Le commerce est du vol dès lors qu'il n'est pas du troc ». Ces phrases sont typiques de Gibran dans la mesure où la dimension éthique y prédomine, et où elles ne sont pas plus longues que des maximes. Certaines sont pénétrantes, d'autres assez ordinaires.

Gibran continue à écrire des articles pour des journaux arabes[30]. Ses liens avec la communauté syrienne, au Liban comme aux États-Unis, restent solides. Il est toujours considéré comme un des porte-parole de la Syrie. Syoud Hossain qui, en 1925, donne des conférences sur la politique moyen-orientale et qui est une autorité en la matière, l'invite à se joindre au Conseil d'administration de la New Orient Society, à New York, et à devenir l'un des chroniqueurs réguliers de leur magazine trimestriel, *The New Orient*, dont il est l'éditeur. C'est un poste prestigieux, qui équivaut en quelque sorte au poste de conseiller que Khalil occupait à *The Seven Arts* dans les années 1910, mais avec un côté plus international. Par l'entremise du Conseil d'administration de la New Orient Society, ou par celle du magazine, il côtoie — littéralement ou dans les pages du magazine — non seulement de vieux amis comme Julia Ellsworth Ford et Witter Bynner, mais le Mahatma Gandhi, Annie Besant, Ananda Coomaraswamy, Bertrand Russell, Claude Bragdon, George Russell, H. G. Wells et d'autres dont les noms n'ont pas aussi bien résisté aux années[31]. L'objectif du magazine est de rapprocher l'Orient de l'Occident « dans un esprit de camaraderie intellectuelle et spirituelle », en mettant l'accent sur ce qui est commun, dans l'héritage de l'humanité, à tous les pays du monde, « camaraderie qui, seule, pourra devenir le fondement d'une amitié durable et éclairée entre les nations ». La vie du magazine est malheureusement assez courte, mais il permet à Gibran de publier de courts poèmes de qualité variable ainsi que quelques dessins. « The Blind Poet » (le poète aveugle), dessin qui paraît dans le numéro de juillet-septembre 1925, est particulièrement beau : le poète, une figure christique, est blotti dans les bras d'une femme encapuchonnée, belle et sereine, qui ressemble à une madone. Le dessin accompagne un poème portant le même titre.

En 1927, bien que n'étant investi d'aucune position officielle au *Syrian World*, Khalil est très proche des responsables du magazine. Dirigé par Salloum Mokarzel, *The Syrian World* est la plus importante publication en langue anglaise destinée à la première vague d'immigrants syriens et à ses enfants, qui se sont considérablement occidentalisés. Mis à part Gibran, l'équipe des collaborateurs réguliers comprend Rihani, Nouaymé et Philip Hitti. Le journal constitue un excellent débouché pour les travaux en cours de Gibran, c'est-à-dire quelques paraboles qui, plus tard, feront partie de *L'Errant*, et ses pensées courtes et aphorismes auxquelles il travaille toujours. C'est en page d'ouverture du premier numéro du *Syrian World*, paru en juillet 1927, qu'il publie sa fameuse allocution « aux jeunes Américains d'origine syrienne ». Il y presse ceux à qui il s'adresse d'être fiers de leur double héritage, oriental et occidental, et d'en tirer le maximum de profit en travaillant à l'avenir de leur pays d'adoption. Le texte est réimprimé dans sa totalité et circule largement parmi la population syrienne immigrée. Gibran donne son appui aux rédacteurs du journal lorsque ces derniers supplient (généralement en vain) tous les immigrés de s'unir, quelle que soit leur secte ou leur religion.

Le meilleur texte en arabe des années 1920 est, selon moi, une pièce en un acte, *Iram Dhat el-Imad* (Iram, cité des hauts piliers*), qui sera réimprimée dans *Best Things and Masterpieces*. Un érudit, Najib Rahmé, part à la recherche d'Amina el-Alawiyah, un être spirituel, afin qu'elle lui parle de la visite qu'elle a effectuée dans la cité mythique d'Iram. Tandis que Zaïm Abedin, un mystique soufi qui connaît bien Amina, lui conte la vie terrestre de cette dernière, celle-ci leur apparaît. Bien sûr, Najib en apprend plus qu'il ne l'espérait : il entend parler non seulement de la cité d'Iram (qui est en fait un état d'esprit auquel on peut accéder instantanément si l'on est dans la disposition adéquate), mais aussi du lien qui unit le corps et l'âme, de l'unité de toutes les religions, et de l'unicité spirituelle de toutes choses. Amina lui apprend qu'il porte en lui toute la création et que rien ne périt (ce qui signifie non

* Le texte est disponible en français sous le titre *Iram aux colonnes*. N.D.T.

seulement qu'il se réincarnera, mais que l'être humain est toujours entouré d'êtres spirituels invisibles). Elle insiste sur l'importance de la foi et de l'imagination en tant que compléments aux facultés rationnelles. Cette pièce en un acte, le texte le plus ouvertement mystique de Gibran, exprime ses croyances les plus chères. Il est dommage que la pièce, pourtant très accessible, n'ait pas eu une plus large audience, car elle est essentielle si l'on veut comprendre le système de pensée qui sous-tend les œuvres les plus connues du poète, en particulier *Le Prophète*[32].

Laissons à présent les écrits en arabe de Gibran pour nous intéresser aux ouvrages qu'il a publiés chez Knopf. Le premier livre qui mérite notre attention est sans conteste *Le Prophète*. Khalil sait qu'il s'agit là de son œuvre majeure. Il le dit clairement[33], et la quantité d'inscriptions que contiennent les journaux de Mary ainsi que la correspondance des deux amis[34] confirment l'importance qu'ils accordent à ce livre. Plutôt que de s'asseoir à son bureau pour écrire et de forcer les mots à sortir de sa plume, Gibran a mûri le livre pendant des années. Il n'a écrit que lorsque l'inspiration était au rendez-vous. Lors d'une interview, après la sortie de l'ouvrage, on lui demande comment il a écrit ce livre : « L'ai-je écrit ? » répond-il. Puis il ajoute : « Il m'a écrit[35]. » Mary a lu et relu chaque phrase. La version finale du *Prophète* doit beaucoup à cette main discrète. Une fois le manuscrit tout à fait terminé, ils travaillent ensemble, dans le courant du mois de mai 1922, à vérifier « l'espacement » des phrases (ils ont pris le *Livre de Job* comme modèle). Il va sans dire que Mary lit les épreuves[36].

Gibran est plein de reconnaissance envers son amie. Il lui affirme que, plus que tout autre personne, elle a façonné son anglais. L'influence de Mary Haskell sur la forme définitive de tous les livres de Gibran écrits en anglais ne doit certes pas être sous-estimée. En juin 1918, lorsqu'il rédige « On Reason and Passion » (sur la raison et la passion), la contribution de Mary ne se borne pas à des corrections d'orthographe et de ponctuation. Elle procède même à des changements sur le plan du vocabulaire et de la structure des phrases. Mary se montre toujours prudente et pleine d'égards pour Gibran, lui laissant toujours la décision finale, mais elle possède un excellent jugement. Lorsque Gibran écrit : « Vous ne ferez que dériver ou vous seriez immobile au milieu de l'océan », elle propose : « Vous ne feriez que dériver, ballotté par les flots, ou bien vous serez immobilisé au milieu de l'océan. » Cette formule ne sera finalement pas retenue et imprimée, mais elle est bien meilleure que l'originale. Dans la phrase suivante, quand Gibran écrit : « La passion, lorsqu'elle ne connaît pas d'obstacles, est une puissance qui cherche sa propre destruction », il hésite entre « puissance » et « flamme ». Mary suggère soit « une flamme qui brûle jusqu'à sa propre destruction », soit « une puissance qui se déchaîne jusqu'à sa propre destruction ». Comme le lecteur le sait, l'auteur adopte la première solution. On peut trouver dans les pages des journaux ou dans les lettres de Mary des exemples illustrant le travail qu'elle accomplit sur presque tous les textes de Gibran. Mais nous en resterons à ces deux phrases, qui donnent un exemple des améliorations que Mary peut apporter à l'anglais de Gibran. Elle révise ses textes à la perfection et le fait avec bienveillance. Sans son aide, Gibran n'aurait pas rencontré une adhésion aussi grande chez ses lecteurs anglophones.

Tout au long des pages des journaux de Mary, nous trouvons des notes, des réflexions et des indications sur la longue gestation du *Prophète*, ouvrage qui, dans les premiers temps, ne porte d'ailleurs pas ce titre. Lorsque Mary s'y réfère, c'est sous le nom de *Counsels* (conseils) ou de *The Commonwealth*. Sous l'un ou l'autre de ces titres, des fragments de ce qui deviendra *Le Prophète* commencent à faire l'objet d'inscriptions dans son journal dès 1912. Il faudra attendre 1915 ou 1916 pour que l'auteur n'ait plus qu'un seul livre en tête, et non deux[37]. Plus tard, Gibran révélera qu'il a commencé à rêver à l'ouvrage et qu'il en a même écrit une première version durant sa jeunesse au Liban[38]. Mais la structure définitive du livre — le prophète qui donne des conseils alors qu'il est sur le point de quitter l'île où il a été exilé — est établie en 1912. Le livre est donc mentionné ça et là dans le journal de Mary jusqu'en 1919. Il trouve alors sa forme définitive à la suite du travail intense du printemps de 1918, durant lequel seize des conseils sont écrits. En 1919, le titre est fixé : *Le Prophète*. Au cours de la même année, Gibran est distrait quelque temps par la rédaction du *Précurseur*, puis une nouvelle phase fébrile survient au cours de l'été 1920, lorsque presque tous les conseils sont rédigés. Ensuite, le travail se ralentit.

Des malaises physiques et un surmenage intellectuel accablent Gibran, mais il ne cesse de tourner l'œuvre dans sa tête. Il prétendra plus tard qu'il a conservé le manuscrit terminé pendant quatre ans avant de le remettre à l'éditeur car, dira-t-il, « je voulais être sûr que chaque mot était le meilleur ». Le livre est presque achevé à la fin de l'année 1921, bien que des retouches y soient encore apportées en 1922. Gibran fait également les illustrations de l'ouvrage. Knopf accepte le manuscrit — qu'il attend depuis pas mal de temps — et le publie en septembre 1923, selon la volonté de Gibran. Ce dernier souhaite en effet que le livre sorte pendant le mois de Ielool, septembre, qui est celui pendant lequel se déroule l'action.

Almoustafa le Prophète se prépare à quitter la ville d'Orphalèse, dans laquelle il a vécu en exil, pour rentrer dans son pays natal. Un bateau l'attend. Avant qu'il ne parte, les habitants d'Orphalèse se rassemblent autour de lui pour entendre ses dernières paroles de sagesse. Il leur donne alors vingt-six conseils portant sur divers sujets, tant religieux que pratiques. On a souvent dit que le désir d'Almoustafa de retrouver sa terre natale exprimait la propre envie de Gibran de quitter New York pour retourner au Liban. C'est probablement vrai. Mais il y a aussi, dans *Le Prophète*, une connotation symbolique : c'est l'idée de quitter une ville étrangère où l'on a subi des contraintes pour rentrer dans son pays d'origine. Il est indéniable (même si Gibran s'efforce modestement de le nier) qu'Almoustafa, l'« Élu », est son alter ego. Nadim Nouaymé parle justement d'une fusion, à ce stade de la carrière littéraire de Gibran, entre le mal du pays et le désir poétique de retrouver une terre qui a pris une signification métaphysique.

Très peu de lecteurs savent que l'auteur souhaite se lancer dans une trilogie. Pour résumer rapidement ce projet (Gibran lui-même n'est pas très clair sur ses intentions) nous pourrions dire ceci : après avoir couvert, dans le premier livre, les grands thèmes de l'existence sous l'angle des relations humaines — naissance, mort, religion, mariage, amour, enfants, travail, etc. —, le deuxième livre sera consacré au rapport que l'homme entretient avec la nature et le troisième portera sur sa relation avec le divin. Gibran résume ainsi la différence existant entre les deux premiers livres : le message du premier est que tout va bien ; celui du deuxième est que tout est beau[39]. Mais Khalil ne sait pas très bien où il va dès qu'il est question de l'ensemble. En ce qui concerne le deuxième livre, il dit à Mary qu'il y traitera à la fois de silence et de beauté (elle lui rappelle alors qu'il a déjà écrit un conseil sur la beauté dans *Le Prophète*[40]). Après la publication du *Prophète*, son désir de poursuivre la trilogie projetée s'estompe, mais peu avant sa mort il n'en travaille pas moins au second volet, *Le Jardin du Prophète*. C'est Barbara Young qui révisera le manuscrit après son décès, et le livre sera publié à titre posthume. Tout ce qui reste du troisième livre, *La Mort du prophète*, est un fragment révélant la nature de la mort d'Almoustafa : « Et il retournera dans la Cité d'Orphalèse, et ils le lapideront sur la place du marché, jusqu'à ce qu'il meure ; et ils appelleront chaque pierre d'un nom sacré[41]. »

À bien des égards, *Le Prophète* est une œuvre remarquable. Les statistiques concernant les ventes de l'ouvrage témoignent de sa valeur. Knopf n'a sans doute pas de grandes attentes lorsqu'il accepte de publier le manuscrit (les ventes des livres précédents sont loin d'avoir été exceptionnelles), mais Gibran est convaincu, lui, que *Le Prophète* se vendra très bien, et il l'affirme à son éditeur[42]. Il en a déjà testé quelques passages auprès de plusieurs publics, sociétés de poésie et autres, et les réactions ont été favorables. Le premier tirage est de 1500 exemplaires, qui s'écoulent très vite, mais cela ne signifie pas grand-chose. L'année suivante, les ventes doublent, et doublent de nouveau un an plus tard. C'est surtout grâce au bouche à oreille que le livre fait d'abord parler de lui. Durant les années 1930, en dépit de la Grande Dépression, l'ouvrage continue à se vendre au rythme de 13 000 exemplaires par année. En 1944, on établit à 60 000 le nombre d'exemplaires écoulés. Et depuis la fin des années 1950, pour ne parler que de l'Amérique du Nord, où le livre est devenu une sorte de Bible underground dans les campus universitaires, *Le Prophète* se vend à une vitesse phénoménale. À plusieurs reprises, il est le best-seller de Knopf, et ce succès ne se dément pas. En 1957, il passe la barre du million d'exemplaires vendus ; en 1965, deux millions et demi, en 1970, quatre millions. À certaines périodes, en 1960 et 1970, *Le Prophète* s'écoule, aux États-Unis, au rythme de 5000 exemplaires par semaine. Et le livre a déjà cinquante ans ! Aujourd'hui, les ventes ont atteint le nombre faramineux de neuf millions d'exemplaires en Amérique du Nord seulement. Ce bilan n'inclut pas les ventes effectuées au Royaume-Uni, ni le nombre d'exemplaires traduits dans plus d'une vingtaine de langues. On peut même lire *Le Prophète* sur Internet, et il est question de produire un film à gros budget à Hollywood[43].

On a souvent dit de l'œuvre qu'elle était d'une grande platitude, imprégnée de sentimentalisme et bourrée de lieux communs. Ce sont là critiques arrogantes d'intellectuels élitistes et insensibles. Les chiffres des ventes prouvent avec éloquence que le livre continue à combler des aspirations fondamentales. Il fait vibrer, répond à un besoin profond. Dans une ère plutôt profane, beaucoup de gens se tournent vers *Le Prophète* pour y trouver un réconfort, ou pour en tirer une nourriture spirituelle dans des moments de crise. Le texte peut s'insérer dans les liturgies de mariage et de funérailles, ou les remplacer, tout simplement. Certains traditionalistes le déplorent sans doute, mais un peu de nourriture spirituelle est préférable au vide. La pensée du *Prophète* est exprimée en mots simples et clairs, sans complexités inutiles. C'est peut-être la transparence du langage qui lui permet de traverser les couches superficielles de la mémoire associative et d'atteindre une région plus profonde de l'esprit, ou même du cœur.

C'est volontairement que Gibran écrit de cette manière, et il est conscient des dangers auxquels sa méthode l'expose. À la fin de 1922, Mary et lui font une ultime lecture de l'œuvre, afin de s'assurer que le ton de l'ensemble n'est pas trop « prêchi-prêcha », comme elle le dit dans son journal[44]. Déjà, en septembre 1914, lorsque le livre était en gestation, Khalil a expliqué à Mary sa politique en matière de style : « Je n'explique pas, je ne débats pas. Les choses sont dites simplement, avec autorité. L'analyse ôte vie et saveur à un texte. » Gibran fait délibérément en sorte que l'ouvrage reste court. Selon lui, les meilleurs livres — les livres « les plus vrais », comme il le dit — sont courts[45].

La forme du *Prophète* — mais seulement sa forme — est calquée sur l'œuvre de Nietzsche. Dans *Ainsi parlait Zarathoustra*, le philosophe a fait d'un prophète son porte-parole. Zarathoustra vit lui aussi en exil sur une île, comme le Prophète de Gibran. Zarathoustra offre ses paroles de sagesse, tout comme le fait Almoustafa, et traite chacun des sujets de son discours avec la même concision. Voilà pour la forme, mais qu'en est-il du contenu ? Quel est donc cet élément particulier du livre qui fait vibrer tant de lecteurs ? Peu de temps avant la publication du *Prophète*, Gibran donne une idée de la simplicité de son message : « Vous êtes beaucoup plus grands que vous ne le pensez, et tout est pour le mieux[46]. » Il est clair que la pensée de Gibran a évolué ; il a d'abord exprimé un profond pessimisme à propos des injustices de ce monde et de la futilité de l'existence, il expose désormais sa pensée sur un autre mode. Les vagues promesses du *Fou* et même l'optimisme plus marqué du *Précurseur* sont dépassés[47]. Le message du *Prophète* est léger, confiant, et optimiste. C'est là, indéniablement, la première qualité de ce livre et la raison pour laquelle il plaît à un si grand nombre de lecteurs.

L'ouvrage contient des réflexions profondes. Il est sans aucun doute le fruit d'innombrables années de cogitation sur des sujets cruciaux relatifs à l'existence humaine. Dans la mesure où Gibran a choisi de ne donner que le fruit de sa pensée — sans préciser le raisonnement qui l'a amené à de telles conclusions —, ses idées ont une influence considérable sur le lecteur. En fait, il s'agit là de la principale caractéristique de l'ouvrage. L'auteur ne prétend jamais que les idées qu'il véhicule sont particulièrement neuves, mais il est sûr de les avoir exprimées avec force et clarté, afin qu'elles frappent le lecteur et l'amènent réfléchir[48].

La philosophie du *Prophète* est difficile à cerner, mais c'est peut-être mieux ainsi. Si elle était plus limpide, le livre serait limité ; il perdrait de sa capacité à s'adresser à une multitude de personnes. Il semble que Gibran l'ait voulu ainsi. Lorsqu'il parle à Mary du « conseil » relatif au crime et à la punition, il lui dit qu'il pourrait écrire plusieurs volumes sur le sujet, mais qu'il veut laisser « au lecteur la possibilité d'avoir son mot à dire[49] ». Gibran essaie de communiquer un élément qui appartient à un domaine que le philosophe Ludwig Wittgenstein appelle « le mystérieux », et qui, par définition, n'est pas directement accessible à la formulation verbale. « Si ce sont là des mots vagues, fait-il dire au Prophète, alors veille bien à ne pas les clarifier. » Gibran peut être considéré comme un poète aussi bien que comme un philosophe — il se considère certainement lui-même en ces termes —, puisque le rôle du poète est de communiquer « le mystérieux » par le biais des sentiments et des émotions que ses mots font naître chez le lecteur. Les bons poètes peuvent y arriver sans franchir l'étroite frontière qui sépare le mystérieux de l'incohérent.

Il convient de préciser ce qu'est le « mystérieux » exprimé par Gibran dans *Le Prophète*. En tant qu'êtres humains, nous sommes liés au monde par les lois des hommes et par ce que l'on appelle la civilisation. Ces liens sont dégradants, mais nous pouvons nous en libérer et nous élever vers un « Moi plus grand » en ouvrant nos cœurs à l'amour. L'amour est l'essence de Dieu en l'homme. Le chemin qui conduit à l'amour n'est toutefois pas facile, car on y trouve autant de douleur que de joie, mais la douleur est « la potion amère grâce à laquelle le médecin qui est en nous guérit notre moi malade ». Et « plus la tristesse s'infiltrera profondément dans de notre être, plus grande sera notre joie ». C'est en suivant le chemin de l'amour qu'un être humain peut arriver à exprimer tout son potentiel, qui n'est rien de moins que sa divinité. Le présent offert par le « mystérieux » à celui ou à celle qui est parvenu à la réalisation de soi est la liberté de vivre dans la vertu, en se gardant de juger les autres et en réalisant que la vie est une et infinie. Et ce qui est plus important encore, c'est que cette liberté nous est accessible ici et maintenant. Cette vérité nous rappelle une des convictions absolues de Gibran : « Il n'y a pas de clés, car il n'y a pas de portes. La vie est ici — non pas éloignée de nous, mais tout autour de nous. » Cette liberté, cependant, ne semble pas inclure la nécessité de se détacher du processus de l'incarnation, comme le demande la doctrine bouddhiste, par exemple. Même si l'on sait qu'Almoustafa est un être parfaitement réalisé, il est clair qu'il espère être réincarné de nouveau : « Un petit instant [...] et une autre femme m'enfantera. » La réincarnation reste une des croyances les plus fermes de Gibran.

Le public accueille le livre avec enthousiasme. Khalil dit à Mary qu'il est submergé de lettres, et cela dès la fin du mois de novembre 1923[50]. Mais c'est la « prophétie » de Mary qui va faire vibrer le plus grand nombre de lecteurs :

> Ce livre sera considéré comme l'un des trésors de la littérature anglaise. Et dans notre obscurité et dans notre faiblesse, nous l'ouvrirons pour retrouver en nous et le ciel et la terre. Les générations ne l'épuiseront pas ; au lieu de cela, elles y trouveront ce qu'elles veulent être, et il sera de plus en plus apprécié à mesure que les hommes deviendront plus mûrs. C'est le livre le plus aimant qui ait jamais été écrit [...]. De plus en plus d'êtres t'aimeront [Gibran] tandis que passeront les années, et longtemps, longtemps après que ton corps sera devenu poussière[51].

Rétrospectivement, le peu d'intérêt que suscite *Le Prophète* auprès des critiques ne peut que surprendre. Il faut dire qu'ils ignorent encore l'ampleur du succès à venir. L'article de Marjorie Seiffert dans *Poetry*, « Foreign Food » (nourriture étrangère), est rempli de clichés. Elle parle du livre en des termes qui rappellent les critiques d'autres ouvrages de Gibran. Il est trop oriental pour « le robuste appétit de l'esprit occidental ». Bien qu'elle admette que l'ouvrage s'attirera sûrement les faveurs d'« esprits agités et insatisfaits », elle ajoute que, selon elle, la philosophie orientale n'est qu'un moyen d'échapper aux réalités de l'existence et du monde. Ainsi, dit-elle, le livre dans l'ensemble « manque de vigueur » ; son rythme est harmonieux, mais il devient vite monotone. Ce que l'on peut en dire, au mieux, est que certains passages sont beaux et certaines phrases pénétrantes. *The Bookman* s'exprime en termes similaires. Il met l'accent sur le contraste entre l'Orient et l'Occident[52]. L'*Evening Post* de Chicago, lui, ne tarit pas d'éloges, il parle du livre comme d'une « petite Bible » pleine de vérités, et félicite Gibran d'avoir eu le courage d'exprimer son idéalisme dans un âge marqué par le cynisme. Il n'en reste pas moins que la conclusion suivante s'impose : en ne saluant pas la parution du *Prophète* comme il le mérite, la communauté littéraire commet l'une de ses plus énormes erreurs d'évaluation de l'importance d'un livre auprès des lecteurs[53].

La publication qui suit *Le Prophète* est *Le Sable et l'Écume*. Il s'agit tout bonnement d'un recueil de pensées, comme *Spirituals Sayings*, mais écrit en anglais plutôt qu'en arabe. Il s'agit toutefois de réflexions inédites. Les 322 pensées (il y en avait 289 dans *Spiritual Sayings*) sont accompagnées de sept illustrations de l'auteur, chacune d'elles séparée de ses voisines par un motif floral. Le ton des aphorismes est sensiblement le même que celui des *Spiritual Sayings*. En voici quelques exemples : « L'amour et le doute n'ont jamais été en bons termes » ; « La renommée est l'ombre de la passion qui se dresse dans la lumière » ; « Ce à quoi nous aspirons et que ne pouvons atteindre nous est plus cher que ce que nous avons déjà atteint » ; « La poésie est un mélange de joie, de douleur et d'émerveillement, avec, de temps à autre, l'aide discrète du dictionnaire. » Le ton ressemble plus à celui du *Prophète* qu'à celui du *Fou*. Il est trop serein pour que l'on y trouve un quelconque indice des tourments de l'auteur à cette époque. Dans la mesure où Mary Haskell a travaillé avec Gibran sur la formulation d'un certain nombre de pensées, l'ouvrage ne doit pas être considéré comme un assemblage de « vieux graffitis d'ermite », fruits de la solitude de Khalil après que Mary est partie vivre dans le Sud.

Une fois encore, l'accueil réservé par les lecteurs contredit les jugements des critiques. Un journaliste anonyme du *Herald Tribune* de New York trempe sa plume dans le vitriol :

> Ce recueil d'aphorismes porte bien son titre. On ne cherche pas des fleurs dans le sable, on essaie en vain d'y trouver de l'écume. Le discours de M. Gibran est aussi aride que le sable et aussi éphémère que l'écume [...]. Certaines pages ne sont qu'un morne éventail d'observations mangées aux mites [...]. D'autres sont d'une insoutenable absurdité [...]. Les illustrations de M. Gibran [...] sont à peine plus intéressantes que ses réflexions. Elles rappellent un mauvais rêve fait par Arthur Davies après un après-midi passé devant les murales de Puvis de Chavannes.

Le *Times Literary Supplement* de Londres déplore « le penchant de Gibran pour l'inarticulé au détriment de l'articulé ». Quant à Barbara Young, elle écrit, bien sûr, un article délirant dans *The Syrian World*.

Jésus fils de l'homme est l'ouvrage le plus long de Gibran. Alors que tous les autres livres des années 1920 sont plus ou moins composés de textes des années 1910, *Jésus fils de l'homme* est entièrement écrit de novembre 1926 à décembre 1927. Khalil l'envoie alors à Mary afin qu'elle le révise[54]. Il est publié vers la fin du mois d'octobre 1928. Le fait que le livre le plus long de Gibran soit consacré à Jésus peut étonner. Khalil a beau avoir été élevé dans la religion catholique, il n'en croit pas moins à la réincarnation, et le panthéisme païen exerce sur lui un attrait certain, ce qui rend sa foi peu orthodoxe. La religion, pour lui, ne peut être que syncrétique. Lors d'une causerie donnée à l'école de Mary en janvier 1919, il développe ainsi cette idée : à l'époque du Christ, et grâce à lui, les gens ont pris conscience de l'unité de Dieu ; à la Renaissance, ils ont pris conscience de l'unité de la terre ; et au XXe siècle, ils commencent à prendre conscience de l'unité de l'humanité. Pour ce qui est de l'avenir, Gibran annonce une ère où les trois entités — Dieu, la terre et l'humanité — seront considérées comme un tout[55].

Aux yeux de Gibran, l'Église — et surtout l'Église maronite libanaise

— s'est associée au pouvoir temporel des gouvernements pour opprimer les pauvres. Cette conviction joue un rôle décisif dans sa vie et, jusqu'à ses funérailles, sur lesquelles il n'aura aucun contrôle, il ne renouera jamais avec une quelconque religion institutionnalisée. Il prône, dans ses écrits, une religion personnelle, non cléricale, dans laquelle chacun est responsable de sa relation avec Dieu. En dépit de sa rupture avec le dogme de son enfance, la personne du Christ et son enseignement, tel qu'il est exposé dans l'Évangile, restent pour lui une puissante source d'inspiration, et cela durant toute sa vie. Les journaux de Mary Haskell regorgent de transcriptions de ses conversations avec Khalil sur Jésus et sur ses enseignements. Ils font aussi souvent référence à l'apparition récurrente du Christ dans les rêves de Khalil. Le premier de ces rêves est très ancien, il remonte à 1895. Khalil n'a que douze ans et se trouve sur le paquebot qui effectue la traversée de l'Atlantique pour se rendre en Amérique. La dernière mention de ce type de songe date de mai 1923, lorsque s'arrête le journal de Mary, mais il n'y a aucune raison de penser que les rêves prennent fin eux aussi. Ils sont typiques : Jésus et Khalil se rencontrent dans un paysage champêtre, au Liban ; il leur arrive d'échanger des présents — des cerises, du cresson, des fleurs — mais ils parlent peu. Gibran décrit toujours le Christ de ses rêves comme un homme. Il parle de la poussière sur ses pieds, de la couleur de ses cheveux, et d'autres détails de ce genre, mais aussi du rayonnement qui émane de lui. Les traits de son visage font une forte impression sur Khalil — on sait que la tête du Christ apparaît fréquemment dans ses dessins et dans ses tableaux à l'huile. Les conversations rapportées par Mary apportent peu de détails supplémentaires, mais elles confirment que Gibran reste profondément convaincu que le Christ est le plus grand maître qui ait jamais vécu sur cette terre, et qu'il est généralement mal compris. Le dialogue entre Jésus et Khalil prend un jour un tour plutôt insolite. Khalil raconte à Mary que Jésus lui a communiqué de vive voix un grand nombre de paraboles qui ne figurent pas dans les Évangiles. Il veut dire par là que le Christ lui a parlé dans ses rêves, ce qui montre qu'il assimile ceux-ci à d'authentiques apparitions du Christ[56].

Quelques-unes des premières nouvelles de Gibran révèlent son éternelle fascination pour Jésus : souvenons-nous, par exemple, de « Yuhanna

Le Fou » et de « Khalil l'hérétique ». Les deux personnages sont manifestement des figures christiques. Les nouvelles montrent l'importance que Gibran accorde à l'*enseignement* de Jésus, même s'il rejette l'institution de l'Église. D'autres textes élaborent sur le thème suivant : si Jésus revenait sur terre et voyait ce que l'Église a fait en son nom, il serait surpris, c'est le moins qu'on puisse dire, et même consterné. La scène est décrite en quelques mots dans *Le Sable et l'Écume* :

> Une fois par siècle, Jésus de Nazareth rencontre le Jésus des chrétiens dans un jardin situé dans la montagne libanaise. Ils parlent longuement, et chaque fois, Jésus de Nazareth finit par dire au Jésus des chrétiens : « Mon ami, j'ai bien peur que jamais, jamais nous ne tombions d'accord. »

Un autre thème intervient dans les premiers écrits de Gibran, quoique plus rarement : en dépit de sa passivité et de son humilité, Jésus était au-dessus de toute faiblesse. Selon Gibran, il se rapprochait du modèle du surhomme nietzschéen. On peut lire, dans « Le Crucifié[57] » :

> Pendant des siècles, l'Humanité a voué un culte à la faiblesse en la personne du Sauveur. Le Nazaréen n'était pas faible ! Il était fort et l'est toujours ! Mais les gens refusent de voir ce qu'est exactement la force.
>
> Jésus n'a jamais connu la peur, Il n'est pas mort en se plaignant et en gémissant. Il a été un guide ; Il a été crucifié comme un croisé ; Il est mort avec un héroïsme qui a effrayé Ses tueurs et Ses bourreaux.
>
> Jésus n'était pas un oiseau aux ailes brisées. Il était une violente tempête qui brisait toutes les ailes tordues [...]. Libre, courageux et hardi, voilà ce qu'Il était. Il défiait tous les despotes et tous les oppresseurs [...].

Ces deux thèmes, et beaucoup d'autres (comme la réinterprétation controversée que Khalil fait du Sermon sur la montagne et de la Prière du Seigneur) réapparaissent dans *Jésus fils de l'homme*. Faisant appel à un procédé ingénieux, Gibran imagine ce que les contemporains de Jésus pourraient avoir dit à son propos — il « passe [Jésus] au crible » du regard de ses contemporains, comme le dit Claude Bragdon —, il dépeint ainsi le Christ comme un être possédant de multiples facettes, aussi nombreuses que les différentes visions que les gens ont de lui. Il s'inspire parfois d'anecdotes et de personnages bibliques, ou nés de sa propre imagination, et montre Jésus comme un miroir qui reflète nos forces et nos faiblesses. La plupart des personnages mis en scène éprouvent une inclination pour lui, mais certains lui sont hostiles, ce qui permet à Gibran de mettre en évidence d'autres dimensions de la nature du Christ. D'abord et avant tout, l'auteur place Jésus dans son environnement quotidien et montre sa nature fondamentalement humaine. Le livre est l'accomplissement d'une vieille promesse remontant à 1909, lorsque, après avoir découvert Ernest Renan à Paris, Gibran écrit à Mary qu'il parlera un jour de la vie de Jésus comme personne ne l'a jamais fait jusqu'alors. En octobre 1911, il lui a dit qu'il voulait écrire sur le Christ parce qu'il l'aime et qu'il n'est pas d'accord avec les idées et les représentations conventionnelles que l'on se fait de lui[58]. Il est clair qu'il est fortement influencé par *La Vie de Jésus*, l'œuvre controversée de Renan. Ce dernier (qui, en tant qu'archéologue, a exploré la montagne libanaise) a tenté de saper l'aspect surnaturel de la vie et des enseignements du Christ et a mis l'accent sur sa nature fondamentalement humaine, comme l'a fait Maeterlinck dans *Sagesse et Destinée.*

Durant toute sa vie, en arabe comme en anglais, l'écriture de Gibran est influencée par les rythmes et les cadences de la Bible. Du reste, *Jésus fils de l'homme* se lit presque comme un évangile apocryphe. Ainsi que des critiques ne tardent pas à le faire remarquer, il ne s'agit pas d'un travail d'érudit ; aucune preuve historique n'atteste l'existence des personnages qui apparaissent dans le livre. *Jésus fils de l'homme* est une œuvre artistique purement imaginaire. C'est ainsi qu'il faut la lire. La plupart des critiques — et elles ont été plus nombreuses pour cet ouvrage que pour aucun autre — reconnaissent cette qualité et réservent à *Jésus fils de l'homme* de très grands éloges. Certains d'entre eux sont dithyrambiques[59]. Après *Le Prophète*, c'est le livre qui se vendra le mieux.

L'intérêt que Gibran manifeste pour le Christ et les thèmes chrétiens s'exprime encore dans deux petites pièces en un acte écrites en anglais vers la fin des années 1920, *Lazare et sa bien-aimée* et *L'Aveugle*[60]. Aucune d'elles ne sera publiée du vivant de l'auteur, bien que *Lazare* ait parfois été lue en public. Gibran a toujours eu envie d'écrire des pièces, mais à part *Iram aux colonnes*, il n'existe qu'une seule autre pièce en arabe, *Assilban*, écrite à peu près à la même époque, soit au début des années 1920. Gibran utilise ces courtes pièces pour faire résonner de vieilles idées : la regrettable occidentalisation du Liban, le mépris de l'artiste pour les richesses et son refus de se plier aux normes établies par la société[61].

Lazare est une pièce dont l'idée est venue à Gibran bien longtemps avant qu'il ne la mette sur papier. En 1914, Mary Haskell prend note des grandes lignes d'un poème arabe portant sur le personnage biblique, mais le texte de Gibran n'apparaît dans sa version finale anglaise qu'en 1926[62]. La scène se passe dans la maison de Lazare, à Béthanie, le lendemain de la crucifixion du Christ. Marie, Marthe et leur mère attendent le retour de Lazare, parti dans la montagne. Bien qu'aucun des mortels présents dans la pièce ne l'entendent jamais discourir, le Fou est là, qui commente de façon lapidaire le déroulement de l'action, afin d'insuffler une dimension cosmique au drame. Lorsque Lazare arrive, il dit à Marie — sa sœur préférée, mais aussi celle dont l'esprit est le plus en accord avec la métaphysique de Gibran — qu'il a rencontré sa bien-aimée, esprit invisible rappelant la femme-esprit du poème « Un bateau dans la brume ». Lazare s'est rapproché du monde des esprits parce qu'il a déjà frôlé la mort. Il aspire à la mort, qui apporte clairvoyance et sagesse. En fait, sa sagesse est telle qu'il s'identifie à Jésus et, lorsqu'il entend dire que ce dernier est ressuscité d'entre les morts, il adopte son rôle, devenant ainsi son double, quitte à être crucifié.

La figure christique de *L'Aveugle* est représentée par un musicien aveugle nommé David Rugby ; une fois de plus, le Fou est là pour nous aider à réfléchir. Rugby a épousé une femme plus âgée. Sa belle-fille, Anna, lui est très dévouée. Elle sait que, malgré sa cécité, il est le seul homme au monde qui puisse voir, car son handicap lui a apporté la sagesse, la sensibilité et la capacité d'aimer. Helen, la mère, est une femme irritable, qui ne comprend ni son mari ni sa fille. Elle a un amant, Kingdon, auprès duquel elle se plaint d'être emprisonnée dans la maison d'un aveugle. Rugby les surprend : bien qu'il ne puisse voir son rival, il sent sa présence dans la pièce. Il appelle Anna et lui demande qui se trouve là. Bouleversée, mais faisant preuve d'une présence d'esprit empreinte de noblesse, sa belle-fille lui dit qu'il n'y a personne — car il n'y a que deux êtres authentiques dans cette pièce, dans ce monde. Rugby exorcise alors les lieux. Kingdon et Helen s'en vont, laissant Rugby et Anna seuls. Par l'intermédiaire de sa souffrance et de la noblesse de la jeune fille, Rugby a acquis un plus grand discernement.

Les Dieux de la terre est publié en mars 1931, quelques semaines avant la mort de Gibran. Comme il est trop malade, en 1929 et 1930, pour accomplir un travail suivi, il n'est pas étonnant que cet ouvrage ne soit qu'un assemblage de textes écrits longtemps auparavant. En juin 1915, Khalil, exultant, annonce à Mary : « Je viens tout juste de commencer un grand texte en anglais [...]. Ce sera une pièce comportant un prologue, et c'est pour celui-ci que j'écris la pièce. C'est le prologue qui compte. » Mary ajoute qu'il en a déjà écrit quinze pages, et que le prologue met en scène trois dieux qui conversent sur une montagne. Le premier est las de vivre comme un dieu et veut mettre fin à cet état, tandis que le deuxième chérit chaque minute du pouvoir qu'il a sur les hommes et que le troisième se réjouit de voir une jeune femme et un jeune homme dans la vallée, au pied de la montagne, danser et chanter. Dans la mesure où ce résumé des *Dieux de la terre* reflète assez fidèlement le texte qui a finalement été publié en 1931, et sachant que Gibran y fait des ajouts en 1915 et 1916, et enfin que le livre achevé ne représente qu'une quarantaine de pages manuscrites, on peut en conclure qu'en 1930 Gibran est épuisé et se contente de soumettre à Knopf ce qui n'est, en substance, que du texte « réchauffé ». En 1915, il envisage même la possibilité de publier séparément, sans la pièce, ce que Mary et lui appellent « Le prologue » et « Les trois dieux »[63]. En fait, si ce texte correspond au poème que Mary intitule « Les trois géants », il est clair qu'il en existait une version achevée en 1916, qui a d'ailleurs été lue à Oppenheim[64]. Mary et Khalil parlent peu du poème après 1916 ; Gibran le laisse manifestement de côté, comme un texte plus ou moins inachevé[65]. Ils y ont travaillé ensemble en 1915 et 1916, puis Mary n'y a plus touché. C'est donc le seul des livres de Gibran en anglais pour lequel elle ne participe pas aux révisions finales. La première fois qu'elle entend parler du livre, c'est, apparemment, lorsqu'elle en reçoit un exemplaire en mars 1931[66].

Il est essentiel de connaître la genèse de ce poème avant de se livrer à une étude de l'évolution de la production littéraire de Gibran. Hawi, par exemple, ne parvient pas à comprendre qu'un texte aussi lugubre prenne place si tard dans l'œuvre de Gibran. Il exprime ainsi sa consternation : « Il annonce le retour des ténèbres dans son esprit [de Gibran]. » En fait, le livre a été écrit au cours de la période la plus amère de l'existence du poète. Dans cette perspective, il est moins surprenant de retrouver chez les deux premiers dieux un peu du cynisme du vieil homme des *Processions*, alors que le plus jeune dieu est l'équivalent du jeune homme. Les trois dieux sont de véritables archétypes. Ils représentent les puissances divines que nous vénérons en nous-mêmes, puisqu'en tant qu'êtres humains nous sommes motivés par l'aspiration au pouvoir, au plaisir ou à la sagesse. Dans la mesure où une première version des *Dieux de la terre* a été écrite avant *Les Processions*, nous pouvons dire que *Les Processions* sont une simplification des *Dieux* — deux voix y parlant au lieu de trois.

Gibran ne vit pas assez longtemps pour connaître l'accueil réservé au livre. C'est peut-être mieux ainsi. Il l'a certes révisé avant la publication, comme il le fait toujours lorsqu'il s'agit de vieux textes, mais les critiques sont assez futés pour déceler un travail « retapé ». En fait, l'ouvrage attire à peine l'attention. William Rose Benet, dans le *Saturday Review of Literature*, trouve que le poème manque de rythme et que sa rhétorique est faible, mais il reconnaît la présence de « quelques beautés, à l'occasion ». Un critique anonyme du *Herald Tribune* de New York déclare en revanche que le texte — tout comme les illustrations (peintures et dessins) — est une imitation des livres prophétiques de Blake. La boucle est bouclée. Le journaliste fustige les arguments publicitaires utilisés par Knopf — entre autres la soi-disant déclaration de Rodin présentant Gibran comme le Blake du XXe siècle. Le mensonge qui a aidé à lancer la carrière de Gibran dans le monde anglophone se retourne contre lui. Un journaliste a déjà dénoncé cette supercherie avec une certaine véhémence[67], et les reproches persistent, bien qu'atténués, car on sait qu'ils s'adressent à un homme qui s'apprête à pousser le dernier soupir. *Les Dieux de la terre* et *L'Errant* sont des œuvres vidées de leur substance. Si Gibran avait su qu'il avait déjà gagné son pari touchant son immortalité, s'il avait su quel succès phénoménal allait remporter *Le Prophète*, il n'aurait certes pas risqué de ternir sa réputation littéraire en publiant ces dernières œuvres.

12 LA MORT ET APRÈS

Lors d'un bref séjour à New York en mai 1928, Mary Haskell échappe à son mari et rend visite à Khalil. L'aspect physique de l'homme qu'elle a aimé la bouleverse. Il n'a que quarante-cinq ans et, dans la mémoire de Mary, il est resté le jeune homme mince qu'elle a connu. Des photos datant des années 1920 nous montrent un homme au teint terreux et au visage bouffi. Ses cheveux sont gris, il semble épuisé. Mary ignore qu'il est alcoolique depuis des années. En novembre 1930, son corps gonflé s'atrophie rapidement. Il est décharné, comme cela est courant dans les cas d'éthylisme avancé. Dans la famille, on raconte que Khalil sait qu'il est atteint d'une maladie incurable et qu'il attend la mort avec courage. Il refuse même une intervention chirurgicale qui pourrait le sauver[1]. C'est le seul témoignage que nous possédions, et rien ne nous prouve qu'il sait à quel point il était atteint. Dans une lettre à May Ziadeh, il dit que, si seulement il pouvait surmonter le blocage qui l'empêche d'écrire, il irait beaucoup mieux : « Je suis un petit volcan dont l'ouverture a été bouchée. Si j'étais capable aujourd'hui d'écrire quelque chose de beau et de grand, je guérirais. » Dans une lettre à son ami Felix Farris, datant sensiblement de la même époque, il dit qu'il retournera au Liban dès qu'il se sentira mieux[2]. Peut-être feint-il d'ignorer son mal, mais il est tout aussi vraisemblable qu'il n'en connaît pas la gravité. Il est courant, chez les alcooliques, de nier à la fois le problème et ses effets secondaires.

En mars 1931, il est la plupart du temps au lit, trop faible pour se lever. C'est Anna Johansen — qui assure avec son époux l'entretien de l'immeuble, nettoie l'atelier et apporte à Khalil son petit déjeuner depuis

1924 — qui prend soin de lui. Le jeudi 9 avril, quatre jours après Pâques, Barbara Young téléphone à l'atelier, comme elle le fait chaque matin. La voix de Gibran a une tonalité qui l'inquiète. Elle court chez lui et y trouve Mme Johansen, qui a déjà alerté une voisine, Leonobel Jacobs. Cette dernière a appelé le médecin qui, après avoir examiné Gibran, n'a pas considéré son état comme alarmant et n'a réservé une chambre que pour le lendemain à l'hôpital St. Vincent, situé au coin de la 7e Avenue et de la 12e Rue. Le vendredi matin, bien que son mal se soit beaucoup aggravé, Khalil parvient à murmurer à Barbara : « Ne vous inquiétez pas. Tout va bien[3]. » Ces mots ne rassurent aucunement son assistante, qui envoie un télégramme à Mariana pour lui dire de venir sans tarder. Plus tard dans la journée, elle téléphone au bureau du *Syrian World*.

Au début de l'après-midi, Gibran tombe dans le coma. Lorsque Mikhaël Nouaymé arrive à l'hôpital, il y trouve quatre femmes veillant devant une porte du troisième étage : Barbara Young, Adele Watson (une fidèle amie de Gibran depuis son arrivée à New York), Marie Meloney et Leonobel Jacobs. Salloum Mokarzel et un prêtre maronite, Francis Wakim, arrivent et entrent dans la chambre. Ils en ressortent après avoir constaté qu'ils ne peuvent rien faire. Wakim a, dit-on, crié le nom de Gibran pour tenter de faire sortir le malade de son coma, mais sans succès. Nouaymé se joint aux femmes bouleversées. Ensemble, ils attendent que les médecins leur disent que la fin est proche. Avant que Gibran ne perde conscience, une religieuse lui a demandé s'il était catholique et voulait recevoir les derniers sacrements. Non, a-t-il répondu.

Nouaymé passe quelque temps dans la chambre. Il écoute la respiration rauque de son ami, se souvient des bons moments passés ensemble. Mariana, qui a pris le train, arrive de Boston à huit heures du soir. Sa détresse fait peine à voir. Au bord de l'hystérie, elle supplie les médecins et les amis de Khalil de sauver la vie de son frère. Mais les traitements et les prières sont inutiles. Khalil ne reprend pas conscience et passe de vie à trépas. Il a quarante-huit ans. Nous sommes le 10 avril 1931. Il est 22 h 55.

Après l'autopsie, le rapport officiel de l'hôpital révèle que la mort a été causée par une « cirrhose du foie et un début de tuberculose dans l'un des poumons ». On a beaucoup fait état de ce début de tuberculose

— qui est même devenu, pour certains, un début de cancer — mais aucune maladie n'est mortelle à ses débuts. Gibran meurt d'une cirrhose du foie et, comme chacun le sait, cette affection est due la plupart du temps à l'éthylisme. Cette maladie ne tue pas directement la personne qui en est atteinte, mais elle entraîne soit des hémorragies internes, soit un affaiblissement général de l'organisme dû à l'incapacité de ce dernier à lutter contre les toxines. Il en résulte un coma dont le patient ne se réveille pas. Dans le cas de Gibran, la cirrhose provoque le second de ces effets. Le poète est une victime de plus de la prohibition ainsi que, si l'on en croit certaines théories sur l'alcoolisme, de son incapacité de mener à terme sa quête spirituelle[4].

L'alcoolisme est une forme d'autodestruction. Dans un sens, Gibran a toujours courtisé la mort. La perte de sa sœur, de son demi-frère et de sa mère l'a sans doute profondément touché. Les deux premiers sont morts à l'adolescence, la troisième alors qu'elle était encore jeune. Il ne faut pas non plus sous-estimer le conditionnement romantique auquel l'a soumis Fred Holland Day. Pour les romantiques, la mort n'est pas un grand mal, mais une délivrance. On échappe aux chagrins de ce monde pour se réveiller dans une autre vie, plus noble et plus belle. Le sommeil et la mort étaient frère et sœur dans l'Antiquité. Quelques romantiques sont même allés jusqu'à dépeindre la beauté et la mort comme deux sœurs terribles et fécondes, possédant la même aura de mystère et dissimulant le même secret[5]. C'est sur ce mode que Gibran dit un jour à Mary que la mort rehausse les traits du visage[6], et qu'il écrit un poème intitulé « La beauté de la mort ». Il ne fait aucun doute qu'il lui est arrivé de souffrir, en particulier lorsqu'il a perdu ses proches, mais c'est lui qui a choisi de porter cette douleur durant toute son existence, adoptant ainsi une philosophie romantique dans laquelle la mort se transforme en « une bénédiction inexplicable ». Dans une lettre à Mary datant de sa période parisienne, il lui dit même qu'il est amoureux de la mort[7].

Dans sa poésie arabe, Gibran parle de la mort comme d'une libération, le retour du poète dans sa « patrie céleste ». Un de ses poèmes s'intitule, nous l'avons vu, « La mort du poète est sa vie ». Bien qu'il affirme dans *Le Prophète* que cet état que l'on appelle la mort n'existe pas — car la mort et la vie font partie d'un continuum —, Gibran semble en fait reconnaître que la mort constitue un grand changement et qu'il désire parfois ce changement ultime qu'elle est la seule à pouvoir apporter. Ceci constitue un écart manifeste par rapport à sa philosophie, qui met l'accent sur l'omniprésence de la vie et sur le besoin de s'immerger en elle. Mais peut-être pense-t-il que, pour les poètes et les prophètes, les êtres éthérés comme lui, les règles normales n'ont pas cours :

> Et la mort sur terre, pour le fils de la terre
> Est finale, mais pour celui qui est
> Éthéré, ce n'est que le début
> Du triomphe qu'il est assuré de connaître[8].

Comme le suggère le poème intitulé « Deux souhaits », peut-être Gibran croit-il que la mort libère dans l'éternité ceux qui ont passé leur vie à chercher l'éternité.

L'un des bienfaits que, selon cette perspective, sa propre mort lui apportera est qu'elle lui révélera le sens et la structure de la vie[9]. Dans une lettre écrite à May Ziadeh en 1928[10], Gibran évoque le désir que lui inspire la mort ; ce désir, il ne le refoule qu'en se rappelant le travail qu'il lui reste à accomplir en ce monde. Il s'oppose néanmoins au suicide, tout en respectant la décision d'une personne qui décide de s'enlever la vie, à condition que ce soit la meilleure solution à ses problèmes[11]. Toutefois, ce serait vraiment aller trop loin que de considérer son alcoolisme comme une sorte de long suicide inconscient — comme s'il avait traduit par une cruelle réalité le désir visionnaire que les romantiques éprouvaient pour la mort.

Personne, sauf Mariana, ne connaît l'existence de Mary Haskell ou plutôt le rôle important qu'elle a joué dans la vie du poète. Le lendemain du décès, la sœur de Khalil a la présence d'esprit de lui envoyer un télégramme, dans lequel elle lui apprend la mort de son frère et le transport imminent du corps à Boston. Mary prend le premier train pour s'y rendre.

Gibran aurait été flatté de voir l'agitation que suscite son décès. Pendant toute la fin de semaine, son corps est exposé au salon funéraire Universal, avenue Lexington où, selon *The Syrian World*, « des centaines de personnes endeuillées s'avancent en un long défilé afin de lui rendre un dernier hommage». Le lundi, Mariana part avec le cercueil pour Boston, où auront lieu les funérailles. Elle est accompagnée de Barbara Young et des amis syriens les plus chers de son frère. L'événement est relaté dans quelques journaux importants. Le samedi 11 avril, le *New York Times* publie une honnête notice nécrologique, malheureusement bourrée d'inexactitudes. Le même journal suivra le cirque consécutif au décès en publiant des articles le 25 juillet et le 20 septembre. Plus tard, dans la semaine qui suit la mort de Gibran, le *Sun* de New York consacre un grand titre à l'événement: «Un prophète disparaît.» Au *Penitentiary News*, de l'Ohio, la mort du poète fait la une le 18 du même mois.

D'autres hommages se succèdent. Le 29 avril, une vieille connaissance bostonienne du disparu, Charles Fleischer, organise une journée commémorative au Roerich Museum, à New York, au cours de laquelle Claude Bragdon, Salloum Mokarzel, Syoud Hossain et lui-même prononcent un court éloge funèbre, tandis que Mikhaël Nouaymé et Barbara Young lisent des poèmes d'adieu. Des poèmes de Gibran sont également lus devant l'assistance. Un texte, mis en musique pour l'occasion, est chanté, puis on entend « une émouvante musique orientale » jouée sur un luth. Deux cents personnes, qui comptent parmi «les intellectuels les plus éminents de la ville», assistent à la cérémonie[12]. Quatre semaines plus tard, les communautés syriennes de New York et de Boston tiennent un rassemblement commémoratif respectivement à Brooklyn et dans le South End de Boston, où 1000 personnes se réunissent dans l'immeuble de la municipalité.

La nervosité de Mariana augmente encore lorsqu'elle apprend, à Boston, que l'on raconte partout que son frère a refusé les derniers sacrements. En fait, lorsque le père Wakim est arrivé à l'hôpital, il a voulu administrer l'extrême-onction à Khalil (comme un prêtre peut le faire même si le mourant est inconscient), mais l'une des religieuses lui a, semble-t-il, dit que Gibran refusait ce rituel. Il a apparemment alerté les autorités ecclésiastiques de Boston. Mariana est très inquiète, et elle se demande si son frère aura des funérailles catholiques. Le père Stephen el-Douaihy, de l'église Notre-Dame-des-Cèdres située au 78, Tyler Street, près de l'un des immeubles à appartements où elle a vécu, l'assure que son frère sera inhumé conformément au rite prescrit. Le prêtre affirme que rien ne peut l'empêcher d'enterrer Gibran religieusement. Lorsqu'une personne a été baptisée selon le rituel catholique, elle peut être ensevelie selon le cérémonial prévu par l'Église. En outre, Gibran et le père el-Douaihy étaient amis et ont ils souvent eu du plaisir à discuter lors des séjours de Gibran à Boston[13]. Après avoir posé, à la gare, pour une photo officielle, avec le cercueil de Gibran drapé dans les drapeaux libanais et américains, Mariana et ceux qui l'accompagnent escortent le corps au Syrian Ladies Club, au 44 de la rue Newton Ouest, où, une fois de plus, le cercueil est déposé afin que les fervents formant « une interminable file de gens en larmes, de tous les milieux [...], lui rendent un dernier hommage[14] ».

Lorsque Mary Haskell arrive, vers la fin de la journée, en ce lundi du 13 avril, elle se rend chez Mariana, qui l'emmène au Club afin qu'elle puisse voir le corps. Puis les deux femmes se joignent à de vieux amis de Boston et de New York pour un « dernier repas » à la mémoire de Gibran[15]. C'est la première fois que Mary rencontre ces amis que son protégé ne lui a jamais permis de voir — Mikhaël Nouaymé, Najib Diab, Nasib Arida et quelques autres — ainsi que des parents de Boston et quelques membres de la coterie new-yorkaise, dont Barbara Young et Gertrude Stern[16]. Mary finit-elle par comprendre pourquoi Gibran l'a tenue si obstinément éloignée de ses amis arabes ? D'une part, ce sont tous des gens doués et Gibran ne voulait pas partager avec d'autres le soutien financier qu'elle lui accordait ; d'autre part, ils auraient pu lui révéler ses mensonges, surtout ceux concernant son enfance. Ils savaient tous que Gibran n'était pas le descendant d'une riche et illustre famille. Le mensonge engendre toujours des complications ; Gibran ayant beaucoup menti à ses amis occidentaux, il s'est vu forcé de les tenir à distance de ses amis arabes. Pour Gibran, l'Occident était l'Occident et l'Orient était l'Orient. Ces deux mondes étaient inconciliables.

Le lendemain, des centaines de personnes venues du ghetto syrien suivent le cercueil du Syrian Ladies Club jusqu'à l'église de Tyler Street. La messe est simple mais émouvante. Plusieurs personnes prennent la parole pour rendre hommage à leur ami[17]. Si le souvenir des funérailles d'une personne finit toujours par s'estomper, les hommages funèbres consacrés à Gibran résonneront durant plusieurs décennies. À la fin de la semaine, Mary et Mariana retournent à New York pour entreprendre une tâche difficile : mettre en ordre les affaires du défunt. C'est le début d'un cauchemar. Il a deux sources : l'attitude de Barbara Young, et le testament de Gibran.

Barbara Young refuse tout simplement de s'effacer. Les circonstances jouent en sa faveur. Bien que le testament laisse à Mary Haskell la charge de tout ce qui touche à l'œuvre picturale de Gibran, il lui serait trop difficile de s'occuper de cette succession à partir de Savannah. Elle endure donc patiemment les défauts de Barbara et accepte qu'elle soit sa mandataire à New York. Cette dernière profite de l'occasion pour réclamer un grand nombre de peintures et d'effets personnels qui, affirme-t-elle, lui ont été donnés ou promis par Khalil. Son avidité se double sans doute purement et simplement de jalousie. Lorsqu'elle est arrivée à l'atelier, après le décès, pour y faire du rangement, elle y a trouvé toutes les lettres de Mary, dont elle ignorait totalement l'existence avant les funérailles. Elle a ainsi découvert l'amitié profonde qui unissait son prophète bien-aimé à une autre femme.

Barbara est déterminée à détruire les lettres et les journaux intimes ayant trait à la relation amoureuse de Mary et de Khalil. Heureusement, lors de sa première visite à l'atelier, Mary a pris la précaution de se munir de deux grandes valises, dans lesquelles elle a mis en sûreté tout ce qui la concernait — journaux intimes et correspondance (non seulement les lettres qu'elles a écrites à Gibran, mais celles que Gibran lui a adressées, qu'elle avait laissées à l'atelier avant de partir à Savannah). Les Gibran ne se trompent pas lorsqu'ils voient dans les agissements de Barbara une volonté préserver la réputation de Gibran. Il est clair qu'elle répugne à voir circuler des preuves de ses faiblesses. Elle s'installe à l'atelier et en fait une sorte de lieu saint où, jour et nuit, brûlent trente-cinq chandelles. Ce culte atteint son paroxysme dans sa biographie, dont une ébauche sera publiée la même année. Ce brouillon, et la biographie complète qui paraîtra en 1945, constitueront pendant près de trente ans les seules sources d'informations disponibles en langue anglaise. Ce texte idolâtre et bourré d'inexactitudes a laissé des marques indélébiles.

Dans un deuxième temps, Barbara intervient directement dans le processus éditorial de *L'Errant*. Juste avant la mort de Gibran, Mary révisait le premier jet de l'œuvre. En fait, sa dernière lettre à Khalil n'est qu'un petit mot, daté du 6 avril 1931 : « Toujours heureuse avec *L'Errant* — le renverrai aussitôt que possible. » La révision allait bon train, comme toujours. On peut imaginer le choc de Mary lorsqu'elle reçoit le télégramme de Mariana une semaine plus tard ! Après le décès, elle continue la révision du manuscrit, puis l'envoie à Barbara pour que celle-ci effectue une dernière vérification avant de l'acheminer à Knopf. Mais Barbara défait tout le travail de Mary, et le livre est publié sans les corrections, ou presque. Barbara se contente de déclarer à Mary que, dans la plupart des cas, elle a rétabli « les mots du saint[18] ».

Enfin, un troisième exemple des regrettables interventions de Barbara Young est son association avec Andrew Ghareeb, le jeune traducteur de *Prose Poems*, publié chez Knopf en 1934. Ses traductions sont, pendant longtemps, les seules versions disponibles en anglais de certains textes arabes de Gibran. Barbara, qui a toujours encouragé Ghareeb, a écrit la préface du recueil. Mais Gibran n'aimait pas les traductions du jeune homme. Il existe, du reste, une lettre que Marie Meloney a adressée à Gibran, alors qu'elle était rédactrice en chef du magazine du dimanche du *Herald Tribune*, dans laquelle elle lui dit que Ghareeb lui a envoyé quelques-unes de ses traductions. Elle lui demande s'il les a approuvées. La réponse de Gibran est sans équivoque : « Je ne les aime pas[19] ! » L'ironie, dans tout cela — mais la chose est peut-être due à son ignorance de la langue arabe — c'est que Barbara Young a continué à faire publier des traductions que son idole aurait préféré laisser dans l'ombre.

Le testament de Gibran pose de tels problèmes qu'il sera cité en exemple dans un manuel traitant des droits d'auteur aux États-Unis. Le document le plus récent, annulant les deux testaments datant de 1911 et de 1913 que Mary Haskell a en sa possession[20], laisse à Mariana les liquidités et les titres gérés par Edgar Speyer (le mari de la poétesse Leonora Speyer), ainsi que les quarante parts de la Studio Association, au 51 de la 10e Rue Ouest, qui représentent les intérêts que Gibran possède dans l'immeuble. Ces parts se trouvent dans un coffre à la Manhattan Bank Trust, située au 31, Union Square. Deux comptes existent également dans une autre banque de New York, sur lesquels sont déposées les sommes que Gibran a chargé Mariana d'emporter à Bcharré pour les « consacrer à des œuvres charitables ». Tout ce qui se trouve dans l'atelier à la mort de Khalil (« peintures, livres, objets d'art, etc. ») doit être remis à Mary Haskell Mines (*sic*), qui devra envoyer à Bcharré ce qu'elle ne désire pas conserver. Il est intéressant de constater qu'il n'est pas fait mention d'argent laissé à Boston. Il semble que Gibran ait pris la décision, en 1930, de mettre ses affaires en ordre. Il a alors retiré l'argent qu'il avait laissé aux soins de ses amis bostoniens pour confier le tout à Edgar Speyer.

Jusque-là, tout va bien. Les problèmes surgissent lorsqu'il est question des droits d'auteur. Le testament déclare : « Les redevances de mes droits d'auteur, lesquels peuvent être prolongés, si j'ai bien compris, à la requête de mes héritiers pour une période supplémentaire de vingt-huit ans après ma mort, doivent être remis à ma ville natale. » Les querelles commencent tout de suite après le décès de Gibran. Certains refusent de croire qu'il a offert ses économies à la ville de Bcharré, sans compter les droits d'auteur (qu'on a tendance à négliger à l'époque, car ces revenus ne sont pas encore très élevés[21]). Aucun autre testament n'est trouvé. Celui qui existe a été dûment signé en présence de Speyer et confié à ce dernier en mars 1930, tandis qu'une copie était remise à Mariana par son frère.

Il semble que ce soit Mariana — la sœur tranquille et réservée — qui a suscité les plus gros problèmes. Dans une lettre du 8 mai 1931, William Saxe, l'avocat de Gibran, lui écrit pour lui suggérer de contester la validité du testament. Il estime la fortune de Gibran à 40 000 $, somme assez considérable, surtout après le krach de Wall Street. Saxe exprime-t-il sa propre conviction ? Se conforme-t-il à une exigence de Mariana ? Quoi qu'il en soit, la sœur de Gibran décide de contester le testament. Elle attendra cependant le renouvellement du copyright, vingt-huit ans après la première publication des ouvrages — soit en 1946, lorsque vient le temps de renouveler le copyright du *Fou*. Jusque-là, elle se montrera satisfaite de voir les montants d'argent de plus en plus importants, représentant les droits d'auteur, aller au « Comité national de Gibran » formé à Bcharré pour faire face à l'afflux de liquidités consécutif à la mort du célèbre enfant de la ville.

Le problème est que la loi américaine sur les droits d'auteur ne prévoit que deux situations : ou bien un testament a été établi et un exécuteur testamentaire nommé, ou bien il n'y a pas de testament, auquel cas le plus proche parent devient automatiquement le bénéficiaire des redevances. Dans le cas de Gibran, un testament a bien été établi, mais aucun exécuteur testamentaire ou littéraire n'a été nommé. D'après la loi, si l'auteur est déjà décédé au moment du renouvellement de l'entente, les droits d'auteur vont « à la veuve [...] ou aux enfants de la veuve si celle-ci n'est plus en vie, ou à l'exécuteur testamentaire ou littéraire. En l'absence de testament, les plus proches parents sont habilités à demander le renouvellement et l'extension de l'entente ». Autrement dit, la loi est faite pour protéger les intérêts de la veuve et des enfants. Comme cette situation ne s'applique pas au cas de Gibran, une lutte devrait s'engager entre son exécuteur littéraire et « son plus proche parent », Mariana. Mais Gibran n'a pas nommé d'exécuteur, et « le premier procès et le procès en appel donnent raison aux habitants de Bcharré du fait que la loi sur les droits d'auteur ne s'en remet au plus proche parent pour le renouvellement de l'entente qu'en l'absence d'un testament ». Mariana perd le procès.

Tout cela ne met pas fin aux débats. Lorsqu'ils apprennent que Mariana les attaque, les Bcharriotes prennent un avocat, George Shiya, qu'ils chargent de les défendre devant les tribunaux américains. Les émoluments que ce dernier négocie avec ses clients représentent un incroyable 25 % de tous les droits d'auteur à venir sur les livres. Une fois le procès contre Mariana gagné, les habitants de Bcharré décident naïvement de se retourner contre leur avocat et en engagent un autre. L'affaire Shiya passe en cour. Le procès ira jusqu'en Cour suprême. Mais le contrat signé avec Shiya étant tout à fait légal, donc inattaquable, les pauvres Bcharriotes perdent leur cause à leur tour. C'est ainsi que George Shiya et, après sa mort, ses sept héritiers, recevra 25 % des droits d'auteur américains du *Prophète*, du *Fou* et de tous les autres livres qui, publiés par Gibran un peu avant sa mort, se trouvent par conséquent inclus dans les termes du testament.

Est-ce par caprice que Gibran à légué ses droits d'auteur à sa ville natale ? Ses motifs sont sans aucun doute bons et honorables, mais, si l'on se souvient des fables qu'il a racontées à ses amis américains à propos de son enfance privilégiée, on est tenté de se demander s'il n'essaie pas, rétrospectivement, de racheter ces mensonges. Veut-il, d'une certaine manière, prouver que les Gibran de Bcharré sont riches ? Au début, les villageois se montrent reconnaissants mais, au fil du temps, tandis que les profits du *Prophète* augmentent, leur gratitude se transforme en cupidité. À l'aube des années 1950, les revenus deviennent passablement substantiels. La corruption s'installe, et 20 % seulement de l'argent qui arrive au Liban est utilisé pour des œuvres charitables ou investi dans les projets du Comité. Le reste disparaît, tout simplement, sans doute dans les poches de quelques profiteurs. En outre, le fait d'être membre du comité d'administration des fonds envoyés par Knopf permet d'accéder au pouvoir politique local. Ne dit-on pas qu'« un chevrier qui demande l'assistance du Comité s'endette politiquement envers le membre qui le subventionne [...] ? Bientôt, des familles se divisent, après de furieuses luttes pour acquérir une position au sein du Comité. De vieilles querelles oubliées reprennent vigueur, dans la violence. Deux décès au moins en résulteront. Finalement, les deux plus grandes familles [...] établiront chacune leur propre comité. »

Dans ces circonstances, Knopf n'a pas le choix : il retient les droits d'auteur. La situation stagne jusqu'en 1967. À cette époque, les droits représentent un total d'environ 300 000 $ par année. C'est alors que le gouvernement libanais entre dans la danse, dissout les deux comités rivaux et prend le contrôle de la situation jusqu'en 1971, date à laquelle un nouveau comité est formé à Bcharré, comprenant deux membres de chaque clan rival et un membre supplémentaire choisi parmi les résidents neutres de la ville. La paix revient dans la cité, Knopf reprend l'envoi des droits d'auteur, et l'argent est enfin utilisé pour de bonnes causes : des bourses d'études, la construction d'une école de musique et l'entretien de la tombe de Gibran. Toutefois, des rumeurs de corruption circulent encore, et il est toujours aussi difficile de procéder à des vérifications concernant l'utilisation précise des fonds. Depuis qu'on a mis fin au financement des bourses d'études, la seule dépense connue est la conservation du musée Gibran à Bcharré. Mais en dépit des coûts considérables entraînés par cet entretien (en particulier la modernisation et le réaménagement complet entrepris au début des années quatre-vingt-dix), il est vraisemblable que l'argent s'accumule tranquillement quelque part. Il reste à espérer qu'il sera un jour utilisé à bon escient.

Ainsi, durant de longues années, le legs résultant du testament sentimental de Gibran ne provoque que tension et chaos. Mais revenons en 1931, lorsque les habitants de Bcharré sont avant tout sensibles à l'honneur que Gibran vient de leur faire et tout disposés à se plier à une suggestion venue d'Amérique (émanant probablement de Mary, et communiquée par l'entremise de William Saxe) : qu'un mausolée ou un musée soit aménagé à Bcharré, qui contiendra non seulement le corps de Gibran, mais la plupart des meubles et objets qui se trouvaient dans son atelier. Déjà en 1913, Mary et Khalil parlaient de ce retour du corps de Khalil au Liban[22], et elle met tout en œuvre pour que ce rêve se réalise. C'est elle qui demande à Mariana d'emmener la dépouille de son frère à Bcharré, mais Mariana hésite. Il faudra un télégramme de sa ville natale, à la fin du mois d'avril, pour qu'elle se décide enfin.

En juin, tout est organisé. Mariana partira pour le Liban avec le corps de son frère. Elle emportera une somme de 1000 $ destinée à des œuvres de charité. Ses cousins l'accompagneront. Le 23 juillet, le corps de Gibran est exhumé, puis le cercueil est escorté jusqu'à Providence, au Rhode Island, par un long cortège de voitures. C'est là que, dans la fine bruine d'une journée grise, la dépouille prend place à bord du paquebot *Sinaï*. Le *New York Times* couvre la cérémonie : « Avant que le cercueil ne soit placé à bord, un service religieux a lieu en présence de plus de 200 Libanais de New York, de Boston, de Providence et de Fall River. Plusieurs des personnes présentes, tant d'origine arabe qu'américaine, font l'éloge funèbre de Gibran, et une couronne offerte par les 700 Libanais de Providence est déposée sur le cercueil[23]. »

Quatre semaines plus tard, le bateau arrive à Beyrouth, et la ronde des cérémonies se poursuit, cette fois sur une échelle beaucoup plus impressionnante. Le cercueil est accueilli sur le quai par une délégation officielle conduite par les ministres de l'Intérieur et de l'Éducation. L'un d'eux appose solennellement sur la bière un motif décoratif, ainsi que l'a décrété le gouvernement, puis le cercueil est enveloppé dans le drapeau libanais et escorté jusqu'à la cathédrale maronite Saint-Georges, où l'attend l'archevêque Ignatius Mobarak. Dans l'après-midi, Charles Debbas, le chef de l'État, préside une réception donnée en l'honneur du défunt. Le cercueil reste une journée et une nuit complètes dans la cathédrale, entouré d'une garde d'honneur de trois cents jeunes hommes originaires de la région de Bcharré. Puis le voyage de quatre-vingt-seize kilomètres commence. Dans chaque ville ou village, les habitants rendent hommage à leur compatriote. Deux cents voitures et une centaine de cavaliers encombrent la route. Resté à New York, Salloum Mokarzel reçoit des informations du Liban et raconte au *Times* le périple :

> À diverses étapes, tout au long de la route, de jeunes hommes en costumes aux couleurs vives s'engagent dans de fougueux combats à l'épée devant le lent corbillard. D'autres suivent en chantant des airs martiaux ou en improvisant des éloges funèbres. Dans une ville près de Jbail, la Byblos antique, lieu de culte de la déesse Astarté, un groupe de jeunes filles s'avance vers le corbillard transportant le défunt. Leurs amples robes flottent autour d'elles, leurs longs cheveux tombent en lourdes ondulations sur leurs épaules. Elles aussi chantent les louanges de Gibran, mais elles le font comme s'il était encore en vie, l'accueillant comme « le beau fiancé de [leurs] rêves ». Elles jettent des roses devant le corbillard et du parfum sur la bière.

Ces démonstrations et cet apparat — « qui tenaient plus de l'entrée triomphale que de funérailles » vont rester gravées dans les mémoires. Dans une lettre qu'elle envoie à Noël à ses amis norvégiens Birger et Matta Lie, anciens membres de sa « cour », Rose O'Neill glisse une coupure du *Times*, sous laquelle elle écrit ces mots : « N'est-ce pas charmant, ces jeunes hommes en costumes du pays qui se battent à l'épée devant le corbillard ? Comme Khalil aurait aimé cela ! » Il est vrai que cet homme, qui toute sa vie a été à la recherche de la célébrité et de la gloire, a reçu plus que sa part d'hommages après sa mort. Et ce personnage, qui n'a jamais fréquenté les églises et n'a pas hésité à critiquer le clergé, aurait sans nul doute été amusé par toutes ces cérémonies.

Le corps de Gibran a donc été d'abord exposé à New York, puis transporté en train jusqu'à Boston, où on l'a de nouveau laissé à la vue du public avant de le mettre en terre à l'église Notre-Dame-des-Cèdres. Il a ensuite été exhumé et placé à bord d'un paquebot qui l'a ramené au Liban. Là-bas, après avoir été exposé pendant vingt-quatre heures dans la cathédrale Saint-Georges, il a été escorté le long des routes poussiéreuses menant à la montagne libanaise. Mais le voyage ne s'est pas arrêté là. Une fois arrivé à Bcharré, il a fallu attendre, dans l'église

Saint-Jean, que le tombeau qu'on lui destinait soit prêt à le recevoir. Le site choisi était le vieux monastère abandonné de Mar Sarkis (Saint-Serge) — que Gibran désirait tellement acquérir quelques années déjà avant sa mort. Mariana l'achètera au début de l'année 1932, et on en fera un mausolée et un musée dédié à son frère. C'est là que repose aujourd'hui le poète. Peu de dépouilles ont fait un parcours aussi agité avant de trouver le repos. On pourrait dire que toutes ces péripéties reflètent la fébrilité d'un homme qui, tout au long de sa vie, n'a jamais trouvé son identité, a été déchiré par les dichotomies entre l'Orient et l'Occident, entre l'homme et le mythe, et n'a jamais cessé de lutter pour se trouver — ou peut-être s'oublier — en travaillant sans relâche.

Aux yeux du visiteur occidental, l'ultime lieu de repos de Gibran paraît d'abord trop orné, trop voyant. Un Américain, dans les années 1970, déclare : « Un tas de romantiques vont me détester pour ce que je vais dire, mais je crois qu'il vaut mieux qu'ils le sachent : Khalil Gibran est enterré dans une boutique de cadeaux. » Heureusement, des travaux récents ont redonné un peu de décorum aux lieux. L'intérieur du monastère du VIe siècle est frais, le visiteur s'y déplace de cellule en cellule, et chacune d'elles est ornée des plus beaux tableaux de Gibran. Ses livres sont classés sur des rayonnages, et les carnets de notes, les manuscrits et les objets personnels recueillis dans l'atelier de New York sont exposés dans des vitrines.

Le cercueil se trouve dans une grotte creusée à même le roc. L'ouverture étroite est cachée par une sculpture naturaliste abstraite qui semble avoir été taillée dans les racines d'un cèdre (le dernier groupe de cèdres qui a survécu se trouve à proximité du village). Étrangement, il semble que le cercueil soit vide : on peut voir, à travers une fissure, le mur qui est situé derrière. Il faut en conclure que des responsables ont décidé un jour de retirer le corps de Gibran du cercueil, tout en laissant croire aux visiteurs qu'il est toujours là. Des stalagmites et des stalactites artificielles ornent murs et plafond et entourent le cercueil. La sobriété du lieu en souffre. Une niche a été creusée au-dessus de l'ouverture, dans laquelle se trouve une petite statue de la Madone avec l'Enfant, sans doute rapportée de l'atelier de Gibran. Une inscription en arabe annonce aux visiteurs qu'ils se trouvent dans « La maison de Gibran, 1931. » Une autre inscription, à droite, sur une planche en bois, dit ceci : « Un mot que je veux voir écrit sur ma tombe : je suis vivant comme vous et je suis maintenant à vos côtés. Fermez les yeux, regardez autour de vous, vous me verrez. » Le lit de Gibran, quelques chevalets, un magnifique tapis arménien et un retable qui ornait un des murs de l'Ermitage sont disposés dans la grotte.

Barbara Young a certainement visité cet endroit, ainsi que la ville natale de Gibran. On ne saurait dire si Mary Haskell a fait le voyage, mais j'aime l'imaginer, après la mort de Florance en 1936, faisant le long pèlerinage vers l'est et s'arrêtant quelques heures dans la fraîcheur du vieux monastère pour y penser au passé — à tout ce qui a été et aurait pu être.

La vie de Khalil Gibran a donc pris fin mais, comme nous le savons, il fait partie des rares écrivains dont l'œuvre a non seulement survécu à leur disparition, mais s'est prolongée de génération en génération, attirant sans cesse de nouveaux lecteurs. Aujourd'hui, des signes qui ne trompent pas manifestent un renouvellement de l'intérêt du public pour le poète et pour son œuvre — l'augmentation des ventes de ses livres, bien sûr, mais aussi l'approche plus globale dont son œuvre fait l'objet. Alors que l'Occident ne connaissait généralement de Gibran que *Le Prophète*, et que les traductions de ses écrits arabes laissaient à désirer, il existe maintenant de bonnes traductions de ces premiers textes, qui vont révéler enfin une facette méconnue du poète à de nouvelles générations de lecteurs. De plus en plus d'expositions de ses dessins et peintures s'organisent. Des tableaux de Gibran ont été présentés dans le cadre d'une exposition tenue en 1976 à l'occasion du bicentenaire de l'indépendance américaine à la National Portrait Gallery, à Washington. Le thème de cet événement : « Abroad in America : Visitors to the New Nation ». On a aussi pu voir ses œuvres, en 1979, lors d'une importante manifestation consacrée aux symbolistes américains, à New York, à l'University's Grey Art Gallery, et au Spencer Museum of Art de l'université du Kansas. Dix ans plus tard, plusieurs tableaux de Gibran sont montrés lors d'une exposition à Londres et à Paris. La même année, une rétrospective de ses œuvres a lieu du 25 mai au 24 juin à la Baghoomian Gallery de New York. On peut y voir cinquante-deux peintures et dessins prêtés par le Telfair Museum de Savannah. Cette exposition est tout simplement intitulée : « Khalil Gibran : Paintings and Drawings, 1905-1930 ». Bien que très peu de tableaux de Gibran soient exposés en permanence au Telfair Museum, d'autres pièces ont été exhumées, en 1994, du sous-sol où elles sont entreposées pour figurer dans une exposition intitulée : « To Discover Beauty : The Art of Khalil Gibran ». Une autre grande exposition d'œuvres prêtées par le musée de Savannah s'est tenue en 1995 au Detroit Institute of Arts : « Speak to Us of Beauty : The Paintings and Drawings of Khalil Gibran ». Et finalement, un grand événement s'est déroulé à l'Institut du monde arabe, à Paris, du 26 octobre 1998 au 17 janvier 1999, au cours duquel on a pu voir des tableaux venus de Bcharré et de Savannah.

Dans une autre perspective, il semble que Gibran commence à attirer l'attention des intellectuels. Au début des années 1970, le professeur Souheil Boushroui organise deux conférences internationales sur Gibran à Beyrouth (Mikhaël Nouaymé est l'invité d'honneur de la première, en 1970). En 1997, on annonce sur Internet la tenue d'une autre conférence, placée également sous la responsabilité de Boushroui, à l'université du Maryland. Les plus récents traducteurs de Gibran sont des universitaires, et des commentaires de son œuvre figurent dans quelques manuels scolaires d'histoire de la littérature arabe.

Ces tendances sont très positives. Dans le chapitre 10, j'ai souligné cette ironie du sort : Gibran, qui a tenté toute sa vie d'unifier ses rôles de poète et de prophète, les a vus séparés par les circonstances historiques, au point de n'être plus considéré que comme poète en Orient et comme prophète en Occident. Il faut espérer que l'approche plus globale qui se dessine en Occident pourra en quelque sorte combler ce fossé, afin qu'il soit reconnu à la fois comme poète et comme prophète[24].

Qui se procure les livres de Gibran ? Au cours de mes recherches dans un grand nombre de bibliothèques américaines, des employés curieux me demandaient parfois à quelle œuvre je travaillais. Lorsque je leur apprenais que j'écrivais une biographie de Khalil Gibran et soulignait le fait que ses livres continuaient à se vendre, ils me faisaient presque tous la même réponse : « Oui, il y a un tas d'adolescents qui aiment ça. » Il s'agit là d'une idée répandue, et peut-être exacte, qui veut que les acheteurs des livres de Gibran soient principalement des jeunes. Mais il y a aussi des gens qui achètent *Le Prophète* pour faire un cadeau symbolique à l'occasion d'un anniversaire, ou pour en lire un extrait à une fête de mariage ou à des funérailles.

Knopf lui-même ne donne pas de réponse précise à la question. « Cela doit correspondre à un culte, dit-il, mais je n'ai jamais vu aucun de ses membres. Je n'ai pas rencontré dans ma vie cinq personnes qui avaient lu Gibran[25]. » Il y a une bonne dose de mauvaise foi dans cette boutade. Dans les années 1920, Knopf publiait des auteurs comme Bynner et Bragdon, qui faisaient tous deux partie des amis et lecteurs de Gibran. Ce qui est intéressant, c'est que ces ouvrages demeurent des livres cultes, même s'ils sont trop populaires pour être qualifiés d'avant-gardistes. Ils se vendent grâce à ce que l'on appelle le bouche à oreille. L'unique fois où Knopf essaie de faire de la publicité pour *Le Prophète*, à la fin des années 1920, il se rend compte que les ventes diminuent légèrement. Il ne réitérera jamais[26].

Supposons, pour le plaisir de la discussion, que le marché principal des livres de Gibran — et je parle avant tout du *Prophète* — soit surtout constitué d'adolescents et d'étudiants. Que nous révèle la nature de ce public sur le type de fascination qu'exerce l'ouvrage ? Le livre a-t-il duré parce qu'il est composé de séduisantes platitudes, ou parce que son contenu éveille chez le lecteur des pensées profondes ? Tout d'abord, il est important de bien comprendre que, si les acheteurs habituels sont des jeunes, cela ne veut pas dire pour autant que le livre mérite le vague mépris dont l'honorent souvent les intellectuels. Les éditeurs de *The Seven Arts* et de *Dial* n'étaient pas des idiots. Ils n'ont pas publié Gibran parce qu'ils avaient une demi-page vide à remplir, ils l'ont fait parce qu'ils le trouvaient bon — et pas seulement « bon dans son genre » —, et parce qu'ils le jugeaient unique. Ces éditeurs ont également publié T. S. Eliot, E. E. Cummings, Robert Frost et d'autres. Deux conclusions s'imposent. La première est que, si de nos jours les intellectuels n'ont que du mépris pour Gibran, ce ne peut qu'être dû au fait qu'il est à la mode. À son époque, Gibran était accepté dans les plus hautes sphères de la littérature. La seconde est que Gibran mérite d'être relu avec un regard neuf, dénué de cynisme, avec des yeux encore capables de s'ouvrir aux horizons lointains d'une quête spirituelle, des yeux qui ne sont pas déjà brouillés par le fardeau de l'endettement, des hypothèques et du boulot quotidien. L'essence de la pensée de Gibran est que, selon les mots de Bragdon, il n'existe « rien de plus élevé que l'humain ». Nous possédons tous un moi plus grand et, du fait de la puissance du désir évolutionniste de Dieu, nous avons la capacité de nous développer à l'intérieur de ce moi. L'idée nietzschéenne ou romantique voulant que nous soyons plus grands que nous ne le pensons interpelle, bien sûr, tous ceux qui, comme les adolescents, sont emplis d'eux-mêmes ; mais ne serait-il pas souhaitable qu'un plus grand nombre de personnes atteignent cette grandeur ? Ils seraient ainsi en mesure de découvrir leur potentiel et refuseraient la médiocrité de leur existence.

Dans *The House of Mirth*, Edith Wharton fait dire à Selden : « Pourquoi appelons-nous illusions toutes nos idées généreuses, et vérités nos idées mesquines ? » La réputation de Gibran a certainement souffert de cette forme de cynisme et d'insensibilité qui pousse l'homme à se montrer trop désinvolte, trop prompt au dédain. La richesse de Gibran réside précisément dans le fait qu'il prône la simplicité dans un monde complexe. Lorsque des idées séduisent ceux qui ont des oreilles pour entendre et des yeux pour voir, qui peut oser prétendre qu'elles ne sont pas bonnes ? Les catégories plus élevées, de l'ordre du général, sont toujours plus simples que les catégories inférieures, de l'ordre du spécifique. Il est vrai que les idées de Gibran finissent parfois par devenir de réconfortants placebos, mais n'importe quelle idée peut subir le même sort. Un grand nombre de chrétiens croient qu'ils n'ont aucun travail à faire sur eux-mêmes parce que le Christ est mort sur la croix pour racheter leurs péchés. Leur fainéantise n'invalide pas le message du Christ. En outre, une idée n'est un placebo réconfortant que si elle est adoptée avec un tel enthousiasme que tout inconfort est ignoré, que le côté obscur de l'existence est totalement nié. Mais rien ne prouve que Gibran soit lu de cette manière et non pas comme un poète qui offre un rafraîchissement passager au lecteur dans un monde sinistre et qui confirme la validité des aspirations juvéniles, spirituelles et antimatérialistes.

Gibran est accusé, avant toute chose, d'être sentimental et vague. Attardons-nous un moment sur ces deux défauts, et essayons de les séparer l'un de l'autre, bien qu'ils soient reliés. Dans les deux cas, je crois que ces prétendus travers ont, dans l'œuvre de Gibran, de bons et de mauvais côtés. En d'autres mots, je pense que, sous ces deux angles, il faut éviter de rejeter d'emblée la pensée de Gibran. L'accusation de sentimentalisme — dans le sens de mièvrerie — n'est faite, pour commencer, que par ceux qui ont lu uniquement *Le Prophète* et se sont bien gardés de prendre connaissance du reste de l'œuvre, qui comporte des aspects plus durs, plus âpres. On ne peut le nier, Gibran se montre parfois sentimental. Selon moi, cette faiblesse vient de ce qu'il reste cantonné dans la tradition romantique sans posséder la technique et la profondeur de l'expérience des grands romantiques. Si on relit Keats, Wordsworth ou Shelley, on s'aperçoit tout de suite qu'ils savent de quoi ils parlent et ne se contentent pas de débiter des lieux communs. La fermeté de leur pensée élève la plupart de leurs écrits au-dessus du bourbier du sentimentalisme, dans l'air raffiné des émotions profondes. Comme je l'ai souligné à plusieurs reprises, Gibran semble s'être *attribué* un caractère romantique — bien que ce dernier découlât d'une sensibilité innée et d'un vécu douloureux — mais il n'avait pas le talent nécessaire pour racheter son ton ampoulé et le transformer en grande littérature.

Toutefois, sous le sentimentalisme, se cache toujours l'émotion d'un écrivain qui se sert de son cœur pour s'adresser à d'autres cœurs. Quant aux cyniques endurcis, ils courent le risque de glorifier la tête au détriment du cœur. « Lorsque la Vie ne trouve pas un chanteur pour chanter son cœur, dit Gibran dans *Le Sable et l'Écume*, elle produit un philosophe pour exprimer raisonnablement ce qu'elle pense. » On sait qui des deux il préfère et à qui il s'identifie. Il ne se préoccupait que d'en appeler au cœur. Le juger cérébralement, c'est donc s'égarer sur une mauvaise voie. « La pensée est toujours la pierre d'achoppement de la poésie[27] », dit-il. C'est ici qu'intervient la nécessité d'un regard neuf. Si Gibran écrit avec clarté et simplicité, persuadé que chaque expérience est en elle-même simple et claire, nous devrions peut-être réagir à ce qu'il nous dit en nous débarrassant de quelques couches de rationalité et en nous ouvrant à des nourritures plus proches de l'émotion. Les adolescents, et ceux qui vivent des situations qui les rendent vulnérables (mariages et funérailles, par exemple), possèdent cette capacité de réagir avec le cœur.

Pour en revenir au caractère « vague » de ses propos, il faut bien dire que cette disposition lui a été souvent reprochée au cours de son existence, et même par ses amis. Mais ce trait peut être une force aussi bien qu'une faiblesse. Les mots que certaines personnes sont parfois tentées de qualifier de « vagues » peuvent tout simplement n'être que l'expression de la volonté de capturer l'une de ces abstractions ou de ces généralités qui défient le langage ordinaire. Gibran en arrive même à faire de l'imprécision un choix et à s'en justifier lorsque, dans *Le Prophète*, il fait dire à Almoustafa : « Si ces paroles sont vagues, alors ne cherchez pas à les rendre claires. Vague et nébuleux est le commencement de toutes choses, mais non leur fin. Et je voudrais que vous vous souveniez de moi comme d'un commencement. » L'impression de vague peut aussi résulter du fait qu'un auteur ne s'explique pas, ce qui est une lacune regrettable dans certains types d'écrits. Si, en philosophie, nous sommes en droit d'attendre de l'auteur qu'il mette les points sur les « i », il en est souvent tout autrement lorsqu'il s'agit de textes religieux ou spirituels. Dès qu'un auteur commence à s'expliquer — dès que les mots « mais » et « parce que » apparaissent —, il fait alors appel à l'esprit logique et rationnel du lecteur, lui demandant de rester en éveil et d'être en accord avec ce qu'il avance. Mais il est dans la nature de l'esprit rationnel, lorsqu'il est éveillé, de ne pas être d'accord avec certaines choses et de trouver des moyens de les remettre en question. En revanche, certains textes spirituels et poétiques parlent simplement, avec autorité, et n'exigent aucune discussion. Toute la discussion s'est faite dans le silence, avant que la plume ne se pose sur la feuille. Dans toutes les religions, les écritures sacrées font partie de ces textes. Il en est de même pour presque toute la poésie. Or, ces écritures et cette poésie ont été les modèles de Gibran. « L'inspiration chantera toujours ; jamais elle n'expliquera[28]. » Gibran croit, et ses amis les plus proches l'encouragent, qu'il est un prophète investi d'un message inspiré qu'il doit transmettre à l'humanité.

Il peut donc y avoir une force considérable dans ce qui est vague, si le flou est utilisé à bon escient et étayé par une expérience authentique résultant d'une réflexion profonde. Pour illustrer cette conclusion, examinons l'affirmation d'Arthur Symons : « Tout art déteste le vague.

Non pas le mystérieux, mais le vague. Deux éléments opposés très couramment confondus, comme le secret et l'obscur, l'infini et l'indéfini. » Symons a raison et, partant de ce point de vue, nous pouvons dire que Gibran tombe de temps à autre dans un piège qui l'empêche de faire la distinction entre le vague et le mystérieux, le fini et l'indéfini. Il y a une différence entre le caractère insaisissable du *Tao Te Ching*, par exemple, et celui de quelques paraboles de Gibran. De grands passages des Écritures soulèvent parfois le voile brièvement et nous montrent ce que nous savons de toute éternité. Gibran, lui, masque trop souvent ce qu'il essaie de révéler. En outre, dans la mesure où il fait exclusivement appel aux sentiments, on a parfois envie de le mettre, comme tous les relativistes, au défi d'expliquer quel rôle jouerait un code moral objectif et extérieur s'il ne suffisait pas d'être « fidèle à ses propres sentiments ». Comme le dit un contemporain de Gibran, l'écrivain James Huneker : « Sans dogme, une religion est comme un corps sans squelette. »

Gibran est arrivé à la fin d'une longue tradition romantique et platonicienne dans la littérature occidentale. Il en a absorbé les idées et les doctrines durant son adolescence et les a par la suite diffusées, sans avoir rien de particulièrement neuf à y ajouter. Son talent ne s'appuyait malheureusement pas sur la technique qui lui aurait permis de produire des textes littéraires d'une grande puissance. Dans cette perspective, on peut juger son œuvre insatisfaisante et peu originale, mais il faut reconnaître son talent. En fin de compte, très peu de livres peuvent en eux-même être plus que des déclencheurs. La grande force de Gibran est qu'il amène le lecteur à se souvenir qu'il ne faut jamais balayer les faits extraordinaires sous le tapis pour mieux les ignorer. Il a le pouvoir d'engager ses lecteurs à se lancer dans une quête existentielle et de les inviter à élargir leur vision d'une réalité riche et pleine de sens.

Le charme de Gibran repose sur sa capacité à communiquer ses idées avec une clarté, une concision et une simplicité susceptibles de faire vibrer ceux qui sont ouverts à son message. C'est la raison pour laquelle toutes les tentatives pour résumer sa pensée — même celles, superficielles, faites dans ce livre à la faveur de l'examen de ses ouvrages — peuvent paraître quelque peu malhonnêtes[29]. C'est, jusqu'à un certain point, comme chercher à enfoncer une cheville carrée dans un trou rond, car le pouvoir de séduction de Gibran réside surtout dans ses aphorismes, qui forment de petits noyaux de pensée et frappent individuellement le lecteur, sans faire partie d'un corps de pensée cohérent. Toutefois, si j'avais à résumer le message de Gibran en une seule phrase, je m'inspirerais de ses propres paroles. En 1925, dans une lettre à Witter Bynner (datée du 14 avril) que ce dernier reprendra dans un de ses articles, Gibran affirme qu'en Orient son message — le gibranisme — est interprété comme une recherche de « la liberté en toutes choses ». Dans ses premiers écrits, il prône une liberté sociale et politique. Plus tard, à l'époque du *Prophète*, il prône l'exercice d'une liberté métaphysique. Il n'y a pas de mal à aider les gens à entrevoir la liberté et, même si à l'instar de certains critiques on considère l'œuvre de Gibran comme banale et sentimentale, il n'en reste pas moins qu'elle parle de liberté. Et n'oublions pas que les personnes qui pensent qu'un message de liberté peut être dangereux sont justement celles qui veulent nous contraindre et nous emprisonner.

L'évocation de ce message de liberté nous amène à parler d'un autre aspect fascinant du succès posthume de Gibran. Une analyse superficielle des ventes de ses livres montre que ces derniers sont extrêmement populaires en Occident au cours années 1960 et 1970. Les années 1960, en particulier, sont une décennie où l'idée de liberté est dans l'air, on prétend alors que chaque hippie a un exemplaire du *Prophète* dans son sac à dos. Il y a deux points sur lesquels j'aimerais m'attarder ici. Le premier touche à ce que nous pourrions appeler la « correspondance culturelle », le second concerne le degré précis d'influence que Gibran a eue sur la contre-culture des années 1960 et des décennies suivantes.

L'idée de correspondance culturelle pourrait s'expliquer de la façon suivante. Lorsque Gibran écrit, à la fin des années 1910 et au début des années 1920, il est entouré d'une jeunesse qui prône l'hédonisme et la libération de ce qu'elle perçoit comme des mœurs dépassées et autoritaires. Les jeunes affichent leurs différences grâce à des vêtements et des coiffures excentriques ; ils ont leur propre musique, leurs danses, leur jargon underground, toutes choses auxquelles la « vieille génération » n'a pas accès. Leur quête de sens passe par la consommation d'alcool principalement, mais aussi de haschich, et met un fort accent sur la libre expression individuelle et la promiscuité sexuelle. Tout cela rappelle inévitablement la période hippie — qui, au sens strict, commence en 1967 et se termine en 1969, bien que des historiens y ajoutent parfois quelques années, aussi bien avant qu'après. Il y a bien sûr des différences entre la jeunesse des années 1920 et celle des années 1960. La première ne s'oppose pas au rationnel et à la technocratie matérialiste comme le fera la seconde. Il est difficile d'imaginer Scott Fitzgerald et ses admirateurs posant des gestes symboliques semblables à ceux qu'accompliront les hippies et la nouvelle gauche — comme l'exorcisme et la lévitation devant la Maison-Blanche en 1967. En fait, la jeunesse des années 1920 est favorable au progrès technologique. Néanmoins, on peut faire un parallèle entre les deux générations et, si Gibran possède la même aspiration à la liberté que ses contemporains et la reflète dans ses livres, il n'est pas surprenant que les ventes de ces derniers soient si exceptionnelles à la fin des années 1960.

Ces ventes restent appréciables dans les années 1970 et très bonnes dans les années 1980. En ce qui concerne ces décennies, et même celles qui les suivent, la popularité de Gibran doit être envisagée beaucoup moins en termes de correspondance entre son narcissisme et celui, apparent, de cette époque qu'en fonction du phénomène suivant : à la suite du mouvement hippie, les années 1970 et suivantes voient le développement du Nouvel Âge. Gibran fait dire à Almoustafa : « Je voudrais que vous vous souveniez de moi comme d'un commencement [...]. » Je pense que l'on peut dire que Gibran est l'un des pères fondateurs du Nouvel Âge.

Le moyen le plus simple de s'en convaincre est de relever les principaux traits du Nouvel Âge et de voir de quelle manière ils correspondent au gibranisme. Comme Heelas et d'autres l'ont montré, le Nouvel Âge n'est pas vraiment le fourre-tout que l'on a souvent dénoncé. Si ce mouvement n'est pas en réalité unifié, il n'en est pas moins une matrice dans laquelle certaines convictions se côtoient. La plupart des groupes du Nouvel Âge agréent à la majorité des énoncés suivants — et peut-être à tous : la vie courante reflète la vie spirituelle et en est imprégnée ; les êtres humains possèdent un moi plus grand, plus spirituel, qui peut et doit agir comme leur centre essentiel ; le monde est plus riche que ce que l'œil et les autres sens peuvent percevoir, même avec l'aide d'instruments scientifiques ; le but de toute existence est d'apporter l'amour et la lumière dans cette vie ; toutes les religions sont des expressions de la même réalité intérieure (le dogme rigide et la prêtrise sont donc inutiles) ; chacun est libre de choisir sa propre voie spirituelle ; toutes les vies sont reliées les unes aux autres ; nous sommes responsables collectivement de notre état et de celui de notre environnement ; nous sommes maintenant dans une époque, le Nouvel Âge, où un changement fondamental est en train de se produire, et tout évolue vers un avenir plus spirituel.

Il est devenu évident, à la fin de cette biographie, qu'il n'y a rien dans ces mots d'ordre qui ne pourrait avoir été prélevé directement dans l'œuvre de Gibran, ou dans la philosophie qu'elle préconise implicitement. Le Nouvel Âge porte à la fois les forces évolutionnistes et les faiblesses humanistes de la pensée de Gibran. Mais, même si cela paraît presque trop évident pour être souligné, on peut dire que Gibran a été constamment oublié. Dans *Les Enfants du Verseau*, Marilyn Ferguson évoque la façon dont un grand nombre des prédécesseurs de Gibran ont préparé le changement de paradigmes scientifiques et spirituels qu'elle explore, de Maître Eckhart aux transcendantalistes en passant par H. G. Wells, Pierre Theilhard de Chardin et Alfred Korzybski — mais elle ne mentionne jamais Khalil Gibran. Dans son analyse méticuleuse des racines historiques du Nouvel Âge, Hanegraaff néglige également Gibran. Mais il faut le répéter : à l'heure qu'il est, et en langue anglaise seulement, on a vendu dix millions de ses livres, et ceux-ci ont sans aucun doute laissé leur empreinte dans l'esprit du public.

Je pense que Gibran est l'un des inspirateurs méconnus du Nouvel Âge, et que son influence s'est manifestée dans les années 1960 et au début des années 1970, lorsque la vente de ses livres a atteint un sommet. Il est toujours difficile de déceler la cause première d'un phénomène de grande envergure, comme le mouvement hippie ou le Nouvel Âge. Roszac a synthétisé en six grandes rubriques les influences qui se sont exercées sur ce qu'il appelle « la frontière du Verseau » — et il a divisé chacune d'elles en vingt sous-rubriques. Toutefois, il ne fait aucun doute pour moi que le rôle de Gibran a été de reformuler, en symboles facilement accessibles, le message fondamental des romantiques et des transcendantalistes qui l'ont principalement influencé, soit Blake, Nietzsche, Rousseau, Maeterlinck, Carpenter, Emerson et Whitman. Gibran a retransmis ce message aux générations suivantes sous une forme très facile à assimiler. Je ne puis affirmer que, sans lui, le Nouvel Âge ne serait pas, mais je suis convaincu qu'il a eu une énorme influence sur ce mouvement.

Dans cette perspective, Gibran se révèle être une importante figure historique car, contrairement à ce que beaucoup d'observateurs aimeraient croire, le Nouvel Âge est un phénomène majeur. Très peu de hippies des années 1960 et des années 1970 sont aujourd'hui semblables à ce qu'ils étaient. Il se sont « vendus », pourrait-on dire, mais dans une certaine mesure seulement, pas toujours entièrement. Ces gens sont maintenant dans la quarantaine ou la cinquantaine. Certains d'entre eux occupent des postes clés qui leur confèrent pouvoir et autorité dans la société ; mais ils n'ont pas oublié les valeurs intégrées dans le passé. Le Nouvel Âge a déjà apporté des changements fondamentaux au sein de la société : la médecine parallèle n'est plus « alternative » et les services médicaux ne seront plus jamais les mêmes ; notre attitude envers l'environnement a définitivement changé ; la croissance qualitative est maintenant considérée par beaucoup comme aussi importante que la croissance quantitative ; la préservation des ressources est un choix plus prometteur que celui de l'exploitation ; l'administration des affaires est en train de perdre son caractère impersonnel et son autoritarisme maladroit ; on assiste à un déclin marqué des formes traditionnelles de culte et d'expression religieuse. Il est vraisemblable que des changements du même type verront le jour dans d'autres domaines.

Si cette révolution est en partie héritée de Gibran, cela révèle une autre dimension de sa créativité. Sa fécondité ne découle pas seulement de la quantité de travail qu'il a abattu, mais aussi du fait qu'il a semé des graines pour l'avenir. Pourtant il s'est comporté, l'ai-je assez dit, dans beaucoup de circonstances de sa vie, comme un homme difficile et peu sympathique. Il avait du charisme, était intelligent et talentueux ; il était de ces gens que l'on admire et que l'on prend volontiers pour guide. Mais c'était aussi un menteur consommé, un homme arrogant, narcissique, faussement modeste, s'apitoyant volontiers sur son sort, faible, incapable de faire la distinction entre le fantasme et la réalité. Et il a abusé de la générosité de Mary Haskell.

Lorsque j'écrivais ce livre, deux images ne cessaient de se présenter à mon esprit. La première montre Gibran seul dans l'Ermitage, observant les étoiles à l'aide d'un télescope acheté en 1921[30]. Il a une fascination pour l'astronomie — Mary apaise sa faim en lui apportant des livres sur le sujet et surtout en lui procurant un fragment de météorite, que Gibran garde serré dans la main pendant la nuit[31]. L'image est celle d'un homme triste et solitaire, qui ne se sent nulle part chez lui dans ce monde et qui a transformé sa solitude en évangile de l'isolement, l'appelant « réalité fondamentale » et « source de toutes les richesses[32] ». Malgré toutes les affirmations de Gibran sur le caractère sacré de la vie, on sent bien que la liberté qu'il a trouvée dans ce qu'il nomme « la conscience planétaire » est en fait la liberté de se détacher des complexités du monde réel. Dans le premier chapitre de cet ouvrage, je me demandais quel était le véritable visage qui se cachait derrière les masques de Gibran. Nous savons maintenant qu'il était, au fond, un être solitaire et effrayé, privé de repères dans un monde étranger, cherchant désespérément un refuge dans son travail, dans des figures maternelles, dans ses masques, et finalement dans l'alcoolisme.

La seconde image est plus complexe. Comme je l'ai déjà dit, Gibran a eu un grave accident dans son enfance. Son récit nous est rapporté dans le journal de Mary Haskell du 30 juin 1915 :

> Quand j'avais dix ou onze ans, je suis allé un jour dans un monastère avec un autre garçon — un cousin un peu plus vieux que moi. Nous marchions le long d'une falaise, à plus de mille pieds de haut. Le chemin avait un garde-fou, mais il n'était pas solide, et nous sommes tombés. Nous avons roulé pendant cent cinquante mètres sur le flanc de la colline. Mon cousin s'est fracturé une jambe, et j'ai eu plusieurs blessures et des coupures profondes à la tête. Je me suis aussi démis l'épaule. Elle s'est replacée de travers — trop haut et vers l'avant. Alors on a rétabli la bonne position et on m'a attaché sur une croix [...] et je suis resté ainsi pendant quarante jours.

Devenu homme, Khalil sera un jour en proie à une illusion messianique et déclarera, séparément, à ses amis les plus proches, Mary Haskell et Witter Bynner, que le Christ a été *attaché à une croix pendant quarante jours* ! Voilà bien une extraordinaire coïncidence ! Même si on peut soupçonner cette histoire d'être inventée ou déformée par le souvenir, l'image est frappante. Dans mon esprit, les deux branches de la croix symbolisent une dichotomie entre l'Orient et l'Occident ou entre l'homme et le mythe, ou entre les deux à la fois. Gibran n'a jamais su qui il était : il a trouvé un foyer en Occident en se présentant comme un Oriental exotique, et il est devenu célèbre en Orient en critiquant les coutumes occidentales selon un point de vue résultant de sa lecture des romantiques occidentaux. Il a endossé la peau d'un personnage à un très jeune âge et s'est identifié si étroitement à lui qu'il est devenu pratiquement impossible de retrouver l'homme derrière le mythe. En outre, le rôle qu'il a choisi de jouer était à la fois celui de poète et de prophète, et il lui a été difficile de se montrer à la hauteur de ce rôle. Selon moi, Gibran a été crucifié sur ces dichotomies. Divers signes nous ont révélé qu'il était, en dépit des apparences, un homme profondément malheureux et insatisfait. Sa relation particulière avec May Ziadeh, son alcoolisme, l'aveu qu'il fait à Mikhaël Nouaymé concernant son incapacité à vivre en accord avec l'image qu'il projette le prouvent. Gibran n'était pas un homme parfait, et un gourou doit être parfait. Mais bien qu'il ait pu en souffrir en secret, écartelé sur la croix de ses polarités, et qu'il se soit finalement brûlé au feu de la tension créée par elles, son incapacité à les réconcilier a été une source de force aussi bien que de souffrance. La polarité crée de l'énergie. Gibran, toujours en mouvement, l'a investie dans son travail. Puissions-nous, comme lui, transformer nos contradictions et nos complexes en sources d'énergie créatrice ! Gibran a été suffisamment créatif, comme je l'ai souligné, pour être en mesure d'influencer les générations futures, et pas nécessairement de façon négative. Comme ce n'était pas un mauvais homme, la question de savoir si la fin justifie les moyens ne se pose pas. Il était tout simplement un être troublé, inquiet, incapable de coller à son idéal de prophète, incapable de supporter sa réalité d'être humain.

C'est dans *Le Sable et l'Écume* qu'il a écrit son épitaphe :

> Même l'esprit le plus ailé ne peut échapper aux impératifs physiques.

NOTES

Un certain nombre d'abréviations ont été utilisées dans les notes pour désigner les sources les plus fréquemment citées :

K. G., L. W. pour *Khalil Gibran : His Life and World*, la biographie de Jean et Khalil Gibran ;

K. G. pour Khalil Gibran (correspondance) ;

M. H. pour Mary Haskell (journaux et correspondance) ;

J. P. pour Josephine Peabody (journaux et correspondance) ;

C. T. pour Charlotte Teller (correspondance) ;

M. Z. pour May Ziadeh (correspondance).

CHAPITRE 1

De l'Est à l'Ouest

1. En mai 1908, Gibran dit à Mary Haskell qu'il s'est fait environ trois cents amis sur le bateau durant la traversée vers l'Amérique. Il s'agit là d'un pur fantasme. Il n'en reste pas moins que Gibran a pu charmer les gens qui l'entouraient, même s'il ne parlait pas leur langue.

2. Henry James, *La Scène américaine*, La Différence, coll. « Latitudes », Paris, 1993.

3. Souheil Hanna, « An Arab Expatriate in America : Kahlil Gibran in His American Setting », doctorat en philosophie, Université de l'Indiana, 1973.

4. Jean et Khalil Gibran, *Kahlil Gibran : His Life and World*, Interlinck Books, New York, 1974.

5. Référence n° M237 38-39/643. Sur le bateau, les Rhamé et leurs compatriotes sont clairement désignés comme « Syriens », ce qui contredit Alixa Naff (*Becoming American : The Early Arab Immigrant Experience*, Southern Illinois Press, Carbondale, 1985) lorsqu'elle nie le fait que les services d'immigration américains ont reconnu l'ethnie syrienne avant 1899.

6. K. G. à J. P., 6 janvier 1906.

7. K. G., L. W., *op. cit.*

8. Le site est aujourd'hui utilisé dans des buts divers : en 1979, l'armée libanaise y a ajouté une inscription. La plupart des gravures anciennes ont été presque effacées par

les intempéries, l'air corrosif de la mer et la pollution. Une route principale a été creusée et forme un tunnel sous le roc, où se trouvent presque toutes les inscriptions.

9. Le Liban compte aujourd'hui un million de maronites et cent mille druzes, ainsi que d'autres sectes chrétiennes. Le nombre de musulmans et de chrétiens est à peu près identique.

10. Une conscience aiguë des racines religieuses perdure au Liban, même de nos jours. Un des problèmes qui fait obstacle à l'unification du pays réside dans le fait que les gens expriment leur identité d'abord en fonction de leur famille et de leur village natal, ensuite de leur religion, et finalement de leur pays.

11. Le colonel Churchill, dont nous tenons ce témoignage, a vécu en Syrie pendant dix ans. Il parle à titre de témoin oculaire.

12. Il va sans dire que les massacres de 1860, apparemment oubliés, ont refait surface dans les mémoires lors de l'éruption de violence confessionnelle et religieuse de 1975.

13. Dans la mesure où un grand nombre de Libanais étaient chrétiens, on peut se demander pourquoi des missionnaires ont ressenti le besoin de se rendre au Liban.

14. Kamal Salibi, *Histoire du Liban du XVIIe siècle à nos jours*, Groupe Naufal Europe, Paris, 1988.

15. George Antonius, *The Arab Awakening : The Story of the Arab National Movement*, J. B. Lippincott, Philadelphie, 1939.

16. *The Independent*, 30 avril 1907.

17. William Cole, *Immigrant Races in Massachusetts : The Syrians*, Massachusetts Department of Education, Boston, 1921.

18. Comme il est dit, par exemple, dans l'article intitulé « Syrians in the United States », publié sans le *Literary Digest* du 3 mai 1919. Selon cet article, ce qui pousse à attribuer aux immigrants le désir d'échapper aux persécutions politiques dans leur pays est le désir de vanter la liberté offerte au Nouveau Monde.

19. Parmi quelques titres repris dans la bibliographie, il faut consulter l'excellent ouvrage d'Alixa Naff, *op. cit.*, ainsi que celui de Gregory Orfalea, *Before the Flames : A Quest for the History of Arab Americans*, Université du Texas, Austin, 1998.

20. Orfalea, *op. cit.*

21. Naff, *op. cit.*

22. K. G., L. W., *op. cit.* Le dénommé Khalil Gibran qui est l'auteur de ce livre est le fils du cousin germain du poète. Le coauteur est Jean Gibran, sa femme.

23. De la même manière, Gibran semble avoir fait croire à Fred Holland Day que son père était un cheikh (journal de J. P., 12 décembre 1898).

24. Journal de M. H., 7 décembre 1910, 21 janvier 1911, 24 mars 1911, 5 juin 1911, 2 décembre 1911, 2 septembre 1914, 4 septembre 1914, 11 avril 1915, 24 août 1915, 25 août 1915, 19 septembre 1915, 14 novembre 1915, 26-28 décembre 1917, 24 mars 1918, 1er septembre 1918, 30 septembre 1922, 2 janvier 1923. L'histoire du muletier est racontée par Mikhaël Nouaymé (*Kahlil Gibran : A Biography*, Philosophical Library, New York, 1950). Peut-être Gibran se montre-t-il plus honnête quand, incidemment, il dit à Mary que l'enfance est rarement heureuse, en partie parce que l'enfant envie ce que possèdent ses petits camarades (journal de M. H., 12 août 1921). Cette déclaration n'est pas celle d'un être dont l'enfance privilégiée a été enviée par les autres, bien au contraire.

25. Journal de M. H., 31 août 1914. À comparer à l'inscription du 19 septembre 1915 : « Il y a en moi beaucoup de choses qui doivent rester ignorées de tous. » Khalil déteste que l'on se montre curieux à son égard et qu'on lui manifeste de la sympathie ou de la compassion. Il prétend que faire preuve de compréhension à l'égard d'une personne asservit quelque chose en elle (K. G. à M. H., 8 juillet 1914, 8 mars 1922).

26. Journal de M. H., 21 janvier 1911, 6 avril 1911, 2 décembre 1911, 14 novembre 1915.

27. Barbara Young, *This Man from Lebanon*, Knopf, New York, 1945. Gibran a toujours aimé les orages, affirmation qui apparaît fréquemment dans divers témoignages : voir K. G. à M. H., 14 août 1912, 1er mars 1914, 24 mai 1914 ; journal de M. H., 10 juin 1911, 11 mai 1915, 30 juillet 1917, 10 septembre 1917, 31 août 1920, 14 janvier 1922, 26 mai 1924.

28. Young, *op. cit.* ; Nouaymé, *op. cit.* ; journal de M. H., 26 février 1911, 1er mars 1911, 25 août 1915, 27 août 1915. Barbara Young raconte quelques contes fantasques sur la jeunesse de Gibran.

29. Journal de M. H., 25 août 1915.

30. Ce commentaire est basé sur des interviews de personnes qui affirment avoir connu Gibran enfant. Hawi, *Kahlil Gibran : His Background, Character and Works*, Université américaine de Beyrouth, Beyrouth, 1972.

31. Journal de M. H., 23 juillet 1916.

32. Journal de M. H., 2 décembre 1911, 31 août–1er septembre 1918.

33. Hawi, *op. cit.* Avec le sens de l'exagération qui lui est coutumier, Gibran prétend que le père de Kamila était évêque (journal de M. H., 25 août 1915).

34. Journal de M. H., 3 novembre 1915, 3 septembre 1920.

35. Journal de M. H., 25 août 1915, 19 septembre 1915.

36. Physiquement, Gibran a hérité de la stature de sa mère — une personne menue — plutôt que de celle de son robuste père. Sa voix mue sur le tard et, adulte, même lorsqu'il se porte bien (ce qui n'est pas souvent le cas), il ne pèse que soixante-trois kilos et ne peut dépasser Mary Haskell à la course. Il est vrai que la jeune femme est une grand adepte des sports de plein air (journal de M. H., 17 mars 1911, 7 septembre 1912, 30 août 1914).

37. « Il ne possède pas une idée, c'est l'idée qui le possède. Sa mère l'a toujours su. » Journal de M. H., 1er juin 1912.

38. K. G. à M. Z., *op. cit.* Cette réflexion fait curieusement écho, sans doute involontairement, à une déclaration de Henry Blackwell, réformateur féministe américain du XIXe siècle, qui dit : « Tout ce que je suis, je le dois aux femmes. » Gibran déclare à Mary Haskell que son père a constitué la troisième influence majeure dans sa vie, après sa mère et elle — parce qu'« il m'a combattu et a éveillé en moi l'esprit de révolte ». (Journal de M. H., 16 juin 1923.)

CHAPITRE 2

Un merveilleux rêveur

1. Sa population est de 351 000 âmes en 1880 et de 561 000 en 1900. À l'arrivée de Gibran, Boston est en concurrence avec Saint Louis pour le quatrième rang au classement des plus grandes villes des États-Unis, après New York, Chicago et Philadelphie.

2. Le feu fait rage du 9 au 10 novembre 1972 et détruit 60 acres de la ville.

3. « Grand apparat ». L'expression est tirée de *La Scène américaine*, de Henry James, *op. cit.*

4. Ainsi, Silas Lapham, le héros arriviste éponyme du roman de William Dean Howells, « [l'] acheta pour une croûte de pain à un gentleman de bonne souche qui avait découvert trop tard que le South End n'était pas une bonne affaire et qui, dans son empressement à fuir en direction de Back Bay, vendit ses tapis et ses tentures à vil prix ». William Dean Howells, *The Rise of Silas Lapham*, Ticknor and Company, Boston, 1884.

5. Mikhaël Nouaymé, *op. cit.*, décrit la misère noire qui règne dans le district.

6. Cette attitude est particulièrement claire dans un compte rendu publié par l'Associated Charities de Boston en 1899, où les immigrants syriens sont ainsi évoqués : « Chaque fois qu'une personne charitable achète à un Syrien un objet dont elle n'a pas besoin — ou lui offre de la nourriture, des vêtements ou de l'argent pour payer une note de médecin sans examiner d'abord le cas auquel il s'intéresse — elle encourage la mendicité, le mensonge, la paresse, la négligence et le chantage [...]. Ils [les Syriens] veulent paraître pauvres, et cette attitude les pousse à adopter un mode de vie malsain, physiquement et moralement [...]. Ils s'entassent dans des appartements trop petits pour éviter de payer, ailleurs, des loyers plus élevés, et la saleté autant que la misère deviennent leur ordinaire. »

7. M. A. de Wolfe Howe, *The Place and the People*, Macmillan, New York, 1903.

8. L'origine de cet « Assad » est inconnue. Il est peu probable qu'il s'agisse d'un nom de baptême. Un ami nommé Assad a sans doute escorté Khalil à l'école le premier jour, et l'employé du registre a peut-être inversé les noms. Plus tard, la Quincy School a été vendue à la communauté chinoise pour la modique somme de un dollar. Elle abrite aujourd'hui le centre administratif et éducatif de la Chinese American Civic Association. L'atmosphère de la vieille école imprègne encore les murs.

9. Journal de M. H., 27 août 1915, 23 juillet 1916, 12 juillet 1921.

10. Beaucoup plus tard, mordant ainsi la main qui l'a nourri, Gibran exprime sa désapprobation au sujet des Settlement Houses en raison de l'américanisation à laquelle elles ont amené les Syriens (journal de M. H, 19 mai 1922).

11. Estelle Jussim, *Slave to Beauty : The Eccentric and Controversial Career of F. Holland Day*, David R. Godine, Boston, 1981.

12. Stephen Parrish, *Currents of the Nineties in Boston and London : Fred Holland Day, Louise Imogen Guiney and Their Circle*, Garland, New York, 1987.

13. Elbert Hubbard, *The Philistine* 6 (janvier 1898).

14. *The Knight Errant* est sans doute une transposition sur le sol américain de *Hobby Horse*, de William Morris. *The Mahogany Tree* a publié, notamment, des textes d'une jeune étudiante de l'université du Nebraska, Willa Cather.

15. Richard Le Gallienne, *The Romantic '90s*, Robin Clark, Londres, 1993.

16. Parrish, *op. cit.*

17. Dans une lettre à son amie Agnes Clark datée du 24 juin 1896, Louise Guiney qui, en chrétienne fervente, se tient quelque peu éloignée des activités occultes des visionnistes, décrit Cram comme « un agitateur assoiffé de problèmes résolus ». Trois ans plus tard, dans une lettre du 23 juin 1899 à Herbert Clarke, elle déclare : « Le pauvre

vieux R. Cram se rend ridicule depuis qu'il est devenu responsable de l'« American Cycle of the Order of the White Rose ». » Après son départ pour l'Angleterre, et en dépit des relations de franche camaraderie qu'elle a entretenues avec Day au cours des années 1890, Louise Guiney se met à regarder ce dernier de haut, le qualifiant de « passablement loufoque ».

18. Dans une lettre à l'écrivain Stephen Parrish, le médecin de Day, Conrad Wesselhöft, décrit son patient à cette époque : « Emmitouflé dans des couvertures attachées avec un soin méticuleux autour de ses poignets, il reste étendu dans son lit, été comme hiver, les muscles en hibernation mais le cerveau toujours alerte. Entouré de gadgets ingénieux et d'une bibliothèque mobile, il réduit ses efforts physiques au strict minimum. Il est soigné, nourri et servi par ses admirateurs dévoués. Ses activités érudites pourraient être comparées à la ponte incessante de la reine des abeilles. Sa plus grande fatigue de la journée est une expédition aux toilettes. »

19. Jussim, *op. cit.*

20. George Santayana, *Le Dernier Puritain*, Gallimard, Paris, 1947.

21. Le Gallienne, *op. cit.*

22. C'est, apparemment, un enfant solennel et taciturne à cette époque (journal de M. H., 21 avril 1916).

23. Henry Adams, *The Education of Henry Adams*, Penguin, Harmondsworth, 1995.

24. La recherche a surtout été faite par Hawi et Ditelberg. La thèse de Ditelberg (« Kahlil Gibran's Early Intellectual Life », thèse de maîtrise, Université de Pennsylvanie, 1987) est gâtée par une définition trop étroite de ce qui a exercé une « influence » sur Gibran. L'auteur se limite aux seuls livres dont on sait avec certitude que Gibran les a lus, et se montre trop empressé à déprécier l'influence des auteurs orientaux sur le poète. Il ne fait aucun doute que Gibran a lu ces derniers, non seulement durant ses années d'études à Beyrouth, mais également avant. Les œuvres de ces auteurs circulaient dans les ghettos arabes. En outre, même si nous ne pouvons être certains que Gibran a lu l'œuvre complète de certains auteurs, par exemple Nietzsche, nous ne devons pas perdre de vue que les journaux et les revues arabes publiaient souvent des articles portant sur la philosophie des grands penseurs européens.

25. Lettre à Herbert Clarke datée du 12 octobre 1897.

26. William Dana Orcutt, « Frederick Holland Day », *Publishers Weekly* n° 125 (6 janvier 1934).

27. Journal de M. H., appendice au 7 septembre 1912.

28. Journal de M. H. 27 janvier 1911, 14 février 1911, 10 mars 1911, 17 mars 1911, 1er juin 1912, 10 juin 1912, 7 septembre 1912, 27 décembre 1912, 28 décembre 1912, 6 avril 1913, 30 août 1914, 23 avril 1916, 10 septembre 1917, 12 juillet 1921, 8 août 1921, 9 septembre 1921, 8 mars 1922, 21 avril 1922, 12 mai 1922, 12 novembre 1922, 29 mai 1924, 18 juin 1924 ; K. G. à M. H., 29 avril 1909, 10 novembre 1909, 6 octobre 1915 ; lettre à Anthony Bashir, 10 novembre 1925, citée dans K. G., L. W.

29. K. G. à M. H., 23 juin 1909, 8 février 1912, 26 janvier 1913, 16 mai 1913, 8 février 1914 ; journal de M. H., 20 décembre 1912, 26 juin 1913, 30 août 1913, 26 avril 1914, 5 juin 1915, 4 août 1919, 30 décembre 1919, 17 avril 1920, 6 janvier 1921, 22 juillet 1921, 9 septembre 1921, 30 septembre 1922 ; K. G. à M. Z., 17 janvier 1924.

30. Journal de M. H., 6 avril 1913, 31 décembre 1914.

31. Voir *Iolaus* (publié à compte d'auteur, 1902), *Homogenic Love* (The Labour Press Society, Manchester, 1894), *An Unknown People* (nom d'éditeur manquant, Londres, 1897). Plus tard, voir *The Intermediate Sex: A Study of Some Transitional Types of Men and Women* (Mitchell Kennerley, New York, 1912) et *Intermediate Types Among Primitive Folk* (Mitchell Kennerley, New York, 1921).

32. Voir trois pamphlets d'une série qui ont été publiés à Manchester en 1894 par The Labour Press Society: *Sex-Love*, *Marriage* et *Woman*. Quelques-uns de ces textes ont été rassemblés et publiés en Amérique en 1903 (Charles H. Kerr and Co., Chicago) sous le titre *Love's Coming of Age*.

33. Journal de M. H., 9 juin 1911, 2 septembre 1914, 4 septembre 1914, 19 décembre 1914, 31 décembre 1914, 23 juillet 1916, 11 novembre 1917, 12 janvier 1918, 1er septembre 1918, 14 avril 1919, 14 novembre 1919 ; K. G. à M. H., 4 novembre 1913. D'une façon tout à fait caractéristique, cependant, Gibran change d'avis à propos du vote des femmes. Le 9 juin 1911, Mary note qu'il s'y oppose, mais, le 7 juin 1915, elle inscrit ses nouvelles idées sur le sujet: « Cela m'est égal que les femmes votent ou ne votent pas — et quand elles le feront — parce qu'il ne s'agit là que d'une question de détail. Mais j'accorde une grande importance au féminisme, que je considère comme un mouvement crucial pour la race humaine. » Deux jours plus tard, Mary et Gibran ont une discussion curieusement moderne: elle affirme et il nie que le viol est beaucoup plus courant qu'on ne le croit. Voir aussi le 10 novembre 1917. Le 15 décembre 1914, le *Buffalo Times* publie un article sur Gibran ayant pour titre: « « Émancipez les femmes et il n'y aura plus de guerre », déclare un peintre oriental né au Mont-Liban. »

34. Dans ce paragraphe, je me concentre sur les grands thèmes. Chacun de ces auteurs a donné à Gibran des images variées et isolées qui apparaissent de temps à autre dans ses écrits.

35. Lors de la publication du *Prophète*, en 1923, Louise Guiney, amie des deux artistes, écrit à Day et lui demande: « Pourquoi le livre ne vous est-il pas dédié ? »

36. Louise Guiney à Fred Holland Day, 10 janvier 1919. Cette réflexion a trait à ce qu'elle appelle « l'ego boursouflé » de Gibran.

37. Voir K. G., L. W., *op. cit.*

38. Journal de M. H., 27 août 1915.

39. Journal de J. P., 8 décembre 1898.

40. Curieusement, il semble que Mary Haskell possédait un exemplaire de cette édition de Maeterlinck. Gibran reconnaît un jour le livre sur une étagère (journal de M. H., 21 avril 1922).

41. Journal de M. H., mars-avril 1912. Le récit de Mikhaël Nouaymé est une interprétation fantaisiste de cette affaire.

42. Dans la nouvelle intitulée « La Tempête », un personnage dit: « Il n'y a rien en Occident que vous puissiez considérer comme supérieur, excepté une autre manifestation de fantasmes vides. » L'idée que l'un n'est pas meilleur que l'autre revient dans le journal de M. H. le 26 février 1911. La supériorité de l'Orient sur l'Occident, dans certains domaines — principalement d'ordre esthétique et spirituel — est un thème récurrent chez Gibran (journal de M. H., 7 septembre 1912, 30 août 1914, 6 avril 1915, 5 juin 1915, 9 juin 1915, 4 août 1919, 14 août 1919, 22 juillet 1921, 29 juillet 1921, 31 décembre 1922). Il ne s'agit pas là d'une prédilection naïve pour l'Orient qu'il éprouve pour la simple raison qu'il s'agit de l'Orient (disposition que Gibran critique gentiment chez Pierre

Loti — K. G. à M. H., 29 septembre 1912, 22 octobre 1912) ; cette supériorité concerne des éléments esthétiques et spirituels que Gibran place au premier plan.

43. Lettre à Fred Holland Day, 10 septembre 1898.

44. Journal de M. H., 30 décembre 1919.

CHAPITRE 3

Une larme et un sourire

1. Le vieil immeuble a été démoli depuis longtemps, mais le Collège de la Sagesse existe encore (son nom est inscrit en français sur la façade). Il a été relocalisé dans un grand immeuble assez quelconque du quartier d'Achrafieh, à Beyrouth Est.

2. Journal de M. H., 14 avril 1919.

3. Journal de M. H., 23 juillet 1916.

4. Hawi, *op. cit.*

5. Youssef Houayik, *Gibran in Paris*, Popular Library, New York, 1976. Tout comme Gibran, Houayik est né en 1883 — ce qui ne cadre pas très bien avec une affirmation de Gibran, qui prétend avoir été le cadet de sa classe (il avait 18 mois de moins que le deuxième plus jeune élève de la classe). (Journal de M. H., 11 novembre 1917.) L'oncle de Youssef, Elias Houayik, jouera un rôle important dans la lutte que mèneront les Libanais pour l'indépendance, après la Première Guerre mondiale.

6. Journal de M. H., 5 juin 1912.

7. Journal de M. H., 19 avril 1911, 23 juillet 1916.

8. Journal de M. H., 19 avril 1911.

9. Journal de M. H., 24 mars 1911.

10. Journal de M. H., 26 et 28 décembre 1917. Lorsqu'il s'efforce de blanchir l'auteur de ses jours et de se réinventer lui-même en mettant l'accent sur son enfance privilégiée, Khalil donne de plus charitables interprétations de la conduite de son père : « Père s'opposait à ma peinture et à mon écriture, bien qu'il fût un ami des beaux-arts. Il se disait sans doute qu'un artiste est voué aux privations et il voulait m'éviter cela. » (Journal de M. H., 25 août 1915.)

11. K. G., L. W., *op. cit.*

12. Journal de J. P., 8 décembre 1898. Voir également 12 décembre 1898.

13. Journal de J. P., 17 novembre 1902.

14. Les auteurs de K. G., L. W. prétendent avoir reproduit la lettre « avec toutes ses fautes ». En fait, une comparaison avec l'original révèle environ quarante endroits où ils ont mal recopié le texte. L'enveloppe avait été adressée par une personne dont l'écriture était plus nette que celle de Gibran, plutôt malhabile. Peut-être Khalil a-t-il fait appel à l'aide de l'un de ses professeurs.

15. Journal de M. H., 16 septembre 1911. La révision a peut-être été entamée pendant les années où Gibran a séjourné à Paris (journal de M. H., 7 et 8 décembre 1918). Des deux traductions anglaises disponibles, celle de Juan Cole est franchement la meilleure. Curieusement, il existe parmi les documents de Mary Haskell une troisième traduction non publiée qui pourrait être la plus juste, dans la mesure où elle a été approuvée par Gibran. Elle se lit bien. Cependant, nous ne connaissons pas l'identité du traducteur et nous ne savons pas comment Mary est entrée en possession du document.

Il contient des corrections au stylo à encre écrites par une main qui n'est ni la sienne ni celle de Gibran. Tout ce que nous savons est que ce document est antérieur à 1952, car Mary a daté les notes qu'elle a inscrites sur la lettre.

16. L'expression « ailes brisées » vient apparemment de la mère de Gibran. Un jour — il est encore enfant —, Kamila dit à son fils qu'il est un ange et elle lui demande si elle peut toucher ses ailes. Elle caresse ses omoplates et, évoquant un accident d'enfant au cours duquel il s'est brisé une épaule, elle dit : « ailes brisées » ! (Journal de M. H., 20 avril 1920.)

17. Gibran n'innove pas dans son appel à l'émancipation des femmes. Nouman Abdouh el-Qasatli, de Damas (1854-1920) a écrit en 1880 un ouvrage intitulé *El-Fatat el-Amina wa Ummuha* (*La jeune fille fidèle et sa mère*), critique énergique des conventions sociales qui conduisent à la persécution de jeunes femmes en leur refusant, par exemple, le droit de se marier par amour. Boutros el-Boustani, un compatriote de Gibran, a pris la défense des femmes très tôt, en 1849, et l'Égyptien Qasim Amin, mort en 1908, a passé une grande partie de sa vie à se battre pour l'égalité entre hommes et femmes.

18. La croyance de Gibran en la réincarnation résulte peut-être de ses contacts avec les druzes.

19. Maeterlinck affirme que tout le monde souffre, mais que certains sages amoindrissent leurs souffrances en les acceptant.

20. Étant donné que la relation entre Gibran et son père s'est déjà détériorée lorsqu'il écrit ses premières œuvres, il est intéressant de voir comment la figure du père y est utilisée comme un symbole de la tyrannie. Ce sont les pères qui forcent les filles à ignorer la voix de l'amour et à se conformer aux normes de la société, qui sont erronées.

21. Voir, par exemple, « Les dents gâtées », dans *Pensées et Méditations* ; et « Votre Liban et le mien », dans *Spiritual Sayings*.

22. Un bref et bon article de Souheil Boushroui, traitant de l'amour que Gibran éprouve pour sa patrie s'intitule : « Gibran et les cèdres ».

23. C'est le cas en particulier de l'écrivain égyptien Rifat Badawi Rafi' el-Tahtawi (1801-1873), et du Libanais Faris el-Shidyaq (1801-1887). Il est intéressant de noter que l'œuvre de Fénelon intitulée *Les Aventures de Télémaque* est le premier texte de fiction européen traduit en arabe (la traduction est d'el-Tahtawi). Il s'agit d'une attaque directe du despotisme. Dès le départ, la fiction arabe se fait l'héritière de ce courant de pensée. Faransis Marrash (1836-1873) poursuit la tradition en écrivant des contes inspirés de Rousseau sur des thèmes traitant de l'opposition entre la liberté naturelle et les conventions sociales.

24. *Towards Democracy* d'Edward Carpenter, *op. cit.*, a été imprimé à compte d'auteur en 1883.

25. Gibran n'est pas le seul à promulguer ces idées ou à utiliser des formes expérimentales comme la nouvelle pour les exprimer. Deux ans avant *Les Nymphes des vallées*, Amin Rihani, ami et collègue de Gibran, adepte du romantisme lui aussi, a publié un court roman à New York, dans lequel on retrouve la même attitude, violemment anticléricale. Dans cet ouvrage, *el-Moukari wa el-Kahin* (*Le muletier et le prêtre*), un muletier analphabète qui hait le clergé se retrouve dans un compartiment de train avec un prêtre. Ils entament une discussion, qui se transforme en dispute. Le prêtre frappe le muletier sur la joue. Le muletier, ainsi que l'a fait le Christ, tend l'autre joue à son agresseur,

puis se lance dans une critique soulignant le contraste entre l'Église et les enseignements du Christ. Le prêtre, touché par les paroles du muletier, décide de passer le reste de sa vie à se dévouer aux pauvres et aux opprimés. L'histoire trouve une résonance dans l'anticléricalisme de Voltaire, une autre grande influence européenne qui a été absorbée par les générations précédentes d'écrivains arabes.

26. Robin Ostle, éditeurs « The Literature of the *Mahjar'* », Albert H. Hourani et Nadim Shehadi, *The Lebanese in the World : A Century of Emigration*, The Centre for Lebanese Studies, Londres, 1992.

27. Il est intéressant à cet égard de comparer les trois volumes de Richard Hovey et de Bliss Carman, *Songs from Vagabondia*, qui présentent les rebelles et les proscrits comme les agents du changement et les destructeurs des valeurs bourgeoises et victoriennes. Les deux premiers de ces volumes ont été publiés par Copeland and Day, ce qui veut dire que Gibran les connaissait certainement.

28. Journal de M. H., 3 septembre 1913, 9 juin 1915, 14 septembre 1920. Cette conviction est étayée par une lettre que Gibran a écrite à son cousin Nqoula le 15 mars 1908, dans laquelle il déclare que le monde arabe s'est en fait montré *aimable* à son égard pendant les trois dernières années (c'est-à-dire depuis la publication des *Nymphes des vallées*), mais que l'on commence à le traiter d'hérétique. Houayik parle de manière tout aussi floue d'Amin Rihani comme d'un excommunié. Barbara Young, dont la biographie ne se montre jamais critique et manque souvent d'originalité, accepte, bien entendu, la thèse de l'excommunication. Dans la mesure où sa biographie a été pendant de nombreuses années la seule disponible en anglais, la légende s'est répandue dans toutes les introductions et préfaces aux éditions des livres de Gibran.

29. Lettre à Nqoula Gibran, 15 mars 1908.

30. Khalil Gibran, *Auto-portrait*, Éditions Sélect, Montréal, 1980. L'éditeur de ce recueil de lettres de Gibran considère que cette lettre a été écrite en 1904. C'est cette date qui apparaît dans les publications.

31. Carnet de M. H., 4 mai 1908.

32. Bizarrement, Gibran aurait connu une autre « jeune veuve » au cours de sa jeunesse, Marthe M. (journal de M. H., 16 juin 1923), mais on n'a trouvé qu'une seule mention de son existence, et il est impossible de savoir quel genre de relation Khalil a eue avec elle, ni quel genre de femme elle était.

33. Journal de M. H., 7 juin 1915, 12 mars 1922, 21 janvier 1923. Dans une lettre à May Ziadeh datée du 9 novembre 1919, Gibran prétend avoir visité Alexandrie au cours de l'été 1903. Comme nous savons qu'il se trouvait à Boston à cette époque, nous croyons qu'il s'agit là d'une erreur de date ou d'impression dans l'édition de ses lettres en anglais. Si nous présumons qu'il faut lire « 1902 », cela veut dire qu'il s'est arrêté en Égypte ainsi qu'à Athènes alors qu'il se rendait en France.

34. Journal de M. H., 25 août 1915. Le 12 mars 1922, il prétend avoir eu, lors de son dernier voyage à Paris, un autre diamant à vendre.

35. Journal de M. H., 10 mars 1914. Gibran dit à Mary Haskell qu'il a entendu la nouvelle de la bouche du consul de Syrie à Paris, qui est (bien entendu) un ami personnel de la famille. Cette affirmation n'est pas incompatible avec les dires de Mariana. Le consul est peut-être la personne qui a montré le journal à Gibran.

CHAPITRE 4

Elle

1. K. G. à J. P., 10 décembre 1902.

2. Une esquisse d'un personnage féminin, intitulée « Consolation », réalisée en janvier 1903, s'inspire du visage de Josephine. La vision de la femme en tant que consolatrice habite une grande partie de la littérature romantique. On lit, dans *L'Enfant de volupté*, de Gabriele D'Annunzio : « Pour un homme de culture, Donna Maria Ferrès était la femme idéale [...], la parfaite *Consolatrix*, l'amie qui pouvait à la fois apporter soutien et pardon. »

3. Lettre datée du 29 mars 1903.

4. Plus tard, Gibran laissera entendre que les dettes de la famille se montaient à 30 000 $ — somme incroyablement élevée pour l'époque (journal de M. H., 11 avril 1915). Quel que soit le montant de cette dette, il semble plausible qu'elle ait pu être remboursée grâce à la vente de l'épicerie de Boutros.

5. Journal de M. H., 10 mars 1914.

6. K. G. à J. P., 17 février 1903. Quatre jours plus tard, il lui écrit pour lui dire qu'il s'est « libéré » pour quelques heures afin d'aller la voir.

7. On peut trouver cette lettre parmi les papiers de Mary Haskell conservés à Chapel Hill : boîte 22, classeur 145. Elle est datée du 29 novembre 1905 et rédigée en des termes ambigus. Josephine sermonne gentiment Gibran à une époque où une certaine tension règne entre eux.

8. Journal de J. P., 16 novembre 1902, 13 septembre 1903.

9. Le 12 juin 1904, elle écrit, par exemple : « Je suis absolument sûre de ceci : la seule chose au monde qui me donne l'impression d'être riche, c'est lorsque je m'offre le luxe de passer mon temps à partager la Beauté avec d'autres. »

10. Journal de J. P., 17 novembre 1902.

11. Journal de J. P., 16 novembre 1902, 17 novembre 1902, 21 novembre 1902, 24 novembre 1902, 22 décembre 1902, 21 février 1903, 13 mars 1903, 24 mars 1903.

12. Comparons cette description au récit, plus arrogant, que Gibran fait à Mary Haskell : « Imagine-toi, lit-on dans le journal de Mary du 6 septembre 1914, que pendant cinq ans je suis allé la voir deux fois par semaine ! Elle écrivait alors ses meilleurs textes — je n'étais alors âgé que de dix-huit ans, mais je crois l'avoir influencée dans son œuvre. — Tu l'aimais ? — Oui. — Et elle ? — Oui, je crois que c'est elle qui m'a aimé la première. C'était une femme et je n'étais qu'un tout jeune homme. » À une autre occasion, il dit à Mary que Josephine était vaniteuse à propos de sa beauté (journal de M. H., 1er juin 1924).

13. Dans une note de bas de page de *US-Arab Relations*, Gregory Orfalea écrit : « Khalil Gibran, qui est le cousin du poète et son plus récent biographe (avec la collaboration de sa femme Jean), dit ceci : "[...] Je crois que Josephine Peabody et Gibran avaient une relation intime." » Qu'il veuille dire par là « relation sexuelle » est prouvé par la phrase suivante : « Je suis cent pour cent certain qu'il avait une relation intime avec une musicienne bostonienne extrêmement séduisante dont les lettres sont venues au jour après la publication de notre livre. » Dans leur biographie, les Gibran font une description plus osée de cette relation : « un badinage agréable avec une jeune personne exotique » (K. G., L. W., *op. cit.*).

14. Lettre datée du 8 février 1903.

15. George Ridge, *The Hero in French Decadent Litterature*, University of Georgia Press, Athènes, 1959.

16. Très peu de recherches ont été faites afin de clarifier la chronologie exacte des textes en arabe de Gibran. Même lorsqu'on connaît la première date de publication d'une œuvre, il est tout à fait possible qu'elle ait été écrite longtemps avant cette parution. Les périodes de gestation de Gibran sont souvent longues. Il est donc hasardeux de tenter de dater ses écrits.

17. K. G. à M. H., 21 janvier 1912.

18. Journal de M. H., 17 septembre 1920.

19. Bien que *Falsafat el-Din wa el-Tadayyun* ait probablement été esquissé aux alentours de cette période, l'idée d'établir une communauté idéale au Liban préoccupait encore Gibran en 1923, lorsqu'il raconte à Mary qu'il rêve d'y acquérir 400 acres de terre pour y créer une communauté agricole modèle (journal de M. H., 29 mai 1923).

20. C'est probablement dans ce contexte que nous devons considérer le fait que Gibran donne à Holland Day et à d'autres l'impression que son milieu familial syrien était noble.

21. Pour s'en rendre compte, il suffit de comparer, par exemple, l'œuvre de Gibran « Good Friday : A Study », avec la tête qui se trouve au centre de « L'Apparition » (1876) de Gustave Moreau, ou les études de têtes très précises de Gibran avec celles de Redon (comme « Yeux fermés », 1890), ou encore son utilisation délibérée du flou avec celle qu'en fait Carrière.

22. Il est intéressant de comparer ce procédé à la façon dont Redon, dans « La Tentation de saint Antoine » (1896), place le diable derrière saint Antoine dans une semi-obscurité, technique utilisée auparavant par Arnold Böcklin dans « Self Portrait with Death Playing the Fiddle » (1872).

23. Mis à part le domaine de la peinture, voir *Séraphita*, de Balzac : « *De ce monde, entrevu à travers des voiles et des nuages*, il me reste des retentissements semblables au souvenir d'une douleur dissipée [...]. » (C'est moi qui souligne.)

24. Ces mots pourraient s'appliquer aussi bien à la littérature qu'à l'art symboliste. La citation est extraite de *À soi-même*, de Redon. Cet extrait résume parfaitement les buts que Gibran s'est fixés en tant qu'artiste tout au long de sa vie.

25. Gabriele D'Annunzio, *L'Enfant de volupté*, Livre de Poche, Paris, 1991.

26. Josephine elle-même note dans l'un de ses carnets intimes que la nouvelle lune sera en conjonction avec Jupiter en Gémeaux le jour de son mariage avec Lionel Marks. Le 11 janvier 1906, elle écrit : « Dans la soirée, K. est ici, et nous parlons un peu de choses occultes. » Mis à part son intérêt avisé pour les séances de spiritisme, Mary est une graphologue experte. Avant de décacheter une lettre, elle analyse souvent l'écriture apparaissant sur l'enveloppe afin de se faire une idée de la personnalité de l'expéditeur (voir M. H. à K. G., 10 février 1912, 15 novembre 1913).

27. M. H. à K. G., 7 décembre 1913. English Walling était l'époux de sa sœur Frederika.

28. Journal de M. H., 30 juillet 1917, 12 mars 1922.

29. Journal de M. H., 7 décembre 1910.

30. Mary se décrit elle-même comme une fille quelconque. Mikhaël Nouaymé, ami intime de Gibran, dit un jour d'elle : « Ce n'était pas une beauté, mais elle marchait sur

cette terre comme si elle l'aimait. » Mary exsude par tous les pores ce type de sensualité qui attire les hommes aussi bien que les femmes. On sait qu'elle a eu plusieurs soupirants. Un jour, avant de révéler à Khalil qu'elle a eu une aventure avec une lesbienne, elle parle d'une femme qui était amoureuse d'elle (journal de M. H., 19 décembre 1914).

31. Journal de M. H., 12 mars 1922.

32. George Santayana, *op. cit.*

33. Journal de M. H., 25 décembre 1912.

CHAPITRE 5

La Ville lumière

1. K. G., L. W., *op. cit.*

2. Comme nous l'avons déjà fait remarquer, Gibran envoie parfois pratiquement la même lettre à ses correspondantes. En fait, il garde probablement ses brouillons, qu'il recopie. Le premier paragraphe de la lettre envoyée en 1908 à Josephine le jour de l'anniversaire de cette dernière est presque identique à celui d'une lettre qu'il fera parvenir à Mary un an plus tard à la même occasion. Cette habitude ne cadre pas avec le ton personnel qu'il prétend donner à sa correspondance : dans une certaine mesure, on peut dire que ses lettres sont fabriquées. Il a pourtant déclaré un jour qu'une lettre — surtout une lettre d'amour — doit être « simple et directe » (journal de M. H., 23 juin 1923).

3. Journal de J. P., 26 novembre 1904.

4. Journal de M. H., 21 avril 1916. La perte de toutes ces œuvres afflige profondément Mary : M. H. à K. G., 2 octobre 1914.

5. Hawi, *op. cit.*

6. Josephine ne jouera, ultérieurement, qu'un rôle mineur dans la vie de Gibran. Lorsque la jeune femme sera devenue une personnalité en vue, Mary suggérera à Khalil, en plaisantant, de faire son portrait pour l'ajouter à sa série du « Temple de l'art » (journal de M. H., 6 avril 1911). Khalil et Josephine se revoient lors d'une réunion mondaine à New York, en février 1914 (carnet de J. P., 24-28 février 1914).

7. Il est rare que nous puissions nous faire une idée précise des amis que Gibran fréquente dans les années 1900. Dans une lettre datée du mois de mars 1919, un certain D. Weston Eliot, qui essaie de renouer avec Gibran après une éclipse de quinze années, rappelle à ce dernier qu'ils ont été présentés l'un à l'autre par un ami commun, Burton Clark. Dans une lettre subséquente, il ajoute : « Vous souvenez-vous de notre soirée chez les Whitings, qui habitaient Tower Hill, dans le Wayland ? Nous y avons soupé devant un feu de camp. J'ai oublié le nom de ce camarade artiste que nous connaissions l'un et l'autre et avec qui vous êtes arrivé. » Il y a donc cinq amis de Gibran dont nous ne savons rien : Eliot, Burton Clark, les Whitings, et le « camarade artiste ».

8. Dans sa thèse, Souheil Hanna mentionne que Khalil Gibran le biographe lui a refusé la permission de consulter des documents ayant trait à son illustre parent et qu'il a fait de même avec un certain professeur Randall de la bibliothèque Lilly de l'université de l'Indiana. Des histoires du même genre circulent, de bouche à oreille, dans la confrérie Gibran. Cette situation est passablement déconcertante. Je n'irai pas jusqu'à dire qu'elle a constitué un obstacle sérieux à mes recherches, dans la mesure où le livre

des Gibran biographes contient un grand nombre de détails précis sur la vie du poète. Était-il néanmoins nécessaire qu'ils m'interdisent, ainsi qu'à d'autres chercheurs, l'accès aux documents ? S'il y avait quelque chose à cacher — dans certaines lettres de Gertrude Barrie, par exemple — ils auraient tout simplement pu se dispenser de me les montrer.

9. Au grand désarroi de Mary, Charlotte interprétera leur amitié, quelques années plus tard, comme une histoire d'amour sublimée (journal de M. H., 26 avril 1914). Il faut dire que New York, à cette époque, s'échauffe dans son admiration frénétique pour tout ce qui est freudien. L'écrivain Sherwood Anderson résumera de façon mémorable cet engouement pour Freud : « C'était l'époque où il était de bon ton pour un homme d'être en quelque sorte réservé dans ses remarques, [et] dans ce qu'il faisait avec ses mains !!! »

10. La dédicace est la suivante : « À l'âme qui a étreint mon âme, au cœur qui a déversé ses secrets dans mon cœur, à la main qui a allumé le feu de mes émotions, je dédie ce livre. » Qui peut bien, en 1908, faire l'objet de cette dédicace ? Micheline semble être le meilleur choix, Gertrude le deuxième, Josephine le troisième.

11. Journal de M. H., 10 mai 1908.

12. Dans l'ensemble, en ce qui concerne les quinze années subséquentes, nous nous trouvons soudainement devant une abondance de matériel. Tout au long de la phase la plus intense de la relation que Khalil et Mary Haskell entretiennent, les deux amis se voient souvent, et Mary fait un compte rendu précis de leurs rencontres. En outre, ils s'écrivent fréquemment : plus de 600 lettres nous sont connues. Les quarante volumes (plus ou moins) qui rassemblent les carnets, les agendas et les journaux intimes de Mary constituent un matériel extraordinaire. Il faut ajouter que la valeur de ces documents ne tient pas seulement au fait qu'ils jettent la lumière sur la relation entre Gibran et Mary, sur les sentiments de cette dernière et sur certains détails de son existence. Plus largement, ils nous apprennent un tas de choses sur la vie intérieure d'une femme de ce temps. Ils fourniraient du reste une excellente source d'information pour un historien de cette époque.

Les cahiers sont principalement rédigés d'une écriture minuscule, à l'aide d'une plume très fine. Des abréviations sont utilisées, ou une sorte de sténo, comme on peut s'en douter. Lorsque la relation entre Mary et Khalil devient plus intense, les inscriptions de Mary s'allongent, occupant parfois plusieurs semaines d'un agenda. Mary opte alors pour le journal intime, qu'elle utilise d'abord, comme l'a fait Josephine, pour compléter ou commenter en parallèle les notes des agendas. Elle rédige immédiatement après ses rencontres avec Gibran, ou parfois même pendant qu'ils sont ensemble — on trouve alors des dessins et des esquisses de Khalil sur les pages. Jusqu'aux environs de 1914 ou 1915, les inscriptions concernent l'ensemble des activités extrascolaires de Mary — elle narre ses conversations avec des amis, ou expose ses pensées ; Gibran n'est pas la seule personne dont il est question dans ces journaux. Petit à petit, néanmoins, les carnets lui seront entièrement consacrés. On trouve, dans les agendas, un tas de petites notes hâtivement gribouillées afin que le fait raconté ne soit pas oublié, ou rassemblées plus loin dans des passages reformulés dans une prose presque lyrique mais témoignant d'une grande perspicacité. Dans les derniers journaux, lorsque la relation est devenue moins intense, Mary laisse parfois passer plusieurs jours entre la rencontre et le récit. Elle dit d'ailleurs elle-même qu'elle ne se souvient que de l'essentiel de la conversation. En général, le récit se transforme alors en paraphrase fidèle ; il ne s'agit plus nécessairement d'un compte rendu mot à mot des entretiens.

Le style souvent châtié de Mary fait à la fois la force et la faiblesse de ses journaux. Les inscriptions offrent certes un récit clair des événements, mais elles les embellissent : l'anglais de Gibran, par exemple, est loin d'être aussi bon qu'on pourrait le croire en lisant Mary, surtout dans les premières années. Mais l'amie de Khalil sait qu'elle rapporte le vécu et les paroles d'un homme qu'elle considère comme un maître — une sorte de saint — et elle veut que les phrases et les mots inscrits lui rendent justice. Elle n'ignore pas que les journaux finiront un jour par être lus. Du reste, lorsqu'elle rapporte certains commérages, elle laisse en blanc le nom des personnes concernées. Cette attitude prouve encore une fois que le récit est peaufiné.

Une autre faiblesse découlant de l'abondance des détails rapportés dans les journaux et dans la correspondance est que cette prolifération submerge les autres sources d'information, qui sont d'une maigreur pitoyable. Nous voyons donc Gibran principalement à travers le regard de Mary, et selon l'image qu'il projette sur elle. Les lettres contiennent une infinité de détails sur la vie du poète, mais elles ont invariablement les mêmes nuances. Pour le biographe qui analyse un personnage se cachant derrière des écrans mythiques, le travail n'en est que plus compliqué.

13. C'est le vingt-quatrième anniversaire de Gibran. Mary a trente-trois ans et a déjà des cheveux gris. Le 10 mars 1907, elle note : « Kérosène sur cheveux pour arrêter chute et grisonnement. »

14. Lettre datée du 28 janvier 1908.

15. Carnet de M. H., 27 mars 1908.

16. Lettre à M. H. datée du 30 avril 1908.

17. En avril 1914, Micheline vit à New York, tout comme Gibran, mais ils se rencontrent rarement. Gibran parle à Mary de son engouement puéril pour Micheline (journal de M. H., 26 avril 1914).

18. Pour ces deux épisodes, voir Hawi, *op. cit.*

19. Journal de M. H., 3 septembre 1913, 14 septembre 1920.

20. Journal de M. H., 2 janvier 1923.

21. Journal de M. H., 7 et 8 décembre 1918.

22. Journal de M. H., 2 septembre 1914, 7 et 8 décembre 1918, 12 mars 1922.

23. Les Américains l'apprécient tout particulièrement : Dans *Le Dernier Puritain*, George Santayana déclare : « Il y avait dans ma génération beaucoup d'Américains *de luxe*, qui prolongeaient leur jeunesse à l'École des beaux-arts ou chez Julian, convaincus qu'ils rétabliraient ainsi l'époque de Périclès. »

24. Il n'y a aucune raison de douter de la parole de Gibran à ce sujet, mais, curieusement, le Centre historique des archives nationales, à Paris, qui possède les registres de l'académie Julian, n'a trouvé aucune trace d'un élève nommé Gibran. Il est possible que ce dernier ne se soit jamais inscrit officiellement en tant qu'étudiant, mais qu'il ait néanmoins assisté aux cours.

25. K. G. à M. H., 19 décembre 1909.

26. K. G. à M. H., 19 décembre 1909, 8 janvier 1910 ; journal de M. H., 26 avril 1916. À propos de la pauvreté de Gibran à Paris, voir le journal de M. H., 7 et 8 décembre 1918 (où il déclare qu'il ne mange que du pain, du fromage et des œufs), 12 mars 1922.

27. K. G. à M. H., 7 février 1909 (la lettre a disparu du dossier de la bibliothèque de la Southern Historical Collection de l'université de la Caroline du Nord, à Chapel Hill).

28. Cette critique est reproduite intégralement dans K. G., L. W., *op. cit.*

29. K. G. à M. H., 29 avril 1909.

30. Journal de M. H., 10 mars 1911.

31. K. G. à M. H., 10 novembre 1909, 19 décembre 1909, 29 mars 1910.

32. K. G. à M. H., 10 mai 1910.

33. Journal de M. H., 7 et 8 décembre 1918. Dans une inscription du 14 septembre 1920, la « délégation » s'est transformée en « cousin » qui offre à Gibran de choisir un poste. Il est également invraisemblable que, même à une date ultérieure — en 1928 pour être précis —, un poste lui ait été offert par un gouvernement qui vient certes d'être formé, mais qui n'est pas encore une démocratie parlementaire indépendante. C'est Barbara Young qui raconte l'histoire, à laquelle les Gibran biographes accordent leur crédit car, à cette époque, un ami du poète, Ayoub Tabit, est un personnage politique puissant au Liban. Gibran aurait certes pu devenir représentant culturel de ce pays, mais sûrement pas politicien.

34. K. G. à M. H., 5 juin 1910.

35. Journal de M. H., 25 août 1915, 12 mars 1922.

36. Journal de M. H., 12 mars 1922.

CHAPITRE 6

Le flambeau de la gloire

1. Fred Holland Day, qui est venu voir l'atelier, trouve l'endroit tout à fait adéquat. Gibran est ravi (journal de M. H., 21 février 1911).

2. Adams, Henry, *op. cit.*

3. Lettre à M. H., 10-11 mai 1910.

4. Carnet de M. H., 10 décembre 1910. Elle se souviendra de l'expression, qui réapparaîtra le 20 juin 1915 dans son journal.

5. Journal de M. H., 22-24 juin 1912.

6. Journal de M. H., 12 janvier 1911, 28 janvier 1911 ; carnet de M. H., 28 janvier 1911, 22 février 1911.

7. Carnet de M. H., 28 janvier 1911 ; journal de M. H., 1er mars 1911.

8. Carnet de M. H., 3 février 1911.

9. Journal de M. H., 19 février 1911. Dans une lettre qui a été conservée, Charlotte parle du projet de mariage et dit : « Rien ne peut vous séparer tous les deux — comme rien ne peut nous séparer tous les trois — car cette union est si solide sur le plan spirituel ! » (C. T. à M. H., 5 mars 1911).

10. Journal de M. H., 1er mars 1911.

11. Agenda de M. H., 1er mars 1911, 30 mars 1911, 1er avril 1911 ; journal de M. H., 10 mars 1911, 17 mars 1911, 15 avril 1911.

12. Agenda de M. H., 14 avril 1911, 15 avril 1911, 18 avril 1911, 19 avril 1911 ; journal de M. H., 15 avril 1911, 17 avril 1911.

13. Journal de M. H., 15 avril 1911, 17 avril 1911.

14. Voir diverses inscriptions dans le journal de M. H. du 19 avril 1915 au 30 décembre 1915 ; M. H. à K. G., 18 avril 1915, mi-juillet 1915 ; K. G. à M. H., 2 août 1915. Une longue conversation aura lieu le 12 mars 1922, au cours de laquelle Gibran analysera les premiers mois de leur relation et lui répétera combien elle l'a blessé. Voir aussi le journal de M. H., 1er septembre 1913, 26 avril 1916, 7-8 décembre 1918. Le dernier commentaire connu de Gibran sur le sujet est plus bienveillant : il déclare que le choc subi l'a aidé à brûler en lui les « petites choses » et à se concentrer sur des problèmes plus importants (journal de M. H., 23 juin 1923 ; voir 26-28 décembre 1922 et 20 août 1920).

15. Journal de M. H., 17 mars 1911.

16. Agenda de M. H., 29 mars 1911. En ce qui le concerne, il croit que « Rose Sleeves » marque la fin de l'attitude « poltronne » qu'il a toujours eue envers la couleur (journal de M. H., 28 mars 1911).

17. Journal de M. H., 22 février 1911, 6 avril 1911.

18. Journal de M. H., 28 mars 1911.

19. Journal de M. H., 22 février 1911.

20. Agenda de M. H., 22 février 1911, 3 mars 1911, 8 mars 1911, 19 avril 1911 ; journal de M. H., 22 février 1911, 12 avril 1911, 30 décembre 1915.

21. Même à Paris, Gibran a l'impression d'être une âme souffrante : voir sa lettre de Paris à son cousin Nqoula, dans *Auto-portrait*.

22. *Auto-portrait, op. cit.*

23. Journal de M. H., 6 avril 1911.

24. *Auto-portrait, op. cit.*

25. Les artistes américains sont également représentés, mais ils sont surpassés en nombre par les artistes européens, parmi lesquels figurent Ingres, Delacroix, Degas, Renoir, Manet, Cézanne, Van Gogh, Gauguin, Matisse, Redon, Picasso, Picabia, Duchamp, Seurat, Toulouse-Lautrec et Augustus John.

26. Pour exprimer son opinion sur le cocktail d'art et de politique radicale que représente le fameux magazine *The Masses*, un critique facétieux compose ces vers de mirliton : « Ils dessinent des femmes nues dans *The Masses* / D'épaisses demoiselles, gauches et grasses / Croyant aider ainsi les laborieuses classes ! »

27. Selon Gibran, *The Book of Khalid* est autobiographique (journal de M. H., 2 janvier 1912). L'ouvrage narre, d'une part, le voyage d'un immigrant et ses premières expériences aux États-Unis, et rappelle d'autre part *Les Ailes brisées*. Cette œuvre — comme d'autres textes en anglais de Rihani — démontre que ce dernier saisit mieux la langue anglaise que Gibran ne le fait — et ne le fera jamais. Ses poèmes sont plus âpres que ceux de Gibran, et ils sont moins lyriques. Rihani est un modèle pour Gibran à deux égards : comme pionnier de la protestation et, si l'on examine *The Book of Khalid*, du récit en anglais d'expériences arabes. Autrement dit, il s'adresse à un public international. Rihani est, en général, un pionnier dans presque chaque domaine exploré par Gibran et ses amis écrivains mahjars. Il ne deviendra pourtant jamais un maître dans un genre littéraire.

28. Lettre à M. H., 1er mai 1911.

29. Lettre à M. H., 5-7 mai 1911. La causerie suivante a lieu le 19 mai ; Gibran parle de « l'autonomie ». Notons la teneur politique des titres.

30. *Auto-portrait, op. cit.*

31. Journal de M. H., 3 juin 1911, 11 avril 1915.

32. Il meurt vingt ans plus tard, en avril 1931, alors que Mary vit jusqu'à quatre-vingt-dix ans passés. Elle quitte ce monde le 9 octobre 1964. Le 23 juillet 1916, avec une précision encore plus étonnante, Khalil lui dit : « Tu verras tes quatre-vingts ans, et même plus, et moi je crois que je ne vivrai plus que quinze années, peut-être dix-sept. » Le 14 septembre 1920, elle note cette prédiction. Mais Gibran n'est pas toujours aussi précis : le 2 janvier 1923, il lui dit qu'il vivra vieux et, le 29 mars 1921, qu'il n'a aucune idée du temps qu'il lui reste à vivre. Il se montre parfois plus extravagant : on lui a prédit plusieurs fois, affirme-t-il, qu'il mourra dans un navire en feu (journal de M. H., 12 avril 1911).

33. Carnet de M. H., 9 octobre 1911, 11 octobre 1911.

34. Journal de M. H., 29 septembre 1911 ; voir aussi le carnet du 3 octobre 1911. Mary interprète souvent les peintures de Gibran de façon très perspicace. Je cite ici son interprétation de « Two Crosses », que Gibran lui offre le 11 octobre 1911 : « Sur le flanc nu d'une montagne, dans une lumière d'orage, un crucifié. La moitié de son corps se profile sur un fond de ciel... La croix n'est pas visible. On ne voit que les bras et les pieds, exposés sans défense. Aux pieds du crucifié, une autre victime — épuisée, désespérée. Sa croix aussi est invisible. Le premier crucifié peut voir au loin et être vu de loin. Mais il ne regarde que la femme penchée à ses pieds. Ses yeux et son doux visage ne sont remplis que d'elle, qui ploie sous son fardeau sur la terre sourde. Lui seul peut la voir, cette femme indiciblement seule. » Il n'est pas invraisemblable que Mary voie dans cette peinture une illustration de sa relation avec Gibran. Quoi qu'il en soit, elle perçoit certainement ce dernier comme un crucifié, à la fois en raison de ses souffrances et de sa nature christique — et elle serait ravie qu'il la contemple tandis qu'elle se trouve à ses pieds. Pour Gibran, les deux figures représentent deux types de souffrance : être écrasé à terre, et être porté haut dans les airs.

CHAPITRE 7

Mary

1. Mary continue cependant à s'extasier sur les peintures de Gibran. Elle écrit ceci, par exemple : « Puis K. G. a apporté une des œuvres les plus splendides jamais réalisées par la main et le pinceau d'un homme : une Main ; *la* Main. » (Journal de M. H., 24 mars 1918.) Ou : « En faire l'éloge serait comme complimenter des œuvres divines. Nous nous émerveillons devant elles et nous les aimons [...]. Oui, et ce n'est pas tout : nous leur obéissons. » (Journal de M. H., 18 septembre 1915.)

2. Les passages cités proviennent des inscriptions du 6 avril 1911, du 28 janvier 1912, d'un appendice à une note datée de septembre 1912, des inscriptions du 23 juin 1913, du 29 août 1913, du 19 décembre 1914, du 20 juin 1915 et du 25 août 1915. D'autres expressions d'adulation se retrouvent dans les lettres et les journaux de Mary, mais elles sont trop fréquentes pour être citées.

3. Journal de M. H., 19 septembre 1915.

4. Un autre exemple : lorsque Mary exprime son désaccord avec le choix que Khalil fait de quelques dessins pour le recueil *Vingt dessins* (il est vrai qu'ils ne sont pas tous très bons), il l'accuse de ne pas être capable d'y reconnaître la forme universelle. (Journal de M. H., 27 décembre 1919.)

5. Journal de M. H., 23 juin 1913.

6. Journal de M. H., 30 août 1914.

7. Journal de M. H., 27 décembre 1912, 6 septembre 1914, 25 août 1920, 19 mai 1922 ; Khalil déclare même un jour que, comme il est incapable de s'adapter aux autres, c'est aux autres de s'adapter à lui (journal de M. H., 29 mars 1921).

8. Journal de M. H., 28 juin 1915.

9. Journal de M. H., 27-28 juin 1912, 25 juin 1913, 30 août 1913, 4 septembre 1914, 20 juin 1915 ; M. H. à K. G., 27 mai 1912.

10. Il ne faut pas oublier que la façon dont Mary et Khalil parlent des gens de couleur, ou d'autres ethnies, surtout des Juifs, est influencée par leur époque. Gibran n'aime pas beaucoup les Juifs, et l'animosité qu'il manifeste à leur égard augmentera quand le mouvement sioniste commencera à lorgner vers la Palestine pour y créer un État juif.

11. Journal de M. H., 3 avril 1912, 30 août 1914, 31 août 1914, 26 décembre 1915, 24 mars 1918, 11 septembre 1922, 30 septembre 1922, 16 juin 1923.

12. Journal de M. H., 9 novembre 1912.

13. Par exemple, carnet de M. H., 12 octobre 1911 ; journal de M. H., 15 juin 1912, 6 avril 1913, 9 juin 1915, 28 juin 1915.

14. Voir K. G., L. W., *op. cit.*

15. À propos des livres : journal de M. H., 14 novembre 1915, 10 septembre 1917, 11 novembre 1917, 4 août 1919, 30 décembre 1919. À propos du homard : 21 avril 1920.

16. Journal de M. H., 7-8 décembre 1918, 8 mars 1922.

17. Journal de M. H., 1er juin 1924, puis, de façon plus ambiguë : « Je peux mentir aux hommes et me mentir à moi-même, mais je ne mens pas à Dieu. » (Journal de M. H., 8 novembre 1919.)

18. À plusieurs reprises, en guise de préambule lorsqu'il se juge lui-même, Khalil affirme à Mary qu'il ne se vante jamais (journal de M. H., 27 janvier 1911, 30 juillet 1917), mais elle le surprend une ou deux fois à rechercher les compliments (journal de M. H., 20 juin 1915, 2 janvier 1918).

19. Journal de M. H., 27 décembre 1914. Mary et Khalil n'identifient pas l'auteur de la citation (elle est d'Emerson), qui n'est pas tout à fait correcte. Après l'Armory Show, Davies manifeste un bref engouement pour le cubisme, mais il est, fondamentalement, un peintre symboliste, et l'on distingue aisément des similarités entre son œuvre et celle de Gibran, quoique celle de Davies soit plus terre-à-terre, plus vivante.

20. Journal de M. H., 28 mars 1911, 28 juin 1915, 24 août 1915, 13 novembre 1915, 28 décembre 1915, 25 avril 1916, 30 juillet 1917, 2 janvier 1918.

21. Journal de M. H., 9 juin 1915.

22. Journal de M. H., 12 janvier 1918, 5 février 1921, 12 janvier 1922.

23. Journal de M. H., 8 février 1921, 12 août 1921, 30 août 1921, 16 juin 1922.

24. Journal de M. H., 11 juin 1915, 22 mars 1918.

25. Journal de M. H., 20 juin 1915, 12 juillet 1921.

26. Journal de M. H., 3 avril 1912, 18 avril 1920, 12 mai 1922. Il dit la même chose à propos du livre qui va devenir *Les Dieux de la terre*, le 20 juin 1915 ; et à propos du Christ vivant selon ses principes, le 10 septembre 1920 et le 30 septembre 1922.

27. Journal de M. H., 31 décembre 1922.

28. Journal de M. H., 25 août 1920. The *Syrian World*, avril 1931. Le 30 juin 1915,

Gibran déplore que les gens l'importunent dans le train ou au musée pour bavarder. Il faudra peu de temps pour qu'il se fasse des disciples à New York (journal de M. H., 31 novembre 1911). Son ami Thomas Raymond, le maire de Newark, dans le New Jersey, lui écrit un jour une lettre débutant par : « Très cher Khalil et Grand Maître » (journal de M. H., 29 décembre 1914). Gibran décrit James Oppenheim comme l'un de ses « adorateurs » (journal de M. H., 21-22 juillet 1916).

29. Journal de M. H., 12 juillet 1921. On trouve des sentiments similaires dans une lettre du 21 novembre 1918 qu'il adresse à Corinne Roosevelt Robinson. Dans une analyse perspicace mais pleine d'amour de cet aspect de sa personnalité, Mary lui dit qu'il aime les louanges parce que, dit-elle : « Elles te rassurent sur ton moi qui n'a pas encore fait ses preuves ». (M. H. à K. G., 2 février 1915.)

30. Mary fait fréquemment des commentaires sur la fatigue chronique, les insomnies et les moments de dépression de Khalil, ainsi que sur sa prodigieuse productivité. Voir le journal de M. H., 15 juin 1912, 3 juin 1915, 26 décembre 1915, 30 juillet 1917, 28 décembre 1917, 30 juillet 1919, 22 mai 1920, 27 août 1920, 8 février 1921. En 1921, Khalil fait quelques exercices de relaxation. Il craint d'avoir le cœur fragile (journal de M. H., 29 mars 1921, 19 avril 1921, 12 juillet 1921) mais, le 25 mai 1922, il semble redevenir hyperactif. Il dit qu'une hyperactivité comme la sienne est maladive.

31. Journal de M. H., 5 février 1921.

32. Journal de M. H., 19 septembre 1915, 9 mai 1917, 28 avril 1922.

33. Journal de M. H., 14 novembre 1914 ; voir aussi 2 décembre 1911, 1er juin 1912, 30 juin 1915, 26 juin 1916 (« Je commence à sentir que des milliers de personnes m'aiment »). En 1915, Gibran écrit qu'il n'accorde pas d'importance aux louanges en elles-mêmes, mais qu'il les apprécie parce qu'elles l'aiguillonnent et le poussent à faire de plus grands efforts (K. G. à M. H., 28 janvier 1915). Le 18 décembre 1920, il dit à Mary qu'il a renoncé à son vain désir de célébrité, mais Mikhaël Nouaymé affirme que Gibran s'est toujours montré très blessé par les critiques défavorables et flatté par la moindre petite louange.

34. Journal de M. H., 30 juillet 1919.

35. Journal de M. H., 30 décembre 1919 ; voir aussi 6 septembre 1914. Considérant son désir évident d'obtenir l'approbation de tous, il n'est pas très honnête de la part de Gibran d'écrire à May Ziadeh, le 11 juin 1919, qu'il trouve ennuyeuses toutes les louanges venues d'Occident.

36. Journal de M. H., 3 décembre 1911 (Khalil décrit les rapports sexuels comme « une fête partagée par deux personnes »), 23 juin 1913, 15 novembre 1914, 9 juin 1915, 28 décembre 1915 (anti-Freud), 5 octobre 1916 (anti-Freud), 9 mai 1917, 30 juillet 1917, 5 février 1921, 29 mars 1921 (anti-Freud), 14 juillet 1921, 5 août 1921, 8 mars 1922, 21 avril 1922, 28 avril 1922, 16 mai 1922, 16 juin 1923, 18 juin 1924. Il peut paraître étrange que la question de la sexualité soit si souvent le sujet de leurs conversations, mais il faut se souvenir que l'époque dans laquelle ils vivent voit apparaître un grand nombre de réformes dans ce domaine, ce qui, dans les années 1920, se traduit par une période de grande promiscuité sexuelle. Gibran est en faveur d'un certain degré de libération, mais il pense que les gens sont trop obsédés par la sexualité.

37. Mary y a déjà fait allusion, d'une manière plutôt obscure, dans son carnet du 11 janvier 1912, mais rien ne semble établir qu'ils ont, ce jour-là, abordé le sujet.

38. Carnet de M. H., 19-20 février 1912.

39. M. H. à K. G., 8 mars 1912 ; K. G. à M. H., 10 mars 1912. Tout le matériel sur le sujet provient de l'extraordinaire inscription qui couvre les pages de l'agenda de Mary de mars à avril.

40. Journal de M. H., 12 mars 1922. Le 14 novembre 1915, Gibran dit à Mary que les gens du Moyen-Orient croient que chaque poète a un esprit féminin qui lui sert de guide et est son âme sœur, même s'il a une épouse ou une compagne en chair et en os. Dans la mesure où il a souvent déclaré à Mary qu'elle l'inspirait dans son travail, nous pouvons en conclure qu'il veut faire d'elle son guide spirituel.

41. Mary s'est convaincue de cela en répétant sans cesse dans son carnet que son âge est un obstacle.

42. Journal de M. H., 27-28 juin 1912.

43. Mary tient sa promesse, bien qu'elle doive attendre plus longtemps que prévu pour le faire. Elle épouse son vieil « oncle », Florance Minis, en 1921. Il s'agit d'une union purement basée sur la camaraderie.

44. Journal de M. H., 3 avril 1912, 7 septembre 1912 ; carnet 7-9 septembre 1912, 9 novembre 1912. L'idée du mariage continue cependant de la hanter jusqu'au mois de décembre 1913 (journal de M. H., 21 décembre 1913).

45. Journal de M. H., 26-27 août 1912.

46. Journal de M. H., 30 avril 1913, 1er septembre 1913, 2 septembre 1913. Ce séjour qu'elle effectue à New York de la fin du mois d'août au début du mois de septembre 1913 est particulièrement agité et troublé par de multiples querelles.

47. Journal de M. H., 3 septembre 1913.

48. Journal de M. H., 11 janvier 1914.

49. Journal de M. H., 26 avril 1914, 20 juin 1914. Ces raisonnements continuent jusqu'au 12 mars 1922, lorsque Khalil fait à Mary une analyse franche de leur relation au cours des années.

50. K. G. à M. H., 23 juillet 1914.

51. Journal de M. H., 31 août 1914. Mary vient tout juste de revenir de ses vacances sportives. Il est déjà arrivé à Khalil de déplorer le fait qu'elle ait pris du poids (carnet de M. H., 9 novembre 1912).

52. Nous en savons très peu sur des détails plus intimes de l'anatomie de Mary, mais son tour de poitrine est de 36. (M. H. à K. G., 27 janvier 1912.)

53. Journal de M. H., 20 décembre 1914.

54. Journal de M. H., 29 décembre 1914, 31 décembre 1914.

55. Journal de M. H., 3 juin 1915.

56. Journal de M. H., 28 juin 1915. Le 28 décembre 1915, elle rapporte une conversation similaire dans son journal. L'année précédente, Khalil l'a prévenue qu'il s'éloignait de « l'aspect physique des relations » (journal de M. H., 19 décembre 1914), mais cette déclaration était prématurée puisque, dix jours plus tard, il lui a dit : « Mes pulsions sexuelles sont plus fortes qu'il y a un an. »

57. Journal de M. H., 11 avril 1915, 28 décembre 1915, 12 mars 1922. Curieusement, à cette dernière date, Khalil évoque aussi la possibilité que Mary et lui puissent un jour faire l'amour sans que cela détruise leur amitié.

58. Journal de M. H., appendice au 7 septembre 1912, 11 janvier 1914, 30 juillet 1917.

59. Journal de M. H., 1er juin 1912.

60. Mary écrit souvent, bien qu'elle soit naturellement encline au pardon, que Khalil

se montre distant ou distrait avec elle : il ne lui accorde pas toujours l'attention qu'elle souhaite, et il semble qu'il n'ait pas toujours envie de la voir chez lui. Carnet de M. H., 9 septembre 1912, 5 octobre 1912 ; journal de M. H., 26 juin 1913, 31 août 1914, 15 novembre 1914, 11 avril 1915, 3 juin 1915, 20 juin 1915, 5 octobre 1916, 30 juillet 1917, 26-28 décembre 1917, 12 janvier 1918. À cette période, leur relation n'en est pas arrivée à un point où Mary a des raisons de s'inquiéter. Elle ne note pas encore dans son journal qu'il n'a pas vraiment envie de la voir. Dans son agenda de 1913, où une longue inscription s'étale du 1er janvier au 12 avril, elle rappelle qu'il a eu l'air presque content de la voir partir après son séjour à New York, en septembre 1912. En août 1915, alors qu'elle est à New York, elle ne va chez lui que le soir, le laissant travailler pendant la journée, alors qu'auparavant ils passaient toutes leurs journées ensemble.

61. Carnet de M. H., janvier-avril 1913 ; journal de M. H., 6 juin 1911, 6 avril 1913, 26 juin 1913, 31 août 1913, 1er septembre 1913, 3 septembre 1913, 21 septembre 1913, 21 décembre 1913, 26 avril 1914, 27 août 1915, 13 novembre 1915, 9 novembre 1919, 12 mars 1922 ; K. G. à M. H., 30 avril 1913, 16 mars 1915, 18 avril 1915, 10 février 1916. Il est clair que Mary doit économiser afin de pouvoir aider Gibran et subvenir aux besoins d'autres personnes (voir K. G., L. W.). Elle confie également des sommes à Gibran dans un but d'évasion fiscale. Elle réduit ainsi le montant d'argent inscrit sur ses comptes en banque, et les services de l'impôt n'en ont pas connaissance (M. H. à K. G., 18 avril 1917). Il est possible que les deux montants non spécifiés appartiennent à cette catégorie.

62. K. G. à M. H., 19 décembre 1913. Ceci n'est qu'une suggestion parmi d'autres pour expliquer le fait que l'on peut être proches malgré la distance.

63. Carnet de M. H., 28 mai–28 juin 1912, janvier-avril 1913 ; journal de M. H., 7 octobre 1911, 15 juin 1912, 6 avril 1913, 31 août 1914, 6 septembre 1914, 9 juin 1915, 3 janvier 1921, ainsi que de nombreuses lettres.

64. La lettre que Gibran écrit à May Ziadeh à la suite de ce rêve est traduite en anglais et figure dans le recueil : *Gibran : Love Letters*, traduction de Souheil Boushroui, World Lebanese Cultural Union, Beyrouth, 1972.

65. Trente-sept lettres sont traduites dans *Gibran : Love letters*. Quelques autres figurent dans *Auto-portrait*. Les lettres de May à Gibran existent, mais la famille de May ne désire pas les rendre publiques. Quelques-unes seulement ont été publiées en arabe.

CHAPITRE 8

Amis et ennemis

1. Dans une lettre écrite à Mary le 12 décembre 1912, Gibran affirme qu'il est sur le point d'acquérir la notoriété : « Il semble que les gens bien de New York commencent à se rendre compte que je suis quelqu'un ! »

2. Journal de M. H., 1er juin 1911, 19 décembre 1914, 27 décembre 1914, 24 mars 1918. Lorsque Gibran a des serrements de cœur en pensant au Moyen-Orient, il décrit les liens qui l'attachent à New York comme des « chaînes dorées » (K. G. à M. Z., 21 mai 1921).

3. M. H. à K. G., 18 octobre 1911, 25 octobre 1911, 28 octobre 1911, 3 novembre 1911 ; K. G. à M. H., 29 octobre 1911.

4. Journal de M. H., 6 avril 1915 ; voir aussi le journal du 7 avril 1912, où Mary rapporte qu'elle a recommandé à Khalil de trouver une femme de son âge et de cesser

d'être amoureux d'une dame aussi vieille qu'elle. Khalil s'est contenté alors de lui répondre : « Tu fais sans doute allusion à une femme dans le genre de Charlotte. »

5. K. G., L. W., *op. cit.*

6. C. T. à M. H., 18 octobre 1911.

7. Carnet de M. H., 5 octobre 1911.

8. Carnet de M. H., 2 décembre 1911.

9. Mary évoque souvent d'une manière quelque peu compassée la « fièvre sexuelle » de Charlotte. Charlotte elle-même admettra plus tard qu'ils étaient, Rihani et elle, « esclaves et serviteurs de la chair ». La liaison intermittente se termine en mai 1912 (carnet de M. H., mai 1912 ; C. T. à M. H., 13 janvier 1912, 1er mars 1912, 21 mai 1912 ; K. G. à M. H., 6 janvier 1912, 18 février 1912).

10. C. T. à M. H., 13 décembre 1911.

11. Journal de M. H., 11 avril 1915.

12. Carnet de M. H., 16-28 mai 1912.

13. C'est là un autre de ses mensonges, mais Mary n'aurait pu le détecter. Gertrude Barrie n'a que deux ans de plus que Khalil. Dans ce cas au moins, il n'est pas très honnête de sa part de se décrire comme un innocent en voyage. [Allusion au récit de Mark Twain : *The Innocence Abroad. Le Voyage des innocents*, Payot, Petite Bibliothèque Payot, coll. « Voyageurs », Paris, 1995.]

14. Carnet de M. H., mars-avril 1912, mai-juin 1912 ; journal de M. H., 3 avril 1912, 29 décembre 1912, 20 juin 1914, 26-28 décembre 1922.

15. Journal de M. H., 28 juin 1915.

16. Journal de M. H., 14 juillet 1921, 12 mars 1922, 26-28 décembre 1922.

17. Journal de M. H., 29 août 1913, 30 août 1913, 4 septembre 1914, 7 juin 1915, 30 juillet 1917, 1er septembre 1918, 7 août 1919, 10 septembre 1920, 5 février 1921, 19 juillet 1921. Dans les années 1920, l'intérêt manifeste qu'il porte aux êtres incite les femmes à rêver de poser leur tête sur son épaule pour pleurer, ou pour confesser un mariage sans amour (journal de M. H., 22 mai 1920, 7 septembre 1920, 18 décembre 1920, 16 mai 1922, 26-28 décembre 1922). Ce qui l'amène à répéter à Mary ses vues sur le mariage : selon lui, les couples devraient faire de l'amitié le fondement de leur union, dormir dans des chambres séparées, et s'efforcer de respecter l'espace vital de chacun (journal de M. H., 11 novembre 1917, 24 avril 1921, 16 mai 1922, 26-28 décembre 1922, 26 mai 1923, 21 mai 1924). On trouve l'essence de ce discours dans le célèbre passage sur le mariage qui figure dans *Le Prophète.*

18. Hawi, *op. cit.* Voir aussi l'allusion de Mikhaël Nouaymé, dans sa biographie, à « une dame libanaise de New York » à laquelle Gibran a permis de « partager son lit ».

19. Voir « Les profits du Prophète », *Time*, 13 août 1965.

20. Mikhaël Nouaymé, *op. cit.*. K. G., L. W., *op. cit.*

21. Orfalea, Gregory, *op. cit.*

22. Journal de M. H., 28 décembre 1915, 6 septembre 1914 ; voir aussi 12 janvier 1914, 3 juin 1915, 9 juin 1915, 11 juin 1915, 24 août 1915, 18 septembre 1915, 23 avril 1916, 5 octobre 1916, 2 janvier 1918, 12 juillet 1921, 8 mars 1922, 12 novembre 1922 ; K. G. à M. H., 8 octobre 1913, 5 avril 1914. Une lettre écrite le 9 mai 1922 à May Ziadeh est presque un dithyrambe à la solitude. Mais bien entendu, une partie de cette solitude est due à l'isolement que s'impose Gibran, puisqu'il refuse toute présence autour de lui ; en outre, les interruptions que les visiteurs provoquent dans son horaire de travail le

contrarient (journal de M. H., 3 avril 1912, 23 avril 1916, 30 juillet 1917, 4 août 1919). Mary qualifie un jour son attitude envers les importuns de « revêche » (journal de M. H., 24 mars 1918).

23. La dernière rencontre entre Khalil et Charlotte a lieu chez cette dernière. Elle a invité Mary et Gibran à dîner et ils vont tous au restaurant. Cela se passe en septembre 1912 (journal de M. H., 7 septembre 1912).

24. Journal de M. H., 1er juin 1912, 30 juin 1915, 21 avril 1916, 23 juillet 1916. Le 29 mai 1924, Mary mentionne qu'ils ont parlé de Charlotte, mais elle évite délibérément de rapporter leurs propos.

25. Journal de M. H., 20 juin 1914.

26. Carnet de M. H., 28 mai-29 juin 1912 ; journal de M. H., 31 mai 1912, 27 août 1915.

27. Journal de M. H., 29 mai 1924.

28. Houayik, *op. cit.*

29. Journal de M. H., 31 novembre 1911.

30. À May Ziadeh, qu'il n'a jamais rencontrée, il laisse entendre six ans plus tard, soit en 1923, que ses cheveux ont commencé à grisonner (K. G. à M. Z., 2 décembre 1923). Par contre, il reconnaît aisément le fait lorsqu'il en parle avec Mikhaël Nouaymé, auquel il peut difficilement mentir, dans une lettre figurant dans *Auto-portrait*.

31. Carnet de M. H., 26 décembre 1910 ; journal de M. H., 27 janvier 1911, 17 mars 1911, 6 avril 1911, 2 décembre 1911, 2 janvier 1912, 12 juin 1912, appendice au 7 septembre 1912, 28 décembre 1912, 22 juin 1913, 26 juin 1913, 39 juin 1915, 26 avril 1916, 5 octobre 1916, 10 septembre 1917, 4 août 1919, 14 juillet 1921, 12 août 1921, 12 mai 1922, 16 juin 1922, 1er juin 1924 ; K. G. à M. H., 3 novembre 1920, 2 décembre 1923, 26 février 1924.

32. Joseph Gollomb, *Evening Post*, 29 mars 1919. Alma Reed, dans son livre *Orozco* (Oxford University Press, New York, 1956) parle de l'allure cosmopolite de Gibran et de sa faculté à s'adapter, comme le fait le caméléon.

33. Je ne veux pas dire par là que Gibran souscrit à l'une de ces croyances. Il se montre critique à l'égard de certains aspects du spiritualisme, tout en adoptant certaines vues touchant la réincarnation et la télépathie. Il est opposé aux théories des rosicruciens et manifeste de grandes réserves envers la chiromancie et l'astrologie (hautement estimées par l'école théosophique) (journal de M. H., 15 juin 1912, 26 avril 1916, 10 septembre 1917, 28 décembre 1915) ; sur la télépathie, voir aussi K. G. à M. H., 5 juin 1910.

34. Il existe un large intérêt pour l'Orient. En témoigne, par exemple, le succès des premiers spectacles de danse de Ruth St. Denis, *Rahda* (1906) et *Egypta* (1910), et la fascination provoquée par la découverte de la tombe de Toutankhamon, en 1922. Il n'est pas surprenant que Gibran et Ruth St. Denis (« la mère de la danse moderne ») se soient immédiatement reconnus : on trouve, à la base de l'approche de la danseuse, la conviction que derrière chaque geste se cache une dimension émotionnelle et spirituelle, qu'elle se donne pour mission d'exprimer. Ruth est le Gibran de la danse, et elle affirme que l'œuvre du poète l'inspire. Lorsque Gibran fait son portrait en 1914, elle est au sommet de sa forme et de son succès. Il la « croque » dans une pose typique — souple, gracieuse, les pieds nus.

35. Ce compte rendu délicieux, écrit en 1921, est tiré de *The Twenties*. Par une étrange coïncidence, nous pouvons confirmer que Gibran n'aime pas Milton, car il le dit à Mary. (Journal de M. H., 26 mai 1924.)

36. K. G. à M. H., 18 mars 1912 ; journal de M. H., 20 avril 1920.

37. Parmi les gens célèbres que Gibran rencontre dans les années 1910, il faut mentionner Carl Jung, Ruth St. Denis, Isadora Duncan, Richard Le Gallienne, Rose O'Neill, Bainbridge Colby (ancien secrétaire d'État), John Masefield, Frank Harris, Rabindranath Tagore, Abdul Baha (le fondateur de la religion bahaï), Amy Lowell, Rose Pator Stokes, Lionel Barrymore, Lord Dunsanay, Edward Markham, Pierre Loti (le seul écrivain français, avec Victor Hugo, à avoir eu des funérailles nationales en France), Anton Bojer, Sarah Bernhardt et Padraic Colum (poète prolifique, auteur de théâtre, essayiste et romancier).

38. Mme Ford elle-même aspirait à devenir écrivain. Mis à part un recueil de poésie, *Snickerty Snick* (1919), elle écrit un article pour le numéro de juillet 1926 de *The New Orient*, intitulé : « Akhnaton : Pharaoh and Prophet ». Résultats concrets de ces dîners : Bynner dédie une de ses pièces à Gibran ; Mackaye utilise le portrait du poète comme frontispice à sa comédie intitulée *St. Louis*, et Cook lui dédie un volume de poésie.

39. Rose O'Neill invente le nom « Zanzos » pour désigner le monde parallèle dans lequel entreront, elle l'espère, ses amis artistes, par l'intermédiaire des portes de sa maison de Washington Square.

40. Journal de M. H., 31 août-1er septembre 1918. Les journaux de Mary portant sur la période de 1912 à 1922, et la correspondance de Khalil et de Mary datant de cette époque constituent une mine d'information sur la vie sociale de Gibran à New York.

41. Journal de M. H., 11 avril 1915 ; K. G. à M. H., 28 janvier 1915, 9 février 1915, 14 mars 1915.

42. Journal de M. H., 27 août 1915, 21 avril 1916, 9 mai 1917, 20 avril 1920, 12 août 1921 ; K. G. à M. H., 6 août 1915.

43. Il s'agit là d'une supposition, mais j'imagine que Raymond réprimait son homosexualité (contrairement à Bynner). Il déteste les femmes et a quelques manies charmantes, comme le découpage (il fait des silhouettes d'églises anglaises).

44. Journal de M. H., 10 janvier 1914, 26 avril 1914, 20 décembre 1914, 29 décembre 1914, 24 août 1915, 30 juillet 1917 ; K. G. à M. H., 12 septembre 1913, 8 mars 1914, 19 avril 1914, 30 septembre 1918.

45. Journal de M. H., 3 juin 1915, 23 juillet 1916, 22 mars 1918, 24 mars 1918, 29 juillet 1921, 8 mars 1922.

46. La dédicace est appropriée, car la pièce en un acte au rythme rapide évoque les actes brutaux d'un officier prussien, Friedrich, en Syrie, pendant la guerre — en particulier le viol d'une jeune Syrienne.

47. Journal de M. H., 3 septembre 1913, 6 avril 1915, 6 juin 1915, 30 décembre 1915, 21-22 juillet 1916, 3 février 1917, 39 juillet 1917, 10 novembre 1917, 31 août 1918, 3 janvier 1921, 6 janvier 1921, 8 mars 1922, 16 juin 1923.

48. Journal de M. H., 3 septembre 1913, 6 avril 1915, 6 juin 1915, 30 décembre 1915, 21-22 juillet 1916, 3 février 1917, 30 juillet 1917, 10 novembre 1917, 31 août 1918, 3 janvier 1921, 6 janvier 1921, 8 mars 1922, 16 juin 1923.

49. Après le départ de Gibran pour New York, la section bostonienne de la Golden Links Society commence, semble-t-il, à se désintégrer. Gibran attribue cet échec à son absence (journal de M. H., 29 septembre 1911). Il s'adresse de nouveau à la Société le 13 juin 1912, la pressant de ne pas se laisser affecter par les aspects superficiels de la vie américaine.

50. Cette « lettre ouverte à l'Islam » est publiée par *El-Founoun* en novembre 1913 et est suivie d'un article non signé intitulé « Le commencement de la révolution », paru le 9 mars 1914 dans *Es-Saih*. Gibran y rappelle que la condition préalable à la révolution en Syrie est la coopération entre les diverses sectes et religions.

51. Journal de M. H., 10 janvier 1914, 21 avril 1916. Sur la popularité dont jouit Gibran dans la communauté syrienne, voir aussi 28 décembre 1915.

52. Journal de M. H., 4 septembre 1914, 30 juillet 1917, 10 septembre 1917.

53. À l'occasion, il commente également la politique américaine, mais toujours de façon vague. Il compare souvent Roosevelt à Wilson, par exemple. La comparaison est favorable à Roosevelt, car Gibran met en parallèle les esprits différents qu'ils représentent plutôt que leur politique respective. Voir journal de M. H., 26 avril 1916, 3 février 1917, 9 mai 1917, 10 novembre 1917, 30 décembre 1919. La naïveté dont Mary et Khalil font preuve dans leurs discussions sur la politique américaine est très bien illustrée dans le journal, du 26 au 28 décembre 1917, lorsque Mary prétend que l'Amérique est le meilleur espoir de la Syrie, parce que tous les présidents à venir seront de braves gens et qu'ils n'admettront pas que la Syrie soit molestée.

54. Journal de M. H., 29 septembre 1911, 7 avril 1912 ; K. G. à M. H., 5 novembre 1912. Voir aussi la satisfaction qu'il exprime lors de la révolution au Yémen (journal de M. H., 17 mars 1911). Les espoirs de Gibran ne seront que partiellement exaucés : la victoire des Italiens sur les Ottomans à Tripolitania (en Lybie) se traduit par la perte de ce pays par la Turquie.

55. Journal de M. H., 30 août 1914, 20 décembre 1914, 20 juin 1915 ; K. G. à M. H., 1er novembre 1914, 17 novembre 1918. Voir aussi ses remarques similaires après l'abdication du tsar, en mars 1916 : K. G. à M. H., 18 mars 1916.

56. Journal de M. H., 30 août 1914, 14 novembre 1914. Vers cette époque, il fait l'esquisse d'une pièce sur l'indépendance syrienne, qui ne sera jamais terminée.

57. K. G. à M. H., 22 octobre 1912.

58. Gibran l'admet (journal de M. H., 9 novembre 1919).

59. Journal de M. H., 8 novembre 1919. Ces vues sont légèrement différentes de celles qu'il exprimait avant la guerre, lorsqu'il favorisait les Anglais plutôt que les Français pour le protectorat de la Syrie (journal de M. H., 30 août 1914).

60. Journal de M. H., 27 décembre 1914, 27 juillet 1917.

61. K. G. à M. H., 20 août 1914, 20 septembre 1914, 26 février 1918. Dans des lettres à Mary datées du 21 janvier 1918 et du 5 février 1918, il indique, comme symptôme du changement de mentalité qu'il observe, la plus grande réceptivité des Américains à sa poésie !

62. Gibran a raison d'accuser les Turcs de la famine (journal de M. H., 21-22 juillet 1916, 26 août 1916, 5 octobre 1916, 26-28 décembre 1917, 31 août-1er septembre 1918, 30 juillet 1919 ; K. G. à M. H., 29 juin 1916, 22 août 1916). Bien que les Anglais et les Français fassent le blocus de toute la côte afin de contrer l'avancée des Turcs, il n'y a pas de famine dans les villes du littoral comme Beyrouth. La famine survient dans la montagne parce que les Turcs empêchent toutes les céréales de passer. Avec l'aide du gouvernement des États-Unis, le Comité de soutien envoie de l'argent, de la nourriture et des médicaments à la mi-novembre 1916 : K. G. à M. H., 5 novembre 1916 ; M. H. à K. G., 12 novembre 1916. Après la guerre, le gouvernement américain consacre des sommes considérables à la Syrie, qui est encore plus ou moins colonisée à l'époque.

Elle est divisée entre les trois administrations des territoires occupés par l'ennemi — le Sud (soit la Palestine), sous la tutelle de la Grande-Bretagne ; l'Est (soit la Syrie intérieure), sous la tutelle de l'administration arabe ; et l'Ouest (soit la côte syrienne et le Liban), sous la tutelle de la France, ainsi que Gibran l'espérait.

63. Journal de M. H., 31 décembre 1914.

64. Journal de M. H., 5 octobre 1916.

65. Une lettre de Gibran à Mary décrivant les souffrances des habitants du Mont-Liban amène cette dernière à lui suggérer de prélever 400 $ sur la somme qu'il garde pour elle et de l'envoyer aux victimes. Gibran estime que le montant est trop élevé. Son but principal est de toucher les Syriens d'Amérique, et il ne veut pas qu'ils pensent qu'ils n'ont rien à faire parce les Américains feront tout à leur place. Mary finit par donner 150 $ en son nom, mais elle insiste afin qu'il donne quand même les 250 $ manquants. Elle s'emploie à faire une collecte dans son école.

66. Journal de M. H., 26 août 1916, 9 mai 1917, 26-28 décembre 1917, 30 juillet 1919. Il sacrifie aussi les vacances qu'il prend habituellement hors de la ville : « Il fait si chaud que même le moi le plus distant s'épuise ! Et pourtant je dois rester ici et travailler pour mon peuple en détresse. »

67. *The Syrian World*, février 1929.

68. Enfant, il a fait une mauvaise chute et s'est brisé l'épaule gauche (journal de M. H., 30 juin 1915, 20 avril 1920). Il a gardé des séquelles de cette blessure, et son épaule est devenue partiellement paralysée à la suite, dit-il, d'une dépression nerveuse (lettre à Witter Bynner, septembre 1916). Après un traitement par électrochocs administré à New York, Gibran se retire avec Mariana à Cohasset, un village de la côte situé au sud de Boston, où il aime passer l'été et exposer son épaule malade au soleil jusqu'à ce que la douleur disparaisse (et que son côté gauche soit bronzé, et non le droit).

69. Journal de M. H., 30 juillet 1917.

70. K. G. à M. H., 10 juin 1913 ; journal de M. H., 29 décembre 1914, 9 mai 1917, 30 juillet 1917, 10 novembre 1917, 26-27 décembre 1917. Il ne peut s'engager dans l'armée américaine, comme Mikhaël Nouaymé, parce qu'il n'est pas citoyen des États-Unis. Bien qu'il ait eu l'intention de demander la citoyenneté en 1910 et en 1911, alors qu'il projetait d'épouser Mary, il semble qu'il n'en ait rien fait. Pourtant, la démarche est assez courante : en 1930, 62 % des Syriens immigrés ont la nationalité américaine.

71. K. G. à M. H., 10 juin 1913, 10 juillet 1913, 14 octobre 1917, 31 octobre 1917 ; journal de M. H., 22 juin 1913. K. G. à Witter Bynner, 15 mars 1918. Il est vrai que le Congrès arabe n'a pas accompli grand-chose en ce qui concerne la dévolution de la Syrie, mais il a obtenu quelques concessions de la part des Jeunes-Turcs.

72. K. G. à M. H., 8 mars 1914 ; journal de M. H., 26-28 décembre 1917. Il y a certainement des assassinats et des exécutions en Syrie, mais, à ma connaissance, aucun à l'extérieur du pays. En raison des brutales exécutions de 1915, la date du 6 mai reste connue en Syrie et au Liban comme « le Jour des Martyrs ».

73. Journal de M. H., 6 septembre 1914. Khalil argumente en faveur de la guerre lors d'un dîner, 27 juillet 1917, 31 août-1er septembre 1918 ; il dit alors que, après avoir été converti par ses positions en faveur de la guerre, Bynner est « retombé » dans le pacifisme. Gibran croit que le pacifisme n'est pas un état naturel chez l'homme. Le malaise existentiel de l'homme l'oblige à trouver des exutoires (K. G. à M. H., 16 mai 1912).

Chaque pays est en conflit avec ses voisins ; les conflits sont naturels, et la guerre l'est aussi ; chaque lutte est une lutte pour la vie, et non pour la mort (K. G. à M. H., 14 octobre 1914).

74. Journal de M. H., 27 juillet 1917 ; voir aussi 23 juillet 1916.

CHAPITRE 9

Le forgeur de mots

1. K. G. à M. H., 16 mai 1913. Voir aussi leur correspondance de décembre 1912 à avril 1913.

2. Les dates des plus importantes inscriptions sont les suivantes : 25 décembre 1912, 6 avril 1913, 26 juin 1913, 26 avril 1914, 6 septembre 1914, 27 décembre 1914, 11 avril 1915, 20 juin 1915, 24 août 1915, 25 août 1915, 19 septembre 1915, 26 décembre 1915, 28 décembre 1915, 30 décembre 1915, 21 avril 1916, 23 avril 1916, 23 juillet 1916, 11 novembre 1916, 9 mai 1917, 11 novembre 1917, 12 janvier 1918, 22 mars 1918, 7 décembre 1918, 9-12 juin 1919, 22 mai 1920, 19 juillet 1921 ; et trois lettres de K. G. à M. H., 30 janvier 1916, 10 février 1916, 3 janvier 1917. Ce que j'appelle la « cosmologie » de Gibran a été étudiée par Joseph Goughassian, dans *Kahlil Gibran : Wings of Thought*, Citadel Press, New York, 1975.

3. Journal de M. H., 2 janvier 1923. Voir aussi 22 mai 1920.

4. Journal de M. H., 24 août 1915.

5. Journal de M. H., 31 décembre 1922 : « Dieu est tout et partout. »

6. C'est là une intuition d'une grande portée : il y avait encore des gens, dans les années 1950, qui niaient la possibilité de voyager dans l'espace.

7. Journal de M. H., 3 septembre 1920.

8. Journal de M. H., 26 juillet 1921.

9. Journal de M. H., 25 août 1915, 28 décembre 1915, 21 avril 1916, 12 janvier 1918.

10. Journal de M. H., 21 avril 1916.

11. Journal de M. H., 11 avril 1915, 26 décembre 1915. En ce qui concerne le scepticisme de Mary, voir journal du 3 février 1917 ; M. H. à K. G., 27 janvier 1912.

12. Journal de M. H., 26 avril 1914, 7-8 décembre 1918, 9 novembre 1919.

13. Journal de M. H., 24 août 1915, 19 septembre 1915, 23 avril 1916 ; K. G. à M. H., 30 janvier 1916.

14. K. G. à M. H., 3 mai 1912.

15. *Le Fou* ; *Les Dieux de la Terre* ; « Les géants », dans *Pensées et Méditations*.

16. K. G. à M. H., 3 mai 1912.

17. Journal de M. H., 8 novembre 1919. Il semble que Knopf l'encourageait dans son projet (journal de M. H., 14 avril 1919). S'il ne s'est jamais réalisé, c'est peut-être parce que les ventes trop modestes de *Vingt dessins* ont découragé l'éditeur.

18. *El-Founoun* fait faillite en 1914. Relancé en 1916 (Mikhaël Nouaymé vient à New York pour apporter son aide), le journal s'effondre de nouveau. Une dernière tentative est faite en 1919 pour le ressusciter. Sans succès.

19. Ce n'est pas la première fois que *Les Ailes brisées* est salué comme le précurseur d'une telle renaissance. Quelques critiques arabes en parlent à peu près dans les mêmes

termes en 1912 (K. G. à M. H., 6 mai 1912). Gibran prétend qu'il savait, en écrivant le livre, qu'il donnerait un coup d'envoi à la littérature arabe (journal de M. H., 1er juin 1912).

20. K. G. à M. Z., 28 janvier 1920.

21. Cité dans Hawi, *op. cit.*

22. *Ibid.*

23. Curieusement, le mensonge semble circuler dans quelques demeures — à moins qu'il s'agisse simplement d'ignorance. Dans son livre sur Amy Lowell, Jean Gould parle de la rencontre de cette dernière avec Gibran lors d'un dîner chez Mme Ford, en mars 1919. Elle appelle Gibran « le célèbre poète indien ».

24. K. G. à M. H., 16 mai 1913.

25. Cela ne veut pas dire qu'il se concentre sur une seule technique. Dans une lettre du 3 novembre 1912 à May Ziadeh, Gibran parle des grandes toiles à l'huile sur lesquelles il travaille.

26. Les succès à venir leur paraissent si évidents qu'ils projettent d'offrir une toile au Metropolitan Museum, par l'intermédiaire de Montross (M. H. à K. G., 20 novembre 1914). Le musée refusera l'offre (journal de M. H., 28 décembre 1914). Après la mort de Gibran, les responsables acceptent le don que leur fait Mary de cinq peintures et dessins — les portraits d'Albert Ryder et de John Masefield, « Toward the Infinite », « I Have Come Down the Ages », et « The Life Circle », paru dans *Jésus fils de l'homme.*

27. Journal de M. H., 29 août 1913.

28. Gibran ne dit pas que Montross ne veut plus exposer ses œuvres, mais qu'il a lui-même quitté le galeriste parce que ce dernier est trop cupide et trop axé sur les intérêts commerciaux (journal de M. H., 13 novembre 1915).

29. Les Mortens, Rose O'Neill et Julia Ford possèdent déjà d'autres œuvres de Gibran.

30. C. T. à M. H., 25 décembre 1914, 28 février 1915. Charlotte trouve que *Le Fou* est imprégné d'« autoérotisme » (lettre à M. H., 23 décembre 1918).

31. L'expression « terrible honesty », inventée par Raymond Chandler, inspire à Ann Douglas le titre de son merveilleux livre portant sur les années vingt à New York : *Terrible Honesty : Mongrel Manhattan in the 1920s*, Farrar, Straus and Giroux, New York, 1995.

32. Journal de M. H., 13 novembre 1915, 26 décembre 1915, 12 janvier 1918.

33. K. G. à M. H., 11 février 1917 ; journal de M. H., 3 février 1917.

34. En novembre 1919, quelques-uns de ses dessins au lavis sont exposés dans l'église St. Marc, dans le quartier du Bowery. Gibran a sympathisé avec le curé, William Norman Guthrie. Mais il ne s'agit pas d'une exposition officielle (journal de M. H., 8 novembre 1919). Après la mort de Gibran, Guthrie et son église resteront extraordinairement fidèles au poète. Chaque année, une représentation du *Prophète*, transformé en drame religieux, sera donnée dans l'église.

35. Les quatre premiers numéros contiennent cinq paraboles de Gibran.

36. Journal de M. H., 3 février 1917.

37. Un critique perspicace du *Fou*, qui signe W. S. B., écrit le 25 janvier 1919 dans l'*Evening Transcript* de Boston que Gibran « a été présenté [au public] dans les pages du magazine de M. Oppenheim, *The Seven Arts* ».

38. K. G. à M. H., 31 janvier 1917. Concernant le travail qu'effectue le comité après la guerre, voir K. G. à M. H., 18 octobre 1918, 27 novembre 1918, 4 novembre 1919.

39. K. G. à M. H., 14 mars 1915. Mikhaël Nouaymé raconte qu'à une autre occasion, en 1916 ou en 1917, Gibran s'est fait siffler, à la Poetry Society, après avoir lu « La nuit et le fou ». Je n'ai pu vérifier ses dires.

40. Journal de M. H., 20 avril 1920.

41. Resnikoff meurt de tuberculose en 1920. Gibran l'a rencontré une ou deux fois, mais il exagère sans doute lorsqu'il dit à Mary que Resnikoff l'aimait (journal de M. H., 17 avril 1920). Il est intéressant de voir Gibran venir en aide à un socialiste — les concerts du pianiste ont parfois pour but de rassembler des fonds — dans la mesure où, comme nous l'avons vu plus tôt, il n'est pas tout à fait d'accord avec les objectifs et la philosophie de cette idéologie.

42. Nous trouvons de temps à autre dans la correspondance et les journaux intimes des échos de ses lectures et de ses causeries à la Poetry Society (K. G. à M. H., 28 janvier 1918, 5 février 1918, 26 février 1918, 10 mars 1918, 11 juin 1918 ; K. G. à Witter Bynner, 15 mars 1918 ; journal de M. H., 9 janvier 1918, 22 mars 1918). Une causerie sur l'art et la littérature en Orient et en Occident est donnée dans un club de l'université Columbia (journal de M. H., 23 juillet 1916), et une autre, sur la Syrie, à Newark (K. G. à M. H., 28 janvier 1918). Gibran lit aussi ses poèmes lors de réunions amicales — chez Mme Robinson, par exemple.

43. Journal de M. H., 30 décembre 1919, 17 avril 1920, 20 août 1920, 18 décembre 1920, 5 février 1921. La dernière proposition de Pond's concerne une causerie unique à New York. Gibran refuse à nouveau, disant qu'il ne peut pas produire « sur commande ». On n'entend plus parler de Pond's — mais cela est peut-être dû à la maigreur de nos sources sur la vie de Gibran dans les années 1920. Il se peut aussi que Pond's ait tout simplement laissé tomber son offre.

44. La métaphore apparaît dans une lettre de Gibran à Rihani, le 11 novembre 1910.

45. Journal de M. H., 11 juin 1915, 13 novembre 1915, 30 décembre 1919. Dans une lettre expédiée en 1921 à Mikhaël Nouaymé, Gibran se qualifie lui-même clairement de fou et demande à « Micha » de le rejoindre dans sa folie (*Auto-portrait*). En juillet 1916, Gibran expose à Mary les grandes lignes d'un poème qu'il projette d'écrire, dont le personnage central serait un « fou ». Mais il n'ira pas plus loin (journal de M. H., 21-22 juillet 1916).

46. Le projet est mentionné dans les journaux et les agendas : 19 janvier 1911 (agenda), 29 mars 1911, 10 juin 1911, 12 juin 1912, 29 août 1913, 30 août 1914, 2 septembre 1914, 4 septembre 1914, 6 septembre 1914, 10 avril 1915, 3 juin 1915, 7 juin 1915, 11 juin 1915, 20 juin 1915, 13 novembre 1915, 21 avril 1916, 5 octobre 1916, 3 février 1917, 19 septembre 1917, 11 novembre 1917, 12 janvier 1918, 22 mars 1918. Il est noté dans des lettres (soit de K. G. à M. H., soit de M. H. à K. G.) ; 21 septembre 1913 (quand Khalil embauche Mary pour réviser l'édition anglaise du livre), 10 mai 1916, 14 mai 1916, 3 janvier 1917, 12 janvier 1917, 15 janvier 1917, 14 octobre 1917, 20 octobre 1917, 31 octobre 1917, 5 février 1918. Toutes ces lettres concernent la révision des diverses paraboles du livre. Les lettres suivantes ont trait à la publication du livre : 29 mai 1918, 21 juin 1918, 11 juillet 1918, 8 août 1918, 30 septembre 1918, 18 octobre 1918. Ces lettres font référence à des articles : 17 décembre 1918, 21 janvier 1919, 23 janvier 1919.

47. Nadim Nouaymé, « The Mind and the Thought of Khalil Gibran », *Journal of Arabic Litterature*, 1975.

48. Journal de M. H., 30 août 1914, 6 septembre 1914, 21 avril 1916, 31 août 1918.

49. Journal de M. H., 10 juin 1911.

50. Journal de M. H., 6 septembre 1914.

51. Quelques-unes des fables sont en fait des contes libanais traditionnels.

52. K. G. à Witter Bynner, 15 mars 1918. Si l'on présume qu'une publication peut en amener une autre et que chacune de ces maisons d'édition aurait pu publier *Le Prophète*, on peut supposer qu'elles ont amèrement regretté ce refus.

53. K. G. à M. H., 29 mai 1918, 11 juin 1918, 21 juin 1918, 30 septembre 1918, 18 octobre 1918 ; journal de M. H., 31 août 1918, 9 juin 1919, 24 avril 1921, 16 mai 1922, 26 mai 1924.

54. K. G., L. W., *op. cit.*

55. Il l'a été une fois à New York, en présence de Gibran, et une autre fois au Caire : journal de M. H., 17 avril 1920, 22 mai 1920.

56. K. G. à M. H., 11 juillet 1918, 8 août 1918, 26 août 1918 ; journal de M. H., 10 septembre 1917.

57. Journal de M. H., 10 novembre 1917.

58. Journal de M. H., 26 avril 1916, 6 janvier 1918, 11 septembre 1922 ; voir aussi 18 septembre 1915.

59. Gibran le dit lui-même : « Il y a, dans l'adieu du *Précurseur*, une sorte de promesse du *Prophète* » (journal de M. H., 30 mai 1922).

60. Ils travaillent ensemble à diverses paraboles lorsqu'ils se rencontrent (journal de M. H., 30 juillet 1919, 6 août 1919, 7 août 1919, 14 août 1919, 8 novembre 1919, 30 décembre 1919, 17 avril 1920) ou communiquent par la poste (M. H. à K. G., début juin 1918 ; K. G. à M. H., 7 mai 1919). Le commentaire à propos du discours explicite et du non-dit se reflète dans une lettre que K. G. écrit à M. H., le 26 octobre 1920. À peu près à la même époque, Gibran révise quelques-uns de ses textes en arabe qui doivent paraître dans une anthologie publiée au Caire.

61. K. G. à M. H., 9 novembre 1919. Mikhaël Nouaymé a raison de penser que le titre est emprunté à Nietzsche.

62. Journal de M. H., 25 avril 1929.

63. Journal de M. H., 18 avril 1920, 18 décembre 1920, 5 février 1921.

64. Journal de M. H., 30 septembre 1922.

65. Journal de M. H., 19 novembre 1922.

66 Journal de M. H., 28 avril 1922.

67. Voir aussi journal de M. H., 30 décembre 1919 : les critiques n'écrivent que pour eux-mêmes.

CHAPITRE 10

Le Pen Club

1. Journal de M. H., 23 avril 1916.

2. Mikhaël Nouaymé, *op. cit.*

3. Mikhaël Nouaymé, *op. cit.*

4. Voir Hawi et plusieurs lettres de Nouaymé dans *Auto-portrait*. Pour la collecte de fonds, voir journal de M. H., 7 septembre 1920. En fait, le club est largement financé

par une seule personne, Salim Malouk, un immigrant libanais philanthrope, importateur de linge de maison, qui possède un magasin sur la 5e Avenue.

5. Journal de M. H., 27 février 1919, 27 août 1920.

6. Journal de M. H., 18 décembre 1920, 5 août 1921.

7. Dans le numéro d'avril 1920, par exemple, on peut voir deux dessins au lavis assez médiocres, mais ils sont en bonne compagnie, puisque ce numéro comprend des articles de W. B. Yeats, Witter Bynner, Edmund Wilson, Hart Crane, Djuna Barnes et Van Wyck Brooks, ainsi qu'une reproduction du « Clair de lune » de Cézanne. À ses débuts, *The Dial* est un magazine transcendantaliste dirigé par Margaret Fuller, puis par Emerson et Thoreau.

8. Au printemps de l'année 1917, Gibran remet l'atelier à neuf dans des tons de gris, et recommence au cours de l'été de l'année 1920 (journal de M. H., 9 mai 1917, 13 novembre 1920). Comme d'autres résidants de l'immeuble, il en devient l'un des propriétaires en 1920, grâce sans doute à la générosité de Mary (K. G. à M. H., 11 mai 1920). Plus tard, il regrettera de ne pas avoir eu plus d'argent au moment de la vente, car il aurait pu alors acheter un plus grand nombre de parts et avoir ainsi un droit de vote plus important (journal de M. H., 31 décembre 1922). Il s'attribue la paternité de l'idée de la vente (journal de M. H., 31 décembre 1922, 17 avril 1920). L'atelier sera à nouveau repeint en 1924 et en 1929 (journal de M. H., 21 mai 1924 ; K. G. à M. H., 8 novembre 1929).

9. Voir aussi journal de M. H., 31 décembre 1922. À bien des égards, ses avertissements restent ignorés. Les costumes locaux sont généralement abandonnés au profit de vêtements occidentaux ; des milliers de voitures mugissent sur des routes qui n'ont, jusque-là, rien vu passer de plus bruyant que des ânes ; la course à l'achat de munitions occidentales bat son plein.

10. Le titre de l'article de Kanfer est déconcertant, jusqu'à ce que l'on se rende compte qu'il s'agit d'une citation partielle tirée du *Sable et l'Écume* : « Les vers se retourneront ; mais n'est-il pas étrange que même les éléphants reculent ? »

11. Certains critiques parlent de « grandiloquence prétentieuse », de « religiosité homogénéisée », de « métaphysique insipide », d'« émotivité puérile ». *Mad*, le magazine de bandes dessinées destinés aux adolescents, parodie Gibran sous le nom de « Kahlil Gibrish » (*gibberish* : baragouin, charabia).

12. Dans le courrier des lecteurs du *New York Times* du 16 juillet 1972, des lecteurs réagissent à l'article de Kanfer, dont Kathleen Smith, qui fait remarquer qu'il ne faut pas confondre « intelligence et vérité, ni journalisme et vacherie ». Charles Stinson, du département de religion au Dartmouth College, dit avec justesse : « La popularité non démentie [de Gibran] exige une analyse critique — et civilisée — plutôt que l'équivalent littéraire d'une bagarre de rue. »

13. Journal de M. H., 20 août 1920.

14. Emerson, *op. cit.*

15. Journal de M. H., 21 avril 1916.

16. Emerson, *op. cit.*

17. Il est intéressant de noter que le mot arabe signifiant « poète », « *sha'er* », est apparenté au verbe « ressentir » : un poète est une âme sensible, et cette âme est plus réceptive aux influences subtiles que celle du commun des mortels. Cette réalité amène indéniablement Gibran à adopter le double rôle de poète et de prophète.

18. Journal de M. H., 5 juin 1915, 21 avril 1931, 26 avril 1916, 23 juillet 1916, 27 juillet 1917, 7-8 décembre 1918, 4 août 1919, 18 avril 1920, 21 avril 1920, 8 janvier 1921, 30 septembre 1922.

19. Journal de M. H., 6 mai 1918. Mary est d'accord sur le fait que le « poète ermite » du *Prophète* est le portrait fidèle de Gibran (journal de M. H., 6 mai 1918, 23 juin 1923). Le 30 août 1921, elle dit simplement : « ce Prophète est indéniablement Khalil », mais elle ajoute qu'il nie cette ressemblance. Le Précurseur, un autre alter ego de Gibran, est aussi comparé à un prophète dans les dernières pages du livre.

20. Journal de M. H., 27 janvier 1911, 10 mars 1911, 30 août 1913.

21. K. G. à M. H., 10 février 1916, 1er mars 1916.

22. K. G. à M. H., 9 avril 1916 ; journal de M. H., 9 juin 1915.

23. K. G. à M. H., 21 janvier 1914.

24. K. G. à M. H., 11 janvier 1915, 4 mai 1919, 18 décembre 1920 ; journal de M. H., 13 novembre 1915.

25. K. G. à M. H., 18 décembre 1920. De même, le 25 août de cette année, il dit à Mary que sa vocation consiste à élargir les consciences.

26. Concernant l'authentique poète, il affirme : « La poésie est un éclair ; lorsqu'elle devient un agencement de mots, elle n'est plus que composition. »

27. *Le Sable et l'Écume* ; journal de M. H., 30 septembre 1922 ; voir aussi 30 décembre 1919.

28. Journal de M. H., 6 avril 1913.

29. Il n'est pas à l'abri des critiques dans le monde arabophone. Il dit un jour ces paroles devenues célèbres : « Que vous disiez ne pas me comprendre est un compliment que je ne mérite pas, et une insulte que vous ne méritez pas non plus. »

30. Journal de M. H., 6 avril 1913, 30 août 1914.

31. Dans une lettre datée de 1941, Witter Bynner raconte comment il a présenté Gibran à l'éditeur Alfred Knopf : « C'était déjà un auteur établi, en fait un « classique vivant » de la littérature arabe. » Bynner ne lisant pas l'arabe, on se demande comment il peut en arriver à cette conclusion hyperbolique. Peut-être Gibran la lui a-t-il inspirée ! Un critique de l'*Evening Transcript* de Boston affirme, le 25 janvier 1919, que Gibran est considéré dans le monde arabe comme « le génie de son temps ».

32. Dans une série d'hommages à Gibran parus dans *The Syrian World* en février 1929, Phillip Hitti parle seulement de l'influence de Gibran et non de celle de l'école mahjar en général : « L'influence que Gibran exerce sur la littérature arabe contemporaine peut être mesurée, dans une certaine mesure, non seulement en fonction de la multitude de gens qui retirent de grands bienfaits de la lecture de ses œuvres, mais de la moisson abondante de "Gibran en devenir", de "quasi Gibran" et d'"imitateurs de Gibran", qui ont poussé ces dernières années comme des champignons partout dans le monde arabophone. »

33. Au sujet de l'influence de la Bible sur Gibran, on peut distinguer les paraboles du Nouveau Testament, qui inspirent ses paraboles et ses homélies, et quelques livres de l'Ancien Testament, comme le Livre de Job, ainsi qu'Isaïe et Jérémie, dont la poésie colore la dévotion présente dans la langue et les rythmes incantatoires de sa prose et de ses vers.

34. Gibran est conscient de son originalité en la matière. Il dit à Mary qu'il déteste être limité par la langue et que, enfant, il essayait toujours de trouver sa propre façon

d'exprimer les choses. Il affirme avoir forgé de nouveaux mots et inventé de nouveaux rythmes, que d'autres écrivains ont imité par la suite. Journal de M. H., 6 septembre 1914, 17 septembre 1920, 3 janvier 1921, 2 janvier 1923. Il est intéressant de noter que lorsque Gibran et d'autres écrivains *émigrés* sont accusés de faire des « fautes » en arabe, « faute » signifie « néologisme » ou « license grammaticale ». Cela donne une idée de l'emprise de la tradition sur l'écriture et la critique arabes.

35. Hawi, *op. cit.* Il faut noter que tous les critiques arabes n'ont pas célébré la révolution romantique dans leurs articles et essais, ni le rôle joué par Gibran dans cette révolution. De son vivant, en plus de la désapprobation de l'Église et des autorités gouvernementales, il est constamment attaqué par le prestigieux périodique littéraire libanais *El-Mashriq*. Après sa mort, Eugene Paul Nasser, en particulier, critique la forme fumeuse et le contenu transcendantal de son œuvre, ses « froides abstractions sur l'Amour et la Vie », et ainsi de suite.

36. Étant donné que Walt Whitman a exercé une grande influence sur le style de Gibran, on peut considérer comme une curiosité historique le fait qu'Oscar Wilde a déconstruit le grand poète américain en employant précisément les termes qui fondent le succès de Gibran. Wilde a affirmé que l'on se souviendrait de Whitman comme d'un philosophe prophète et non comme d'un poète.

CHAPITRE 11

Le Prophète

1. Douglas, *op. cit.*

2. Carnet intime de M. H., 20 mai 1925, 1er septembre 1925. Même après les funérailles de Gibran, Mary a retrouvé Florance « les lèvres parfaitement pincées » (carnet intime de M. H., 21 avril 1931).

3. Carnet intime de M. H., 30 avril 1928, 10 mai 1926. En 1930, elle commence à utiliser un code indéchiffrable dans ses carnets et ses journaux intimes. Un langage codé bizarre apparaît dans son inscription du 12 juillet, fait de lettres et de chiffres (comme L1). Les lettres utilisées sont L, Ph, P, Sp et C. Mary a de plus en plus souvent recours à ce système de signes, et les chiffres s'accumulent jusqu'à l'inscription du 5 août. On peut lire, par exemple : « 4L - 67 - Ph7 - P3 ». Heureusement, Mary laisse à la postérité une note au crayon révélant que ce langage codé se réfère à son travail sur les « *mss* de K. Gibran » (manuscrits de Gibran), mais elle ne nous dit pas de quels manuscrits il s'agit. Les Gibran biographes suggèrent qu'elle révise *Les Dieux de la terre*, qui doit être publié en 1931. C'est bien possible, mais ils oublient de tenir compte du fait qu'il y a 108 inscriptions codées entre le 12 juillet et le 2 novembre 1930, et que *Les Dieux de la terre* est un ouvrage trop court pour avoir exigé une si longue période de révision. Il faut aussi noter que Mary dit *mss* (manuscrits) et non *ms* (manuscrit). En outre, les inscriptions codées recommencent en 1931, après le décès de Gibran, presque quotidiennement du 18 juillet au 26 octobre, puis pendant la semaine du 16 au 22 mai 1932. Mary travaille alors à *L'Errant*. Elle dit dans un carnet intime qu'elle a commencé à réviser ce livre le 24 avril 1931, et non en juillet de cette même année. Dans la mesure où l'on trouve une bonne quantité de remarques au crayon dans les lettres et les journaux qui nous sont accessibles, il semble que ces notes concernent ce que Mary relit ou révise,

mais le code est indéchiffrable et il est difficile d'être sûr de quoi que ce soit, d'autant plus qu'en 1930 quelques journaux intimes se trouvaient dans l'atelier de Gibran, où Mary les a récupérés le 18 avril 1931 pour les envoyer à Savannah.

4. Cet ouvrage a été publié par Brentano's avec une préface du grand Arthur Symons. Gibran a sûrement apprécié le style optimiste des poèmes et le climat métaphysique dans lequel ils baignent. Il en a dessiné le frontispice : de pâles figures montent un escalier tournant et font signe à d'autres personnages de sortir d'épaisses ténèbres pour se hisser vers la lumière. On y trouve aussi quatre reproductions de peintures : « Silence », « Compensation », Solitude » et « Réponses de la vie ».

5. Journal de M. H., 26 mai 1923. À cette époque, les livres de Gibran sont presque automatiquement traduits en plusieurs langues.

6. D'autres meurent (comme Raymond, en 1928), ou quittent la ville (comme Bynner, en 1922).

7. Young, *op. cit.* Une preuve de la position de premier plan qu'occupe Gibran dans la société new-yorkaise est qu'en 1925 et en 1929 deux grandes célébrations ont lieu à l'occasion de son anniversaire, la première étant offerte par ses amis américains (K. G. à M. H., 12 janvier 1925), la seconde par ses amis syriens — un énorme banquet, en principe pour célébrer ses succès littéraires, mais qui tombe la veille de son anniversaire. Cette fête est soulignée par un numéro spécial du *Syrian World*, dans lequel sont reproduits le discours de Philip K. Kitti, intellectuel éminent, un poème de Barbara Young, et un hommage que Salloum Mokarzel rend à Gibran pour la compassion dont il fait preuve vis-à-vis des démunis.

8. Journal de M. H., 29 mai 1923 : « Je dîne plus souvent dehors que chez moi. »

9. Voyages à l'extérieur de New York : K. G. à M. Z., 11 janvier 1921, 21 mai 1921, 1-3 décembre 1923 ; K. G. à M. H., 6 octobre 1921, 20 octobre 1921, 7 août 1923, 4 septembre 1924, 25 août 1925, 16 mai 1929 ; journal de M. H., 14 avril 1922, 16 juin 1922, 11 septembre 1922, 26 mai 1923, 21 mai 1924.

10. K. G. à M. H., 22 avril 1924 ; voir aussi journal de M. H., 29 mars 1921, 21 novembre 1922. Il lit peu (journal de M. H., 29 décembre 1919). Plus tard dans l'année 1929, il dit à Mary qu'il n'a plus de « responsabilités en Orient », ce qui veut dire qu'il passera désormais moins de temps à Boston (K. G. à M. H., 8 novembre 1929). Dans la même lettre, on trouve la phrase qui figure sur le monument que l'on érigera à sa mémoire, au Copley Square, à Boston : « It was in my heart to help a little because I was helped much [...]. » Plus loin dans la lettre, il déclare que le travail a été difficile : « La prochaine fois, j'évaluerai — et sans me tromper — la distance qui sépare mon désir de mes capacités, et je ne marcherai pas imprudemment en pleine lumière. »

11. Journal de M. H., 12 novembre 1922. Dans les années 1920, les lettres et les journaux font souvent allusion à la mauvaise santé de Gibran.

12. Journal de M. H., 20 mai 1920.

13. K. G. à M. Z., 1925, dans *Auto-portrait* ; « chaînes dorées », dans K. G. à M. Z., 21 mai 1921.

14. En plus de ses 70 salles de théâtre, New York compte aussi environ 800 salles de cinéma.

15. Journal de M. H., 21 mai 1924, et un certain nombre de lettres s'échelonnant de septembre 1924 à mai 1925.

16. Mar Sarkis (saint Serge) est un saint local, martyr devenu populaire aux Ve et VIe siècles. Au XVIe siècle, les habitants de Bcharré offrent le terrain qui entoure le tombeau à des carmélites, qui y construisent le monastère que l'on connaît aujourd'hui.

17. Un jeu de mots circulait : *El-Rabita el-Qalamiyya*, Le Pen Club, était aussi appelé *El-Rabita el-Qadahiyya*, le Drinking Club (*Qadahhiya* signifie « verre d'arak »).

18. K. G., L. W., *op. cit.*

19. Journal de M. H., 26 juin 1913, 31 août 1913, 10 novembre 1917.

20. K. G., L. W., *op. cit.*

21. Gibran affirme être lui-même un « wet » (mouillé), autrement dit il est opposé à la prohibition. Il prétend d'une part que « ça ne marche pas », et d'autre part qu'un petit verre de vin n'a jamais fait de mal à personne (journal de M. H., 3 février 1917).

22. Douglas, *op. cit.*

23. Mikhaël Nouaymé, *op. cit.* Les Gibran biographes considèrent également cette histoire comme authentique. Barbara Young laisse supposer que c'est à elle que Gibran a fait cette remarque, tout comme elle prétend être l'interlocutrice de Gibran dans des conversations qu'elles a retranscrites à partir des journaux de Mary.

24. Au sein du Delphic, Gibran est surtout proche de Syoud Hossain, l'éditeur du magazine *The New Orient*, et de Sarojini Naidu, poète, féministe et disciple du Mahatma Gandhi. Elle deviendra la première femme à présider le Congrès national indien en 1925.

25. K. G. à M. H., 19 mars 1923. On découvre son mécontentement à propos du livre dans le journal de M. H., 12 juillet 1921, 14 juillet 1921, 22 juillet 1921, 5 mai 1922 (à moins qu'il ne s'agisse d'un autre ouvrage qui ne s'est jamais matérialisé).

26. Gibran espère que le poème sera à nouveau interdit, ce qui ferait une bonne publicité pour le livre (journal de M. H., 5 août 1921).

27. Journal de M. H., 30 décembre 1915.

28. On peut lire de telles pensées dans le journal de M. H., 31 août 1920, puis dans un grand nombre d'inscriptions par la suite : 3 septembre 1920, 7 septembre 1920, 10 septembre 1920, 3 janvier 1921. Toutefois, Gibran continue à composer des formules semblables bien après que les premières pensées ont été reprises dans les journaux de Mary. Il a peut-être acquis suffisamment de confiance dans la qualité de son anglais pour ne plus faire vérifier ces courts écrits par son amie.

29. Une suite au *Prophète* : journal de M. H., 30 août 1921 ; *The Way of the Seven Days*, journal de M. H., 3 septembre 1930. Il est possible que l'idée du voyage de sept jours soit inspirée par un poème arabe. Khalil dit à Mary, en 1922, qu'il rédige un poème de ce genre, dans lequel un pessimiste se transforme, jour après jour, en optimiste, et qu'il est arrivé au 6e jour du périple (journal de M. H., 30 septembre 1922). Il ne nous pas été possible d'identifier le poème arabe.

30. Il dit à Mary que les trois mois d'été qu'il a passés à Scituate, au sud de Boston, en 1922, ont été rafraîchissants, et qu'il y a écrit quelques-uns de ses meilleurs poèmes en arabe (journal de M. H., 12 novembre 1922). En 1924, il lui dit que *El-Hilal*, au Caire, lui a commandé dix articles (journal de M. H., 26 mai 1924).

31. Claude Bragdon rédige un splendide hommage à Khalil Gibran. Hossain le qualifie de « génie », et répète la soi-disant citation de Rodin reprise dans les argumentaires de Knopf, puis ajoute : « Il n'existe pas en Occident de représentant du monde oriental plus sincère, plus authentique et plus exceptionnellement doué que lui. »

32. C'est l'un des textes les plus éthérés de Gibran, ce qui n'est pas étonnant puisqu'il s'inspire d'une légende assez étrange. On dit qu'Iram, mystérieuse cité d'or et de pierres précieuses édifiée par Shaddad ibn Ad, s'est enfoncée dans les sables du désert, mais qu'elle réapparaît tous les quarante ans, et qu'elle porte bonheur à celui qui l'aperçoit.

33. Par exemple : « Vous savez que *Le Prophète* représente énormément pour moi. Je lui ai consacré les trente-sept dernières années de ma vie » (journal de M. H., 31 mars 1921) ; « C'est le seul ouvrage auquel j'ai travaillé aussi longtemps » (journal de M. H., 19 mai 1922) ; « *Le Prophète* est mon premier livre — mon premier vrai livre —, mon fruit mûr » (journal de M. H., 16 juin 1923). Voir aussi journal de M. H., 11 avril 1915, 18 avril 1920 ; K. G. à M. H., 9 novembre 1919.

34. Les références les plus importantes sont les suivantes : journal de M. H., 12 juin 1912, 7 septembre 1912, 6 avril 1913, 4 septembre 1914, 14 novembre 1914, 11 avril 1915, 21 avril 1916, 24 mars 1918, 6 mai 1918, 31 août-1er septembre 1918, 14 avril 1919, 18 août 1919, 20 avril 1920, 20 mai 1920, 20 août 1920, 25 août 1920, 27 août 1920, 31 août 1920, 7 septembre 1920, 10 septembre 1920, 14 septembre 1920, 17 septembre 1920, 5 février 1921, 1er mars1921, 12 juillet 1921, 8 août 1921, 30 août 1921, 2 septembre 1921, 6 septembre 1921, 9 septembre 1921, 19 janvier 1922, 8 mars 1922, 14 avril 1922, 5 mai 1922, 16 mai 1922, 30 mai 1922, 11 septembre 1922, 7 octobre 1922, 31 décembre 1922, 2 janvier 1923, 16 juin 1923, 23 juin 1923 ; M. H., à K. G., 11 juin 1918 ; K. G. à M. H., 12 décembre 1920.

35. Gibran reprend les mots du Prophète : « Était-ce moi qui parlais ? N'étais-je point aussi un auditeur ? » Un sentiment similaire apparaît dans des lettres de K. G. à M. H. datées du 9 novembre 1919 et du 3 décembre 1923 où, dans un élan mystique, Gibran dit avoir écrit sous la dictée de Dieu.

36. Journal de M. H., 17 septembre 1920, 21 avril 1922, 5 mai 1922, 9 mai 1922, 19 mai 1922, 30 mai 1922 ; K. G. à M. H., 19 mars 1923, 17 avril 1923, 30 avril 1923.

37. Pourtant, Mary lui demande en 1923 ce qu'il advient du livre intitulé *Commonwealth* comme s'il s'agissait d'un livre différent, qu'il est en quelque sorte en train de composer mentalement (journal de M. H., 16 juin 1923). Peut-être garde-t-il ce titre en réserve pour le livre qui deviendra *Le Jardin du Prophète.*

38. Journal de M. H., 4 août 1919, 8 novembre 1919, 10 septembre 1920, 30 septembre 1922 ; voir aussi K. G. à M. Z., 9 novembre 1919 : « C'est un livre que j'ai envie d'écrire depuis mille ans. »

39. Journal de M. H., 2 janvier 1923. Sur le deuxième livre, *Le Jardin du Prophète*, voir journal de M. H., 10 septembre 1920, 14 septembre 1920, 8 mars 1922, 30 mai 1922, 2 janvier 1923, 16 juin 1923, 26 novembre 1923, 8 juin 1924 ; K. G. à M. H., 16 mai 1929. Dans *The Syrian World*, en avril 1929, Gibran annonce la publication du livre plus tard dans l'année, mais c'est surtout dans le but de se forcer à y travailler. Deux ans plus tard, à sa mort, l'ouvrage n'est toujours pas structuré. Barbara Young donne sa version de la compilation posthume du livre dans sa biographie (consulter Hawi, qui fait une critique de ce travail). Il semble que Barbara Young y ait inclus des textes que Gibran ne destinait pas à ce livre.

40. Journal de M. H., 7 octobre 1922.

41. Young, *op. cit.*, p. 119. La troisième partie de la trilogie est mentionnée dans le journal de M. H. le 23 juin 1923.

42. Knopf évoque cette conversation avec Gibran (vol. 1, p. 48) : « Chaque fois que je voyais Gibran au cours des dernières années de sa vie, et que je lui rappelais en jubilant les ventes exceptionnelles du *Prophète*, sa réponse était toujours la même. Il haussait les épaules et disait : « Ne vous l'avais-je pas dit ? »

43. *Publishers Weekly*, 11 décembre 1995. L'idée d'un film a commencé à germer en 1932.

44. Journal de M. H., 31 décembre 1922. Ils ont fêté la nouvelle année à New York en relisant le livre ensemble.

45. Journal de M. H., 4 septembre 1914, 7 septembre 1920.

46. Journal de M. H., 30 mai 1922, qui réitère plus ou moins le sentiment exprimé le 16 mai 1922.

47. Gibran lui-même reconnaît ce progrès (journal de M. H., 16 mai 1922).

48. Voir tout spécialement journal de M. H. 11 mai 1918, 12 mai 1922.

49. Journal de M. H., 20 août 1920.

50. K. G. à M. H., 26 novembre 1923.

51. M. H. à K. G., 2 octobre 1923.

52. Quelques années plus tard, George William Russell se range parmi les lecteurs qui considèrent *Le Prophète* comme un texte de philosophie orientale. En s'inspirant du texte de la couverture, il écrit : « Je ne crois pas que l'Orient ait jamais parlé avec une voix aussi belle depuis le *Gitanjali* de Rabindranath Tagore. »

53. L'une des tâches les moins agréables à laquelle doit faire face celui qui accomplit une recherche exhaustive sur Gibran est de parcourir les deux volumes de commentaires que le gourou en disgrâce Bhagwan Shree Rajneesh (maintenant décédé) a consacrés au *Prophète* (Rebel Publishing House, Cologne, 1987). Si le contenant est impressionnant (près de 1000 pages), le contenu l'est beaucoup moins. Rajneesh part du principe que Gibran ne fait qu'entrevoir la réalité, alors que lui, Rajneesh, nous en donne une vision entière. Comment justifie-t-il cette affirmation ? « Parler de Khalil Gibran est une tâche presque impossible, car je ne suis pas poète — je suis la poésie. Je ne suis pas peintre — je suis le tableau. » Le commentaire continue sur sa lancée, avec une foule de digressions sur divers sujets. Ainsi, Rajneesh prétend personnifier le Bouddha, dénonce le traitement injuste que lui ont fait subir les États-Unis, et raconte un trajet qu'il a effectué en train pour se rendre à Bombay, etc. Ses pensées sur les sujets traités dans *Le Prophète* sont quasi similaires à celles de Gibran, dans la mesure où elles constituent des généralités du même ordre. Comme toujours, Rajneesh déploie beaucoup d'éloquence et s'appuie sur une bibliographie impressionnante, mais disons qu'il faut être fanatique pour décrire Jésus comme « un fanatique un peu dérangé » qui aurait eu besoin d'une bonne dose de méditation pour se calmer un peu ! Les deux volumes ne sont pas tant un commentaire du gourou de l'œuvre de Gibran qu'un prétexte pour transmettre ses propres idées.

54. Carnet intime de M. H., 12 décembre 1927.

55. Journal de M. H., 11 janvier 1919.

56. Rêves au sujet du Christ : K. G. à M. H., 25 mars 1908 ; journal de M. H., 19 avril 1911 (il y est sous-entendu que ces rêves sont assez fréquents, puisqu'ils se produisent environ deux ou trois fois par an) ; K. G. à M. H., 7 février 1912 ; journal de M. H., 10 janvier 1914, 9 mai 1917 (il n'a pas rêvé du Christ récemment), 9 et 12 juin 1919 (il n'a pas rêvé du Christ depuis un an), 30 décembre 1919, 14 juillet 1921 (il rêve aussi de

Skakespeare, de Blake, de Keats et de Shelley), 27 mai 1923. Discussions à propos du Christ: journal de M. H., 7 décembre 1910, 10 mars 1911, 15 juin 1912, 6 avril 1913, 24 août 1915, 25 août 1915, 26 avril 1916, 6 janvier 1918, 14 avril 1919, 9 et 12 juin 1919, 6 août 1919, 25 août 1920, 7 septembre 1920, 10 septembre 1920, 3 janvier 1921, 8 janvier 1921, 5 février 1921, 8 février 1921, 18 avril 1922, 16 mai 1922, 16 juin 1922.

57. Gibran affirme un jour que, dans la Bible, le mot traduit par « *meek* » en anglais (doux comme un agneau) signifie plutôt « calme » et « bienveillant » (journal de M. H., 8 janvier 1921). Il est vrai que le mot grec « *praos* » peut signifier « calme et maître de soi », mais « bienveillant » va peut-être un peu trop loin. Il se peut aussi que Gibran pense à un mot syriaque. N'affirme-t-il pas que son affinité avec le Christ découle de leur connaissance mutuelle du syriaque ?

58. K. G. à M. H., 29 avril 1909 ; journal de M. H., 11 octobre 1911.

59. Les critiques favorables sont celles du *New York Times* (P. W. Wilson), du *Herald Tribune* de New York (John Holmes), de l'*Evening Post* de New York (Paul Eldridge) : « Il y a dans ce livre des dessins si beaux et si délicats qu'ils semblent avoir été taillés dans le tissu des rêves », et du *Guardian* de Manchester. Parmi les critiques moins favorables, celle du *New Republic*. Ce sont les critiques que j'ai lues, mais il pourrait y en avoir d'autres.

60. Voir aussi « The Last Guest », poème en prose écrit vers la fin de sa vie et conservé dans la collection de fac-similés de manuscrits que possède Shehadi.

61. Dans leur édition de 1981 de *Lazarus* et de *The Blind*, les Gibran biographes révèlent l'existence de trois pièces courtes inachevées écrites en anglais par Gibran à la fin de sa vie : *The Banshee*, *The Last Unction* et *The Hunchback or the Man Unseen*. Ces pièces n'ont jamais été publiées, mais leur contenu est en partie résumé par les Gibran. Comme ces derniers m'ont refusé la permission de consulter le matériel qui est en leur possession, je n'ai pas la moindre idée de ce qui constitue l'intrigue de ces pièces. Dans les journaux de Mary, on apprend de temps à autre certains détails à propos d'autres pièces n'ayant pas encore été écrites ; par exemple, on découvre que Gibran veut écrire une pièce pour Lionel Barrymore (journal de M. H., 18 avril 1920). Il y a aussi cinq autres courtes pièces en arabe, non publiées et datant des années 1920, qu'Antoine el-Qawwal a rassemblées dans *Uncollected Works of Gibran* (c'est-à-dire des œuvres qui ne figurent pas dans l'édition monumentale des textes en arabe de Gibran — établie par Mikhaël Nouaymé et publiée en 1993 par Dar Amwaj, à Beyrouth).

62. Journal de M. H., 26 avril 1914 ; carnet, 13 mai 1926.

63. Journal de M. H., 3 juin 1915, 20 juin 1915, 30 juin 1915, 23 avril 1916.

64. Journal de M. H., 21-22 juillet 1916.

65. Il rappelle son existence à Mary en 1923, et lui lit ce qui reste du poème, précisant que c'est le meilleur anglais qu'il ait jamais écrit (bien qu'à mon avis le style soit plutôt lourd). Il ajoute qu'il avait l'intention de changer chacun des « Thou » (forme ancienne du « You ») en « You ». (Nous lui en aurions été reconnaissants.) (Journal de M. H., 16 juin 1923.)

66. K. G. à M. H., 16 mars 1931, 22 mars 1931.

67. Voir le critique de *Vingt dessins* dans *The Nation* en avril 1920. C'est la remarque de Chapin sur cet aspect de l'œuvre picturale de Gibran qui est peut-être la plus équitable : « Il n'est pas Blake. Gibran est une étoile moindre, mais c'est indéniablement une étoile. »

CHAPITRE 12

La mort et après

1. K. G., L. W., *op. cit.* ; Mikhaël Nouaymé, *op. cit.*
2. *Auto-portrait, op. cit.*
3. Barbara Young à Margaret Crofts, 23 avril 1931.
4. Douglas, Ann, *op. cit.*
5. Victor Hugo, sonnet (1871).
6. Journal de M. H., 12 août 1921.
7. Journal de M. H., 12 août 1921 ; K. G. à M. H., 6 janvier 1909.
8. *Les processions.*
9. Journal de M. H., 13 novembre 1915.
10. *Auto-portrait, op. cit.*
11. Journal de M. H., 30 juillet 1917, 30 juillet 1919. « Peut-être un homme peut-il commettre un suicide en situation d'auto-défense » (*Le Sable et l'Écume*).
12. Les poèmes et discours, et une grande partie du matériel relatif à la mort de Gibran, sont publiés dans le numéro d'avril 1931 du *Syrian World*, qui est presque entièrement consacré aux éloges prononcés lors des funérailles. Le numéro contient aussi plusieurs poèmes (dont l'un, de Leonora Speyer, est assez bon), et des extraits du célèbre « Message à de jeunes Américains d'origine syrienne » de Gibran.
13. Toutefois, le père el-Douaihy connaît quelques problèmes relatifs au service funéraire. Dans les années 1980, on découvre qu'un fidèle bien intentionné appartenant à la congrégation maronite de New York a écrit à l'archevêque de Boston pour lui signaler que Gibran était un apostat. Le bureau de l'archevêque écrit une ou deux lettres fermes au père el-Douaihy. Dans sa réponse, ce dernier fait part de sa décision d'enterrer Gibran et affirme que son ami était en fait plus religieux que la plupart des gens, et qu'il a, plus que quiconque, droit à une cérémonie religieuse.
14. Barbara Young dans *The Syrian World.*
15. Carnet intime de M. H., 13 avril 1931.
16. Dans son carnet, en date du 15 avril, Mary fait remarquer qu'elle trouve Gertrude Stern « hystérique ». Étant donné que Gibran, l'année précédente, a demandé cette dernière en mariage (comme nous le savons aujourd'hui), la rancœur de Mary n'est pas surprenante.
17. Un compte rendu assez flou de la cérémonie paraît dans l'*Evening Transcript* de Boston, le 14 avril 1931.
18. La lettre est datée du 19 mai 1931. Barbara adopte une approche tout aussi cavalière dans le cas du *Jardin du Prophète.*
19. Mme William Brown Meloney à K. G., 1er octobre 1930 ; réponse de K. G., 6 octobre 1930.
20. Journal de M. H., 6 juin 1911, 16 juin 1911 ; K. G. à M. H., 14 novembre 1913. Le testament de 1913 ne comporte que quelques modifications par rapport à celui de 1911.
21. Les droits d'auteur relatifs aux six mois prenant fin le 31 décembre 1930 se montent à 2476,94 $.
22. Journal de M. H., 30 août 1913.
23. *New York Times*, 25 juillet 1931.

24. Parmi les hommages à Gibran, on dénombre trois monuments en terre non libanaise : celui de Boston, celui de Washington et, semble-t-il, un troisième à Mexico (mais je n'ai pas eu la confirmation de son existence). Au Liban, on trouve des plaques commémoratives et des monuments partout, comme on peut s'en douter, entre autres dans la maison de Bcharré censée être la demeure où Gibran a vécu enfant (ce qui est faux) et dans l'entrée de l'immeuble qui a remplacé son ancienne école à Beyrouth. Les poèmes lyriques de Gibran ont inspiré des chansons — certaines populaires, d'autres plus sérieuses. Je ne puis prouver que, lorsque Ewan MacColl a écrit « The First Time I Ever Saw Your Face », la belle chanson d'amour dont Roberta Flack a fait un immense succès, il pensait au poème de Gibran intitulé « Le bien-aimé », mais ce ne serait pas là le premier exemple d'un emprunt fait à Gibran. Dans « Julia », excellente chanson du *White Album* des Beatles, John Lennon et Paul McCartney font deux fois écho au livre *Le Sable et l'Écume* : « La moitié de ce que je dis n'a pas de sens, mais je le dis simplement pour te rejoindre, Julia » est l'adaptation que les chanteurs ont faite de « La moitié de ce que je dis n'a pas de sens, mais je le dis pour que l'autre moitié te rejoigne. » Un peu plus loin, on entend : « Quand je ne peux chanter avec mon cœur, je ne peux parler qu'avec mon esprit », paraphrase très proche d'un aphorisme du *Sable et l'Écume*. Sur un plan plus classique, les chants *a cappella* des compositeurs américains Howard L. Richards et Thomas Benjamin, « Song of the Flower » (1981) et « Sing and Dance » (1980), ont tous deux une dette envers Gibran. Dans son recueil *Windsongs*, le compositeur Jean-Pierre Dantricourt a inclus une pièce intitulée « Le Jardin du Prophète ».

25. Article du *Time*, 13 août 1965.

26. Le bouche à oreille se perpétue au Royaume-Uni.

27. *Le Sable et l'Écume.*

28. *Ibid.*

29. Pour des analyses poussées de la pensée de Gibran, voir Ghougassian et Hawi. Ghougassian fait même de Gibran un existentialiste et pense que seuls des préjugés d'universitaires et d'érudits l'ont tenu à l'écart des ouvrages d'histoire de la philosophie moderne.

30. K. G. à M. H., 6 avril 1921.

31. C'est en 1915 qu'il conçoit le désir de posséder un tel fragment. Il harcèle Mary jusqu'à ce qu'elle lui en achète un. Le fragment a été trouvé près du grand cratère creusé par la chute d'un météorite en Arizona. En ce qui concerne son intérêt pour la voûte céleste, et pour le météorite, voir K. G. à M. H., 13 décembre 1912, 9 décembre 1915, 19 décembre 1916, 3 janvier 1917 ; M. H. à K. G., 6 décembre 1915, 12 novembre 1916 ; journal de M. H., 26 avril 1914, 26 décembre 1915.

32. Journal de M. H., 17 septembre 1920.

BIBLIOGRAPHIE

Œuvres de Khalil Gibran

Nubdah fi fan el-musiqa (sur la musique), essai en arabe non traduit
Les Nymphes des vallées
Les Esprits rebelles
Les Ailes brisées
Une larme et un sourire
Le Fou
Les Processions
Vingt dessins
The Tempests, traduit de l'arabe en anglais, non traduit en français
Le Précurseur
The Beautiful and the Rare ou *Best Things and Materpieces*, traduit de l'arabe en anglais, non traduit en français
Le Prophète
Le Sable et l'Écume
Paroles
Jésus fils de l'homme
The Spikes of Grain, non traduit en français
The Earth Gods, non traduit en français
L'Errant
Le Jardin du Prophète
Lazare et sa bien-aimée
L'Aveugle
Iram aux colonnes
Paintings and Drawings

Œuvres disparates

La Voix de l'éternelle sagesse
Les Secrets du cœur
Les Enfants du Prophète

Visions du Prophète
Le Passant d'Orphalèse
L'Œil du Prophète
L'Envol de l'esprit
Les Miroirs de l'âme
Pensées et méditations
Les Trésors de la sagesse
La Voix du maître
Poèmes en prose
Merveilles et curiosités

Recueils de lettres

Auto-portrait, Khalil Gibran, lettres rassemblées par Anthony R. Ferris, Les Éditions de Mortagne, Boucherville, 1988.
Lettres d'amour de Khalil Gibran à May Ziyadé, Librairie de Médicis, Paris, 1995.
Beloved Prophet, The Love Lettres of Kahlil Gibran and Mary Haskell, Quartet, Londres, 1973.

Ouvrages sur l'œuvre littéraire et picturale de Gibran et choix de textes

Anis CHAHINE, *L'amour et la nature dans l'œuvre de Khalil Gibran*, Middle East Press, Beyrouth, 1979.
Khalil CHALFOUN, *La figure de Jésus-Christ dans la vie et l'œuvre de Gibran*, thèse de 3e cycle, Institut catholique, Paris, 1986.
Rafic CHIKHANI, *Religion et société dans l'œuvre de Gibran Khalil Gibran*, thèse de doctorat d'État, Université des Sciences humaines, Strasbourg, 1983.
Jean-Pierre DAHDAH (sous la direction de), « Khalil Gibran, poète de la sagesse », *Question De*, n° 83, Albin Michel, Paris, 1990.
Jean-Pierre DAHDAH, *L'œil du prophète* (choix de textes), Albin Michel, coll. « Spiritualités vivantes », Paris, 1991.
Jean-Pierre DAHDAH, *Khalil Gibran : une biographie*, Albin Michel, Paris, 1994.
Jad HATEM, « Études sur la mystique de Gibran », précédé de *Iram aux Colonnes* de Khalil Gibran, Les Éditions du CERPO, Paris, 1986.
Jad HATEM, *La mystique de Gibran et le supra-confessionnalisme religieux des chrétiens d'Orient*, Éditions Deux Océans, Paris, 1999.
Institut du monde arabe, *10 morales pour le monde* (choix de textes réunis en coffret), Éditions Mille et une Nuits, Paris, 1995.
Antoine Ghattas KARAM, *La vie et l'œuvre de Gibran*, Dar-an-Nahar, Beyrouth, 1981.
Edvick SHAYBOUB, *Gibran Khalil Gibran à Paris : souvenirs de Youssef al-Howayek*, FMA, Paris, 1995.

INDEX

LISTE DES ILLUSTRATIONS

Collection of the Telfair Museum of Art, Savannah, Georgia, USA. Gift of Mary Haskell Minis, 1950.

12. *The Head of Orpheus Floating down the River Hebrus to the Sea*, Khalil Gibran, huile, 1907 env.
    Collection of the Telfair Museum of Art, Savannah, Georgia, USA. Gift of Mary Haskell Minis, 1950.
13. *Sans titre* (femme et crâne), Khalil Gibran, 1910.
    Collection of the Telfair Museum of Art, Savannah, Georgia, USA. Gift of Mary Haskell Minis, 1950.
14. Portrait au crayon d'Albert Pinkham Ryder (éminent peintre américain) par Khalil Gibran, 1915.
    The Metropolitan Museum of Art, Gift of Mrs. Mary H. Minis, 1932 (32.45.1).
15. *The Great Longing*, Khalil Gibran, lavis, 1916
    Collection of the Telfair Museum of Art, Savannah, Georgia, USA. Gift of Mary Haskell Minis, 1950.
16. *The Heavenly Mother* (illustration pour *The Forerunner*), Khalil Gibran, 1920.
    Collection of the Telfair Museum of Art, Savannah, Georgia, USA. Gift of Mary Haskell Minis, 1950.

TABLE

AGMV Marquis
MEMBRE DU GROUPE SCABRINI
Québec, Canada
2000